Victor Erlich
Russischer Formalismus

Mit einem Geleitwort von René Wellek

Suhrkamp

Aus dem Englischen übersetzt von *Marlene Lohner*
Titel der Originalausgabe: »Russian Formalism. History – Doctrine«
Mouton & Co. 's-Gravenhage 1955

Die Ziffern in [ ] verweisen auf die Anmerkungen

E. Lohner, ihr Mann, ein
Komponist, der sich stark mit
den New Criticism auseinandergesetzt
hat.

suhrkamp taschenbuch wissenschaft 21
Erste Auflage 1973
© 1964 by Carl Hanser Verlag, München
Alle Rechte vorbehalten
Suhrkamp Taschenbuch Verlag
Druck: Nomos, Baden-Baden
Printed in Germany
Umschlag nach Entwürfen
von Willy Fleckhaus und Rolf Staudt

Russischer Formalismus

INHALT

DEM ANDENKEN MEINES VATERS

GELEITWORT

Die russische Literaturkritik darf zurecht die Aufmerksamkeit
der literarischen Welt außerhalb Rußlands beanspruchen, auch
unabhängig von ihrer Erhellung der russischen Literatur. Eingehender und selbstbewußter als irgendwo im Westen, hat die
russische Literaturkritik drei Hauptschulen entwickelt. Eine von
ihnen sucht das Wesen der Literatur in ihren philosophischen
und religiösen Ideen; Schriftsteller wie Berdjaev, vor allem an
einer Interpretation Dostoevskijs interessiert, sehen in der
Literatur einen Weg, das Absolute zu erkennen. Eine zweite
Schule ist die soziale: die Literatur ist nicht nur Spiegel der
Gesellschaft, sondern gleichzeitig Ansporn zu sozialem Denken
und Handeln. In ihrer marxistischen Fassung ist die Gesellschaftskritik zum offiziellen sowjetischen Glaubensbekenntnis
geworden, daher wird sie heute als besonders repräsentativ für
die russische Kritik empfunden. Die dritte Schule aber, die des
Formalismus, ist im Westen bislang kaum bekannt geworden
und kaum zugänglich. Sie entstand um 1914 und wurde um
1930 unterdrückt. Der russische Formalismus stellt das Kunstwerk an sich in den Mittelpunkt; er hebt den Unterschied zwischen Literatur und Leben scharf hervor, er lehnt die üblichen
biographischen, psychologischen und soziologischen Auslegungen der Literatur ab. Er entwickelt äußerst geschickte Methoden
zur Analyse von literarischen Werken und zur Erforschung der
Literaturgeschichte auf Grund ihrer eigenen Begriffe. Doch ich
möchte die Darstellung der eigentlichen Lehren dieser Bewegung und die Geschichte ihrer Schicksale Victor Erlich überlassen. Er kennt diese Schriften sehr genau, obwohl viele davon
heute – und ich darf wohl behaupten, auch in Rußland selber –
kaum zugänglich sind. Er ist ein Schüler von Professor Roman
Jakobson (damals Columbia, heute Harvard Universität), der
einer der Gründer der Bewegung und mit ihren Mitgliedern
persönlich bekannt war. Erlich kennt den Hintergrund der
Bewegung und beschreibt ihre inländischen und ausländischen
Quellen. Er stellt ihre Lehren dar, analysiert ihre Methoden und
zeigt ihren Einfluß in Polen und der Tschechoslowakei, wo der
Formalismus mit einigen wichtigen Änderungen neu formuliert

wurde. Er weist auf erstaunliche westliche Parallelen zu der russischen Bewegung hin: in der deutschen »Stilforschung« oder im amerikanischen »New Criticism«. Erlich übersieht jedoch nicht die Unterschiede und Widersprüche. Er gibt nicht nur eine Darstellung, sondern auch eine kluge und feinfühlige Kritik seiner Autoren. So sieht er die Grenzen ihrer Methode, erklärt ihre geschichtliche Funktion und Verdienste und weist den Wert der formalistischen Bewegung auf, der in den wesentlichen Einsichten auch heute noch, selbst für Kritik und Wissenschaft außerhalb Rußlands, bedeutend ist. Erlichs Buch ist die einzige umfassende Darstellung des russischen Formalismus in einer westlichen Sprache; und selbst im Russischen gibt es nichts, was die Bewegung in eine weitere Perspektive stellt und sie einfühlend und gleichzeitig kritisch beschreibt. Diese Arbeit ist eine vorzügliche, authentische Studie über eine Gruppe von Schriftstellern und ein zusammenhängendes Gedankengebäude, die jedem Literaturwissenschaftler bekannt sein sollten.

4. Juli 1954

RENÉ WELLEK
Sterling Professor of Comparative Literature,
Yale University, New Haven, Connecticut

Es ist die Absicht dieser Untersuchung, die historische Entwicklung und die kritische Lehre des russischen Formalismus darzustellen. Dieser Ausdruck bedarf vielleicht einiger Erhellung. Was hier mit »Formalismus« bezeichnet wird, ist nicht die russische Variante der übernationalen »formalistischen« Strömung, die im künstlerischen Schaffen und in der Kunstkritik von Zeit zu Zeit in den Vordergrund tritt. Der Gegenstand unserer Untersuchung ist eine spezifischere und leichter bestimmbare historische Erscheinung. Es handelt sich um eine Schule der russischen Literaturwissenschaft, die um 1915–16 entstand, zu Beginn der zwanziger Jahre ihren Höhepunkt erreichte und um 1930 unterdrückt wurde.

Es mag zunächst befremden, daß eine so kurzlebige Bewegung Gegenstand einer so umfangreichen Untersuchung ist. Man sollte vielleicht darauf hinweisen, daß der »Tod« des Formalismus vorzeitig eintrat und zumindest teilweise von außen herbeigeführt wurde. Die formalistischen Kritiker wurden schweigsam, nicht weil ihnen nichts mehr einfiel, sondern weil alle Ideen, die sie noch hatten, für unerwünscht befunden wurden. (Übrigens würden sich die Liquidation des Formalismus in der Sowjetunion und die anschließenden Angriffe gegen einen bereits völlig entwaffneten »Feind« gut als Thema zur Untersuchung eines Präzedenzfalls der sowjetischen Literaturpolitik eignen.) Wichtiger ist noch, daß die Leistung einer kritischen Schule nicht nach ihrer Lebensdauer bemessen werden kann. Die entscheidende Frage ist nicht, wie lange die jeweilige Bewegung dauerte, sondern wie gut sie die ihr von der Geschichte zugewiesene Zeitspanne ausgenutzt hat.

An diesem Maß gemessen, ist die russische formalistische Schule ein sehr lohnendes Forschungsgebiet. Wer sich ernsthaft um die russische Literatur bemüht, kann es sich kaum leisten, die anregende, wenn auch oft einseitige »praktische Kritik« zu ignorieren, die aus der formalistischen Bewegung hervorging. Ihre theoretischen Äußerungen, besonders die zu Problemen der dichterischen Sprache, erweisen sich als außerordentlich fruchtbare Beiträge zur gegenwärtigen Debatte über die Methoden und Ziele der Literaturwissenschaft.

Man gestatte mir einige Bemerkungen im Hinblick auf Gliederung und Umfang dieser Monographie. Die Einteilung der Untersuchung in einen historischen und einen systematischen Teil kann leicht Kritik herausfordern. Die Nachteile einer solchen Anordnung des Materials sind offensichtlich: gewisse Wiederholungen lassen sich kaum vermeiden, da Theorie und Geschichte sich notwendig überschneiden. Ich bin jedoch der Überzeugung, daß nur diese Art des Vorgehens ein einigermaßen umfassendes Bild sowohl der Entwicklung wie auch des Erbes des russischen Formalismus geben kann.

Um die Anordnung dieser Arbeit zu raffen, hätte man entweder die historischen oder die analytischen Aspekte der Untersuchung beschneiden müssen. Es wäre möglich gewesen, kurz die historischen Bezüge herzustellen und sich dann auf eine systematische Darlegung der formalistischen Grundsätze zu konzentrieren. Diese Methode könnte jedoch nicht den entscheidenden Unterschieden zwischen einzelnen Entwicklungsstufen der formalistischen Schule oder ihren Beziehungen zur russischen Kultur zwischen 1915 und 1930 gerecht werden. Auch ein umgekehrtes Vorgehen wäre denkbar: die Darstellung der formalistischen Theorie im Sinne ihrer Entwicklung. Aber eine solche dynamische Beschreibung der formalistischen Lehre, die die theoretischen Implikationen jeder einzelnen Stufe nacheinander erörtern müßte, hätte noch größere Nachteile. Bei aller Ausführlichkeit könnte sie keine Zusammenfassung des formalistischen Gesamtbeitrags zu verschiedenen Gebieten der Literaturtheorie geben, z. B. zur Prosodie, Stilistik, Theorie der Prosa, Theorie der Literaturgeschichte. Solch eine kurze Zusammenfassung versucht jedoch der zweite Teil dieser Arbeit zu geben.

Einem ursprünglichen Entwurf nach sollte sich das Buch mit der formalistischen Schule in der *slawischen* Literaturwissenschaft befassen. Dies hätte formalistische oder quasi-formalistische Entwicklungen in Polen und der Tschechoslowakei eingeschlossen. Im Verlauf der Untersuchung erwies es sich jedoch als ratsam, den anfänglich geplanten Bereich einzuengen und hauptsächlich die russische Phase meines Gegenstandes zu behandeln.

Während nun eine gründliche Betrachtung des westslawischen Formalismus hier nicht unternommen werden konnte, war es aber ebenso unmöglich, ihn völlig zu übergehen. Da der sogenannte Prager Strukturalismus und die polnische »integrale Literaturbetrachtung« vom russischen Formalismus direkt beeinflußt sind, gehört eine Besprechung beider ganz eindeutig in ein Kapitel unserer historischen Darstellung, das den Folgen des russischen Formalismus gewidmet ist. Diese beiden Richtungen, besonders der Strukturalismus, stellen auf vielen entscheidenden Gebieten die Endergebnisse der Theorien des Formalismus dar, deshalb mußten ihre Ideen auch in der Analyse der formalistischen Lehre besprochen werden.

Ein anderer Aspekt unseres Problems, der in dieser Arbeit nur angedeutet werden konnte, bezieht sich auf die Parallelen zwischen dem russischen Formalismus und dem anglo-amerikanischen »New Criticism«. Dieser Fragenkomplex wäre einer gesonderten Behandlung wert. Ich hoffe jedoch, daß die Bedeutung der formalistischen Thesen für die Probleme, denen sich die amerikanische Literaturwissenschaft gegenübersieht, genügend klar geworden ist, wenn auch ausdrückliche Vergleiche fehlen.

Da sich der systematische Teil dieser Untersuchung in erster Linie mit der Methode beschäftigt, wurde die Betonung stärker auf die Theorie der Kritik als auf die kritische Praxis, stärker auf Kategorien und Kriterien als auf literarische Einzelbeurteilungen gelegt. Die Analyse individueller literarischer Werke wurde hauptsächlich zur Illustration allgemeiner Prinzipien vorgenommen. Da es mir um einen umfassenden Überblick über die formalistischen Grundsätze ging – und diese erstrecken sich auf ein sehr ausgedehntes Feld –, hielt ich es für unumgänglich, das illustrierende Material auf ein Minimum zu beschränken.

Bevor ich zum Schluß dieser Bemerkungen komme, möchte ich all denen danken, die mir in den verschiedenen Stadien meiner Forschungen über den russischen Formalismus hilfreich zur Seite standen. Ich danke Manfred Kridl, Hugh McLean,

A. D. Stender-Petersen, Ernest J. Simmons und Gleb Struve für ihr Interesse an meiner Arbeit und für ihren fachkundigen Rat.

Meine Verpflichtung gegenüber Roman Jakobson ist von besonderer Art. Der gebräuchliche Ausdruck »ohne den diese Arbeit nicht zustande gekommen wäre« läßt sich hier auf zweifache Weise anwenden. Als einer der Führer der formalistisch-strukturalistischen Bewegung ist er in der Tat ein wichtiger Bestandteil meiner Abhandlung. Ich hatte das Glück, von seiner persönlichen Kenntnis der formalistischen Schule profitieren zu können: Besonderen Dank schulde ich ihm für die Darstellung der Beziehungen zwischen der formalistischen Methodologie und der funktionalistischen Linguistik und für alle unmittelbaren Einblicke in eine fruchtbare und hektische Ära, wie sie sich auf diesen Seiten finden.

Ich habe weitere Schulden, die sich ebenso schwer festlegen als in Worte fassen lassen. Meine Frau half mir mit relativem Gleichmut die unvermeidlichen Schwierigkeiten der Forschungsphase überwinden und war mir eine feinfühlige Kritikerin und wertvolle technische Helferin während des Schreibens. Meine Mutter übertrug auf mich einige ihrer gründlichen Kenntnisse und ihr anhaltendes Interesse an der russischen Sprache und Literatur, ohne die eine Arbeit wie diese nicht hätte unternommen werden können.

Ein großer Teil der in diesem Buch niedergelegten Forschungsarbeiten wurde durch Stipendien vom American Council of Learned Societies (1947–48) und von der Rockefeller Foundation (Sommer 1949) ermöglicht. Dieser Hilfe sei hiermit dankbar gedacht. Ferner danke ich Mr. R. Gordon Wasson, dem Vorsitzenden, und den Mitgliedern des Committee for the Promotion of Advanced Slavic Cultural Studies für ihre Beihilfe zur Veröffentlichung dieses Buches.

Drei Abschnitte dieser Untersuchung, die etwa den Kapiteln II, X und XV entsprechen, erschienen bereits in *Comparative Literature, Partisan Review* und *Journal of Aesthetics and Art Criticism*.

Seattle, Washington, im Dezember 1954

VICTOR ERLICH

TEIL I · GESCHICHTE

KAPITEL I

DIE VORLÄUFER

1

Die formalistische Schule nimmt in der modernen russischen Literaturwissenschaft einen besonderen Platz ein. Während seines kurzen, doch ungestümen Verlaufs rief der russische Formalismus heftige Kontroversen hervor; sein Erscheinen war eine Herausforderung an die kritischen Grundsätze und Methoden der unmittelbaren Vorgänger, sein Niedergang ein hastiger Rückzug vor dem Angriff siegreicher Nachfolger.

Die Schärfe der Auseinandersetzung und der offenkundige Mangel an Kontinuität zwischen der formalistischen Schule und konkurrierenden kritischen Strömungen kann leicht zu der Auffassung verleiten, daß der Formalismus eine zwar interessante, aber unerhebliche und zufällige Episode, eine Randerscheinung innerhalb der russischen Literaturgeschichte des zwanzigsten Jahrhunderts war. Diese Ansicht scheint um so einleuchtender, als man allgemein annimmt, die russische Literaturkritik neige immer dazu, die formale Analyse der ideologischen Betrachtungsweise aufzuopfern. So schreibt ein englischer Kenner der Sowjetliteratur: »Schon seit der Frühzeit der russischen Literaturkritik läßt sich feststellen, daß politische und soziale Überlegungen überwiegen und daß ein Kunstwerk zuerst durch seine politische und soziale Aussage, danach erst oder überhaupt nicht wegen seiner formalen Eigenschaften beurteilt wird« [1]. Ähnlich hält ein russischer Kritiker die »Gleichgültigkeit gegenüber der äußeren Form zugunsten eines bedeutenden Inhalts« [2] für einen wesentlichen Bestandteil der russischen literarischen Tradition.

Wenn man diese Prämisse akzeptiert, dann müßte man die formalistische Schule als Abweichung von der Hauptrichtung der russischen Kritik behandeln und sie, je nach dem besonderen Standpunkt des Historikers, entweder als gesunde Reaktion gegen die »traditionelle« fixe Idee von der gesellschaftlichen Bedeutung oder als unverantwortliche Flucht vor sozialen

Fragen werten, denen ein »echter« russischer Kritiker niemals aus dem Wege gehen würde.

In Wahrheit aber ist die landläufige Theorie von der traditionell anti-ästhetischen Einstellung der russischen Literaturkritik eine grobe Vereinfachung. Die »Geringschätzung der äußeren Form zugunsten eines bedeutenden Inhalts« ist nur *eine* Richtung der russischen Kritik, wenn auch eine wichtige und einflußreiche. Es stimmt, daß der Formalismus die erste kritische Bewegung in Rußland war, die sich systematisch mit den Problemen von Rhythmus und Metrum, des Stils und der Komposition befaßte. Aber das Interesse am literarischen Handwerk war weder ein neues Phänomen im russischen kritischen Denken, noch notwendigerweise ein Ergebnis ausländischer Einflüsse. Obschon sich die Verwandtschaft des russischen Formalismus mit ähnlichen Strömungen in der westlichen Literaturwissenschaft nicht bestreiten läßt, konnten sich doch die Vertreter der neuen kritischen Schule auf eine reiche einheimische Tradition des Formbewußtseins berufen, die bis ins Mittelalter zurückgeht.

Ein Versuch, diese These mit dem erforderlichen historischen Beweismaterial zu untermauern, läge außerhalb des Rahmens dieser Arbeit. Es mag hier genügen, einige einschlägige, aber oft vergessene Tatsachen anzuführen. Im achtzehnten Jahrhundert kreisten die kritischen Auseinandersetzungen mehr um Probleme der Prosodie und Sprache, als um solche der Ideologie. So war auch die Kritik zur Zeit Puškins, viele Äußerungen dieses Dichters eingeschlossen, vorwiegend ästhetisch. Wie die neue Forschung gezeigt hat [3], verraten zeitgenössische Reaktionen auf Puškins Dichtungen mehr Interesse an Fragen der Gattungen und des Stils als an jener schwer zu bestimmenden »Weisheit« Puškins, mit der sich einige russische Kritiker des zwanzigsten Jahrhunderts in so hohem Maße beschäftigt haben [4].

Selbst Belinskij, dem Vater der russischen Gesellschaftskritik, waren formale Überlegungen nicht fremd. Welche Schwächen dieser trotz seiner Unausgeglichenheit hochbegabte Kritiker auch gehabt haben mag, er war nicht verantwortlich für die kraß didaktische Literaturbetrachtung, die ihm häufig zugeschrieben wird. Tatsache ist, daß die journalistische wie auch die akademische russische Literaturkritik erst in der zweiten Hälfte des neunzehnten Jahrhunderts in den Bann des sozialen Utilitarismus geriet.

Für diese Entwicklung waren verschiedene Faktoren maßgeblich. Einer war der Kampf gegen die »vornehme« aristokratische Tradition, der von einer neuen kulturellen Schicht geführt wurde: der plebejischen »Intelligenz« (raznočincy). Ihre Wortführer, die »Männer der sechziger Jahre«, zogen in die russische Literatur in rebellischer und herausfordernder Stimmung ein. Ihr erster Gedanke war die Ablehnung des kulturellen Erbes der besitzenden Klassen. Es ist nicht verwunderlich, daß ästhetische Betrachtungen als Luxus, als Bestandteile des morschen und verhaßten adligen Lebens verworfen wurden.

Weder Dobroljubov, für den kritische Bemühungen hauptsächlich ein Vehikel für hochherzigen Journalismus waren, noch Pisarev, der in seinem berühmten Aufsatz »Puškin und Belinskij« [5] die frivolen Belanglosigkeiten des *Eugen Onegin* verspottete, konnten viel Interesse an der formalen Analyse literarischer Werke haben. Diese Wortführer der sozialen Kritik betrachteten den schöpferischen Schriftsteller mit dem strengen, mißtrauischen Auge eines Staatsanwalts. Der Angeklagte hatte durch eine klare und »fortschrittliche« soziale Ideologie seine Unschuld zu bekräftigen, oder es genauer, seine Existenzberechtigung nachzuweisen. Bei einer Literatur, die hauptsächlich als Mittel für politische Propaganda angesehen wurde, konnte das Problem der Form für den Kritiker nur insoweit von Interesse sein, als es mit der Wirksamkeit und Klarheit der angeblich im Werk verkörperten Aussage zusammenhing.

Der »Pisarevismus« (pisarevščina) war allerdings nicht das letzte Wort der russischen radikalen Intelligenz. Als der »Sturm und Drang« der sechziger Jahre abebbte, rangen sich die »raznočincy« zu größerer Toleranz und Reife durch. Der rasche Demokratisierungsprozeß hatte andrerseits manchen aristokratischen Intellektuellen erfaßt. So verwischte sich die Grenze zwischen den beiden gesellschaftlichen Schichten mehr und mehr. Die Auswüchse eines ästhetischen Nihilismus – dieser, um Lenins bekannten Ausspruch zu paraphrasieren, »Kinderkrankheit« der russischen Kritik – machten einer gemäßigteren und differenzierteren Literaturbetrachtung Platz.

Und doch sollte das Hervorheben der »Botschaft«, die Tendenz, Literatur vom Gesichtspunkt politischer Ideen aus zu beurteilen, ein auffallendes Merkmal der russischen Literaturbetrachtung in den kommenden Jahren sein. Dies gilt nicht nur für die nachdrücklich ideologische Kritik »populistischer« Schriftsteller wie Michajlovskij oder Ivanov-Razumnik, sondern ebenso für die akademischeren Beiträge der Literaturhistoriker. Eine erhebliche Zahl wissenschaftlicher Arbeiten auf diesem Gebiet, besonders Untersuchungen über die Literatur des neunzehnten Jahrhunderts, weisen eine völlig äußerliche Behandlung des jeweiligen Gegenstandes auf. Häufig scheinen sie, wie Šklovskij sagte, die Geschichte der russischen Literatur mit der Geschichte des russischen Liberalismus zu verwechseln.

Eines der typischsten Ergebnisse dieses methodologischen Irrtums ist Skabičevskijs populäre »Geschichte der neuesten russischen Literatur« [6]. Ein anderer bekannter Literarhistoriker des ausgehenden neunzehnten Jahrhunderts, der kultiviertere und gelehrte Pypin [7], sieht die Literatur in erster Linie als Manifestation gesellschaftlichen Denkens. Seine Definition der Literaturgeschichte kommt einer Abwertung literarischer Werke zu bloßen historischen Dokumenten, zu Hilfsmaterial für die Nachbardisziplinen gefährlich nahe. »Die Geschichte der neuesten Literatur . . . beschränkt sich nicht auf reine Kunstwerke; sie zieht vielmehr angrenzende Gedanken- und Gefühlsäußerungen der Gesellschaft heran und untersucht diese literarischen Werke wie sie als Material für Volks- oder Sozialpsychologie untersucht werden« [8].

Diese Lehren waren nicht nur eine Fortsetzung der Pisarev-Tradition. Andere Kräfte waren hier am Werk, philosophische wie auch politische. Während das europäische Geistesleben vom Positivismus beherrscht wurde, der die Naturwissenschaften als die einzige bona fide-Methode wissenschaftlicher Forschung ansah und den kausalen Determinismus als das einzig rechtmäßige Bezugssystem, mußten die Ideen der formalen Zweckhaftigkeit oder Funktion notwendigerweise als Über-

22

bleibsel eines mittelalterlichen Mystizismus abgetan werden. Während die Strukturanalyse von Dichtung auf diese Weise ausgeschaltet wurde, erlebte die genetische Methode ihre Blütezeit. In Taines Kunsttheorie oder in der kulturgeschichtlichen Schule der deutschen Philologie richtete sich die Aufmerksamkeit des Wissenschaftlers nicht auf die Dichtung an sich, sondern auf »das, was am Grunde dieses Werkes liegt und sich in ihm niederschlägt« [9].

Ein anderer wichtiger Faktor für die Beschäftigung des russischen Literarhistorikers mit dem »sozialen Denken« war die mißliche Lage der Dichtung im Rußland des neunzehnten Jahrhunderts. Da die politische Zensur offene Kritik am Regime so gut wie unmöglich machte, fiel die Aufgabe, die Rechte des Individuums zu bewahren und soziales Unrecht aufzudecken, vor allem dem Schriftsteller zu. Dem Dichter standen eine Menge indirekter Ausdrucksmöglichkeiten zur Verfügung, die leicht dem wörtlich lesenden Auge des Zensors entgehen mochten. Poetische Vieldeutigkeit ist jedoch ein zweischneidiges Schwert. Die vom Dichter häufig gebrauchte elliptische »Aesops-Sprache« minderte die Wirksamkeit der »umstürzlerischen« Botschaft; denn eine feine Anspielung, die dem roten Bleistift des Zensors entging, wurde meist auch vom Leser nicht bemerkt. Die dichterische Parabel mußte entziffert, die halbverborgene Idee klarer ausgesprochen werden, wann immer die politische Atmosphäre ein wenig offen zu sprechen erlaubte. Hier lag eindeutig die Verantwortung bei den Literaturkritikern, genauer bei denen, die sich mit der neuen russischen Literatur befaßten. So erklärt sich die Tatsache, daß die ideologische Auslegung der russischen Dichtung des neunzehnten Jahrhunderts zum Hauptanliegen von A. Skabičevskij, A. Pypin, D. Ovsjaniko-Kulikovskij [10] und vielen andern führenden Literaturwissenschaftlern der Zeit wurde.

Wo nun die zeitgenössische russische Literaturwissenschaft entweder stark dem Journalismus oder der Ideengeschichte zugeneigt war, da mußte sich die Formanalyse in andere Bereiche zurückziehen. So finden sich die fruchtbarsten Einsichten in die Probleme des literarischen Handwerks von seiten der Literaturwissenschaftler der letzten Jahrzehnte des neunzehnten Jahrhunderts auf Gebieten, die von den »brennenden« sozialen Fragen weiter entfernt lagen. Ich denke da an die vergleichenden Studien über Dichtung und Volkstum wie auch zur Philosophie der Sprache, genauer noch an die Anregungen, die diese Disziplinen durch die Werke A. Potebnjas und A. Veselovskijs empfingen.

2

Aleksandr Potebnjas (1835-1891) Versuch, sich mit dem Problem der dichterischen Sprache auseinanderzusetzen, verdient an dieser Stelle eingehenderer Erwähnung. Die Verwandtschaft zwischen diesem bahnbrechenden Unternehmen eines der hervorragendsten russischen Philologen und den nachfolgenden Theorien der Formalisten war viel enger, als die Wortführer der Formalisten je zugeben wollten. Dieser scheinbare Mangel an intellektueller Dankbarkeit erklärt sich vielleicht aus der hochmütigen Behandlung anerkannter Autoritäten, die für den russischen Formalismus so charakteristisch war. Diese Beobachtung besagt jedoch nicht alles. Die geringschätzige Behandlung des »Potebnjanismus« in den Aufsätzen Šklovskijs [11] scheint, obwohl nicht gänzlich verfehlt, darauf hinzudeuten, daß der formalistische Theoretiker seine Kenntnis der Lehren Potebnjas eher aus Fassungen zweiter Hand als aus den Originaltexten bezog.

Einige Schüler Potebnjas, die nach dem Tode ihres Lehrers den Versuch unternahmen, dessen Theorien in einem Sammelband unter dem Titel *Probleme der Kunsttheorie und -psychologie* [12] zu verbreiten, erhoben unglücklicherweise oft gerade die verwundbarsten und wenigst originellen Gedankengänge Potebnjas zum Gesetz. Sie legten viel zu viel Gewicht auf die veralteten psychologischen Ideen, die der russische Gelehrte dem deutschen Philosophen Herbart entlehnt hatte, sowie auf Potebnjas ebenso epigonale Bilder-Theorie.

Der Aspekt der Potebnjaschen Dichtungsauffassung, der uns am meisten hierher gehörig erscheint, war sein Bemühen, das Wesen der poetischen Schöpfung mit sprachlichen Begriffen zu erfassen. Indem er hier den Gedankengängen des großen deutschen Sprachwissenschaftlers und Philosophen Wilhelm von Humboldt folgte, behauptete Potebnja, daß »Poesie und Prosa sprachliche Phänomene« seien [13], Dichtung wurde hier [14] als eine der zwei grundlegenden Art und Weisen der Wirklichkeitserfassung gesehen, des Erkenntnisgewinns »durch Vermittlung des Wortes« [15].

Hierdurch wird ein allgemeineres Problem berührt, das tatsächlich einen breiten Raum in Potebnjas Schriften einnimmt – das des Verhältnisses von Gedanke und Sprache. Bei der Behandlung dieses Problems wendet sich Potebnja von der Hegel-Tradition ab, die sonst einen beträchtlichen Einfluß auf sein Denken ausübte. Er geht von der Grundvoraussetzung aus, Wort und Idee seien gegenseitig inadäquat. Zunächst einmal, so sagt er, ist die Sprache nicht der einzige Modus für die Objektivierung von Ideen. »Das Denken kann die Worte entbehren. Ist nicht das, was sich in musikalischen Tönen, in graphischen Formen oder in Farbe ausdrückt, auch Denken?« [16]. Ferner sind Denken und Sprache, soweit sie gleichermaßen Ideen konstituieren, sich in ihren Zwecken grundlegend entgegengesetzt. Das Denken neigt dazu, das Wort zu unterjochen, es auf den Status eines Handlangers, eines bloßen Anhängsels zu reduzieren, den Bereich seiner Funktionen auf den der bloßen Bezeichnung zu beschneiden, indem es eine Punkt-für-Punkt-Korrespondenz zwischen Begriff und Bedeutung herstellt. Die Sprache dagegen strebt nach der höchsten Autonomie des Wort-Zeichens, nach der Realisierung der Möglichkeiten, die in seiner komplexen semantischen Struktur, in seinem »konnotativen« Reichtum enthalten sind.

An diesem Punkt erscheint das dichterische Schaffen im Blickfeld. Denn nach Potebnja kommt das »Ideal« der Sprache – die Emanzipation des Wortes von der Tyrannei der Idee – im dichterischen Werk seiner Realisation am nächsten. Dichtung ist ein mächtiges Verteidigungssystem, dessen sich »das Wort« bedient, um seine Autonomie gegenüber »feindlichem« Druck zu behaupten. Dichtung ist Sprache par excellence, Sprache in ihrer schöpferischen Möglichkeit [17]. Umgekehrt kann jede Art von Sprachtätigkeit, wie z. B. das Prägen neuer Worte, als dichterischer Akt verstanden werden. Jedes Wort darf, für sich

genommen, als ein Werk der Poesie angesehen werden [18].
» . . . Das Wort ist Kunst, genauer: Dichtung« [19].

Nach Potebnja wird der Vorgang, Bezeichnungen für wenig bekannte Phänomene zu finden, dadurch beeinflußt, daß von dem zu benennenden Objekt eine Eigenschaft abstrahiert wird, die es mit einer bereits bezeichneten Gruppe von Objekten teilt. So sind, um einen der Schüler Potebnjas zu zitieren, »vom Standpunkt ihrer Ableitung her gesehen alle von uns benutzten Wörter Tropen« [20]. Unter dem Druck linguistischer und gesellschaftlicher Veränderungen wird die ursprüngliche Bedeutung des Wortes allmählich vergessen oder rückt in den Hintergrund; seinen figurativen Kern versteht man nicht mehr. Die Trope wird zu einer »verblaßten Metapher«, da das Wort nach und nach »einschrumpft« und von einem lebendigen Bild zu einem bloßen »Emblem« wird [21].

Im Lichte dieser Theorie ist Dichtung nicht so sehr eine bestimmte Art verbalen Verhaltens, als vielmehr eine Eigenschaft oder Kraft, die in der Sprache selber enthalten ist und die sich in verschiedenen Intensitätsgraden auf mehreren Ebenen sprachlicher Betätigung auswirkt. Potebnja bezeichnet diese Kraft als den »Symbolismus der Sprache«, d. h. bildhaften Ausdruck: »Unter Symbolismus der Sprache darf ihr poetischer Wert verstanden werden« [22].

Wie in den meisten ästhetischen Theorien des 19. Jahrhunderts brachte auch hier die Beschäftigung mit dem bildhaften Ausdruck eine starke Betonung solcher Merkmale wie »Lebendigkeit« und »Konkretheit« mit sich. Es wurde zuvor angedeutet, daß für Potebnja »Poesie« und »Prosa« – d. h. etwa schöpferische Literatur und wissenschaftliche Literatur – zwei verschiedene Formen der Erkenntnis seien. Sie unterscheiden sich, wie Potebnja in seinen *Vorlesungen über die literarische Theorie* ausführt, nicht in den von ihnen verfolgten Zwecken, da beide Redeweisen auf das Ordnen von Erfahrung, auf »Verallgemeinerungen« hinzielen, sondern in den von ihnen angewandten Methoden. Während die Wissenschaft mit homogenem Material arbeitet, bringt die Poesie durch die Vermittlung der Metapher Phänomene zusammen, die verschiedenen Erfahrungsbereichen angehören. Während die Wissenschaft sich mit allgemeinen Begriffen befaßt, gibt die Poesie »eine besondere Antwort auf eine besondere Frage« [23]. Die erstere stellt fest, die letztere exemplifiziert.

Es ist kaum notwendig, darauf hinzuweisen, daß die Behauptung, »Poesie ist Denken in Wortbildern« [24], weder neu war, noch einzig von Potebnja geäußert wurde. Schon Aristoteles hatte das »Beherrschen der Metapher« als die entscheidende Probe auf das Können des Dichters gepriesen [25]. In neuerer Zeit wurde der Glaube an die »Unentbehrlichkeit des bildhaften Ausdrucks«, um J. L. Lowes' Ausdruck zu gebrauchen [26], zur Grundlage der romantischen Dichtungstheorien.

Auch ist es zweifelhaft, ob die traditionellen Antithesen wie konkret – abstrakt, Bild – Begriff, synthetisch – analytisch eine adäquate Grundlage bilden konnten, um zwischen Poesie und Prosa qua »linguistische Phänomene« zu unterscheiden. Ebensowenig wurde die von Potebnja versuchte Unterscheidung durch die in seinen Schriften zum Ausdruck kommende Vorstellung vom dichterischen Bild gefördert. Potebnjas genaues Wissen von der Verwandtschaft zwischen Poesie und Mythos [27] bewahrte ihn nicht vor dem rationalistischen Irrtum, den erkennenden, um nicht zu sagen didaktischen, Aspekt des bildhaften Ausdrucks überzubetonen. Seine Auffassung der Trope als eines Hilfsmittels der Erläuterung, als einer geistigen Abkürzung, wodurch »kleine intellektuelle Einheiten eine heterogene Ideenmasse« [28] ersetzen, war weitgehend verfehlt. Wie später die formalistischen Kritiker Potebnja nachwiesen [29], hat das Bild in der Dichtung eine völlig andere Funktion. Diese liegt nicht darin, uns das Unbekannte näher zu bringen, sondern im Gegenteil darin, das Gewohnte durch eine neue Darstellung zu »verfremden« [30].

Und doch findet sich vieles in Potebnjas Hinterlassenschaft, was einige der entscheidenden Einsichten der Formalisten vorwegnimmt. Trotz ihrer Schwächen hatten Potebnjas bahnbrechende Untersuchungen das eindeutige Verdienst, die Aufmerksamkeit auf das Problem der Dichtung als einer Redeweise sui generis gelenkt zu haben. Potebnjas beharrliche Forderung einer engen Verbindung von Sprachstudium und Literaturwissenschaft fand seine Nachfolge in der linguistischen oder semiotischen Orientierung der Poetik bei den slawischen Formalisten. Ebenso darf man wohl behaupten, daß die Auffassung von der poetischen Schöpfung als Befreiung des Wortes, als Freiwerden seiner zahllosen Möglichkeiten, auf eine der grundlegenden Lehren der Formalisten hindeutet, nämlich auf die These, daß Dichtung ein zeichenorientiertes verbales Verhalten sei [31].

3

Während Potebnja die semantische Dynamik der poetischen Sprache erforschte, machte sich ein anderer russischer Gelehrter auf ganz andere Weise daran, das System einer wissenschaftlichen Poetik zu entwickeln. Es war Aleksandr Veselovskij (1838–1906), Rußlands erste Autorität auf dem Gebiet der vergleichenden Literaturgeschichte. Veselovskijs Ausgangspunkt in der Methodologie der literarischen Forschung war sein Wunsch, die Literaturgeschichte als eine eigene intellektuelle Disziplin mit genau definierten Zielen und Methoden zu etablieren. Daraus erklärt sich sein Bestehen auf der Notwendigkeit, den eigentlichen Gegenstand der Literaturwissenschaft zu definieren, seine wiederholten Versuche, die Frage: was ist Literatur? zu beantworten. Immer wieder kommt Veselovskij auf diese grundlegende Fragestellung zurück, und mit jeder neuen Antwort verschiebt sich das Beziehungssystem erheblich.

Die erste Definition der Literatur, die sich bei Veselovskij findet, ist die weiteste und die am wenigsten befriedigende. In dem *Bericht von einer Auslandsreise* (1863) [32] unternimmt er keinen Versuch, zwischen Kulturgeschichte und Literaturgeschichte zu unterscheiden. Er definiert die letztere als »die Geschichte der Erziehung, der Kultur, des gesellschaftlichen Denkens, wie sie sich in der Dichtung, der Wissenschaft und im Leben spiegelt« [33]. Die anti-ästhetische Voreingenommenheit der sechziger Jahre zeigt sich in den geringschätzigen Bemerkungen über Ševyrëvs [34] »ungebührliches Interesse« an *belles lettres* wie auch in der eigensinnigen Behauptung, daß »die Zeiten für Abhandlungen über Rhetorik und Poetik unwiederbringlich vorüber« seien [35].

Sieben Jahre darauf formuliert Veselovskij seinen Begriff der Literaturwissenschaft erneut in etwas veränderter Weise. Die Definition ist allerdings immer noch viel zu umfassend. Wieder nennt er die Literaturgeschichte »die Geschichte des Gesellschaftsdenkens insofern, als sie sich in den philosophischen, religiösen und dichterischen Strömungen manifestiert und sich in Worten verkörpert« [36]. Diesmal wird jedoch eine entscheidende Qualifikation eingeführt: »Wenn (und dies scheint der Fall zu sein) es sich um Dichtung handelt, die die besondere Aufmerksamkeit des Literaturwissenschaftlers verdient, dann ist die vergleichende Methode dazu geeignet, neue Ausblicke innerhalb dieses engeren Forschungsbereichs zu eröffnen« [37].

Doch erst in einer der letzten methodologischen Äußerungen Veselovskijs wird die Notwendigkeit, den Bereich der Literaturwissenschaft scharf zu begrenzen, klar erkannt [38]. In einem treffenden Ausspruch, der die Angriffe der Formalisten gegen die traditionelle Literaturgeschichte vorwegnimmt [39], vergleicht Veselovskij diese einem »Niemandsland« (res nullius), in dessen »Jagdgründen sich der Kulturgeschichtler Seite an Seite mit dem Ästhetiker, dem Philologen und dem Soziologen tummelt« [40]. Um dieser chaotischen Situation abzuhelfen, ist es notwendig, zwischen schöpferischer Literatur und »Schriftstellerei« im weitesten Sinne dieses Wortes (slovesnost') zu unterscheiden. »Literaturgeschichte ist die Geschichte des Gesellschaftsdenkens, wie es sich in der bildhaft poetischen (obrazno poětičeskij) Erfahrung und in den Formen widerspiegelt, die diese Erfahrung verkörpern. Geistesgeschichte ist ein weiterer Begriff; die Literatur ist nur eine ihrer Manifestationen« [41].

W. Peretc, ein bekannter russischer Historiker und Literaturtheoretiker, hat im Grunde recht, wenn er die Entwicklung von Veselovskijs Auffassung der Literaturwissenschaft als einen allmählichen Übergang von Kulturgeschichte zu historischer Poetik beschreibt [42]. Zwar wird selbst in der letzten Definition die Literaturwissenschaft als eine Unterabteilung der Geschichte des Gesellschaftsdenkens klassifiziert, doch liegt der Hauptakzent hier auf den besonderen Merkmalen von

Dichtung, auf der »Entwicklung des poetischen Bewußtseins und seiner Formen« [43].

Die weitreichende Abänderung der ursprünglichen Prämissen bezeugt die intellektuelle Beweglichkeit und Integrität dieses Gelehrten. Er war nicht willens, die Grundsätze der im neunzehnten Jahrhundert betriebenen »Kulturgeschichte« unkritisch anzuerkennen und überprüfte diese unermüdlich auf Grund des Beweismaterials, das sich im Verlauf der Forschung angesammelt hatte. Aller Wahrscheinlichkeit nach hat jedoch die ständige Auseinandersetzung mit grundlegenden methodologischen Problemen Veselovskij daran gehindert, sich rechtzeitig genug an eine Aufgabe zu machen, die unter allen Umständen ungeheuer groß gewesen wäre: nämlich die Ausarbeitung eines umfassenden Planes der universalen literarischen Entwicklung. Das großartige Gedankengebäude blieb unvollendet; aber seine eindrucksvollen Fragmente – umfangreiche Werke über vergleichende Literaturgeschichte, Volkstum und besonders die bahnbrechenden Studien über historische Poetik [44] – enthalten viele tiefschürfende Einsichten in die »Formen des poetischen Bewußtseins«.

B. Engelhardt weist in seiner gedankenreichen Monographie [45] richtig nach, daß Veselovskijs Betrachtung der Dichtkunst »statischer«, weniger psychologisch als die von Potebnja gewesen sei. Für Veselovskij war schöpferische Literatur nicht die »andauernde geistige Tätigkeit«, der dynamische Prozeß des Bilder-Schaffens, des Erfassens von Wirklichkeit. Sie war im Grunde genommen eine Gesamtsumme literarischer Produkte, die ohne Hinblick auf ihre Schöpfer oder auch ihre »Verbraucher« bestimmt und miteinander in Beziehung gesetzt werden können. Auch ist das dichterische Kunstwerk nicht die letzte Einheit, die in Veselovskijs »induktiver Poetik« untersucht wird. Das literarische Werk wird in objektive Komponenten zerlegt – in ideologische Begriffe, Erzählweisen, poetische Mittel, althergebrachte Bilder. Diese Komponenten lassen sich wiederum zwecks vergleichender Analyse auf einen begrenzten Bestand allgemeiner Typen, traditioneller literarischer »Vorlagen« zurückführen, »gleichbleibender Motive, die von Generation zu Generation überliefert werden« [46] und die immer wieder in der Literatur und Folklore verschiedener Zeiten und Länder wiederkehren. Nicht Erfindung, sondern Überlieferung, nicht individuelle Schöpferkraft, sondern überpersönliche begrenzende Faktoren stehen in Veselovskijs Auffassung der Weltliteratur im Mittelpunkt. »Ein begabter Dichter«, so räumte er ein, »mag zufällig auf dies oder jenes Motiv stoßen, Nachahmer hervorbringen, eine Dichterschule ins Leben rufen, die in seine Fußstapfen tritt«, aber »aus einer größeren geschichtlichen Perspektive heraus gesehen fallen diese geringfügigen Details der Modeerscheinungen, Schulen und persönlichen Einflüsse im breiten Auf und Ab von sozio-poetischem Angebot und Nachfrage kaum ins Gewicht« [47].

Die Hauptaufgabe des Literaturhistorikers ist infolgedessen nicht, die einzigartigen Beiträge individueller Dichter zu bestimmen, sondern die an verschiedenen Stellen auftauchenden poetischen »Vorlagen« herauszufinden, ihr Auftreten in mannigfaltigen ethnischen Milieus zu erklären und sie schließlich vor allem durch alle Verwandlungen hindurch zu ihrem Ausgangspunkt zurückzuverfolgen, zu der »epischen Vergangenheit, oder sogar noch weiter zurück, bis zur Stufe des Mythen-Bildens« [48].

Die aus dieser Formulierung hervorgehende Betonung der Genealogie wurde von den formalistischen Theoretikern weitgehend aufgegeben. Sonst aber empfingen sie aus Veselovskijs poetischen Studien viele wertvolle Anregungen. Dies gilt vor allem von seinem letzten Werk, der unvollendeten *Poetik der Handlungen* (1897–1907) [49]. Die Schlüsselbegriffe dieser Untersuchung, die Idee vom »Motiv« als der »einfachsten erzählerischen Einheit« und der »Handlung« als dichtverwobenem »Motivbündel«, wurden, wenn auch mit Vorbehalten, in die formalistischen Studien über die künstlerische Prosa oder das Volksmärchen weitgehend einbezogen [50]. Noch wichtiger ist die Ansicht über die »Handlung« (sjužet), die (wie aus Veselovskijs Argumentation hervorgeht) mehr der Komposition als der bloßen Thematik zugehöre, was auf einer grundlegenden Unterscheidung zwischen dem Thema eines literarischen Werks und der Handlung, d. h. der künstlerischen Organisation des Stoffes, beruht.

Die Affinität zwischen Veselovskijs Poetik und den literarischen Theorien der Formalisten beschränkt sich nicht auf bestimmte Definitionen oder Klassifikationen, sondern sie betrifft ebenso allgemeine Akzente. Die Beschäftigung des Verfassers der *Historischen Poetik* mit den Komponenten des literarischen Werks, mit den künstlerischen Mitteln und ihren Häufungen, den literarischen Gattungen oder, wie er selber es ausdrückt, mit den besonderen »Medien, welche die Poesie zu ihrer Verfügung hat« [51], bedeutete einen großen Schritt auf dem Weg zur morphologischen Analyse. Diese sollte zum Stichwort der Poetiken des zwanzigsten Jahrhunderts werden. Veselovskijs Beharrlichkeit, mit der er mehr die Dichtung als den Dichter, mehr die objektive Struktur des literarischen Werks als die ihm zugrunde liegenden psychischen Vorgänge untersuchte, fand ihre Nachfolge in der ausdrücklich anti-psychologischen Orientierung des frühen Formalismus. Selbst Veselovskijs Tendenz, die Rolle des Individuums in der Literaturgeschichte zu schmälern, findet in einigen der formalistischen Manifeste ihr Gegenstück [52].

Und doch konnte sich Veselovskij, bei all seinem Wissen über literarische Techniken, von der weit verbreiteten mechanistischen Auffassung der poetischen Form als einem bloßen Überbau oder Nebenprodukt des »Inhalts« nie freimachen. Seinem Gesamtschema der literarischen Evolution hat sich dieser Irrtum deutlich mitgeteilt.

Da er das schöpferische Genie als einen Hauptfaktor ausgeschaltet hatte, mußte Veselovskij die Ursachen literarischer Entwicklungen entweder in der inneren Dynamik der poetischen Formen oder in außer-literarischen Einflüssen suchen. (Ich habe hier bewußt die zwar fruchtbarste, aber offensichtlich zu moderne Hypothese der Wechselwirkung zwischen Literatur und Gesellschaft übergangen.) Letztlich stand Veselovskij jedoch nur die zuletzt erwähnte Betrachtungsweise offen; die erstere beruht auf einer Auffassung, die seiner Methodologie vollkommen fremd war, eben derjenigen, die ein Kunstwerk als eine Struktur sui generis mit eigenen Integrationsgesetzen ansieht.

Der Hauptantrieb für die »Evolution des poetischen Bewußtseins« mußte außerhalb des literarischen Bereichs gesucht werden, um so mehr als die rein literarischen Komponenten, die »Vorlagen«, letztlich als konstant angesehen wurden. »In den von uns ererbten poetischen Formen finden wir eine gewisse Regelmäßigkeit, die durch den sozio-psychologischen Prozeß verursacht wird« [53]. In den »alternierenden Verbindungen dieser Formen mit regelmäßig sich verändernden gesellschaftlichen Idealen« [54] geben die »Ideale« den Ton an und machen von einer Periode zur anderen auf Grund erforschbarer soziologischer Gesetze tiefgreifende Verwandlungen durch. Traditionelle Bilder, die ja mit erheblicher Elastizität und fast universaler Anwendbarkeit ausgestattet sind, werden dagegen nur geringfügig verändert, um der neuen, nach literarischem Ausdruck suchenden Weltanschauung »Genüge zu tun«.

Diese Auffassungen implizieren eine saubere Kräfteteilung zwischen der im wesentlichen statischen »Form« und dem dynamischen »Inhalt«. Der vergleichende Literaturhistoriker solle ermitteln, fordert Veselovskij, »wie dieser neue Lebensinhalt, dieses Element der Freiheit, das jede Generation von neuem auf ihre Fahnen schreibt, die alten Bilder, diese Formen der *Notwendigkeit*, durchdringt« (Schrägdruck vom Verfasser) [55]. Die literarische Evolution wird so zu einer Folgeerscheinung der Evolution der »Weltanschauungen«, der periodischen Verschiebungen gesellschaftlicher Ideologien.

Es läßt sich unschwer erkennen, wie eine so äußerliche Betrachtungsweise den Wert der sonst anregenden Erörterungen Veselovskijs über die griechische Lyrik oder das mittelalterliche Epos beträchtlich mindert. Diese wertvollen Beiträge zur soziologischen Poetik [56] leiden unter einer vereinfachenden Auffassung der kausalen Beziehung zwischen der poetischen Form und dem »Lebensinhalt«.

So wurden Veselovskijs Untersuchungen über das literarische Handwerk von dem beeinträchtigt, was einige moderne Kritiker als den »genetischen Irrtum« bezeichnet haben. Es war daher die Aufgabe anderer Literaturtheoretiker – denen mehr Sinn für die innere Dynamik der Dichtkunst eignete, obschon sie nicht mit Veselovskijs erstaunlicher Gelehrsamkeit ausgerüstet waren –, einige der durch Veselovskijs unschätzbare Untersuchungen angeregten entscheidenden Einsichten weiter zu verfolgen [57].

Den bahnbrechenden Bemühungen Veselovskijs und Potebnjas gelang es nicht, auf die Richtung der Literaturwissenschaft im Rußland des späteren neunzehnten Jahrhunderts einen nennenswerten Einfluß auszuüben. Formale Überlegungen traten noch immer weitgehend hinter dem Interesse an der Ideologie eines Schriftstellers zurück. Um die Jahrhundertwende gab es zwar ein paar Kritiker wie S. Andreevskij oder N. Strachow, die immerhin bereit waren, so »unzeitgemäße« Probleme wie die Zukunft des Reimes oder die Struktur der Verse Puškins zu besprechen [58]. Und einer noch kleineren Zahl von Literarhistorikern, darunter D. Ovsjaniko-Kulikovskij, gelang es, eine psycho-ideologische Betrachtungsweise der zeitgenössischen literarischen Produktion mit einem lebhaften Interesse an Fragen der linguistischen Poetik zu vereinen. Die meisten Literaturwissenschaftler waren aber viel zu sehr damit beschäftigt, echte oder eingebildete »Botschaften« zu entziffern, als daß sie den schwierigen und »akademischen« Erörterungen Potebnjas oder Veselovskijs hätten Beachtung schenken können. Sie waren zu stark von der landläufigen Auffassung der Form als etwas bloß Äußerlichem und Zweitrangigem beeinflußt, um sich der Notwendigkeit einer durchgreifenden Analyse von Stil oder Handlungsgefüge bewußt zu werden. Außerdem war es dem durchschnittlichen Literarhistoriker nicht unbedingt ein Bedürfnis, sich auf ein neues Forschungsgebiet wie das Studium der poetischen Sprache hinauszuwagen; er überließ dies nur allzugern dem Linguisten.

Dieser wiederum hatte keinerlei Eile, sich an eine solche Aufgabe heranzumachen. Die sogenannte neugrammatische Schule, die in der europäischen Linguistik gegen Ende des vorigen Jahrhunderts im Schwange war und die sich an der Moskauer Universität besonders fest eingenistet hatte [59], konnte mit so esoterischen Beschäftigungen wie Untersuchungen über das Wesen der poetischen Sprache nur wenig anfangen. In erster Linie wandte der Sprachwissenschaftler, wie es die gängige Lehre forderte, sein Interesse den »natürlichsten«, »kunstlosen« Sprechweisen zu; die Mundarten nahmen den obersten Rang ein, wobei sogar die allgemeine Umgangssprache auf einen niederen Platz verbannt wurde. Kein Wunder, daß man die Beschäftigung mit der poetischen Diktion für eine Treibhauspflanze, für einen Luxus hielt, den sich der Sprachgelehrte in seiner Wühlarbeit nach »primären« Faktoren nicht leisten zu können glaubte.

Das erste Jahrzehnt des zwanzigsten Jahrhunderts wurde zu einem Wendepunkt in der Entwicklung des russischen kritischen Denkens. Plötzlich standen die Probleme des literarischen Handwerks im Mittelpunkt des kritischen Interesses. Dieser Aufschwung auf dem Gebiet der Poetik erklärte sich nur zu einem geringen Grade aus den Bemühungen der akademischen Literaturwissenschaft oder Philologie. Vielmehr ging das neuerwachte Interesse an der Theorie der Dichtung – besonders an der Verskunst – Hand in Hand mit einer neuen Blüte der russischen Dichtung selber, die durch die Heraufkunft des Symbolismus hervorgerufen wurde.

Kapitel II

WEGE ZUM FORMALISMUS

Vom »Wald der Symbole« zum »Selbstwertigen Wort«

1

Durch das Entstehen der symbolistischen Bewegung wurde das Niveau des dichterischen Könnens in Rußland auffallend gehoben. Die Verskunst, die seit der Mitte des neunzehnten Jahrhunderts von der erzählenden Prosa in den Hintergrund gedrängt worden war, feierte ein triumphales come-back. Die flache und blutleere Lyrik in der Nachfolge Nekrasovs wurde von der formalen Meisterschaft eines Valerij Brjusov, von dem üppigen Wohlklang eines Konstantin Bal'mont und vor allem von der unwiderstehlichen Wortmagie eines Aleksandr Blok abgelöst. Die Folge dieser poetischen Erneuerung war eine Renaissance der Versforschung, ein konzentriertes Bemühen, die Probleme des dichterischen Handwerks vom Gesichtspunkt der symbolistischen Schule aus in Angriff zu nehmen.

Diese enge Wechselwirkung zwischen der schöpferischen Praxis und der literarischen Theorie war als solche kein neues Phänomen in der Geschichte der russischen Literatur. Seit dem achtzehnten Jahrhundert hatte jede literarische Schule ihre kritischen Wortführer, die versuchten, die jeweiligen Anforderungen der ästhetischen Sensibilität theoretisch zu rechtfertigen und sie in den Rang unveränderlicher Gesetze zu erheben. In der symbolistischen Ära nahm diese Verbindung zwischen dem Künstler und dem Theoretiker jedoch die Form einer organischen Symbiose an. Der Dichter war es, mehr als der professionelle Literaturwissenschaftler, der nun beim Erforschen der Geheimnisse des schöpferischen Laboratoriums die Führung übernahm.

Den Hauptanstoß zu dem gemeinsamen Forschungsunternehmen der Symbolisten auf dem Gebiet der Poetik muß man in dem künstlerischen Glaubensbekenntnis und letztlich in den zugrunde liegenden philosophischen Lehren suchen, für die die Bewegung eintrat.

Der russische Symbolismus, um es in den Worten eines seiner Hauptsprecher zu sagen, konnte und wollte »nicht bloß Kunst« sein [1]. Sein Bestreben ging dahin, eine ganzheitliche Welt-Sicht, eine Philosophie, genauer: eine Metaphysik zu werden. Während Verlaine, Laforgue und Mallarmé vor allem eine neue Form des poetischen Ausdrucks zu entwickeln suchten, rangen ihre russischen Kollegen bei dem Versuch, einen Weg aus dem geistigen Engpaß des fin-de-siècle herauszufinden, mit »letzten Fragen«.

Die symbolistische Bewegung war der Schwanengesang des Teils der russischen Intelligenz, der dem Adel oder dem höheren Bürgertum entstammte. Sie war das Produkt einer Kultur, die einen hohen Grad an intellektueller und ästhetischer Verfeinerung erreicht hatte. Nur allzubald sah sie sich dem unvermeidlichen Untergang gegenüber. Als das historische Unheil der Revolution näher rückte, begann die Welt der Symbolisten zu zerfallen. Das »stets gegenwärtige Gefühl der Katastrophe« [2], das die Verse Aleksandr Bloks, des größten Dichters dieser Periode, durchzieht, verlieh den Schriften dieser dem Untergang geweihten Generation einen Ton tragischer Not. Die Intensität schöpferischer Betätigung und spekulativen Strebens nahm geradezu fieberhafte Formen an, anstatt durch die Erwartung des drohenden Unheils gelähmt oder gedämpft zu werden.

In der verfeinerten Atmosphäre von Vjačeslav Ivanovs berühmtem »Turm«, wo sich in den Jahren 1905–1910 die literarische und geistige Elite von Petersburg jeden Mittwochabend zu versammeln pflegte, ging es in der Unterhaltung, die französischen »Esprit« und deutsche »Innerlichkeit« vereinigte, mit gleicher Intensität um Oscar Wilde und Nietzsche, um die Eleusischen Mysterien und die Neu-Kantische Philosophie. Unter den Augen des gütigen, wenn auch ein wenig ausweichenden Gastgebers versuchte man sich an kühnen und ungewöhnlichen Synthesen. So bemühte man sich, Dionysos und Christus zu vereinigen oder Solov'ëvs spiritualistische Philosophie mit Rozanovs sexuellem Mystizismus zu versöhnen [3]. Diese einzigartigen Zusammenkünfte boten zwar auch snobistischer

Klügelei und blasiertem Ästhetizismus Raum, die in pseudo-mystischen Flirts mit dem »Absoluten« neue Sensationen such-ten. Doch läßt sich kaum bezweifeln, daß die wichtigsten Teilnehmer, die zu diesen symbolistischen Symposien kamen, auf einer echten, ja verzweifelt ernsten Suche nach dem Sinn des Lebens, auf der Suche nach einer wenn auch noch so »privaten« oder esoterischen Wertordnung waren.

Ein wichtiger Aspekt der Weltanschauung, den der russische Symbolismus zu erfassen suchte, war die Einstellung zur Sprache. Die Antipoden und Vorläufer der Symbolisten, die Positivisten, hatten sich fast ausschließlich mit der berichtenden oder – um die Begriffe von Ogden und Richards zu benutzen – der »referierenden« Funktion der Sprache befaßt. Zur Zeit des Realismus lag die Betonung immer auf dem Gegenstand, nie-mals auf dem Wort selbst. Das Wort wurde lediglich als ein Medium zur Übermittlung des Gedankens, als Hinweisendes, als bloße Denotation betrachtet. Das »Gewebe« eines Wort-zeichens hielt man weitgehend für unwesentlich. Die »Form« sah man als das äußere Gewand des »Inhalts« an oder – in einem Werk der Einbildungskraft – als eine rein äußerliche Ver-zierung, auf die man ohne merkliche Einbuße für das Verständ-nis verzichten konnte.

Die symbolistische Poetik bemühte sich sehr bewußt darum, mit der mechanistischen Zweiheit von »Form« und »Inhalt« aufzuräumen. Wie Ivanov in einem seiner späteren Aufsätze schreibt, mußte »die gegenwärtige Spaltung zwischen dem Klang eines Wortes und seiner Bedeutung, die vom Schema-tismus des rationalistischen Denkens vertuscht wird, erkannt, entlarvt und abgelehnt werden« [4]. Ivanovs Auffassung von der organischen Einheit von Klang und Bedeutung war unlös-lich mit einer im wesentlichen esoterischen Vorstellung von der poetischen Schöpfung verbunden. Für den symbolistischen Theoretiker ist Dichtung eine Offenbarung der letzten Wahr-heit, eine höhere Form der Erkenntnis, eine »Theurgie« [5], die die Kluft zwischen der empirischen Wirklichkeit und dem »Un-bekannten« zu überbrücken vermag. Das dichterische Wort wird als ein mystischer Logos verstanden, der von geheimnis-vollen Bedeutungen widertönt. Die Metapher, eines der grundlegenden Mittel des Dichters, wird von einer bloßen Redefigur zum Symbol erhoben, dessen Funktion es ist, »dem Parallelismus zwischen den Erscheinungen und dem Wesenhaften« [6] Ausdruck zu geben, die verborgenen Übereinstimmungen zwischen der Welt der Sinne, den »Realia«, und der höheren oder transzendentalen Realität, der »Realiora«, zu offenbaren [7]. »Der Makrokosmos«, schreibt Ivanov, »spiegelt sich in jedem Mikrokosmos in eben der Weise, in der sich die Sonne in jedem Regentropfen spiegelt« [8]. Und wie sich der empfindsame Leser darum bemühe, über den »Mikrokosmos« des dichterischen Bildes hinaus zu seiner »tieferen« Bedeutung vorzudringen, so eröffne die Wahrnehmung des sichtbaren Symbols die unmittelbare Anschauung einer unsichtbaren »Substanz«.

Wenn man aber sagen darf, daß in der symbolistischen Dichtung das Zeichen in den Gegenstand übergeht, so ist doch das Umgekehrte ebenso wahr: der Gegenstand wird nur als ein Zeichen aufgefaßt, ist »nur ein Gleichnis« (Goethe). Das Wort, wie wir es kennen, erscheint dem Auge als ein geheimnisvoller Schlüssel, der entziffert werden muß. Die Natur selber ist, um Baudelaires berühmtes Sonett »Correspondances« zu zitieren, ein »Wald von Symbolen«, wo jeder einzelne »Baum« das Element einer höheren Realität verkörpert. Die von Ivanov angenommene Einheit von Zeichen und Gegenstand wird dadurch erhärtet: »Form wird Inhalt, Inhalt wird Form« [9].

Im Lichte dieser Theorie war das Verhältnis zwischen dem »Zeichen« und dem »Bezeichneten« nicht mehr willkürlich oder konventionell; es wurde vertraut und organisch. Das Wort verwies oder bezog sich nicht nur auf ein erkennbares Objekt, einen identifizierbaren Denkinhalt. Es deutete eher an, als daß es bezeichnete, es beschwor das sonst Unaussprechliche durch einzigartig passende Klangverbindungen, durch »Wortmagie«. So wurde eine unmittelbare Entsprechung zwischen dem »Gewebe« der dichterischen Sprache und ihren schwer greifbaren Bezügen hergestellt. Um die verborgene Aussage entziffern zu können, war es notwendig, den »Worten, Rhythmen, Bildern« [10] des Dichters, der Metrik, den Mitteln des Wohlklangs und der Funktion der Metapher genaueste Aufmerksamkeit zu widmen. Kurz, es wurde dringend notwendig, sich auf die Probleme der poetischen Form zu konzentrieren.

Es war für die russische Lyrik ein glücklicher Umstand, daß zwei führende Theoretiker des Symbolismus – Andreij Belyj und Valerij Brjusov – zugleich ganz ungewöhnliche und sehr bewußte Praktiker des literarischen Handwerks waren. Ihre genaue Kenntnis und ihr lebhaftes Interesse an den Problemen der poetischen Technik milderte ihr beharrliches Bestehen auf dem esoterischen Wesen der Dichtung erheblich ab. Außerdem hielt eine gewisse intellektuelle Disziplin, der beide Männer sich während ihrer Moskauer Studentenjahre zu unterwerfen gelernt hatten, sie davon ab, in einen zügellosen Irrationalismus oder den sterilen Impressionismus eines Bal'mont zu verfallen [11].

Besonders wichtig war der von Andrej Belyj gelieferte Beitrag. In einem Aufsatz mit dem charakteristischen Titel »Lyrik als Experiment« [12] griff Belyj die landläufige Meinung an, ein Dichter könne ohne ein systematisches Studium des poetischen Handwerks auskommen. »Während ein Komponist«, so führt er aus, »der sich mit dem Kontrapunkt auseinandersetzt, ein normaler Anblick ist, wird ein Dichter, der sich in die Fragen des Stils und der Metrik vertieft, hierzulande als eine Art Gespenst angesehen« [13]. Im Kampf gegen dieses Vorurteil begann Belyj eine, wie er es nannte, »vergleichende Morphologie des Rhythmus» [14], wodurch er die »empirischen Gesetze« des Versbaus zu entdecken hoffte. Das erste Ergebnis dieses schwierigen Versuchs war eine Reihe von Untersuchungen über die Entwicklung des russischen jambischen Tetrameter von Lomonosov bis zur symbolistischen Periode; sie wurden in Belyjs gefeiertem Buch *Simvolizm* (1910) veröffentlicht [15]. Diese sehr feinen Analysen russischer Lyrik waren zweifellos ein deutlicher Fortschritt gegenüber den veralteten Methoden der Schulmetrik.

Belyj war der erste moderne Kenner russischer Lyrik, der das Augenmerk auf das Phänomen rhythmischer Variationen richtete. Es war ihm ganz klar, daß eine vollkommene Anpassung an die metrische Norm oder, um L. Abercrombie zu zitieren [16], »eine völlig regelmäßige Aufeinanderfolge der

Akzente« im »akzentuierten« Vers weder möglich noch erstrebenswert ist. Belyj demonstrierte mit Hilfe genauester rhythmischer Analysen, daß selbst ein scheinbar »regelmäßiger« Vers, wie Puškins jambischer Tetrameter, nicht auf metrische Unterbrechungen verzichten kann. Immer wieder findet man bei Puškin »Halbbetonungen«, wo man eigentlich volle metrische Akzente erwarten sollte. Diese Abweichungen von der Regel sind zu häufig, schreibt Belyj, als daß man sie als Ausnahmen ansehen dürfe. Sie bilden einen zu organischen Teil des gesamten rhythmischen Flusses vieler dichterischer Meisterwerke, als daß sie als gelegentliche formale Mängel abgetan werden könnten. Die evokative Kraft eines Gedichts wird nicht etwa geschwächt, sondern erhöht durch metrische Unregelmäßigkeiten, die dem Vers rhythmische Biegsamkeit und Abwechslung verleihen.

Die enge Verbindung zwischen diesen kritischen Überlegungen und der schöpferischen Praxis der russischen Symbolisten ist nur allzu offensichtlich. Obwohl diese bei der Befürwortung und Pflege des »freien Verses« niemals so weit gingen wie einige ihrer französischen »Kollegen«, so lockerten sie doch beträchtlich die Regeln der »Silbenbetonung«, die von Lomonosov festgelegt und von Puškin zur Vollkommenheit gebracht worden waren. Meister des russischen Symbolismus wie Brjusov, Blok und Zinaida Gippius entwickelten einen rein akzentualen Verstyp, den sogenannten *dol'nik*, in dem die Silbenzahl zwischen den Hebungen von einer Zeile zur anderen variierte.

Belyjs offensichtliches Vorurteil und seine Tendenz, die künstlerischen Ideen der symbolistischen Schule als die einzig annehmbare Methode anzusehen, verlieh seiner Behandlung der Metrum-Rythmus-Dichotomie eine ungebührlich dogmatische Qualität. In den Augen des glühenden Verfechters des »neuen Verses« wurde das Übertreten der Regel zur Regel. Den »unregelmäßigen« Vers pries man nun als dem regelmäßigen überlegen. Der Rhythmus, in rein negativen Begriffen als »Symmetrie in Abweichungen vom Metrum« [17] definiert, wurde für »besser« als das Metrum befunden. Diese Auffassung einer grundlegenden Antinomie von Rhythmus und Metrum kam in einem der letzten Werke Belyjs, *Rhythmus als*

Dialektik [18], noch stärker zum Ausdruck. In dieser abwegigen Abhandlung, einem einzigartigen Versuch, die symbolistische Dichtungstheorie mit der marxistischen Dialektik zu vereinigen, treten wissenschaftliche Gesichtspunkte immer mehr hinter gefühlsbetonten Werturteilen zurück. Belyj nennt hier das Metrum verächtlich die »Sklerose des Gewebes«, beschreibt dagegen den Rhythmus in hohen Tönen und vage als das »Prinzip der Verwandlung und des Wachstums« [19].

Belyjs normative Auslegung der grundlegenden prosodischen Begriffe verdarb bis zu einem gewissen Grade auch seine konkreten Rhythmusanalysen. So neigte er in seinem Aufsatz »Versuch einer Darstellung des russischen jambischen Tetrameter« dazu, den rhythmischen Reichtum eines Gedichts nach der Häufigkeit der Abweichungen vom metrischen Schema zu beurteilen oder genauer, nach der Anzahl der fehlenden Akzente. Brjusov, der im allgemeinen bei der Behandlung spezifischer Probleme der russischen Verskunst mehr Vorsicht und gesunden Menschenverstand walten ließ, machte auf die Unangemessenheit dieses Vorgehens aufmerksam. Brjusov wandte sich in seiner klugen Besprechung von Belyjs *Symbolismus* [20] mit Recht dagegen, den Versbau auf Grund einer willkürlich gewählten Komponente zu bewerten. Die Häufigkeit von »Halbbetonungen«, so wies er auf, ist nicht notwendigerweise ein Plus. Fehlende Hebungen werden erst dann zu einem Faktor rhythmischer Anmut und Leichtigkeit, »wenn sie in geglückten Verbindungen mit Zäsuren und anderen Verselementen auftreten« [21]. Wenn dies nicht der Fall ist, können sie im Gegenteil den Eindruck des Plumpen, Ungehobelten hervorrufen.

Und doch waren, trotz ihrer Mängel, Belyjs Untersuchungen zur Verskunst ein wichtiger Meilenstein in der Entwicklung einer wissenschaftlichen russischen Poetik. Der Versuch, die Evolution eines metrischen Schemas durch ein Jahrhundert russischer Versgeschichte hindurch zu verfolgen, bedeutete einen großen Schritt auf dem Weg zu einem konkreten, historischen Studium des russischen Verses, und viele spätere Untersuchungen wurden nachhaltig davon beeinflußt. Anstatt ein abstraktes a priori-Schema einem heterogenen Literaturbestand mechanisch anzulegen, unterschied Belyj sorgfältig zwischen den tatsächlichen Anwendungen eines metrischen Schemas in den verschiedenen Perioden der russischen Versdichtung. Er untersuchte auf das genaueste die bestimmten rhythmischen Erscheinungsformen, die der russische jambische Tetrameter im späten achtzehnten Jahrhundert, in der Puškin-Ära und der zweiten Hälfte des neunzehnten Jahrhunderts annahm.

Bei seinen Bemühungen, das einzigartige rhythmische Timbre individueller Dichter oder literarischer Gruppen zu ermitteln, näherte sich Belyj dem historischen Relativismus der späteren Versuntersuchungen der Formalisten. Er schien sich darüber klar zu sein, daß jede literarische Schule ihre eigene »Poetik«, d. h. eine eigene Reihe künstlerischer Mittel hatte. Im Hinblick auf den Rhythmus bedeutete dies, die bestehenden metrischen Regeln auf eine jeweils besondere Art zu modifizieren oder gar zu brechen.

Sein Verfahren, die »Poetik« eines Meisters oder einer literarischen Schule zu rekonstruieren, kam Belyj bei seinen gelegentlichen Ansätzen zum Studium der künstlerischen Prosa gut zustatten. Seiner hervorragenden Neubewertung Gogol's, die in der Essay-Sammlung *Lug zelënyj* (Grüne Wiese) [22] enthalten ist, folgte mehr als zwanzig Jahre später eine umfassende und eindringliche Analyse von Gogol's technischem Können [23].

In seinem Bemühen, der Poetik die Würde einer exakten Wissenschaft zu verleihen, schreckte Belyj nicht vor dem Gebrauch statistischer Mittel beim Studium des russischen Verses zurück. Zum ersten Male benutzte er diese Methode in seinem Werk *Symbolismus* [24]. Die von den dort besprochenen Dichtern angewandten rhythmischen Besonderheiten werden hier durch geometrische Figuren und graphische Tabellen illustriert, welche die Verteilung der Akzente, der Zäsuren und der sogenannten »interverbalen« Pausen innerhalb der Zeilen darstellen. Eine Technik genauester Klangwiedergabe (sluchovaja zapis'), von Belyj selber erdacht und später in gemeinsamer Bemühung seiner Schüler vervollkommnet [25], war ein deutlicher Fortschritt gegenüber den lockeren Metaphern und schillernden Allgemeinheiten über die »Versmusik«, die sich nur allzuoft für wirkliche Beschreibungen des Versrhythmus ausgaben. Von Belyjs »statistischen Methoden« machten, wenn auch erheblich modifiziert, formalistische Theoretiker des Verses wie B. Tomaševskij und R. Jakobson guten Gebrauch.

Während wir die Nützlichkeit graphischer Darstellungen verschiedener Rhythmen keineswegs leugnen wollen, neigte Belyj bei seiner charakteristischen Anlage zur Übertreibung allerdings dazu, die Wichtigkeit seiner »Erfindung« zu überschätzen. Wie Žirmunskij in seiner Besprechung von Belyjs *Rhythmus als Dialektik* richtig nachweist [26], schien der symbolistische Theoretiker zu vergessen, daß beim Studium der Verskunst Tabellen und Zahlen bloße Hilfsmittel waren, eine schablonenhafte Art und Weise, Ergebnisse vorzulegen. Er schien allzuoft von der Voraussetzung auszugehen, daß es in der Poesie immanente Gesetze einer »mathematischen Dialektik« gäbe. Wie Žirmunskij feststellt, nehmen in Belyjs Schriften algebraische Symbole Eigenständigkeit an, wenn der Kritiker sich auf eingehende mathematische Operationen einläßt, deren Ergebnisse die darauf verwandte Mühe kaum rechtfertigen [27].

Valerij Brjusov teilte Belyjs Überzeugungen, daß ein Ausübender des literarischen Handwerks es sich nicht leisten könne, die Theorie zu vernachlässigen. »Die poetische Technik«, so behauptete er, »kann und muß studiert werden« [28].

Nüchterner und klarsichtiger als Belyj, vermied Brjusov die Extravaganzen seines geistreichen Mitstreiters. Aufs engste mit der russischen und westeuropäischen literarischen Tradition verbunden, nahm Brjusov gleichzeitig aber auch scharf die neuen Strömungen in der Dichtung wie auf dem Gebiet der Vers-Forschung wahr. Er vermied die rein akustische Beschäftigung mit dem Vers und betonte die enge Verbindung zwischen den klanglichen, semantischen und grammatischen Aspekten der dichterischen Sprache. Brjusov war einer der ersten russischen Versforscher, der auf der Wichtigkeit »interverbaler Pausen« (von den Formalisten später in »Wortgrenzen« umgetauft) als einem Faktor im Versrhythmus bestand.

Brjusov beschäftigte sich mit konkreten Phänomenen der russischen Versdichtung und hielt sich dadurch von der Dogmatik frei, die einige der kritischen Darstellungen Belyjs verdarb. Ähnlich wie Belyj zwar, aber konsequenter, bestimmte er rhythmische Mittel innerhalb eines entsprechenden historischen Zusammenhangs, d. h. im Rahmen eines bestimmten prosodischen Systems. Ein gutes Beispiel dieses gesunden Historismus bietet sich in seiner herausfordernden Besprechung von V. Žirmunskijs Untersuchung *Der Reim, seine Geschichte und Theorie* [29]. Besonders treffend ist Brjusows Erörterung der unvollkommenen Reime moderner Dichter. Er widersetzte sich Žirmunskijs Definition des unvollkommenen Reims als eines Produktes der »Dekanonisierung« des klassischen Reims. Diese rein negative Beschreibung erschien ihm unpassend. Literarische Umwälzungen, behauptete er, haben ihre eigenen Gesetze. Es sei daher lohnender, von einem neuen Reim-System, von der Ausbildung eines neuen Kanon als über den Verfall des alten zu sprechen.

Weniger befriedigen Brjusovs Abhandlungen über allgemeine Verstheorien: *Eine kurze Unterweisung in Prosodie* (1919) und *Die Grundlagen der Prosodie* (1924) [30]. Diese gelehrten Untersuchungen leiden unter terminologischer Verwirrung und unter veralteten, der griechischen und lateinischen Metrik entnommenen Begriffen, die sich kaum oder gar nicht auf den russischen Vers anwenden lassen. Wie Roman Jakobson richtig nachgewiesen hat [31], nahm bei Brjusov die Beschäftigung mit bestimmten, im russischen Vers so gut wie nichtexistenten Phänomenen wie der Synkope einen ungebührlich großen Raum ein, während er entscheidenden Problemen der russischen Betonung überraschend wenig Beachtung schenkte.

2

Einige der oben angeführten Abhandlungen erschienen erst im zweiten Jahrzehnt dieses Jahrhunderts in Buchform. (Belyjs *Symbolismus* wurde 1910, Ivanovs *Furchen und Grenzen* 1916 veröffentlicht.) Zu der Zeit war die symbolistische Flut bereits wieder im Rückgang begriffen. Nach einer kurzen, wenn auch üppigen Blüte sah sich der russische Symbolismus von neuen literarischen Kräften herausgefordert.

Eine dieser Strömungen bezeichnete sich als den »Akmëis-mus«. Einige der Literaturzeitschrift *Apollon* [32] verbundene junge Dichter, darunter Nikolaj Gumilëv, Anna Achmatova, Osip Mandelstam, machten sich daran, einen neuen Kurs für die russische Dichtung zu bestimmen. Ihre Vorstellung von der Dichtkunst hielt sich mehr an das Vorbild Gautiers als an das Verlaines oder Mallarmés. Die Akmëisten lehnten die mystische Unklarheit, ihren viel gepriesenen »Geist der Musik« ab. Sie strebten nach »apollinischer« Klarheit und graphischer Umriß-schärfe. Die Dichter des *Apollon* waren mehr an der sinnlichen Erscheinung, der »Dichte« der Dinge [33] interessiert als an ihrem Inneren, ihrer Seele, oder – um Ivanovs Begriff noch einmal zu benutzen – mehr an den »Realia« als an den »Rea-liora«. Und in dem Maße, in dem die Akmëisten versuchten, den dichterischen Gegenstand wieder der Wirklichkeit näher zu brin-gen, waren sie auch bestrebt, die Kluft zwischen dem poetischen Idiom und der begrifflichen Sprache zu verringern. Die nüchter-neren Verse Gumilëvs und Achmatovas hatten sich von der für die Symbolisten typischen Art des esoterischen Anspielens und der angelernten Doppeldeutigkeit weitgehend freigemacht. Und doch war der Akmëismus bei all seiner Opposition gegen die symbolistische Ästhetik letzten Endes doch nur ein Abkömm-ling des Symbolismus, sozusagen eine symbolistische Häresie. Gumilëv mag in vieler Hinsicht über Brjusov hinausgegangen sein, aber er blieb doch innerhalb der Grenzen der gleichen poetischen Tradition und des gleichen gesellschaftlichen Systems.

Ein viel heftigerer und vielleicht auch folgenschwererer An-griff auf den Symbolismus fand von seiten der aufkommenden futuristischen Bewegung statt. Das Stichwort der unzufriedenen künstlerischen Bohémiens, die mit der Woge der futuristischen Offensive auf der literarischen Bühne Rußlands erschienen, war ein völliger Bruch mit der »erdrückenden Vergangenheit«. Die Futuristen erklärten allen Idolen der angesehenen Gesell-schaft – dem »gesunden Menschenverstand und guten Ge-schmack« – den Krieg [34]. Mit einer wegwerfenden Geste widersetzten sie sich allen Autoritäten und anerkannten Maß-stäben auf sozialem, ethischem oder ästhetischem Gebiet. In ihrem berühmt-berüchtigten Manifest mit dem charakteristischen Titel »Eine Ohrfeige dem allgemeinen Geschmack« (1912) [35] forderten die Unterzeichnenden – D. Burljuk, V. Chlebnikov, A. Kručënych, V. Majakovskij –, daß »Puškin, Dostoevskij und Tolstoj vom Dampfer der modernen Zeiten über Bord geschmissen« würden [36]. Sie verkündeten stolz ihren »kompromißlosen Haß auf die bisher gebräuchliche Sprache« [37]. Die nachfolgenden Erklärungen der Futuristen bestanden auf dem Recht des Dichters, den poetischen Wortschatz, die Syntax und den Stoff zu revolutionieren und mit jeglichen literarischen Konventionen radikal aufzuräumen, angefangen bei den abgenutzten »sentimentalen« Themen der Liebe und des romantischen Gefühls bis zu den »veralteten« grammatischen Regeln [38].

Die Verfasser des futuristischen Manifests ließen keinen Zweifel daran aufkommen, daß ihre umfassende Anklage gegen das russische literarische Erbe sich auch auf die jüngste Vergangenheit erstreckte. Tatsächlich richteten sich einige der wütendsten Ausbrüche der futuristischen Rhetorik gegen die symbolistischen Meister, die sie verächtlich als vornehme und degenerierte Epigonen bezeichneten [39].

Der Symbolismus war die Dichtung apokalyptischer Ahnungen, erregter Gewissenserforschung, gequälter Ruhe vor dem Sturm gewesen. Nun aber, da das von Blok und Belyj halb hoffnungsfreudig, halb angstvoll erwartete geschichtliche Pandämonium wirklich zum Ausbruch kam, mußte das unterdrückte Schluchzen der »herbstlichen Geigen« à la Verlaine in dem betäubenden Trommelschlag Vladimir Majakovskijs untergehen. Jetzt war es der futuristische Rebell, der, unehrerbietig, überschäumend und ungehemmt, fähig und bereit war, im und für den Sturm zu sprechen. Es gelang ihm, in seinem rauhen Stakkato-Vers, der jede Glätte oder »Harmonie« vermied und von metrischen Fesseln befreit war, den »polyphonischen Lärm« [40] der turbulenten Ära einzufangen. »Wir sind«, rühmte sich Majakovskij, »in das Liebesgeflüster der Gartenlauben mit dem tausendfüßigen Schritt unseres Zeitalters eingedrungen. Dies sind unsere Rhythmen – der Mißklang der Kriege und Revolutionen« [41].

Das soll nicht heißen, daß die futuristische Auffassung von der Dichtung in jeder Hinsicht der symbolistischen Ästhetik widersprach. Die Befürworter des russischen Futurismus teilten mit ihren Vorgängern den Abscheu vor realistischer Kunst und einen unwandelbaren Glauben an die überlegene, beschwörende Kraft des poetischen Wortes. Belyj hatte die »toten Embleme« der begrifflichen Sprache »lebendigen« poetischen Bildern gegenübergestellt [42], und ähnlich zog Velemir Chlebnikov eine scharfe Linie zwischen der poetischen und der »alltäglichen« (bytovoj) Rede [43]. Ferner läßt sich wohl das futuristische Wort vom »Durchschütteln der Syntax« [44] mittelbar auf Mallarmés unermüdliche Versuche zurückverfolgen, die Regeln der Logik durch solche der poetischen Euphonie zu ersetzen. Aber wenn sich auch die Futuristen mit den Symbolisten in der Voraussetzung eines wesentlichen Unterschiedes von poetischer und prosaischer Sprache einig waren, so vertraten sie doch völlig andere Standpunkte in ihren Ideen über das Wesen und die Funktion der Sprache.

Wie bereits dargelegt, werteten die russischen Symbolisten das Wort nicht um seiner selbst willen, sondern je nach seiner Suggestivkraft. In der symbolistischen Poetik wurde, um Majakovskijs scharfsinnige Bemerkung zu zitieren, »der Zufall der Alliteration als organische Affinität, als unauflösliche Verwandtschaft hingestellt« [45]. Man sah den poetischen Logos als eine esoterische Anspielung an. Das System der Bilder, des Rhythmus und der Wortorchestrierung sollte das zugrunde liegende System einer »höheren« Realität sichtbar machen.

Die futuristische Poetik lehnte unwiderruflich die Baudelaire'sche Theorie der »Korrespondenzen« ab. Sie konnte wenig mit mystischen wie auch mit sozialen »Botschaften« anfangen. Für Kručenych oder Chlebnikov war das poetische Wort weder ein rationalistischer Gedankenträger noch ein Blick in die »andere Welt«. Es war nicht, wie Ivanov in seinen oben angeführten Aufsätzen meinte, eine Reminiszenz an die mystische Jugend der Menschheit [46], sondern im Gegenteil ein »Schöpfer von Mythen« [47]; es war eine primäre Tatsache, eine selbstgenügsame und selbstwertige Wesenheit [48]. Die poetische Sprache wurde eher ein Selbstzweck als ein Medium der Übertragung von Gedanken und Gefühlen. »Wir, die futuristischen Dichter«, erklärte das Manifest *Das Wort als solches* [49], »haben mehr über das Wort als über die Seele nachgedacht, die von unseren Vorgängern rücksichtslos mißbraucht wurde. Wir wollen lieber nach dem Wort als solchem als nach unseren eigenen Erlebnissen leben.« David Burljuk, einer der kämpferischsten Sprecher des frühen russischen Futurismus, schreckte nicht davor zurück, »all dies Gewäsch über Inhalt und Geistigkeit« zum »größten Verbrechen gegen echte Kunst« zu erklären [50].

Dieser aggressive Anti-Psychologismus kann unvereinbar mit der Position erscheinen, die der anerkannte Führer des west-europäischen Futurismus, T. Marinetti, einnahm. In seinem berühmten *Technischen Manifest der futuristischen Literatur* verkündete Marinetti, das Hauptziel der neuen Dichtung sei, der modernen Sensibilität in der Sprache des technischen Zeitalters Ausdruck zu geben. Die neue poetische Diktion sollte, befreit von den hinderlichen Bestandteilen der konventionellen Grammatik wie Adjektiven, Adverbien, Interpunktion, die »telegraphische Sprache der Seele« (Altenberg) werden [51].

Tatsächlich besteht ein wichtiger Unterschied zwischen der Ästhetik des italienischen Futuristen und der der Russen. Marinetti legte die Hauptbetonung auf moderne Themen. In der modernen Dichtung, so sagte er, muß der Puls der riesigen Metropolen schlagen. Sie wird »von großen Massen singen, die durch Arbeit, Vergnügen oder Revolte in Bewegung gebracht werden . . . von gierigen Bahnhöfen, die dampfende Schlangen schlucken, von Fabriken, die unter den Wolken hängen an Tauen aus Rauch« [52]. Sie wird die Heraufkunft des neuen, des industriellen Zeitalters verherrlichen.

Für die Sprecher des vor-revolutionären russischen Futurismus war der Stoff nur von geringerer Bedeutung. »Das echt Neue in der Literatur«, schrieb Kručënych, »hängt nicht vom Inhalt ab . . . Die alte Welt in neuem Licht gesehen, kann ein sehr interessantes Zusammenspiel ergeben« [53]. Worauf es wirklich ankommt, ist die Form. »Eine neue Form bringt auch einen neuen Inhalt hervor . . . Die Form bestimmt den Inhalt« [54].

Das Primat der Form vor dem Inhalt war der Schlachtruf des frühen russischen Futurismus. Man verstand das Wort-Zeichen als eine »unabhängige Wesenheit, die das Material der Gefühle und Gedanken organisiert« [55], anstatt daß es diesen lediglich die Gestalt verleiht. »Wir haben beschlossen«, heißt es in einer der futuristischen Erklärungen, »Worte mit Bedeutungen zu versehen, die von ihren graphischen und phonetischen Eigenschaften abhängen« [56]. Man wandte die Aufmerksamkeit mehr der äußeren Form oder dem sinnlichen Gefüge des sprachlichen Symbols als seinem kommunikativen Wert zu, mehr dem Zeichen als seinem Gegenstand. Man versuchte ganz bewußt, den Zusammenhang zwischen den beiden zu lösen, das Wort – wie Kručënych sagte – »von seiner traditionellen Untertänigkeit gegenüber der Bedeutung zu emanzipieren« [57].

Diese Revolte gegen die Bedeutung fand ihren Ausdruck in dem Schlagwort von der »sinn-überschreitenden Sprache« (zaumnyj jazyk). Die extremsten Vertreter dieser Anschauung waren Kručënych und Kamenskij. Sie versuchten Verse zu schreiben, die ausschließlich aus willkürlichen Klangkombinationen bestanden, und sie propagierten ihre Leistungen mit der Behauptung, diese seien an Ausdruckskraft und Lebendigkeit der »verweichlichten« Dichtung Puškins und Lermontovs weit überlegen.

Kann man diese Experimente mit unsinnigen Silben als Extravaganzen einiger Bohémiens abtun, so lassen doch W. Chlebnikovs poetische Entdeckungen einen wesentlich höheren Grad an künstlerischer Reife und sprachlicher Virtuosität erkennen.

Als ein »unermüdlicher Pfadfinder der Sprache« [58] war sich Chlebnikov zu genau der organischen Beziehung zwischen Klang und Bedeutung bewußt, als daß er zum Apostel des reinen Wohlklangs hätte werden können. Seinen Versen, obwohl sie dunkel und elliptisch sind, kann im Gegensatz zu einer weitverbreiteten Auffassung, ein »Sinn« nicht abgesprochen werden. Sie sind eher, wie Roman Jakobson in seiner scharfsinnigen Untersuchung Chlebnikovs zeigt [59], Dichtung mit einer »herabgestimmten« Semantik. Die Grundeinheit von Chlebnikovs bizarrem Idiom ist nicht der einzelne Klang, noch die

Silbe, sondern ein Morphem. Es liegt in dessen Wesen, daß ihm, handele es sich nun um eine Wurzel oder ein Affix, eine gewisse oder zumindest potentielle Bedeutung eignet. Chlebnikov bekannte sich zu dem offensichtlich unerreichbaren Ziel, »den Stein der Weisen über die gegenseitige Transformation slawischer Worte zu finden, ohne aus dem Zauberkreis der Wurzeln auszubrechen, die slawischen Worte frei miteinander zu verbinden [60]. Sein bevorzugtes Verfahren war, bekannte Worte in ihre morphologischen Komponenten zu zerlegen, die er dann nach Belieben umschichtete und zu neuen Worteinheiten zusammenfügte – zu poetischen Neologismen. Eins von Chlebnikovs Gedichten, »Gelächterbeschwörung«, beruht auf einem erstaunlich geschickten und geistreichen Spiel mit Affixen; es besteht fast ausschließlich aus neugebildeten Ableitungen von der Wurzel »smekh« (russisch für »Gelächter«) [61].

Der gelegentliche Gebrauch poetischer Neologismen weist auf Chlebnikovs Einstellung zur Sprache hin. Die von ihm erfundenen Worte enthielten immer mehrere, wenn auch noch so vage oder embryonische »Konnotationen«, aber sie hatten nie irgendeinen denotativen Wert. Als Produkte der sprachlichen Phantasie des Dichters entsprachen oder bezogen sie sich nicht auf einen identifizierbaren Aspekt der objektiven Wirklichkeit.

Das Schlagwort vom »selbstgenügsamen Wort« wurde so Wirklichkeit. Das gewohnte Verhältnis zwischen dem sprachlichen Symbol und dem Bezugsgegenstand kehrte sich um. In der »praktischen« Sprache ist das Zeichen offensichtlich dem Objekt, auf das es sich bezieht, untergeordnet. In Chlebnikovs »sinnüberschreitenden« Versen erscheint das Objekt, wenn überhaupt, als ein schwaches Echo des Zeichens; es wird von dem seltsamen Ineinanderspielen der möglichen Bedeutungen des Wortes überdeckt.

Was von den Bezugsgegenständen der einzelnen Worte gilt, mag auch von dem »Bezugsgegenstand« des ganzen Dichtwerks gelten – von der Außenwelt. In einem seiner Artikel faßte W. Majakovskij die frühe futuristische Auffassung vom Verhältnis zwischen Kunst und Wirklichkeit folgendermaßen zusammen: »Kunst ist keine Kopie der Natur, sondern der Wille, die Natur entsprechend ihren Spiegelungen im individuellen Bewußtsein zu verzerren« [62].

Dieses Prinzip der schöpferischen Verzerrung, das die futuristische Dichtung mit verwandten Erscheinungen in den bildenden Künsten, in der kubistischen und surrealistischen Malerei teilte, erstreckt sich nicht nur auf den Wortbestand der futuristischen Lyrik, sondern ebenso auf die Bilder und das Handlungsgefüge. Die Neigung zur »dynamischen Verschiebung der Objekte und ihrer gegenseitigen Durchdringung« [63], zeigt sich auch in den grotesken Hyperbeln des frühen Majakovskij und in der »unzusammenhängenden Folge der Ereignisse«, – der »traumartigen Logik« [64] der epischen Fragmente Chlebnikovs, die an den Surrealismus erinnern.

Die weitreichenden dichterischen Neuerungen der Futuristen wie auch ihre fortgesetzten Bemühungen um die Theorie konnten nicht ohne bemerkenswerte Auswirkungen auf die Literaturwissenschaft bleiben. Dieser Einfluß scheint zugleich fördernd wie auch nachteilig gewesen zu sein.

Die laute Forderung der Futuristen nach der völligen Autonomie des dichterischen Wortes war letzten Endes eine gesunde, wenn auch übertriebene Reaktion gegen die Vernachlässigung der Form, wie sie noch heute in den Literaturgeschichten praktiziert wird, wie auch gegen die weithergeholten mystischen Interpretationen poetischer Bilder, die so viele kritische Äußerungen der Symbolisten beeinträchtigt hatten. Die Theorie vom »selbstgenügsamen Wort« und ihre praktische Auswirkung beleuchtete scharf die Mängel der rein thematischen Betrachtungsweise. Die Tätigkeit der russischen Futuristen lenkte die Aufmerksamkeit auf die innere Dynamik sprachlicher Fakten, denn sie zeigte, daß die Mittel poetischen Wohlklangs wie Reim, Alliteration und Assonanz auch für andere Zwecke als Symbolik oder Klangmalerei angewandt werden können. Mit allgemeineren Worten: durch die Futuristen wurde die scheinbar vergessene Wahrheit wieder ins Bewußtsein gerufen, daß der Grad der Übereinstimmung mit der »Realität«, sei es die sinnliche Welt der Naturalisten oder Ivanovs »Realiora«, nicht das einzig gültige Kriterium für die Beurteilung von Dichtung ist.

Wenn das Interesse für das »Wort als solches« die systematische Erforschung der poetischen Sprache gefördert hat, so rückte die Glorifizierung der Wandlungen, des Neuen in der Literatur die Probleme der historischen Poetik in den Vordergrund.

Die symbolistischen Theoretiker legten die Hauptbetonung auf die Einheit allen künstlerischen Schaffens. Sie beschäftigte die Frage nach dem »Wesen« der Dichtkunst, und sie erkannten dies Wesen mit Vorliebe in ihrer eigenen und der zeitgenössischen Dichtart. »Alle Kunst«, schreibt Belyj, »ist symbolisch: die der Gegenwart, der Vergangenheit und die der Zukunft« [65].

Der Futurist würde prinzipiell eine so umfassende und dogmatische Verallgemeinerung ablehnen. Ihm könnte man sogar den entgegengesetzten Irrtum vorwerfen. Da er die Geschichte der Literatur als eine ständige Folge von Revolten gegen die vorherrschenden Regeln ansah, geriet er leicht in die Gefahr, die Unterschiede zwischen den verschiedenen literarischen Entwicklungsstufen zu stark hervorzuheben. Die futuristischen Theoretiker sahen den einzig legitimen Prüfstein im Grad des Erfolges, mit dem ein Dichter das künstlerische Programm seiner Zeit durchführt, eine Auffassung, die zu extremem kritischen Relativismus führen mußte. Sie gingen sogar so weit zu bestreiten, daß Dichtung einer vergangenen Zeit Gegenstand der ästhetischen Betrachtung sein könne. Jener offensichtlich gegen die verhaßten »Philister« gerichtete Ruf nach dem Überbordwerfen Puškins, Dostoevskijs und Tolstojs braucht nicht zu ernst genommen zu werden. Es ist jedoch bemerkenswert, daß Majakovskij, lange nachdem der frühe futuristische Lärm Geschichte geworden war, folgendes schreiben konnte: »Jeder Arbeiter und Bauer wird Puškin in der gleichen Weise verstehen, wie wir vom *Lef* [66] ihn verstehen: als den besten, glänzendsten, größten Vertreter seiner Zeit. Und wer ihn so verstanden hat, wird aufhören, ihn zu lesen und ihn den Literarhistorikern überlassen [67]«.

Es erübrigt sich fast, darauf hinzuweisen, daß Majakovskijs Prophezeiung durch das ständig wachsende Interesse, das die russischen »Arbeiter und Bauern« in den vergangenen drei

Jahrzehnten an Puškin gezeigt haben, Lügen gestraft wurde. Wenn ein Beweis überhaupt nötig wäre, so ergibt sich deutlich aus diesem krassen Fehlurteil, daß Majakovskijs methodologische Position leicht ad absurdum geführt werden könnte. Man sollte allerdings in aller Fairneß zugeben, daß diese ultrahistoristische Betrachtungsweise bis zu einem gewissen Punkt ein positiver Faktor war. Der Glaube der Futuristen an die Einzigartigkeit jeder literarischen Schule unterstützte letztlich den bereits von Brjusov und sogar gelegentlich von Belyj vertretenen Grundsatz, daß nämlich die künstlerische Wirksamkeit eines literarischen Phänomens zuerst und vor allem auf Grund der in dem jeweiligen Zeitabschnitt vorherrschenden Normen beurteilt werden müsse.

Ein weiterer Aspekt des futuristischen Credo, der in Richtung auf eine systematische Poetik wies, war sein kämpferischer, um nicht zu sagen, grober Empirismus. Die künstlerischen Bohémiens, die sich um das futuristische Banner geschart hatten, kannten nur Zorn oder Spott für das symbolistische Gerede über Inspiration, über »Dichtung als Magie«. Die Kunst wurde auf die Erde zurückgeholt und ihres Heiligenscheins beraubt. Man gestattete, ja förderte alogische oder transrationale, aber nicht unbedingt irrationale oder transzendentale Dichtung. Der Futurismus widersetzte sich den Regeln der begrifflichen Sprache nicht um der »höheren« Erkenntnis willen, sondern um für das freie, ungehinderte Spiel mit Worten einzutreten, das ihrer Ansicht nach eine metaphysische Rückenstärkung nicht brauchte. Der Dichter wurde von einem »Wächter des Mysteriums« [68] zu einem Handwerker, einem Macher. In seinem vielzitierten Artikel »Wie man Verse macht« schrieb Majakovskij: »Dichtung ist eine Art Erzeugnis . . . , zwar ein sehr schwieriges, sehr kompliziertes, aber doch ein Erzeugnis« [69]. Es gab offensichtlich keinen Grund, warum die Seinsweisen der literarischen Produktion nicht in verständlichen Begriffen beschrieben und erklärt werden könnten. Das dichterische Schaffen wurde eher zu einer Angelegenheit der Technik als der Theologie.

Durch die futuristische Bewegung wurde die Notwendigkeit einer wissenschaftlichen Poetik zweifellos dramatisiert. Die

Bewegung sollte, wie in den folgenden Kapiteln gezeigt werden wird, wahrhaftig einen der Hauptfaktoren bilden, die zum russischen Formalismus und seinem Versuch der Entwicklung eines solchen Systems führten. Gleichzeitig darf man den Futurismus aber auch für einige der offenkundigen Irrtümer und Mängel der neuen kritischen Schule verantwortlich machen. Vieles der methodologischen Einseitigkeit, philosophischen Unreife und psychologischen Dürre der frühen formalistischen Untersuchungen kann man auf die lauten Übertreibungen der futuristischen Manifeste und die Besessenheit zurückführen, mit der sie sich an Fragen der poetischen Technologie heranmachten. Das Schlagwort vom »selbstgenügsamen Wort« lief Gefahr, sich in methodologischem Isolationismus zu verlieren, die Dichtung vom Leben zu trennen, die Bedeutung psychologischer und soziologischer Überlegungen zu leugnen. Kručënychs Behauptung, daß die Form den Inhalt bestimme, enthielt die Vorstellung einer literarischen Evolution als eines selbst-angetriebenen und in sich selbst beschlossenen Vorgangs.

Die Auswirkungen der futuristischen Bewegung auf die neue Kritik der Formalisten machte sich im Auftreten wie auch in der Methode der Kritiker bemerkbar. Durch die enge Verbindung zum Bohème der Futuristen teilte sich den Schriften ihrer Mitstreiter die seltene und erfrischende Qualität jugendlicher Kraft und fröhlichen Übermutes mit. Aber was an Kühnheit und Lebendigkeit gewonnen wurde, ging an Zurückhaltung und Verantwortungsgefühl verloren. Die anmaßende Unverschämtheit der futuristischen Manifeste fand ihr wissenschaftliches Gegenstück in den Auswüchsen der frühen formalistischen Veröffentlichungen, die ganz bewußt ihre Thesen übertrieben, um die akademische Gelehrtenwelt zu schockieren.

Der direkte Beitrag des russischen Futurismus zur Theorie der Literatur hatte geringere Konsequenzen als die allgemeineren methodologischen Implikationen dieser Bewegung. Das künstlerische Credo der Futuristen entwickelte sich nie zu einer voll gültigen Ästhetik. Dies erklärt sich aus dem geringen Umfang wie auch dem geringen Gewicht ihrer theoretischen Äußerungen. Laut verkündete Schlagworte konnten nicht als Ersatz für ein zusammenhängendes System intellektueller Begriffe dienen. Flammende Erklärungen, die oft mehr darauf berechnet waren, das Publikum vor den Kopf zu stoßen als die brennenden Fragen zu klären, produzierten mehr Hitze als Licht.

Einige der in den kollektiven Kundmachungen aufgestellten Behauptungen wurden später in den kritischen Aufsätzen Majakovskijs und Chlebnikovs in überlegterer Form ausgearbeitet. Unter den theoretischen Beiträgen des ersteren ist der wichtigste wahrscheinlich der Artikel »Wie man Verse macht« [70], der sehr wertvolle Beobachtungen über die Rolle des Rhythmus beim dichterischen Schaffensprozeß enthält. Chlebnikovs Äußerungen über das Wesen der poetischen Sprache und über die Tendenzen der modernen Dichtung [71] verdienen zweifellos mehr Aufmerksamkeit als ihnen bisher geschenkt wurde. Sein ungewöhnlich feines Gefühl für die russische Sprache, gepaart mit einem leidenschaftlichen Interesse an Problemen der Etymologie und Semantik, brachten einige Einsichten von seltener Genauigkeit hervor. Chlebnikovs philologische Intuition konnte allerdings nicht ganz seinen Mangel an systematischer linguistischer Schulung wettmachen. Einige seiner Verallgemeinerungen verraten leider deutlich den Amateur. So vertrat Chlebnikov z. B. in seinem sonst feinsinnigen Artikel »Unsere Grundlagen« die Theorie, daß Worte, die mit dem gleichen Konsonanten anfangen, notwendigerweise semantisch verwandt seien [72].

Die futuristische Bewegung brachte keine Dichter-Gelehrten vom Rang eines Ivanov oder Belyj hervor. Da sie aus der plebejischen Intelligenz und kaum aus der Aristokratie stammten, hatten die Chlebnikovs und Kručenychs keine Gelegenheit, es zu der literarischen und philosophischen Gelehrsamkeit zu bringen, die für die symbolistischen Theoretiker von so großem Vorteil war. Diesen temperamentvollen Ausgestoßenen der bürgerlichen Gesellschaft fehlte es an der intellektuellen Ausrüstung und dem geistigen Habitus, die für die anspruchsvollen Aufgaben der wissenschaftlichen Analyse erforderlich sind.

Eine neue Poetik auszuarbeiten, die futuristische Revolution in der russischen Lyrik theoretisch zu erhärten, war eine Aufgabe, die nach professionellen Literaturwissenschaftlern verlangte, welche mit der neuen Dichtung vertraut waren und ihr wohlwollend gegenüber standen. Solch eine kritische Bewegung entwickelte sich tatsächlich. Zwei parallele Strömungen trafen sich: einerseits brauchte der Dichter die Hilfe des Gelehrten, und andererseits suchte dieser in seiner Verbindung zur literarischen Avantgarde einen Weg aus dem Engpaß heraus, in den die akademische Literaturwissenschaft geraten war.

KAPITEL III

DIE ENTSTEHUNG DER FORMALISTISCHEN SCHULE

1

Am Anfang des zwanzigsten Jahrhunderts setzte eine akute methodologische Krise auf verschiedenen Wissenschaftsgebieten ein. Die Weltsicht, die einige Jahrzehnte lang das europäische Geistesleben beherrscht hatte, wurde neu untersucht und für mangelhaft befunden. Die Grundvoraussetzungen des positivistischen Determinismus waren erschüttert; die gründliche Überprüfung der logischen Grundlagen aller Wissenschaften wurden zur Forderung des Tages erhoben.

Die weitverbreitete Reaktion gegen den Positivismus führte zum Wiederaufleben irrationalistischer Strömungen. Während der Symbolismus die Kunst und Bergsons Evangelium von der »schöpferischen Evolution« die spekulative Philosophie beherrschten, lehrte die neu-kantische Erkenntnistheorie die zentrale Bedeutung der »Einfühlung« in den Geisteswissenschaften. Windelband, Rickert, Lask und andere Vertreter der sogenannten Freiburger Schule der Erkenntnistheorie unterschieden scharf zwischen den Methoden der Naturwissenschaften und denen der Geisteswissenschaften [1]. Sie vertraten den Standpunkt, daß der Naturwissenschaftler nach einer kausalen Erklärung der untersuchten Phänomene verlange, während es dem Geisteswissenschaftler um das »Verstehen«, das heißt um das intuitive Erfassen des Forschungsgegenstandes gehe.

Dieser Wechsel im philosophischen Klima mußte sich naturgemäß auch auf die Literaturwissenschaft auswirken. In Deutschland, der traditionellen Hochburg der kulturhistorischen Schule, mußte die genaueste philologische Texterklärung entweder breitangelegten philosophischen Synthesen literarischer Perioden oder riesigen, »Wahrheit« mit »Dichtung« verbindenden Biographien weichen – Literaturgeschichte mit Mythenbildung [2]. Der ungeheure Apparat akademischer Gelehrsamkeit wurde vorsätzlich mißachtet. Man legte das Schwergewicht auf die Fähigkeit des Kritikers, den Geist einer schöpferischen

Persönlichkeit oder einer ganzen literarischen Epoche zu erfassen.

In Rußland hatte die symbolistische Bewegung neben ihrem Interesse an der Poetik [3] auch jene Art literarischer Kritik gefördert, die man als philosophisch oder metaphysisch bezeichnen kann [4]. Kritiker wie Lev Šestov, die sich mit religiösen und ethischen Fragen auseinandersetzten, Schriftsteller mit einer Vorliebe für die Metaphysik wie Dmitrij Merežkovskij und Religionsphilosophen wie Nikolaj Berdjaev, für die die Literatur ein Schlachtfeld der Ideen war, versenkten sich in die »Weltanschauung« der großen russischen Romanschriftsteller [5]. Einige dieser von scharfem spekulativem Geist und echten kritischen Einsichten durchleuchteten Untersuchungen erreichen die Höhe der bedeutendsten Leistungen der russischen Kritik. Und doch leiden diese Arbeiten nur allzuoft unter einer rein äußerlichen Betrachtungsweise, unter der Tendenz des Kritikers, ein literarisches Werk als Versuchsobjekt für seine eigenen philosophischen Ideen, für eine philosophische Parabel zu halten.

Dies gilt besonders von Merežkovskijs gefeiertem Werk *Tolstoj und Dostoevskij* [6], wo diese beiden Meister des russischen Romans im Sinne der ewigen Auseinandersetzung zwischen Christ und Antichrist, zwischen Geist und Körper interpretiert werden. Diese Antithese – offensichtlich die Leitidee aller schöpferischer Bemühungen Merežkovskijs – verleiht der sonst geschickt gezogenen Parallele einen falschen Schematismus. Trotz der Fülle an eindringlichen Beobachtungen hat man oft das Gefühl, daß die Untersuchung mehr über den Kritiker und sein offenkundiges Dilemma als über die zur Diskussion stehenden Dichter verrät.

Selbst Michail Geršenzon, der wissenschaftlichste und textbezogenste der russischen Kritiker, die sich auf die Intuition beriefen, konnte nicht immer die Gefahren willkürlicher Spekulation vermeiden. In seinem vielzitierten Aufsatz »Die dichterische Vision« [7] setzte er sich für eine genaue Textkritik ein und pries die Tugenden des »langsamen Lesens«; aber die Theorie von der »integralen Erkenntnis« (celostnoe znanie), die er im gleichen Artikel vertrat, hatte einen deutlich irrationalen Unterton. Obwohl ein Kritiker von großem Format und einer der bedeutendsten Puškin-Kenner, setzte sich Geršenzon in seinen Spekulationen über »Puškins Weisheit« [8] dem Vorwurf einer gezwungenen Interpretation aus, einer Interpretation, die den Bogen überspannte. Mit Recht erhob B. Tomaševskij Einwand gegen Geršenzons Methode, von Puškins Werk eine integrierte und esoterische Lebensphilosophie abzuleiten. »Man kann Puškin nicht paraphrasieren«, warnte Tomaševskij, »und noch weniger kann man eine Kette logischer Schlüsse von einer metaphorischen Paraphrase ableiten« [9].

Dieses übertriebene Vertrauen auf die »Sensibilität« des Kritikers schlug sich auf einer beträchtlich tieferen Ebene an philosophischer Einsicht in den Schriften Jurij Eichenwalds nieder, der als einer der repräsentativsten Kritiker der Zeit galt. In seinen *Silhouetten russischer Schriftsteller* [10] traten allzu leicht pseudo-poetischer Wortreichtum und sprunghafter Impressionismus an die Stelle von Präzision und kritischer Analyse.

Der Subjektivismus erreichte seinen Höhepunkt, als Kritik, mit den Worten von Anatole France, zum »Abenteuer einer Seele unter Meisterwerken« wurde [11]. War der Kritiker ein begabter und kultivierter Schriftsteller wie France selber, so konnte diese Art von *causerie* brillant, wenn auch häufig abwegig sein. Aber unter der Feder der mittelmäßigen Essayisten, die in Eichenwalds Fußstapfen traten, wurde der Impressionismus sehr oft zur bloßen Ausrede für kritische Nonchalance und oberflächliches Denken.

Wenn die »schöpferische« Kritik wissenschaftliche Objektivität um der »Würdigung« willen aufgab, so machte sich die Literaturwissenschaft des umgekehrten Fehlers schuldig. In ihrer löblichen, aber falsch verstandenen Hörigkeit gegenüber der Wissenschaft waren die Literaturhistoriker nur allzu bereit, ihr Recht auf kritisches Urteil, die Hierarchie der Werte und ihren Sinn für Perspektiven aufzugeben. Kleinliche Tatsachenkrämerei, fleißige aber sterile Anhäufungen unzusammenhängenden Teilwissens ohne irgendein sichtbares Bemühen um eine sinnvolle ganzheitliche Sicht und Interpretation – das war die vorherrschende Arbeitsweise der akademischen Literaturwissenschaft im Rußland vor dem ersten Weltkrieg.

Die großen alten Männer der russischen Literaturwissenschaft des neunzehnten Jahrhunderts – die Romantiker Buslaev und Miller, die Positivisten D. Tichonravov und A. Pypin und schließlich und vor allen Aleksandr Veselovskij – lebten nicht mehr. Ihre Erben waren gewissenhafte, oft gelehrte, aber im ganzen phantasielose Untersuchungsspezialisten. Den meisten fehlte der Blick für die Synthese und der intellektuelle Mut ihrer Meister, und sie vermieden es sorgfältig, sich mit grundlegenden Problemen der literarischen Theorie und Methode auseinanderzusetzen. »A. Veselovskij«, schrieb einer ihrer klügsten und respektlosesten Schüler, »war seit langem tot. Seine Schüler waren grau geworden, aber sie wußten immer noch nicht, was sie tun und worüber sie schreiben sollten« [12].

Aus dieser zaghaften und unentschlossenen Stimmung mag sich weitgehend jene Vorliebe für biographische Belanglosigkeiten erklären, die für die russische Literaturgeschichte während der ersten Jahrzehnte dieses Jahrhunderts so typisch war. Ein unfruchtbarer »Biographismus«, der sich lieber mit den kleinsten Details aus dem Leben des Dichters als mit dem Kunstwerk selber befaßte, bildete sozusagen den Weg des geringsten intellektuellen Widerstandes und schien die sicherste Fluchtmöglichkeit vor dem verwirrend großen Problem der Beziehung von Literatur und Gesellschaft wie auch vor der anspruchsvollen Aufgabe der ästhetischen Analyse zu bieten.

Nirgends fiel das überwältigende Interesse an Biographischem so in die Augen als in der Puškin-Forschung, die um die Jahrhundertwende beinahe ausschließlich im Mittelpunkt der russischen Literaturwissenschaft stand. Eine Schar eifriger und arbeitsamer Forscher, die sich um die Veröffentlichung *Puškin und seine Zeitgenossen* [13] versammelten, durchstöberten unermüdlich die Archive nach Reliquien des großen Dichters. N. O. Lerner und P. O. Ščegolev und ihre Schüler sammelten und kommentierten ehrfürchtig jeden Wisch dokumentarischen Materials, mochte er auch in noch so ferner Beziehung zu Puškin oder seiner Familie oder seinen Freunden stehen. Kein Stückchen Papier mit der Unterschrift des Meisters, kein für Puškins dichterische Leistung auch noch so unwichtiges biographisches Detail, die nicht der genauesten Erforschung für würdig befunden wurden.

Puškins Privatleben wurde pflichtschuldigst in gut dokumentierten Untersuchungen erforscht. Angesehene Gelehrte berichteten eifrig über die zahllosen Liebesgeschichten des Dichters und stellten eine »Leporello-Liste Puškins« auf [14]. Auch weniger aufregenden Themen wie »Die Pflege von Puškins Kindern und Eigentum« [15] oder der entscheidenden Frage: »War Puškin Raucher?« [16] wurde man gerecht.

Die lohnendere Art genetischer Literaturbetrachtung, die soziologische Methode, mußte ihren Wert für die praktische Kritik noch erweisen. Plekhanows bahnbrechende Leistungen auf dem Gebiet der marxistischen Literaturtheorie [17] hatten noch keine ebenbürtige Nachfolge gefunden. W. Fričes Studien über die Geschichte der westeuropäischen Literatur [18], die den Beweis einer direkten Übereinstimmung zwischen der vorherrschenden Produktionsweise und dem künstlerischen Schaffen zu erbringen versuchten, trugen kaum etwas dazu bei, die methodologischen Voraussetzungen der marxistischen Kritik stichhaltiger zu machen. Auch wurde deren Prestige durch die erste kollektive Äußerung ihrer Anhänger, *Literarischer Verfall* [19], nicht gerade erhöht. Diese Veröffentlichung, die Artikel von Friče, Gor'kij, Kamener, Lunačarskij, Steklow und anderen enthielt, war eine leidenschaftliche Anklage gegen die gesamte moderne Literatur, die unterschiedslos als dekadent und reaktionär abgetan wurde. Allenfalls könnte man diese Veröffentlichung als wirkungsvollen Journalismus bezeichnen; als kritische Äußerung läßt sie jedoch erheblich zu wünschen übrig. Die so wortgewaltig hervorgebrachten Schmähungen der Publizisten waren offensichtlich ein mangelhafter Ersatz für eine ernsthafte soziologische Analyse [20].

Vor der Revolution von 1917 vertraten nur wenige Literaturwissenschaftler von Rang die marxistische Literaturauffassung. Einer noch kleineren Zahl gelang es, wie Professor P. Sakulin, die soziologische Methode mit einem feinen Gefühl für ästhetische Werte zu verbinden oder gar zu verschmelzen [21]. Zwischen den beiden Extremen des Impressionismus und der Pedanterie gefangen, trieb die russische Literaturwissenschaft ziellos dahin, in peinlicher Unsicherheit über ihre Methoden, ihren Gegenstand und sogar über die Art der intellektuellen Tätigkeit, die sie vertreten sollte. Wie B. Jarcho später schrieb, fragte man sich, ob man dieses Zwitterfach »der Lyrik oder der Wissenschaft, der Linguistik oder der Soziologie zurechnen solle« [22]. Veselovskijs Bezeichnung der Literaturwissenschaft als »Niemandsland« war immer noch gültig [23].

2

Während die meisten Literaturwissenschaftler auf ihrer Jagd nach Belanglosigkeiten die eigentlichen Ziele der literarischen Forschung aus den Augen verloren, versuchten die ehrgeizigeren und methodisch sichereren Schüler Veselovskijs, einen Weg aus dem Chaos und aus der Verwirrung zu finden. Es wurde ihnen immer mehr bewußt, daß die Literaturgeschichte, wenn sie eine Wissenschaft werden wollte, »ihren Helden finden mußte« [24]. Diese Suche nach einem »Helden«, das heißt nach einem deutlich umrissenen und integrierten Gegenstand der literarischen Forschung, ist in den Werken A. Evlachovs, V. Šišmarëvs [25] und besonders W. Perecs offensichtlich.

Perec, ein hervorragender Kenner der russischen Literatur des Mittelalters, bemühte sich um eine Unterscheidung zwischen Literaturwissenschaft und Kultur- oder Geistesgeschichte. In Anlehnung an die letzten Äußerungen Veselovskijs [26] führte Perec aus: »Beim Studium der Entwicklung literarischer Phänomene muß man ständig im Auge behalten, daß der Forschungsgegenstand der Literaturgeschichte nicht ist, *was* die Autoren sagen, sondern *wie* sie es sagen. Daher ist es die Aufgabe der wissenschaftlichen Literaturgeschichte, die Entwicklung von Handlungen und ... Stilen als Verkörperung des Zeitgeistes und der Persönlichkeit des Dichters zu erforschen« [27].

Diese Formel war zweifellos ein deutlicher Fortschritt gegenüber den gefährlich breit angelegten Definitionen der Pypin-Schule. Und doch ist offensichtlich die scharfe Unterscheidung zwischen dem »Wie« und dem »Was« zu mechanistisch, als daß sie eine angemessene Lösung hätte bieten können. Perecs Auffassung der Literaturgeschichte war gleichzeitig zu eng und zu umfassend. Einerseits dachte er, im Hinblick auf die Untersuchungsmethode, unwissentlich »formalistisch«, indem er das »Wie« zur einzig rechtmäßigen Angelegenheit der Literaturwissenschaft machte. Andererseits gelang es ihm nicht, den Bereich der literarischen Forschung genau zu umreißen, das specificum schöpferischer Literatur zu bestimmen. Da kein grundlegender Unterschied zwischen einer Dichtung und, sagen wir, einem juristischen Dokument oder einer moralischen Abhandlung festgelegt worden war, schien die Folgerung natürlich, daß alle Zeugnisse des »geschriebenen Wortes« rechtmäßig zum Feld des Literarhistorikers gehörten, vorausgesetzt, daß man sie vom »richtigen«, sprich ästhetischen, Standpunkt aus betrachte [28].

Perecs methodologische Position war noch zu stark vom traditionellen Eklektizismus her belastet, als daß sie die anspruchsvolleren und gründlicheren Köpfe unter seinen Schülern hätte befriedigen können. Die neue Generation von Literarhistorikern, die am Ende des ersten Weltkriegs die großen russischen Universitäten bezogen, hatte keinen Sinn für halbe Maßnahmen. Nonkonformistisch, ruhelos und unnachgiebig, waren diese jungen Adepten der Literaturwissenschaft mißtrauisch gegenüber allen bestehenden Verfahrensweisen und ausschließlich darauf bedacht, die russische Literaturwissenschaft wiederzubeleben, indem sie ihr die Einheit von Zweck und Gegenstand verleihen wollten [29]. Zu dieser im wesentlichen »akademischen« Aufgabe brachte sie so gänzlich unakademische Tugenden mit wie »echtes revolutionäres Pathos . . ., erbarmungslose Ironie und die Entschlossenheit, mit allen Kompromissen aufzuräumen« [30].

Man sollte allerdings gerechterweise erkennen, daß die von den respektlosen Söhnen verhöhnte Neigung der Väter zu »Kompromissen«, ersteren einen deutlichen Vorteil verschaffte. Es stimmt zwar, daß der Eklektizismus der alternden Gelehrten nicht selten die Form reiner intellektueller Selbstzufriedenheit annahm. Aber bei den besten Vertretern der älteren Generation ging dieser Eklektizismus Hand in Hand mit echter Großzügigkeit, mit einer toleranten Offenheit gegenüber neuen Ideen. Die Abwesenheit eines fest begründeten Dogmas öffnete methodologischen Häresien Tür und Tor. Die freundliche Toleranz der Lehrer förderte eine Debatte, in der unabhängige und etwas eingebildete junge Männer nicht davor zurückscheuten, die Ansichten der älteren scharf zu kritisieren.

Ein Beispiel bildet das Seminar über Puškin, das 1908 von S. A. Vengerov, einem verdienten Professor der russischen Literatur an der Petersburger Universität, eingerichtet wurde. Vengerov vertrat eine letztlich traditionelle Auffassung der Literaturgeschichte – eine Mischung aus gemäßigter ideologischer Kritik und akademischem Biographismus. Dies konnte jedoch sein Seminar nicht davon abhalten, im Laufe der Zeit zu einer der Hauptzellen der beginnenden formalistischen Bewegung zu werden [31].

Diese Entwicklung war möglich, weil in dieser heterogenen, durch die gemeinsame Verehrung des großen Dichters zusammengeführte Arbeitsgemeinschaft der Lehrer willens und fähig war, von seinen Schülern zu lernen und den Arbeitsplan des Seminars auf das einzustellen, was sich als ihr Hauptanliegen erweisen sollte.

Vengerov berichtete selber darüber in einem rückblickenden Artikel, der 1916 in *Puškinist* veröffentlicht wurde [32]. »Vor zwei oder drei Jahren«, schrieb Vengerov, »bemerkte ich in meinem Seminar zum ersten Male eine Gruppe begabter junger Männer, die sich mit erstaunlichem Eifer an Untersuchungen von Stil, Rhythmus, Reim und Beiwörtern, an die Klassifikation von Motiven, das Aufstellen von Analogien zwischen den künstlerischen Mitteln verschiedener Dichter und an andere Fragen der äußeren Form der Dichtung heranmachten« [33]. Zuerst, gibt Vengerov zu, beobachtete er die dunklen Machenschaften seiner Studenten mit einer gewissen Besorgnis, schließlich aber wurde auch er von ihrer Begeisterung mitgerissen.

Die spontane Hinwendung der jungen Puškin-Forscher zur »äußeren Form der Dichtung« war kein Einzelfall. Wie P. Medvedev, der Verfasser einer eingehenden Untersuchung des russischen Formalismus [34], richtig gezeigt hat, war dies noch ein ausschließlich russisches Phänomen. Aber auch im Westen wandte man formalen Überlegungen immer mehr Aufmerksamkeit zu. Die Zeit unmittelbar vor dem ersten Weltkrieg brachte in mehreren Ländern Europas eine reiche Ernte an Büchern, in deren Mittelpunkt das stand, was A. Hildebrand als »die architektonische Struktur eines Kunstwerks« bezeichnet hatte [35].

Allerdings sollte man sich davor hüten, den Einfluß der westeuropäischen Forschung auf die jungen Petersburger Philologen zu überschätzen. Wie später gezeigt werden wird, war die Zahl der nicht-russischen Arbeiten, die nennenswerte Einwirkungen auf die »formalistische Schule« hatten, tatsächlich sehr beschränkt [36]. Der russische Formalismus war, ähnlich wie der Futurismus, im wesentlichen eine innerrussische Bewegung [37].

Im letzten Kapitel dieser Arbeit wird der Versuch gemacht, die grundlegenden »Überschneidungen« von slawischem Formalismus und ähnlichen Entwicklungen im westeuropäischen Denken aufzuzeigen. An dieser Stelle scheint es uns dagegen ratsam, einen Blick auf die wesentlichen Unterschiede in den Ausgangspunkten dieser parallelen Bewegungen zu werfen.

In Frankreich war die »explication de textes« ein frühes Symptom der Bemühung um genaue Textkritik, eine Methode, welche die Hauptbetonung auf Stil und Komposition legt. Dieses nützliche, aber ein wenig zu stark genormte Verfahren, das sich zu Beginn des zwanzigsten Jahrhunderts an den französischen Universitäten und lycées weitgehend durchsetzen konnte, bedeutete nicht unbedingt eine neue Auffassung der Literatur oder der Literaturwissenschaft. Wie René Wellek richtig nachgewiesen hat [38], waren die französischen explications mehr ein Hilfsmittel der literarischen Pädagogik als ein methodologisches Prinzip. Laut G. Lanson, einem der Meister dieser Methode, war sie einfach eine »wirksame und notwendige geistige Gymnastik«, welche »genaues Lesen und präzise Interpretation« pflegte [39].

In Deutschland hatte das Wiederaufleben einer inner-literarischen Textanalyse wesentlich weitere methodologische und ästhetische Implikationen. Dies erklärt sich vielleicht zum Teil aus der Tatsache, daß die Hauptanregung zur Reorientierung der Literaturwissenschaft von einer Nachbardisziplin ausging – von der Kunstwissenschaft. Bahnbrechend für den deutschen Formalismus waren die Gedanken von Musiktheoretikern wie

Hanslick [40] und Kunsthistorikern wie A. Hildebrand, W. Worringer und H. Wölfflin [41].

Wölfflins Beitrag hatte besondere Folgen. In seinem gefeierten Werk, den *Kunstgeschichtlichen Grundbegriffen* [42], trat er für ein völliges Überholen der traditionellen Vorstellungen von Kunstgeschichte ein, indem er eine Typologie der Kunststile anstelle des Studiums einzelner Meister setzte. Wölfflin ging sogar so weit, eine »Kunstgeschichte ohne Namen« zu postulieren, in der die einzigen »Helden« die Gotik, die Renaissance, das Barock und dergleichen wären.

Wölfflins Arbeiten hatten einen starken Einfluß auf den Hauptexponenten der quasi-formalistischen Tendenzen in der deutschen Literaturgeschichte, Oskar Walzel. Er vertrat den Standpunkt, daß die literarische Entwicklung in enger Verbindung zur Kunstgeschichte anstatt zur Kulturgeschichte studiert werden müsse und prägte den Satz von der »wechselseitigen Erhellung der Künste« [43]. Walzels umfangreiche Arbeiten auf dem Gebiet der Literaturgeschichte und -theorie [44] waren ein interessanter, wenn auch kaum konsequenter Versuch, stilistische Kategorien aus Wölfflins *Grundbegriffen* auf die Literaturwissenschaft anzuwenden.

In Rußland sah die Situation völlig anders aus. Auch der russischen Literaturwissenschaft hatte es an dem entsprechenden methodologischen Handwerkszeug gefehlt, womit die Probleme der poetischen Form hätten systematisch angepackt werden können. Auch hier erschien es notwendig, von einer verwandten Disziplin ein lebensfähiges Begriffssystem zu »borgen«. Die russische Kunstkritik konnte dabei allerdings keine nennenswerte Hilfe bieten. Die Pioniere der neuen Kritik mußten sich anderswohin wenden.

Bei ihrer Wahl eines Partners schienen sie von der Voraussetzung auszugehen, auf die schon Potebnja bestanden hatte, daß nämlich Dichtung *Wort*kunst ist. Wenn Potebnja recht hatte mit seiner Behauptung, daß Dichtung im wesentlichen ein »sprachliches Phänomen« sei [45], dann war es offensichtlich nur logisch, sich in der Sprachwissenschaft nach Hilfe umzusehen.

Es war für die russische Theorie der Dichtung ein glücklicher

Umstand, daß die Linguisten zu diesem Zeitpunkt ebenso stark an der »wechselseitigen Erhellung« der beiden Disziplinen interessiert waren wie die Literaturwissenschaftler. Die Probleme der dichterischen Sprache, dem Grenzgebiet zwischen literarischer und linguistischer Forschung, wurde zum gemeinsamen Treffpunkt der formbewußten Literarhistoriker und junger Sprachwissenschaftler, die ihre eigenen zwingenden Gründe hatten, in dieses seit langem vernachlässigte Gebiet vorzudringen.

Der »Held« der russischen Literaturgeschichte war gefunden: es war die poetische Sprache, das Medium der schöpferischen Literatur.

Auch die russische Linguistik fühlte die Auswirkungen, die der weitverbreitete Rückzug des Positivismus mit sich brachte. In allen geisteswissenschaftlichen Fächern wurde die genetische Sicht von der teleologischen abgelöst, und in der Linguistik schälte sich immer klarer die Auffassung heraus, daß die Sprache »eine menschliche Tätigkeit ist, die sich in jedem Falle auf ein bestimmtes Ziel richtet« [46]. Die Überzeugung gewann an Boden, daß linguistische Fakten nicht nur im Hinblick auf ihre geschichtlichen Vorgänger, sondern auch im Hinblick auf die »Funktion« untersucht werden sollten, welche sie in Sprachformen der Gegenwart erfüllen.

An der Petersburger Universität wurden die Ansichten der »neugrammatischen Schule« von Jan Baudouin de Courtenay und seinen Anhängern scharf angegriffen. Lev Ščerba, einer der hervorragendsten Schüler Baudouins, wandte sich gegen einseitigen Historismus und verteidigte die lebende Sprache als bona fide-Gegenstand der linguistischen Forschung. Der Meister selber wies auf die vielfältigen Möglichkeiten der Sprache hin, indem er zwischen »Hochsprache« und »Umgangssprache« unterschied.

Die Moskauer Universität schien eine Zeitlang der »funktionalistischen« Ketzerei gegenüber unzugänglich. Die »neu-grammatische« Orthodoxie saß immer noch fest im Sattel. Unter der kundigen Führung Professor F. Fortunatovs hatten die Moskauer Sprachwissenschaftler erstaunlichen Scharfsinn bei der Durchführung morphologischer Analysen bewiesen, aber sie vermieden konsequent alle Fragen der Funktion und Bedeutung, welche sie als außerhalb des grammatischen Bereichs liegend ansahen.

Die neue Generation konnte dem wissenschaftlichen »Zeitgeist« gegenüber nicht lange immun bleiben. Die unabhängigeren Köpfe unter den jüngeren Moskauer Linguisten wurden immer unzufriedener über die »formalistische« Starrheit [47] und den groben Empirismus der Lehre Fortunatovs. Zwar waren sie eifrig bemüht, von ihren Lehrern das Zergliedern grammatikalischer Kategorien und das Klassifizieren der Deklinations- und Konjugationsreihen zu erlernen. Aber, ähnlich den jungen Petersburger Philologen, war ihnen noch mehr daran gelegen, über ihre Meister hinauszugehen, neue Probleme anzugreifen und neue Methoden auszuprobieren.

Ein wichtiger Faktor, der sich auf das Eintreten der jungen Moskauer Linguisten für die funktionalistische Methode auswirkte, war der Einfluß des berühmten deutschen Philosophen Edmund Husserl. Husserls epochemachenden *Logischen Untersuchungen* trugen sehr dazu bei, die Reaktion gegen Fortunatovs Schule zu kristallisieren [48].

Husserls Einstellung zu linguistischen Problemen war die eines Logikers, genauer, die eines Semasiologen. Er sah Sprache, mit den Worten eines russischen Husserlianers, als »das zentrale Zeichensystem, den natürlichen Prototyp jedes mit Bedeutung vorgesehenen Ausdrucks« [49], und er untersuchte die logische Funktion der allen Sprachen gemeinsamen grundlegenden grammatischen Kategorien. Indem er über die empirischen Data der vergleichenden Sprachwissenschaft hinausging, führte Husserl den Begriff der »reinen«, universalen Grammatik, der »Sprache als solcher«, ein [50]. So sehr auch die unnachgiebigen Moskauer Professoren versuchten, Husserls Ideen als unwissenschaftlichen Unsinn abzutun, wurden doch die *Logischen Untersuchungen* für viele ihrer unorthodoxen Schüler geradezu zu einer Bibel.

Allerdings hätten Husserls schwerverständliche Theorien wohl kaum so viele eifrige Anhänger unter den Moskauer Studenten gefunden, wenn sich nicht sein russischer Schüler Gustav Špet so sehr für sie eingesetzt hätte. Špets aufsehenerregende Darstellungen [51] und Vorlesungen machten die Moskauer Philologen mit »metaphysischen« Ideen wie »Bedeutung« gegenüber »Form« und »Zeichen« gegenüber »Bezugsgegenstand« (Objekt) bekannt.

Mit den schweren Waffen der Husserlschen Phänomenologie ausgerüstet, konnten die Moskauer Linguisten den Kampf gegen den Irrtum der genetischen Methode mit größerer Kraft und Konsequenz vorantreiben, als es bei ihren Petersburger Kollegen der Fall war. Wenn man sagen kann, daß Baudouin de Courtenay und seine Anhänger einer Beschreibung linguistischer Phänomene auf Grund ihrer psychologischen Genese nicht abgeneigt waren, so waren die Husserlianer fest auf den »Antipsychologismus« eingeschworen. In seiner scharfsinnigen Untersuchung über »Gegenstand und Aufgaben der ethnischen Psychologie« [52] warnte Špet vor der Gefahr, Linguistik und Psychologie zu verwechseln, eine Tendenz, die auf Gelehrte des neunzehnten Jahrhunderts wie Wundt, Steinthal und Lazarus zurückgeht. Kommunikation, so führte Špet aus, ist eine in zwei Richtungen befahrbare Straße, sie ist ein Faktum des gesellschaftlichen Verkehrs; »sie bildet einen neuen Forschungsbereich, wo sich alle von der Individualpsychologie angebotenen Erklärungen als gänzlich inadäquat erweisen«. Alle Ausdrucksformen, die Sprache eingeschlossen, sollten nicht als Nebenerscheinungen oder sinnliche Symptome psychologischer Vorgänge behandelt werden, sondern als eigenständige Realitäten, als Objekte sui generis, die nach einer strukturellen Beschreibung verlangen.

Auf Grund dieser kritischen Begrenzung war es nun die Hauptaufgabe des Sprachforschers, die objektive oder, genauer, die »intersubjektive« [53] Bedeutung der Äußerung und ihrer Komponenten festzustellen, den besonderen Zweck verschiedener Arten sprachlichen »Ausdrucks« zu bestimmen.

Es läßt sich unschwer erkennen, wie diese methodologische Neuorientierung dem wachsenden Interesse an der Poetik entgegenkam. Es war nun nicht lediglich Trotz gegen traditionelle Tabus, wenn sich ein Wissenschaftler auf ein Gebiet vorwagte, das viele Jahrzehnte lang für einen ehrbaren Linguisten so gut wie verboten war. Ein klarer »taktischer« Vorteil konnte sich vielmehr daraus ergeben, die Gültigkeit der neuen Methode auf einem, wenigstens vom Standpunkt des modernen russischen Sprachwissenschaftlers aus gesehen, fast jungfräulichen Feld zu erproben. Gerade weil die poetische Sprache von der neu-grammatischen Orthodoxie beständig ignoriert worden war, konnten sich die abtrünnigen Funktionalisten hier leichter durchsetzen, ohne von traditionellen Regeln und Hemmungen gehindert zu werden, die das Studium der Erkenntnissprache blockiert hatten.

Der Hauptgrund, warum die poetische Sprache eine so starke Anziehungskraft auf den zweckbedachten Philologen auszuüben schien, lag in ihrem besonderen Wesen. Hier war eine »funktionelle« Sprechweise par excellence, deren sämtliche Komponenten sich dem gleichen konstruktiven Prinzip unterordneten – eine Sprache, die durch und durch »organisiert« ist, um den beabsichtigten ästhetischen Effekt zu erzielen.

Wenn dies für Dichtung im allgemeinen gelten mag, so noch in weit höherem Maße für die moderne Dichtung. Bei Chlebnikov, Kručënych und dem frühen Majakovskij wurden die sprachlichen Mittel, um den beliebten formalistischen Ausdruck zu benutzen, »bloßgelegt«. Die »sinn-überschreitenden« Experimente der Futuristen unterstrichen die besondere Funktion der poetischen Sprache und unterschieden sie scharf von allen Arten der mitteilenden Sprache. Es war weit mehr als intellektuelle Neugier oder temperamentgebundene Affinität, was die Erneuerer unter den Linguisten veranlaßte, das Laboratorium des modernen Dichters sehr genau zu betrachten.

Faszination durch die Entdeckungen der literarischen Avantgarde und Ungeduld gegenüber den veralteten Verfahren der akademischen Forschung – das waren die Hauptsymptome jenes intellektuellen Gärungsprozesses, der sich im zweiten Jahrzehnt dieses Jahrhunderts zu einer organisierten Bewegung kristallisierte. Im Jahre 1915 gründete eine Gruppe Studenten der Moskauer Universität den »Moskauer Linguistik-Kreis«. Ein Jahr später taten sich in Petersburg einige junge Philologen und Literarhistoriker in der »Gesellschaft zur Erforschung der poetischen Sprache« zusammen, die bald unter dem Namen Opojaz [54] bekannt werden sollte. So wurde der russische »Formalismus« geboren.

71

Die Anfänge des russischen Formalismus waren alles andere als aufsehenerregend. Die beiden Zentren der Bewegung, die Petersburger *Opojaz* und der Moskauer Linguistik-Kreis, waren zunächst einfach kleine Diskussionsgruppen, wo junge Philologen Ideen über grundlegende Probleme der Literaturtheorie in einer Atmosphäre austauschten, die von den Beschränkungen des offiziellen akademischen Lehrplans frei war.

Fast alle Teilnehmer an diesen Zusammenkünften zeichneten sich später durch besondere Leistungen entweder in der Literaturwissenschaft oder in der Linguistik aus. Als 1915-16 die formalistische Schule entstand, waren die meisten von ihnen noch sehr jung, nur wenige älter als zwanzig. Wissensdurstig und ohne Hemmungen, drängte es sie danach, in gemeinsamer Arbeit neue Wege beim Studium der Sprache und der Literatur zu erschließen.

Der Moskauer Linguistik-Kreis wurde durch die Initiative einer Gruppe fähiger und unorthodoxer Studenten der Moskauer Universität gegründet. Unter seinen Stiftern befanden sich Buslaev, der Enkel des bekannten Literarhistorikers und Philologen, Pëtr Bogatyrev, später eine Autorität der slawischen Volkskunde, Roman Jakobson, der bald eine der Hauptfiguren des russischen Formalismus wurde, und G. O. Vinokur, später ein hervorragender Linguist.

Die Tätigkeit des Kreises erstreckte sich auf ein breiteres Feld, als aus dem Namen hervorgehen mag. In den ersten beiden Jahren standen Probleme der russischen Mundartforschung und Volkskunde im Mittelpunkt [55]. Im Laufe der Zeit aber verlagerte sich das Gewicht vom Zusammenstellen linguistischer Data auf methodologische Diskussionen, in denen es um die poetische wie auch die »praktische« Sprache ging.

Die treibende Kraft hinter diesen theoretischen Auseinandersetzungen war der Vorsitzende des Kreises, Roman Jakobson, in dem sich ein lebhaftes Interesse an slawischer Volkskunde und Ethnographie mit einem scharfen spekulativen Verstand verband, der sich eifrig mit den letzten Entwicklungen in der westeuropäischen Theorie der Sprache und Philosophie befaßte.

Als sich die methodologische Orientierung des Moskauer Linguistik-Kreises herausbildete, traten die Probleme der poetischen Sprache immer mehr in den Vordergrund des Programms. Der oben erwähnte Bericht stellt fest, daß von zwanzig Referaten, die im akademischen Jahr 1918-19 bei den Versammlungen des Kreises gehalten wurden, fünfzehn sich entweder mit der Geschichte oder der Theorie der Literatur befaßten. Unter den von Vinokur [56] angeführten Themen sind »Über poetische Beiwörter« und »Über den Versrhythmus« von Osip Brik; »Über Puškins jambischen Pentameter« von Boris Tomaševskij; »Das Problem literarischer Anleihen und Einflüsse« von S. Bobrov; eine Gemeinschaftsarbeit über Gogol's Erzählung »Die Nase« (Bogatyrev, Brik, Buslaev, Jakobson, Vinokur), und schließlich die wichtige Studie über »Chlebnikovs poetische Sprache« von Roman Jakobson.

Diese letztere Untersuchung war zweifellos der wichtigste Beitrag zur Poetik, der von dem Moskauer Linguistik-Kreis geleistet wurde. Jakobsons Aufsatz über Chlebnikov, der zwei Jahre später in etwas erweiterter Form unter dem Titel *Moderne Russische Dichtung* [57] veröffentlicht wurde, enthielt außer einer scharfen, wenn auch etwas skizzenhaften Analyse der poetischen Mittel Chlebnikovs eine bündige Darlegung der frühen formalistischen Konzeption der Dichtung und literarischen Forschung [58].

Es war gewiß kein Zufall, daß diese Äußerung in Verbindung mit einer verständnisvollen Untersuchung der Sprache eines futuristischen Erneuerers gemacht wurde. Es war vielmehr beispielhaft für den literarischen »Modernismus« der jungen Moskauer Linguisten, die gern ihre Ideen über Dichtkunst nach der zeitgenössischen Lyrik modellierten.

Es wurde bereits darauf hingewiesen, daß die Wegbereiter der russischen funktionalistischen Linguistik in den futuristischen Bemühungen um eine »Befreiung« des dichterischen Wortes ein besonders lohnendes Forschungsgebiet sahen. Man könnte hinzufügen, daß diese intellektuelle Faszination in einigen Fällen durch starke persönliche Bindungen gefördert wurde. Jakobson war eng befreundet mit Majakovskij und Chlebnikov [59] und besuchte regelmäßig die Zusammenkünfte der Moskauer »Kubo-Futuristen«. Umgekehrt interessierte sich Majakovskij sehr für die Arbeit des Moskauer Linguistik-Kreises. Seine athletische Gestalt war öfters auf den Treffen der jungen Linguisten zu sehen. Er war anwesend, als Jakobson sein Referat über Chlebnikov hielt und folgte mit großem Interesse dessen schwierigen Ausführungen, in denen die russische futuristische Lyrik mit Begriffen beleuchtet wurde, die von E. Husserl und F. de Saussure abgeleitet waren.

Majakovskijs Beziehung zur formalistischen Bewegung beschränkte sich nicht auf gelegentliches Erscheinen bei Diskussionsabenden. Obwohl selber kein Experte auf dem Gebiet der prosodischen Terminologie, fühlte er genau, wie sehr es einer bis ins einzelne gehenden Analyse der poetischen Form bedurfte [60], besonders des Versrhythmus, den er in seinem Artikel »Wie man Verse macht« [61] als eine urtümliche Kraft pries. Während er seine formalistischen Freunde drängte, den soziologischen Implikationen der Literatur mehr Aufmerksamkeit zuzuwenden, konnte dieser bedeutendste russische Futurist doch sagen, daß »die formalistische Methode der Schlüssel zur Wissenschaft von der Kunst« sei [62]. Auf Grund dieser Überzeugung förderte er 1919 die Veröffentlichung formalistischer Untersuchungen [63] und einige Jahre später die Zusammenarbeit ihrer Autoren in der Zeitschrift *Lef* [64], die er dann herausgab.

Auch in Petersburg waren die ersten Anfänge der formalistischen Bewegung durch eine enge Verbindung zur poetischen Avantgarde gekennzeichnet. Allerdings wurde hier das futuristische Credo durchaus nicht allgemein akzeptiert. Die »Gesellschaft zur Erforschung der poetischen Sprache« oder *Opojaz* war eine etwas heterogenere Gruppe als ihr Moskauer Gegenstück. Der Moskauer Kreis stand für das gemeinsame Bemühen der Linguisten um die Poetik. Die Petersburger aber waren eine »Koalition« zweier verschiedener Gruppen: die professionellen Sprachstudenten der Baudouin de Courtenay-Schule wie Lev Jakubinskij und E. D. Polivanov, und Literaturtheoretiker wie Viktor Šklovskij, Boris Eichenbaum und S. I. Bernstein, welche die grundlegenden Probleme ihres Fachs durch das Einbeziehen der modernen Linguistik zu lösen versuchten.

Die Mitglieder der zweiten Gruppe unterschieden sich wesentlich in bezug auf ihre literarischen Neigungen. Boris Eichenbaum, der der *Opojaz* kurz nach ihrer Gründung beitrat und schon bald einer ihrer beredtesten Sprecher wurde, kann man kaum als einen Freund der futuristischen Poetik bezeichnen. Als ein kluger und kultivierter Kenner der westeuropäischen Literatur, in dem sich ein scharfes Gegenwartsbewußtsein mit einer gewissen Losgelöstheit des Gelehrten verband, betrat Eichenbaum die Szene der russischen Literaturkritik ohne irgendwelche bestimmten ästhetischen Bindungen. Er war sich genau der Krise der symbolistischen »Theurgie« bewußt, fühlte sich aber, nachdem er sich davon distanziert hatte, mehr von der neu-klassizistischen Klarheit eines Gumilëv oder der Achmatova angezogen als von dem »sinnüberschreitenden Gestammel« eines Kručënych und Chlebnikov [65]. Obwohl scharf ablehnend gegenüber eklektischen Kompromissen und unnachgiebig in seinen methodologischen Äußerungen, war Eichenbaum im Gegensatz zu Šklovskij eher ein Reformator als ein Revolutionär, eher ein unorthodoxer Intellektueller als ein skrupelloser Bohémien. Die »evolutionäre« Richtung, die in der russischen Lyrik von den Akmëisten vertreten wurde, lag eher auf seiner Linie als der revolutionäre »Nihilismus« der Futuristen [66]. Tatsächlich half der Akmëismus mit seinem Kult des handwerklichen Könnens Eichenbaum beim Verständnis des besonderen Wesens der poetischen Sprache und der Erkenntnis, daß »Lyrik auf der Notwendigkeit beruht, das Wort in den Mittelpunkt zu stellen, es genau zu betrachten, mit ihm zu spielen« [67].

Fasziniert vom »Spiel mit dem Wort«, löste sich Eichenbaum bald von der Tradition der philosophischen Kritik, der er in seinen ersten Essays Tribut gezollt hatte [68]. Gemeinsam mit den anderen Mitgliedern der *Opojaz* widmete er sich einer detaillierten Erforschung der literarischen Technik.

Eichenbaum war nicht der einzige bekannte Petersburger Formalist, der sich von dem futuristischen Trubel zurückhielt. In den ersten Jahren der *Opojaz* waren jedoch die Futuristen-Anhänger noch tonangebend. Ich denke da besonders an Viktor Šklovskij, einen der Gründer der »Gesellschaft« und ihr

Sprecher, und an den geistreichen Impresario der Formalisten, Osip Brik.

Wie Eichenbaum studierte Šklovskij Literaturgeschichte an der Petersburger Universität. Doch hatte, wenn man seiner grillenhaften Autobiographie *Die dritte Fabrik* [69] Glauben schenken kann, die akademische Philologie diesem respekt- und ruhelosen Studenten wenig zu bieten. »Niemand fand es hier für nötig, sich mit der Theorie der Prosa zu befassen, und ich arbeitete bereits daran« [70]. Hochintelligent, sprühend, vielseitig begabt, zwischen literaturtheoretischen und feuilletonistischen Arbeiten, zwischen Philologie und den bildenden Künsten hin- und herpendelnd, fühlte sich dieses enfant terrible des russischen Formalismus mehr im Lärm des literarischen Cafés zu Hause als in der ruhigen Atmosphäre der Universität.

Die extra muros erhaltenen Anregungen zeitigten bedeutende Folgen. Eine kurze Lehre bei einem Bildhauer und enge Beziehungen zu futuristischen Dichtern und Malern gaben Šklovskij offenbar etwas, was den meisten seiner Professoren nur allzusehr fehlte — das Bewußtsein für literarische Form und künstlerischen Aufbau. »Mit Hilfe des Futurismus und der modernen Plastik konnte man schon viel verstehen. Zu dem Zeitpunkt lernte ich Kunst als ein unabhängiges System begreifen« [71]. Zu dem Zeitpunkt, so könnte man hinzufügen, stand Šklovskij dann auch bereit für die Rolle des Anführers der Formalisten.

Osip Brik, ein treuer Verehrer und Freund Majakovskijs und später sein enger Mitarbeiter in der Redaktion des *Lef*, spielte in der Frühzeit des russischen Formalismus eine viel größere Rolle, als sich aus der spärlichen Zahl seiner Veröffentlichungen zunächst vermuten läßt [72]. Nach der Aussage seiner Kollegen war Brik eher ein wirkungsvollerer und wortgewaltigerer Redner als ein Schriftsteller. Bei Diskussionen über Probleme der Dichtung oder Poetik im intimen Freundeskreis streute er oft höchst wertvolle Anregungen aus oder prägte Begriffe, die dann allgemein angenommen wurden. Ein fast pathologischer Mangel an persönlichem Ehrgeiz, völliges Fehlen dessen, was Šklovskij den »Willen zur Leistung« nannte [73], hielten Brik meistens davon ab, seine Ideen weiter zu verfolgen und auszuarbeiten. Er war völlig damit zufrieden, diese Aufgabe seinen produktiveren oder ehrgeizigeren Kollegen zu überlassen.

Obwohl kein professioneller Philologe, war Brik doch an der Erforschung der Verssprache sehr interessiert und aufs engste damit vertraut. Es war augenscheinlich ihm zu danken, daß man nun an Fragen der poetischen Euphonie in einer von der symbolistischen Poetik gänzlich verschiedenen Weise heranging. Dies gab den ersten Anstoß zu den Diskussionen, die dann zur Gründung der *Opojaz* führten.

Briks kluge und reizvolle Frau Lili beschreibt in ihren »Erinnerungen an Majakovskij« [74] die unauffälligen Anfänge der *Opojaz* folgendermaßen: »In Verbindung mit seinen Hieroglyphen [75] geriet Osja in lange philologische Gespräche mit Šklovskij. Kuschner [76] gesellte sich zu ihnen; auch Jakubinskij und Polivanov kamen ... Bald trafen sich die Philologen regelmäßig in unserem Hause, um Referate und Diskussionen zu halten ...«

Die Gastgeberin beobachtete mit leicht amüsiertem Erstaunen das leidenschaftliche Interesse der Philologen an technischen Aspekten der Versanalyse wie z. B. der Wiederholung konsonantischer Häufungen, mit denen sich Briks Aufzeichnungen beschäftigten. Aber auch sie teilte das Gefühl des Berauschtseins vom modernen poetischen Idiom, wovon die frühen formalistischen Diskussionen erfüllt waren, ob sie nun in Petersburg im Hause Briks oder in Moskau bei Jakobson stattfanden. »Damals waren Verse unsere Leidenschaft«, schreibt Lilli Brik. »Wir spülten sie herunter wie Betrunkene. Ich kannte alle Gedichte Volodjas [77] auswendig, und Osja war fast verrückt vor Begeisterung« [78].

Obschon viele der während dieser »Abende bei Briks« [79] diskutierten Themen einem Nicht-Fachmann abwegig oder gar langweilig erscheinen mögen, spielten sich doch diese einzigartigen Zusammenkünfte in einer Atmosphäre intellektueller Erregung ab, die den Ernst des Linguisten-Laboratoriums mit dem sprudelnden Wortwitz eines literarischen Cafés vereinigte. Eben dieser Atmosphäre der »fröhlichen Wissenschaft«, wo ein kluges Paradoxon fast ebensoviel galt wie ein neuer Begriff, entstammen die ersten Leitsätze des jungen Formalismus.

KAPITEL IV

» DIE JAHRE DES KAMPFES UND DER POLEMIK « (1916–1920)

1

Einige rückblickende Betrachtungen [1], können leicht den Eindruck erwecken, daß der russische Formalismus im großen und ganzen seine Entstehung Viktor Šklovskij verdanke. Es wäre unrichtig und unfair, wollte man Šklovskij seine sehr bedeutende Rolle bei der Organisation und Artikulation der neuen methodologischen Gedanken in der russischen Literaturwissenschaft absprechen. In den ersten Jahren der *Opojaz* übte er durch seine Aufsätze und Reden einen stärkeren Einfluß auf die Stellung und Strategie der Bewegung aus als irgendein anderer ihrer Führer, mit Ausnahme vielleicht von Roman Jakobson. Tatsache ist jedoch, daß keinem noch so einflußreichen oder dynamischen Theoretiker das ganze Verdienst – oder die ganze Schuld – an der formalistischen Methodologie zugeschrieben werden darf. Sie war das Ergebnis einer in der Geschichte der Literaturwissenschaft fast beispiellosen Zusammenarbeit, zu der die schärfsten Köpfe der *Opojaz* und des *Moskauer Linguistik Kreises* bedeutende Beiträge lieferten.

Die gemeinsamen Leistungen der Petersburger Abteilung der formalistischen Bewegung traten in einer Aufsatzreihe hervor, die in den Jahren 1916 bis 1919 von der *Opojaz* veröffentlicht wurde. Die erste derartige Sammlung, Beiträge von Jakubinskij, Kuschner, Plivanov und Šklovskij enthaltend, erschien 1916 unter dem Titel *Studien über die Theorie der poetischen Sprache* [2]. Ein Jahr später wurde eine zweite, etwas erweiterte Ausgabe der *Studien* veröffentlicht [3]. 1919 wurden die wichtigsten Beiträge der beiden Sammlungen in der *Poetik* wieder abgedruckt, die auch einige neue Untersuchungen von Brik, Eichenbaum und Šklovskij umfaßte [4].

Die *Opojaz Studien über die Theorie der poetischen Sprache*, besonders ihre Ausgabe von 1919, stellten zusammen mit Jakobsons *Moderne russische Dichtung* eine umfassende Formulierung der frühen formalistischen Position dar. Bevor wir nun dazu übergehen, die späteren Entwicklungen des russischen Formalismus aufzuzeigen, wollen wir den Inhalt und den Ton dieser Äußerungen genauer betrachten.

Ein auffallendes Merkmal der ersten formalistischen Veröffentlichungen war ihre kämpferische Einstellung gegenüber allen bis dahin in der russischen Literaturwissenschaft vorherrschenden Strömungen. Die Sprecher der neuen kritischen Schule griffen die utilitaristische Methode der Epigonen Pisarevs, die symbolistische Metaphysik und den akademischen Eklektizismus mit gleicher Heftigkeit an. Roman Jakobson beschreibt die traditionelle Literaturgeschichte [5] als ein »lockeres Konglomerat von Hausmacher-Disziplinen« und vergleicht ihre Methoden denen der Polizei, »die, auf den Befehl, eine bestimmte Person zu verhaften, sicherheitshalber jeden und jedes mitnimmt, was oder wen sie gerade in der Wohnung des Beschuldigten antrifft, und dazu noch alle Passanten auf der Straße!« [6]. Genauso »nahm der Literarhistoriker unbekümmert und unterschiedslos alles unter seine Fittiche, was seines Weges kam: Sittenlehre, Psychologie, Politik, Philosophie« [7].

Eichenbaum bekundete seine Ungeduld über den »naiven psychologischen Realismus« auf Grund der überall vorherrschenden Beschäftigung mit dem Leben eines Schriftstellers [8]. Er wandte sich gegen die übliche Tendenz, »literarische ›Äußerungen‹ als direkten Ausdruck der wirklichen Gefühle des Autors aufzufassen« [9]. Brik machte sich über die biographiesüchtigen Puškin-Forscher lustig und bezeichnete sie als Besessene, die sich bei dem Versuch zu Tode grämten, irrelevante Fragen zu beantworten [10].

Im großen und ganzen fanden es die Vorkämpfer des russischen Formalismus jedoch nicht nötig, zu viel Zeit darauf zu verwenden, die Wortführer der »obsoleten« akademischen Wissenschaft zu widerlegen. »Es war kaum notwendig, sie zu bekämpfen«, stellte Eichenbaum verächtlich fest [11]. Die Sprecher des Formalismus sparten den größten Teil ihrer Munition für einen gefährlicheren Gegner auf, für die Symbolisten. Nach Eichenbaums Worten war das, »was die erste Gruppe der Formalisten zusammenbrachte, der Wunsch, das dichterische Wort von den Fesseln der philosophischen und religiösen Tendenzen zu befreien, wie sie im Symbolismus beträchtlich in den Vordergrund gerückt waren« [12].

Die Wahl dieses Hauptgegners wurde ebensosehr von taktischen Gründen wie von ästhetischen und methodologischen Rücksichten diktiert. Einmal war der Symbolismus für die von den Formalisten geforderte Neuorientierung der russischen Literaturwissenschaft das gefährlichere Hindernis. Bücher wie Belyjs *Symbolismus* und Ivanovs *Furchen und Grenzen* [13] übten trotz des Abfalls der Akmëisten und der futuristischen Revolte noch immer einen stärkeren Einfluß auf das russische kritische Denken aus, als die pflichtschuldig von den Akademikern produzierten langweiligen Monographien.

Ein weiterer taktischer Grund, daß der Angriff auf die Position der Symbolisten konzentriert wurde, war durch die Nähe des Interessengebiets gegeben. Belyj und Brjusov hatten eifrigst auf dem Gebiet der Poetik gearbeitet und fast ein Monopol auf die Versforschung errungen. Um überhaupt eine neue Konzeption der dichterischen Sprache entwickeln zu können, erschien es außerordentlich wichtig, zunächst einmal die Autorität der symbolistischen Theoretiker und die Gültigkeit ihrer Grundvoraussetzungen anzuzweifeln [14].

Es ist wohl kaum notwendig zu betonen, daß sich diese Opposition gegen den Symbolismus nicht nur aus Gründen der Rivalität oder des »Machtkampfs« erklärt. Der Ruf nach einer Befreiung der Versforschung von »religiösen und philosophischen Tendenzen« war mehr als ein Mittel zur Polemik. Vielmehr zeigte er eine echte Abneigung gegen die Metaphysik an das »neue Pathos des wissenschaftlichen Positivismus« [15], das so typisch für die frühen Äußerungen der Formalisten war. Bal'monts schaler Impressionismus und Ivanovs esoterische Theurgie wurden kategorisch abgelehnt. Das Gebäude der neuen Kritik sollte auf dem soliden Grund der »wissenschaftlichen Erforschung von Tatsachen« errichtet werden [16].

Dieser kämpferische, um nicht zu sagen naive, Empirismus [17] der formalistischen Wortführer war eng mit ihrer futuristischen Orientierung verbunden. Es erscheint hier unwesentlich, ob sich der Rückzug der Theoretiker vom Transzendentalen aus der Wirkung der neuen Lyrik erklärt, oder ob darin, umgekehrt, einer der Gründe für ihr Interesse an moderner Dichtung zu suchen ist. Jedenfalls gab das aktive Eingreifen in die Kämpfe einer gleichzeitigen literarischen Schule dem formalistischen Angriff zusätzliche Kraft, verlieh ihm allerdings zugleich auch eine deutlich parteiische Färbung.

Ein oberflächlicher Blick auf die ersten Veröffentlichungen der *Opojaz* und des Moskauer Linguistik-Kreises genügt, um die enge Parallele zu Chlebnikovs Evangelium vom »selbstwertigen Wort« zu erkennen. Schon aus den Titeln der *Opojaz*-Studien geht deutlich die Vorliebe für die »äußere Form« oder das phonetische Gefüge des Wortzeichens hervor, die für die futuristischen Manifeste so typisch war. L. Jakubinskij schrieb über »Die Laute der poetischen Sprache« und über »Die Anhäufung identischer Liquiden in der praktischen und der poetischen Sprache«; Brik analysierte »Klang-Wiederholungen«, und Polivanov untersuchte »Klang-Gesten in der japanischen Sprache« [18].

Šklovskij hob das Primat des Klanges in gewissen Redeweisen vor der Bedeutung hervor [19]. Er zitierte Beispiele »sinn-überschreitender Sprache« aus so weit auseinanderliegenden Gebieten wie Prosaerzählung und Volksdichtung, Kinderlied und religiösem Ritual. Šklovskij stellte die Behauptung auf, daß die Neigung zum Gebrauch unverständlicher oder »bedeutungsloser« Wörter ein »allgemeines Sprachphänomen« sei, das einer tief eingewurzelten psychologischen Notwendigkeit entspreche. Die Mitteilung sei nur eine der möglichen Funktionen der Sprache. »Die Menschen brauchen Worte nicht nur, um einen Gedanken auszudrücken oder einen Gegenstand zu bezeichnen ... Worte, die über jeden Sinn hinausgehen, werden auch gebraucht« [20].

Während Šklovskijs Äußerungen über »Dichtung und sinnüberschreitende Sprache« ein anregender, aber wenig einleuchtender Versuch war, die futuristischen Experimente zu erhärten, machte sich Jakubinskij daran, die Autonomie des Klanges in der Dichtung mit Hilfe der überzeugenden Begriffe der funktionalen Linguistik darzulegen. Er ging von der offensichtlich von Baudouin de Courtenay übernommenen Voraussetzung aus, daß »linguistische Phänomene unter anderem vom Gesichtspunkt der Absicht aus klassifiziert werden sollten, nach welcher der Sprecher sein linguistisches Material verwendet« [21]. Der nächste Schritt in Jakubinskijs Beweisführung war eine scharfe Unterscheidung zwischen der »praktischen« Sprache, »wo die linguistischen Zeichen keine unabhängige Existenz haben und nur als Mittel der Kommunikation dienen« [22] und anderen Redeweisen, wo die Laute ihren Wert in sich besitzen [23].

Die »praktische« Sprache, so führte Jakubinskij aus, ist ästhetisch neutral, amorph. Daher auch das Phänomen der unkontrollierten, »nachlässigen« Sprache, auf die schon Baudouin de Courtenay aufmerksam machte: im gewöhnlichen Wortgebrauch ist eine gewisse Diskrepanz zwischen der beabsichtigten und der tatsächlichen Äußerung erlaubt, solange der Zuhörer weiß, wovon der Sprecher »eigentlich« redet. Dies gilt nicht von der poetischen Sprache: hier werden die Klänge wohlüberlegt erfahren; »sie gehen ins klare Feld des Bewußtseins ein« [24].

Nach Jakubinskij wird der beste Beweis für die »Wahrnehmbarkeit« (oščutimost') der Klänge im Vers durch die rhythmische Anordnung der poetischen Sprache erbracht. Diese These wird durch Briks feinsinnige Bemerkungen über »Klang-Wiederholungen« eingehend erhärtet [25]. Der Ausgangspunkt dieser bahnbrechenden Studie war der Versuch, verschiedene in der Lyrik Puškins und Lermontovs am häufigsten auftretende Arten von Alliteration zu klassifizieren. Die methodologische Bedeutung des Aufsatzes liegt jedoch nicht so sehr in der geistreichen Typologie alliterativer »Figuren« [26], als in der Behauptung des Verfassers vom »integralen« Charakter der poetischen Sprache. Die Wortorchestrierung ist laut Brik nicht nur Sache einiger Kunstmittel der »Harmonie«, die dem Ohr des Lesers gerade auffallen. Vielmehr ist hier das gesamte phonetische Gefüge der Lyrik beteiligt. Reim und Alliteration sind lediglich die greifbarsten, die »kanonisierten« Manifestationen »grundlegender euphonischer Gesetze«, besondere Fälle von »Klang-Wiederholung« (zvukovoj povtor) [27], die das der Dichtung zugrunde liegende Prinzip ausmacht.

Während sich der Hauptanteil der *Opojaz*-Studien mit den Fragen der poetischen Euphonie oder der allgemeinen Phonetik beschäftigte, befaßten sich zwei wichtige Beiträge der *Poetik* mit der Struktur der Prosadichtung. Man kann jedoch mit Sicherheit behaupten, daß diese »Ausnahmen« die Regel voll und ganz bestätigen. In beiden Fällen wurde, allerdings nicht durchweg, die Erörterung auf die *idée maîtresse* der frühen *Opojaz* – ihr fast ausschließliches Interesse an der »Wort-Instrumentation« – künstlich zugeschnitten.

In seinem interessanten, wenn auch einseitigen Essay »Wie Gogol's ›Mantel‹ gemacht ist« [28] richtet Eichenbaum das Augenmerk auf den Erzählton der Novelle. Die berühmte Geschichte wird als ein Meisterwerk grotesker Stilisierung, als ein Beispiel von expressivem *skaz* [29] interpretiert, in dem von Wortspielen üppiger Gebrauch gemacht und auf »Artikulation, Mimikrie und Klanggebärden« besondere Betonung gelegt wird [30]. Die Handlung des »Mantel« beschreibt Eichenbaum ausschließlich auf der Ebene des Wortes, als Ergebnis des Ineinanderspielens zweier Stilebenen, der komischen Erzählung und der sentimentalen Rhetorik.

Ähnlich setzte Šklovskij bei seinem ersten Versuch über die Theorie der Prosa [31] eine enge Wechselbeziehung zwischen Mitteln der Komposition und des Stils voraus. Er behauptete, daß »Techniken der Handlungsführung (sjužetosloženie) den Mitteln der Wortorchestrierung ähnlich und letztlich mit ihnen identisch seien« [32]. Im gleichen Sinne stellt er eine Analogie her zwischen scheinbar so entlegenen Phänomenen wie architektonischer »Tautologie« – der Wiederkehr des gleichen Ereignisses in einem epischen Gesang oder im Märchen [33] – und Wiederholungen von Worten. In die gleiche Kategorie werden Alliteration in einem Puškin-Gedicht, »tautologischer Parallelismus« in einer Volksballade und das Mittel epischen Retardierens (oder, mit Šklovskijs Ausdruck, der »Treppen-Struktur« [34]) eingeordnet.

Die Gesetze der poetischen Euphonie sind hier in die Sphäre der Erzählung übertragen; die Handlung wird, um Jakobsons Begriff [35] zu gebrauchen, als eine »Realisation« des Wortmittels gesehen. Die überragende Bedeutung des Klanges wird außerdem in allgemeinen Formulierungen hervorgehoben, an denen Šklovskijs Essay überreich ist. So beschreibt er

literarische Werke, die der Prosadichtung eingeschlossen, als
»ein Gewebe aus Klängen, klar gegliederten Bewegungen und
Ideen« [36].

Die Auffassung der Formalisten von der »Wahrnehmbarkeit
des Wortaufbaus« als entscheidendes Merkmal der poetischen
Sprache machten eine drastische Revision der herrschenden
Theorien über das Wesen der Dichtung erforderlich. Das erste
Opfer war Potebnjas weitverbreitete Lehre vom bildhaften
Ausdruck als Spezifikum der poetischen Sprache. Diese Theorie
schien umso bekämpfenswerter, als die unmittelbaren Vorläufer der Formalisten und »feindlichen Nachbarn«, die Theoretiker des Symbolismus, weitgehend Gebrauch davon gemacht
hatten.

Die Aufgabe, den Potebnjanismus zu widerlegen, wurde von
dem streitlustigsten Mitglied der *Opojaz*, Viktor Šklovskij, eifrig
in Angriff genommen. In zwei Aufsätzen [37], deren zweiter für
gewöhnlich als das Manifest des russischen Formalismus angesehen wird, fiel Šklovskij über die schulmeisterliche Vorstellung
vom dichterischen Bild her, das das Unbekannte mit Hilfe des
Bekannten erkläre. In Wirklichkeit, so stellte Šklovskij fest, sei
das genaue Gegenteil der Fall. Der poetische Gebrauch des
Bildes liege, im Unterschied zu dem »praktischen«, in einer
»seltsamen semantischen Verschiebung« [38] in der Übertragung
des dargestellten Gegenstandes auf eine andere Wirklichkeits-
ebene. Das Gewohnte wird »verfremdet«; es wird dargestellt,
als sähe man es zum ersten Male. Damit ist die grundlegende
Mission der Dichtkunst erfüllt: des Dichters »gebremste, mittel-
bare Sprache« [39] stellt für uns die frische, kindhafte Schau
der Welt wieder her [40]. Da die »gewundene, bewußt ge-
hemmte Form« [41] künstliche Hindernisse zwischen dem
wahrnehmenden Subjekt und dem wahrgenommenen Objekt
aufbaut, wird die Kette gewohnheitsmäßiger Verknüpfungen
und automatischer Reaktionen gebrochen: auf diese Weise
werden wir fähig, die Dinge überhaupt zu *sehen*, anstatt sie
bloß *wiederzuerkennen* [42].

In solchen Sätzen ist die unmißverständliche Herausforderung der realistischen Ästhetik offenkundig. Das wahre Ziel
der Kunst war nach Šklovskij nicht Darstellung des Lebens in

konkreten Bildern, sondern im Gegenteil eine schöpferische Verzerrung der Natur mit Hilfe einer Reihe von Kunstmitteln, die der Dichter zu seiner Verfügung hat.

Das Kunstmittel [42a] (priëm), verstanden als Technik des bewußten »Machens« eines dichterischen Kunstwerks, als Formung seines Materials, seiner Sprache, und als Deformierung seines Stoffes, nämlich der »Wirklichkeit«, wurde zum Schlüsselbegriff und zum Schlachtruf des Formalismus. »Wenn die Literaturgeschichte«, so erklärte Jakobson kategorisch, »Wert darauf legt, eine Wissenschaft zu werden, so muß sie das Kunstmittel als ihr einziges Anliegen erkennen« [43]. Alle anderen Komponenten eines literarischen Werkes, seine »Ideologie«, sein Gefühlsinhalt oder die Psychologie der Charaktere hielt man für zweitrangig oder sogar gänzlich irrelevant. Man tat sie unbekümmert als *post-factum*-»Motivation« [44] der angewandten Kunstmittel ab, vermutlich dazu bestimmt, das »literarische Produkt« dem gemeinen Verstand des beschränkten Lesers schmackhafter und reizvoller zu machen.

Manche der extremeren formalistischen Erklärungen gingen soweit, die Relevanz soziologischer und ideologischer Überlegungen gänzlich zu bestreiten. »Kunst war immer vom Leben unabhängig«, schrieb Šklovskij eigensinnig, »und niemals spiegelte ihre Farbe die Farbe der Flagge, die über der Stadtfestung wehte« [45]. Und Jakobson behauptete, »einem Dichter Ideen und Gefühle vorzuwerfen« [»ausgedrückt« in seinen Werken – V. E.] sei ebenso absurd wie das Verhalten der Zuschauer im Mittelalter, die den Schauspieler des Judas verprügelten« [46].

Zweifellos waren dies recht übertriebene Behauptungen, die zu erhärten den jungen Kämpen des Formalismus hätte schwerfallen dürfen. Man braucht Jakobson oder Šklovskij jedoch nicht genau beim Wort zu nehmen. Wenn ihre wahren Ansichten zu jener Zeit auch sehr radikal waren, so ist es doch offensichtlich, daß sie nicht ganz das meinten, was sie sagten, und sich zumindest andeutungsweise bewußt waren, die Sache zu weit vorgetrieben zu haben [47].

In seiner kritischen, aber bemerkenswert gerechten Darstellung der formalistischen Schule wies Medvedev mit Recht darauf hin, daß es einem Ignorieren der geschichtlichen Tatsachen gleichkäme, wollte man die formalistischen Veröffentlichungen von 1916 bis 1921 als akademische Studien behandeln [48]. Um die Exzesse des russischen Formalismus in die richtige historische Perspektive zu rücken, tut man gut daran, mit Medvedev von dem folgenden Absatz aus Eichenbaums Artikel »Theorie der formalistischen Methode« (1925) Kenntnis zu nehmen, in dem dieser die Inventur des Formalismus aufnimmt:

»Während der Jahre des Kampfes und der Polemik gegen solche [ideologischen und eklektischen, V. E.] Traditionen richteten die Formalisten all ihre Bemühungen darauf, die überragende Bedeutung der Ausdrucksmittel (Mittel des künstlerischen Aufbaus) aufzuzeigen, wobei alles andere in den Hintergrund gedrängt wurde ... Viele der von den Formalisten in den Jahren des bittersten Kampfes mit unseren Gegnern aufgestellten Grundsätze waren weniger wissenschaftliche Prinzipien als Schlagworte, die für Propagandazwecke mit Paradoxen zugespitzt wurden« [49].

Die schrillen Übertreibungen des Frühstadiums dürfen weitgehend dem natürlichen Kampfgeist einer jungen Schule der Kritik zugeschrieben werden, die mit aller Ausschließlichkeit darauf eingestellt war, sich von ihren Vorgängern abzusetzen. Es scheint gleichermaßen gerechtfertigt, die halb-absichtlichen Übertreibungen des frühen Šklovskij und Jakobson auf die futuristische Tradition des »Bürgerschrecks« zurückzuführen.

Dies erklärt jedoch nicht alles. Der kämpferische Ton der *Opojaz*-Studien war nicht nur ein Echo futuristischen Aufruhrs. Vielmehr reflektierten beide die Stimmung, genauer, das Timbre einer Generation. Man mußte schon laut sprechen, um sich während der Jahre 1916–1921 in diesen stürmischen und ereignisreichen Jahren des Kriegs und der Revolution, auf dem Marktplatz miteinander ringender Ideen Gehör zu verschaffen.

2

Vom streng chronologischen Standpunkt aus kann der russische Formalismus kaum als ein Produkt der Revolutionszeit angesehen werden. Wie oben gezeigt wurde, entstand die formalistische Schule vor dem Ausbruch der Revolution von 1917. Ehe aber die neue kritische Bewegung Durchschlagskraft gewonnen hatte, stand Rußland in Flammen. Die dritte und bedeutendste gemeinsame Äußerung des frühen Formalismus, die *Poetik* (1919), wurde in einem trostlosen, vom Bürgerkrieg zerschundenen Petersburg veröffentlicht. Das schäbige Äußere wie auch der kämpferische Ton dieser Studien zeugt von den Bedingungen, unter denen diese *Opojaz*-Sammlung entstand.

Wer im russischen Formalismus einen Auswuchs der »bürgerlichen Dekadenz« [50] sieht, dem mag jeder Versuch, die formalistischen Grundsätze mit dem Ethos der Revolution in Verbindung zu bringen, vergeblich, wenn nicht völlig widersinnig erscheinen. War nicht die formalistische Methode zuerst und vor allem ein Asyl für die Befürworter der »reinen«, »unpolitischen Kunst« [51]? Waren nicht die einseitige Beschäftigung des frühen Jakobson mit dem Kunstmittel und Šklovskijs fanatische Bemühungen um die »Befreiung« der Kunst vom Leben typische Versuche, sich den »brennenden« Fragen der Revolutionszeit zu entziehen?

Die Frage »Formalismus gegen Revolution« ist nicht so einfach, wie sie zunächst oberflächlich erscheinen mag. Der von den schwerfälligen Bürokraten der »Gesellschaftskritik« schonungslos ausgenutzte Vorwurf des »Eskapismus« sollte mit größerer Vorsicht behandelt werden. Wenn man diesen Begriff als ein Sich-Zurückziehen von der aktiven Teilnahme an den politischen Kämpfen der Zeit definiert, so ließe sich der Ausdruck wohl kaum auf formalistische Theoretiker von der Art O. Briks oder L. Jakubinskijs anwenden. Brik arbeitete unermüdlich an der »kulturellen Front« der Revolution, zuerst als politischer Kommissar der Moskauer Kunstakademie, dann als Sprecher der ultrarevolutionären *Lef*-Gruppe [52]. Jakubinskij war, obwohl nicht ganz so aktiv wie Brik, in den ersten Jahren der Revolution ein eingetragenes Mitglied der bolschewistischen Partei. Šklovskijs, des vermeintlichen Hauptexponenten eines formalistischen »Eskapismus«, Haltung gegenüber der Revolutionspolitik war komplizierter als manche seiner überbetont »antisozialen« Äußerungen implizieren mögen. Zur Zeit des Bürgerkrieges pendelte er zwischen der Pose eines ironischen

Zuschauers oder passiven Opfers der revolutionären Umwälzung und unerheblichen Ansätzen zu politischer Aktion hin und her. Diese Zwiespältigkeit fand bezeichnenden Ausdruck in dem Rückblick *Sentimentale Reise* (1923) [53]; »Ich glaube«, schrieb Šlovskij hier, »ich hätte die Revolution doch an mir vorübergehen lassen sollen ... Wenn man fällt wie ein Stein, sollte man nicht denken; wenn man denkt, sollte man nicht fallen ... Ich verwechselte zwei unvereinbare Berufe« [54].

Es läßt sich nicht bestreiten, daß die Beschäftigung der Formalisten mit dem »Wie« anstatt mit dem »Was« der Literatur in einigen Fällen als eine Zuflucht vor starren ideologischen Bindungen oder genauer, vor der unzweideutigen Anerkennung der offiziellen Ideologie gedient haben mag. Aber ungerechtfertigt waren die anmaßenden und irreführenden Vorwürfe P. Kogans, der die Formalisten als »arme, naive Spezialisten« bezeichnete, »denen jeglicher Kontakt mit ihrer Epoche fehle« [55].

Die Schwäche derartiger Ausfälle liegt darin, daß sie einen »Sinn für die eigene Zeit« mit der »richtigen« Einstellung zu oder aktivem Interesse an akuten politischen Fragen gleichsetzen. Es ist zweifelhaft, ob das Zeitgemäße einer geistigen Strömung oder einer wissenschaftlichen Theorie auf Grund enger ideologischer Begriffe beurteilt werden kann. Ein zutreffenderes Kriterium mag sich in der Art und Weise bieten, in der die zur Diskussion stehende Lehre die Probleme ihrer besonderen Disziplin behandelt.

Von diesem Standpunkt aus betrachtet erscheint die formalistische Schule im Guten wie im Schlechten als ein zwar etwas exzentrisches, aber durchaus legitimes Kind der Revolutionszeit, als unabtrennbarer Teil ihrer geistigen Atmosphäre.

Die Revolution von 1917 beschränkte sich nicht auf eine durchgreifende Wandlung in Rußlands politischer und gesellschaftlicher Struktur; auch fest anerkannte Konventionen, moralische und philosophische Systeme wurden von ihr durcheinandergerüttelt. Diese kulturellen Umwälzungen waren kein bloßes Nebenprodukt der politischen Revolution; sie wurden vom Zusammenbruch des alten Regimes angetrieben und beschleunigt, aber nicht hervorgebracht. Die Tendenz zur Um-

wertung aller Werte, zur drastischen Überprüfung aller überlieferten Begriffe und Verfahrensweisen überschritt die Grenzen des revolutionären Rußland. In der Zeit nach dem ersten
Weltkrieg war die Tendenz, »alle Statik zu vermeiden und das
Absolute zu verbannen« [56] ein beinahe universales Phänomen.

Ein bekannter Physiker, Chvolson, formulierte es folgendermaßen: »Wir leben in der Zeit eines noch nie dagewesenen
Zerfalls der alten wissenschaftlichen Ordnung ... Unter den
heute verloren gehenden Wahrheiten sind Begriffe, die vorher selbstverständlich schienen und daher allen Beweisführun-
gen zugrunde lagen ... Ein wesentliches Merkmal dieser neuen
Wissenschaft ist die durchgreifend paradoxe Natur vieler ihrer
Grundvoraussetzungen; letztere stimmen offensichtlich nicht
mehr mit dem überein, was man als gesunden Verstand anzusehen gewohnt war« [57].

Chvolsons Formel von der »neuen Wissenschaft« läßt sich
leicht auf die »neue Kritik« übertragen, wie sie aus den frühen
formalistischen Manifesten hervorgeht. »Der Zerfall der alten
wissenschaftlichen Ordnung«, »die paradoxe Natur der Grundvoraussetzungen« – sind das nicht passende Beschreibungen
von Jakobsons Frontalangriff auf die traditionelle Literaturgeschichte und Šklovskijs vernichtende Kritik der »selbstver-
ständlichen Wahrheiten« des Potebnjanismus? Wenn der kämpferische Anti-Traditionalismus der Formalisten innerhalb der
Sphäre der Literaturwissenschaft den geistigen Tenor der Zeit
genau reflektiert, so gilt das gleiche von dem anderen bezeichnenden Merkmal der neuen kritischen Bewegung – von seinem
gründlichen Empirismus.

Die ›Bronzezeit‹ der Revolution konnte mit dem »Absoluten«,
mit außerweltlichen Dingen nichts anfangen. Ihre Mystik war
irdisch, ihre Eschatologie – materialistisch. Ihre Religion war
ein beharrlicher, irrationaler Glaube an die Möglichkeit des
menschlichen Geistes und die heilsame Wirkung einer »wissenschaftlichen« sozialen Technik und technischen Fortschritts.
»Sozialismus heißt Sowjetsystem plus Elektrifizierung«, erklärte der Hauptstratege und Theoretiker der Oktoberrevolution, V. I. Lenin. Trotz der offensichtlichen Vereinfachung die-

ses Schlagworts für Propagandazwecke ist doch die Betonung des Technischen sehr aufschlußreich.

Eine Schule der Kritik, die das »seichte Geschwätz« über Inspiration und Wortmagie verspottete und als ihr Hauptinteresse »die Erforschung der Gesetze der literarischen Produktion« [58] verkündete, war, von diesem Standpunkt aus gesehen, gut auf den »Zeitgeist« abgestimmt. Einige der links stehenden Formalisten gingen sogar so weit, ihre »berufsmäßige« Beschäftigung mit Dichtung als klares Ergebnis der Revolution anzupreisen. So behauptete Brik z. B., daß die *Opojaz* auf Grund ihrer Betonung der literarischen Technik als »beste Erziehung der jungen proletarischen Schriftsteller« angesehen werden müsse [59].

Was man von diesem aufrichtig gemeinten, aber wenig fundierten Anspruch auch halten mag, es besteht wohl kein Zweifel, daß der literarische »Produktionismus« mindestens ebensoviel mit der industriellen Begeisterung nach der Oktoberrevolution gemein hatte wie mit dem »bürgerlichen Professionalismus« – einem weiteren Schlagwort der offiziellen sowjetischen Kritik [60].

Der Einfluß der historischen Gegebenheiten machte sich nicht nur im Inhalt der ersten formalistischen Äußerungen bemerkbar, sondern ebensogut in deren Darbietungsweise. Die fieberhafte Atmosphäre und die Härten der Bürgerkriegszeit machte eingehende Forschungsarbeit oder breit angelegte verlegerische Tätigkeit unmöglich [61]. »Bücher wurden hastig geschrieben«, bezeugt Šklovskij. »Man hatte keine Zeit für ernsthafte Forschungsarbeit. Es wurde mehr gesprochen als geschrieben« [62].

Der hektische Rhythmus der Epoche forderte aphoristische Kürze und schlagwortartigen Lärm. Wie aus den oben zitierten Beispielen hervorgehen dürfte, erfüllten die frühen formalistischen Schriften, insbesondere die von Šklovskij, beide Forderungen.

Einige Kritiker der älteren Generation bedauerten die »Lautstärke« der formalistischen Polemik – ihre Schärfe beim Angriff auf Gegner und den gleichen Mangel an Zurückhaltung bei ihrer Eigen-Propaganda [63]. Obschon diese Vorwürfe nicht unbegründet sind, muß man dabei doch immer im Auge behalten, daß »Lautstärke« keineswegs dem *Opojaz*-Kreis vorbehalten war; vielmehr war sie ein integraler Bestandteil des Stils der russischen Kritik während einer der stürmischsten Perioden der russischen Literatur.

Es gibt wohl kaum einen auffallenderen Kontrast zu der langweiligen Einförmigkeit der jüngsten sowjetischen Kritik als die schillernde Mannigfaltigkeit kritischer Schulen, den an eine Inflation grenzenden Reichtum an literarischen Manifesten, die die Zeit des Bürgerkrieges und der NEP charakterisierten. Die Futuristen und Imaginisten, Konstruktivisten und die »Smithy«-Gruppe, die »Proletkultisten« und die »Wächter« [64], um nur die wichtigsten Organisationen zu nennen – sie alle stritten heftig um die Vormachtstellung. Jede dieser Gruppen proklamierte ihr Programm als *die* Formel für proletarische Kunst, als das letzte Wort der marxistisch-leninistischen Ästhetik, und jede tat die Ansprüche der Rivalen verächtlich als »veraltet«, »reaktionär« oder »mechanistisch« ab.

Die heftige Debatte über die proletarische Literatur wurde nicht selten mit gelehrter Dogmatik versehen; allzu häufig benutzte man ehrfürchtig Zitate der »Autoritäten« – Marx, Plechanov oder Lenin – als definitive Argumente. Die Doktrinäre hatten ihre große Stunde, als orthodoxe Eiferer mitten im Chaos der Revolution die Schöpfung einer »monumentalen«, hochentwickelten proletarischen Kultur postulierten. Die »Proletkult«-Gruppe unter Führung von A. A. Bogdanow glaubte dieses Ziel mit Hilfe einer Laboratoriumstechnik zu erreichen (so könnte man sie bezeichnen), während sich die »Wächter« hauptsächlich auf die »weise Führung« der Kommunistischen Partei verließen.

Allerdings muß man zugeben, daß diese utopische Bigotterie oft aufrichtig und spontan war. Die Parteiführer glaubten nicht an geistige Freiheit. Sie behielten die Literatur scharf im Auge, um gegebenenfalls mit einer »Revolutionszensur« alle »feindlichen« ideologischen Manifestationen auszumerzen. Außerdem hatten sie sich ganz und gar hinter die »einzig gesunde Weltanschauung«, die leninistische Version des dialektischen Materialismus gestellt und alle rivalisierenden philosophischen Systeme oder wissenschaftlichen Theorien zwar noch nicht zwangsweise unterdrückt, aber doch mißbilligt. Innerhalb der Grenzen der offiziell anerkannten Methodologie gab es jedoch in dieser ersten Zeit noch verhältnismäßig ausgedehnte Möglichkeiten der Interpretation. Die grundlegenden Begriffe der marxistischen Literaturtheorie wurden in einem geistreichen Austausch der Ideen von den Wortführern der jungen sowjetischen Kritik wie V. Friče, G. Lelevič, A. Lunačarskij, P. Pereverzev, V. Polonskij, L. Trotzkij oder A. Voronskij hin und her geworfen.

Solange die marxistische Literaturtheorie noch kein starres Dogma war, hatte eine nicht-marxistische Häresie, wie es der Formalismus war, noch Daseinsberechtigung. Seine Chancen, gerecht beurteilt zu werden, waren um so besser, als er eine neue und wissenschaftliche Methode vertrat und sich Problemen zuwandte, die dringend einer Erhellung bedurften.

Ein großer Teil der damaligen kritischen Diskussion kreiste um ideologische Fragen. Für den orthodoxen Sowjetkritiker war Kunst eine Form der Erkenntnis oder eine Waffe des Klassenkampfes, gelegentlich eine Verbindung von beiden. Die natürliche Folge dieser Auffassung war die Forderung nach dem »Primat des Inhalts« [65].

Nichtsdestoweniger übten Probleme der literarischen Form erhebliche Anziehungskraft aus. Die Dichter-Erneuerer, ob aus den Reihen der Futuristen, Imaginisten oder Konstruktivisten, verkündeten ununterbrochen, eine revolutionäre Form sei eine ebenso wesentliche Vorbedingung wahrer proletarischer Kunst wie ein revolutionärer Inhalt. Diese Erklärungen fanden bei einigen strenggläubigen marxistischen Theoretikern Echo. A. Gastev, ein Sprecher der Proletkult-Gruppe, behauptete, daß »die Idee einer proletarischen Kunst eine überwältigende Revolution auf dem Gebiet der künstlerischen Mittel« bedeute [66]. Zu einer Zeit, in der das Neue unterschiedslos gepriesen und das Alte verurteilt wurde, erschien formales Experimentieren eine geschichtliche Notwendigkeit.

Die formalen Überlegungen der Bürgerkriegszeit kreisten um die Lyrik, die bis 1922 die zentrale literarische Gattung blieb. Im Widerspruch zu dem alten lateinischen Sprichwort wurde diesmal der Gesang der Musen nicht vom Getöse der Waffen erstickt. Die Erneuerung der russischen Lyrik, die gegen Ende des vorigen Jahrhunderts ihren Anfang nahm, hielt unter dem Einfluß ganz anderer Faktoren während der ersten fünf Jahre der Revolution an. Die maßlose Hast und die atemberaubende Folge der Ereignisse ließen es nicht zu breitangelegten epischen Gemälden kommen. Auch hinderte eine akute Papierknappheit den Romanschriftsteller, seinen Beruf auszuüben.

Der Lyriker konnte eine Zeitlang leichter ohne die Druckereien auskommen als der Prosaschriftsteller, vorausgesetzt, er befolgte den Rat Majakovskijs und »ging auf die Straße«, um sich dort seinem Publikum zu stellen. Der mündliche Vortrag, das Gedichtrezitieren in einem Großstadtcafé oder auf einer Arbeiterversammlung boten dem Dichter die einzige Möglichkeit, seine »Produkte« zu verbreiten [67]. Es ist nicht verwunderlich, daß sich viele bekannte Lyriker dieses Mittels bedienten. Fast noch bemerkenswerter ist, daß das Publikum den Künstler kaum je im Stich ließ, nicht einmal unter den härtesten Bedingungen der Blockade und des Hungerns. In den literarischen Cafés des belagerten Petersburg oder des trostlosen Moskau hörte das unterernährte, unruhige und doch konzentrierte Publikum den Gedichten zu, die unmittelbar, ohne die übliche »Abkühlzeit« auf die Anwesenden eindrangen.

So seltsam es erscheinen mag, so gelang es doch nicht nur dem »Praktiker«, sondern auch dem Theoretiker, der das »Machen« von Versen genau erklärte, in jenen gänzlich unberechenbaren Zeiten scharfe und lernbegierige Ohren zu finden. In seiner *Sentimentalen Reise* führte Šklovskij dieses allgemeine Interesse an Dingen der Poetik während der Bürgerkriegszeit auf die Schärfung der intellektuellen Neugierde zurück, die durch die Revolution bewirkt wurde. Seiner Ansicht nach wurden die Grenzen des Bewußtseins aufgehoben. Menschen, die aus der Routine eines langweiligen, ereignislosen Daseins aufgeweckt wurden, begannen mit weit geöffneten Augen um sich zu blicken. Während alles noch im Flusse war, hatte jedes auch noch so ausgefallene oder scheinbar unzeitgemäße Unternehmen eine Aussicht auf Erfolg. »Egal was man sich vornahm, die Eröffnung einer Souffleusen-Schule für das Theater der Roten Flotte oder einen Kurs über die Theorie des

Rhythmus in einem Krankenhaus, man fand immer sein Publikum. Die Menschen waren damals einzigartig aufnahmefähig« [68].

Eine nicht unbedeutende Rolle beim Anspornen des Interesses für Dinge der Poetik spielten einige ›Veteranen‹ der Versforschung, die sich zur Zusammenarbeit mit dem neuen Regime entschlossen hatten, z. B. V. Brjusov und A. Belyj. Aber die formalistische Opposition gegen die Anführer des Symbolismus gewann ständig an Boden. Das experimentelle Vorgehen der *Opojaz* in Fragen der Verskunst entsprach mehr der empiristischen Geistesverfassung der jüngeren Linguisten und Literarhistoriker als Belyjs Hin- und Herpendeln zwischen Metaphysik und Prosodie.

Die ältere Generation der russischen Literaturwissenschaftler mußte kaum in Betracht gezogen werden. Die Angriffe Šklovskijs und Jakobsons auf die akademische Literaturgeschichte hatten auf der anderen Seite nur zu einer schwachen und matten Erwiderung geführt.

Der fast völlige Mangel an organisiertem Widerstand ermöglichte es der neuen kritischen Bewegung, sich schnell auszubreiten. Fünf Jahre nach ihrer Entstehung hatte die formalistische Schule nicht nur weite Beachtung in kritischen Besprechungen gefunden, sondern auch mächtige Operationsbasen in der akademischen Literaturwissenschaft gebildet. Eine davon war die »Abteilung für Literaturgeschichte«, die 1920 am Petersburger Staatlichen Institut für Kunstgeschichte gegründet wurde [69].

Der Vorsitzende der neugegründeten Abteilung war Viktor Žirmunskij, ein gelehrter Historiker und Literaturtheoretiker, einer der einflußreichsten unter den Leuten, die mit den Formalisten sympathisierten [70]. Neben Žirmunskij waren die aktiven Teilnehmer an dem neuen Zentrum für literarische Forschung S. Baluchatyj, B. Engelhardt, B. Eichenbaum, G. Gukovskij, V. Šklovskij, Ju. Tynjanov, B. Tomaševskij und V. Vinogradov. Nur wenige von ihnen gehörten der alten Garde der *Opojaz* an. Die Mehrzahl kam erst neu zur formalistischen Literaturtheorie. Einige, wie z. B. Tomaševskij oder Tynjanov, akzeptierten die formalistische Lehre so wie sie von Šklovskij und Jakobson entwickelt worden war, im großen und ganzen und spielten später eine bedeutende Rolle bei deren Weiterentwicklung und Ausarbeitung. Andere, wie z. B. der hervorragende junge Linguist Viktor Vinogradov, sollten bald bedeutende Positionen an der Peripherie der formalistischen Bewegung einnehmen.

Die Ausdehnung der formalistischen Organisation hatte ihren Status und ihren modus operandi etwas verändert. Während die *Opojaz*, gestärkt durch das Hinzukommen einiger hochintelligenter »Neuaufnahmen«, wie z. B. Tynjanov, das Zentrum des kämpferischen Formalismus blieb [71], ging der Großteil der formalistischen Erziehungs- und Veröffentlichungstätigkeit nach 1921 vom Institut aus. Dort diskutierten Eichenbaum, Šklovskij und Tynjanov mit einer Gruppe lebendiger und fleißiger Studenten Probleme des Stils und der Komposition, der Versstruktur und der Prosatechnik. Und bald sollte unter Leitung des Instituts eine Reihe, *Probleme der Poetik*, erscheinen, die einige der wichtigsten formalistischen Beiträge zur Geschichte und Theorie der Literatur enthielt.

Der »Sturm und Drang« der frühen Jahre hatte sich etwas gelegt. Der Formalismus war mündig geworden. Die glänzenden Aphorismen, die »paradox geschärften Schlagworte« [72] genügten nicht mehr. Manifeste mußten kritischen Untersuchungen weichen. Die anfänglichen, kurz und übertrieben formulierten Grundsätze mußten an konkretem Material erprobt, erhärtet und, wenn nötig, in inhaltsreicheren Werken modifiziert werden, die sich auf verschiedene Gebiete der theoretischen und historischen Poetik erstreckten.

KAPITEL V

STÜRMISCHES WACHSTUM (1921–1926)

1

Die zunehmende Reife der formalistischen Schule konnte man an einer merkbaren Ausweitung ihres anfänglichen Forschungsgebietes erkennen. Die einseitige Beschäftigung mit poetischer Euphonie wich einer umfassenderen Beurteilung der literarischen Form. Neben dem Klang wurde auch die Bedeutung des dichterischen Idioms einer kritischen Untersuchung für wert befunden. Das wachsende Interesse an der Semantik hatte zahllose Untersuchungen zur Folge, die sich mit Fragen des Stils und der Komposition, mit Bildern und Erzähltechniken in einem literarischen Kunstwerk befaßten.

Einen immer breiteren Raum nahmen Probleme der Prosadichtung innerhalb der literarischen Bemühungen der Formalisten ein. Viktor Šklovskij ließ seinem frühen Essay »Die Beziehung zwischen Mitteln des Handlungsaufbaus und allgemeinen stilistischen Mitteln« [1] eine Reihe von Aufsätzen über die Technik des Romans und der Novelle folgen. Erwähnung verdienen sein »Tristram Shandy und die Theorie des Romans« und »Die Entfaltung der Handlung« [2], die später der Essay-Sammlung *Über die Theorie der Prosa* [3] einverleibt wurden.

Während so der Führer der *Opojaz* die Grundlagen zur formalistischen Theorie der Prosadichtung legte [4], untersuchten unabhängige, am Rand der formalistischen Bewegung stehende Forscher wie Viktor Vinogradov oder M. Petrovskij die Struktur der Erzählungen Gogol's [5] oder der Kurzgeschichten von Maupassant [6].

Trotz des starken Interesses an künstlerischer Prosa blieb doch die Lyrik für viele der formalistischen und quasi-formalistischen Literaturwissenschaftler im Mittelpunkt. Aber innerhalb der Versforschung machte sich eine deutliche Akzentverschiebung bemerkbar. In dem Maße, in dem die Faszination durch das »selbstwertige« Wort der Futuristen nachließ, wandte man dem lexikalen und phraseologischen Apparat des Dichters erhöhte Aufmerksamkeit zu. So wurde die »poetische Semantik« zu einem wesentlichen Bestandteil der formalistischen Theorie der Lyrik. In seinem häufig zitierten Aufsatz »Die Aufgaben der Poetik« [7], nannte Viktor Žirmunskij als eine der Hauptaufgaben des Literaturtheoretikers die Untersuchung durchgehender »Wortthemen«, Worte oder Wortverbindungen also, die wiederholt im Werk des Dichters auftreten.

Diese Begriffe kamen Žirmunskij in seinem Essay über Aleksandr Bloks Bilder [8] gut zustatten – eine eindringliche Analyse des Ineinanderspielens verschiedener Arten von Metaphern in der Lyrik des größten russischen Symbolisten. In ähnlicher Weise untersuchte Vinogradov das Wortmaterial einer großen Lyrikerin der Zeit, der Anna Achmatova. Achmatovas poetischer Stil wird in Vinogradovs genauen Analysen [9] im Hinblick auf bestimmte »semantische Häufungen« erörtert, die in ihrer knappen, intimen Lyrik immer wiederkehren. Nach Ansicht Vinogradovs geben Auswahl und Anordnung von Worten sowie ihre Modifikation durch den Gesamteindruck des Gedichtes den wertvollsten Aufschluß über die engumgrenzte poetische Welt der Achmatova.

Diese modifizierte Auffassung der dichterischen Form, die die zweite Periode des russischen Formalismus bestimmte, fand ihren Ausdruck in zahlreichen Versuchen, zwischen Klang und Bedeutung in der Dichtung eine enge Beziehung herzustellen. Die formalistischen Theoretiker waren sich der organischen Einheit in der dichterischen Sprache zu bewußt, als daß sie sich mit einem bloßen Hin- und Herpendeln zwischen prosodischen und stilistischen Betrachtungen zufriedengegeben hätten. Sie lehnten die rein akustische Beurteilung von Versen, wie sie z. B. die deutsche »Schallanalyse« [10] betrieb, ebenso ab wie die allgemeine Tendenz, poetische Stile ausschließlich auf Grund des Wortmaterials eines Dichters, ohne Bezug auf seine Prosodie, zu klassifizieren. »Es war notwendig«, schrieb Eichenbaum in seinem Aufsatz über *Die Theorie der formalistischen Methode*, »sich auf etwas zu konzentrieren, das dem Satz nah verwandt war und uns doch nicht vom Vers als solchem wegführen würde, etwas, das im Grenzgebiet zwischen Phonetik und Semantik gefunden werden konnte. Dieses Etwas war die Syntax« [11].

Die Betonung der unlöslichen Beziehung zwischen Rhythmus und Syntax und ihre Abhängigkeit voneinander wurde zum »Leitmotiv« formalistischer Versforschung in der Mitte der zwanziger Jahre. So versuchte Osip Brik eine Einteilung »rhythmisch-syntaktischer Figuren«, die in der russischen Dichtung wiederholt auftreten [12]; V. Žirmunskij schrieb in seinem Aufbau des lyrischen Verses [13], die Strophe sei »eine syntaktische wie auch eine metrische Einheit«. B. Eichenbaum machte den interessanten Versuch einer Typologie des russischen lyrischen Verses vom Standpunkt der Satzmelodie aus [14].

Ein ähnliches Vorgehen zeigen andere formalistische Studien, die sich besonders mit der Anordnung phonetischen Materials im Vers, also mit der Metrik befaßten. In seiner klugen Untersuchung der *Russischen Versdichtung* [15] und in seiner Analyse des jambischen Tetrameter [16] vertrat Boris Tomaševskij seine Auffassung von der Verszeile als einer Reihe verständlicher Worteinheiten statt eines bloßen Wechsels von betonten und unbetonten Silben. Noch größere methodologische Folgen hatte R. Jakobsons Abhandlung *Über den tschechischen Vers* [17], worin die Bedeutung semasiologischer Kriterien für die vergleichende Analyse metrischer Muster nachgewiesen wurde [18].

Zur Akzentverschiebung auf dem Gebiet der theoretischen Poetik kamen immer häufigere Vorstöße in die Literaturgeschichte. Diese Entwicklung könnte man leicht mit dem natürlichen Wunsch der formalistischen Kritiker erklären, die Gültigkeit ihrer Verallgemeinerungen an konkretem literarischem Material zu erproben. Das erklärt jedoch nicht alles. Wie Eichenbaum sagt, war »der Übergang zur Literaturgeschichte nicht einfach eine Ausweitung des anfänglichen Forschungsgebietes. Vielmehr war er aufs engste mit der Modifikation unseres Formbegriffs verbunden. Es wurde uns klar, daß ein Kunstwerk niemals isoliert aufgenommen, daß seine Form immer vor dem Hintergrund anderer Werke betrachtet werden muß« [19].

Eine der Antipathien der frühen *Opojaz* war der extreme Historismus der Literaturwissenschaft des neunzehnten Jahrhunderts. Bei ihrer Abwehr des »genetischen Irrtums« neigten die Formalisten zunächst zu einer rein beschreibenden Literaturauffassung. Wo die traditionellen Literaturhistoriker dem Ursprung eines gegebenen Phänomens nachgingen, interessierten sich die Formalisten ausschließlich für seine Komposition. Wo jene sich nach der Entstehung »literarischer Tatsachen« fragen, wollten diese nur wissen, was und wie diese waren. Um solche Fragen beantworten zu können, schien es erforderlich, das betreffende Phänomen aus der Kette geschichtlicher Vorgänge und Folgen herauszulösen, es in seine einzelnen Bestandteile zu zerlegen und diese sorgfältig nacheinander zu untersuchen.

»Ein literarisches Werk«, erklärte Šklovskij 1921, »ist die Summe aller darin angewandten stilistischen Mittel« [20]. Ganz abgesehen von seiner krassen Einseitigkeit verrät Šklovskijs Ausspruch einen mechanistischen Trugschluß, wie er für das Denken der frühen *Opojaz* typisch war. Der Begriff »Summe« scheint die Auffassung der literarischen Form als eines bloßen Bündels einer losen Anhäufung einzelner Kunstmittel zu implizieren. Kurz darauf wurde diese Auffassung merklich modifiziert. Šklovskijs »Summe der Kunstmittel« wich dem Begriff eines ästhetischen »Systems«, in dem jedes Mittel eine bestimmte Funktion zu erfüllen hatte. Die statische Einstellung zum literarischen Handwerk wurde durch eine Konzeption des Stils als Prinzip dynamischer Integration verdrängt. »Die Einheit eines literarischen Werks«, schrieb Tynjanov 1924, »liegt nicht in einem streng symmetrischen Ganzen, sondern ... in dynamischer Integration ... Die Form eines literarischen Kunstwerks muß als dynamisch bezeichnet werden« [21].

Dies bedeutet mit weniger abstrakten Begriffen, daß das Bestimmen und Beschreiben eines gegebenen Stilmittels nur als ein Teil der vom Kritiker zu leistenden Arbeit angesehen werden konnte. Seine andere und vielleicht wesentlichere Pflicht war es, »die besondere Funktion des Kunstmittels in jedem besonderen Falle zu bestimmen« [22]. Diese Funktion ist jedoch, nach der revidierten formalistischen Auffassung, keine Konstante. Sie ist vom ästhetischen Ganzen, vom Gesamtzusammenhang abhängig und muß daher von einem Dichter zum anderen, von einer literarischen Schule zur anderen variieren. Der komische Effekt in einer bestimmten Periode kann in einer anderen historischen Umgebung zu einem tragischen Element werden [23]. Um nun zwischen den verschiedenen Anwendungen des »Kunstmittels« unterscheiden zu können, um dessen Rolle und relativen Wert innerhalb eines gegebenen ästhetischen Systems – ob nun Einzelkunstwerk, Gesamtwerk eines Dichters oder eine ganze literarische Bewegung – festlegen zu können, mußte man sich wieder auf den Begriff der literarischen Evolution besinnen, das »literarische Faktum« in historischer Perspektive sehen. Eichenbaums Diagnose war im wesentlichen richtig: die interne Evolution der formalistischen Literaturtheorie selber machte das Ausschwärmen in die Literaturgeschichte notwendig.

Die Jahre 1922–1926 brachten eine reiche Ernte an formalistischen und quasi-formalistischen Studien, die der Geschichte der russischen Literatur gewidmet waren, unorthodoxe, kühne und oft tiefschürfende Neubewertungen einzelner Schriftsteller oder literarischer Schulen [24]. Erwähnung verdienen hier Arbeiten wie Ju. Tynjanovs *Dostoevskij und Gogol'* (1921), *Archaisten und Puškin* (1926), B. Tomaševskijs *Puškin* (1925), B. Eichenbaums *Der junge Tolstoj* (1922) und *Lermontov* (1924), wie auch dessen Essays über »Die Probleme von Puškins ›Poetik‹« und »Nekrasov« [25]. Die wichtigsten der den Formalisten nahestehenden Beiträge waren V. Vinogradovs Untersuchungen über Gogol' und die sogenannte »natürliche Schule« der russischen Prosaerzählung [26] sowie die gelehrte Analyse des Byronschen Einflusses auf Puškin von V. Žirmunskij [27].

Die bemerkenswerteste Vorliebe für das Goldene Zeitalter der russischen Literatur braucht nicht als ein Rückzug vom literarischen Modernismus gedeutet zu werden, der für die frühen *Opojaz*-Studien so charakteristisch gewesen war. Der gemeinschaftliche Vorstoß in die Puškin-Ära ging mit Untersuchungen zeitgenössischer russischer Literatur Hand in Hand. Vinogradovs und Eichenbaums Studien über die Achmatova wie auch Šklovskijs vielzitierter Essay über Rozanov [28] zeigten das unverminderte Interesse der formalistischen Kritiker am modernen literarischen Idiom.

Für Šklovskij und Eichenbaum war die Literaturgeschichte

kein gesondertes Forschungsgebiet, sondern eine unter vielen Betrachtungsweisen literarischer Probleme. Von diesem Gesichtspunkt aus war Anna Achmatovas Werk ein ebenso geeigneter Gegenstand »historischer« Untersuchung wie Lomonosov oder Gogol'. Bestimmend für den jungen formalistischen Historismus war nicht so sehr ein Interesse an der literarischen »Vergangenheit«, sondern die Faszination am historischen Prozeß, an Ebbe und Flut von Folge und Verwandlung, durch die »literarische Bewegung als solche« [29]. Der Dichter oder die literarische Strömung wurden hier mehr als Faktor denn als Faktum gesehen, mehr als eine ereignis-bewirkende Kraft denn als ein Ereignis – Antrieb oder eine Resultante der Kräfte, die in einem gegebenen literarischen Milieu wirken. Einem formalistischen Literarhistoriker kam es nicht so sehr auf die schöpferische Persönlichkeit an – eine notwendig einzigartige, schwer greifbare Wesenheit –, sondern auf seine historische Rolle, den Platz, den er innerhalb des literarischen Entwicklungsschemas einnahm. Der Lebenslauf des Dichters erschien so als eine Illustration der allgemeinen Gesetze des literarischen Mechanismus. Geschichtliche Forschung wich immer mehr der Theorie der Literaturgeschichte. Die Vorliebe der formalistischen Kritiker für die Theorie kam erneut zum Durchbruch.

Einige Gegner der formalistischen Schule behaupten, die von der *Opojaz* verfaßten geschichtlichen Studien seien lediglich leicht verkleidete Theorien, geschickt erfundene empirische Beispiele für vorgefaßte allgemeine Ideen. Wir können dieser Auffassung nicht zustimmen. In einem späteren Kapitel dieser Arbeit soll zu zeigen versucht werden, daß das Interesse der Formalisten an der Literaturgeschichte weit mehr war als bloßer Schein. Es läßt sich allerdings nicht leugnen, daß die kritische Praxis immer wieder zu Überschneidungen mit theoretischen Überlegungen neigte. Sehr häufig diente die Untersuchung einer literarischen Schule, eines Dichters oder eines Einzelwerks als Sprungbrett für methodologische Verallgemeinerungen, die gewichtiger waren als das betreffende historische Problem. »Unsere ersten Aussagen über die Evolution der Literatur«, schrieb Eichenbaum, »erschienen in Form leicht hingestreuter Bemerkungen, in Verbindung mit konkretem Material. Eine spezifische Frage erweiterte sich dann plötzlich zu einem allgemeinen Problem« [30].

Ein gutes Beispiel bietet der erste Beitrag Ju. Tynjanovs zur formalistischen Literaturforschung, ein schmaler, aber anregender Band: *Dostoevskij und Gogol': Bemerkungen zur Theorie der Parodie* [31]. Diese scharfsinnige Untersuchung beschäftigt sich angeblich mit direkten Anklängen an Gogol's *Briefwechsel mit Freunden* in Dostoevskijs Erzählung *Gut Stepantschikow* (Der Freund der Familie). Tynjanov stellte die Behauptung auf, die Reden der Hauptfigur der Erzählung, Foma Opinskij, seien im wesentlichen eine Parodie entscheidender Stellen aus Gogol's recht umstrittenem *Briefwechsel*. Diese neue These wurde von einer ansehnlichen Zitatensammlung gestützt. Und doch sind nicht die Parallelen zwischen den beiden Werken, so geistreich und überzeugend sie auch sein mögen, das Interessanteste an dieser Arbeit Tynjanovs. Der Schwerpunkt ist vielmehr an den Rand verlegt, die Abschweifungen, die »leicht hingestreuten Bemerkungen« über Parodie und Stilisierung als Katalysatoren literarischer Veränderungen sind am wichtigsten.

Šklovskijs Schema der literarischen Evolution, das sich eng mit Tynjanovs Stegreif-Theoretisieren berührt, wurde zuerst in Form von Randbemerkungen zu einer konkreten literarischen Analyse vorgetragen. In Šklovskijs Untersuchung über Rozanov sind umfassende Verallgemeinerungen über die treibenden Kräfte bei literarischen Veränderungen in die Erörterung der stilistischen Mittel Rozanovs eingefügt, die doch angeblich Thema des Buches sein sollten [32].

Diese Tendenz, die Grenzen des angeblichen Themas zu überschreiten, fällt auch bei Jakobsons Darstellung über den tschechischen Vers ins Auge [33]. Die tatsächliche Reichweite dieser bahnbrechenden Arbeit ist viel größer als der etwas merkwürdige Titel vermuten läßt. Obwohl sich der größte Teil dieser Untersuchung wirklich mit Fragen der »tschechischen Prosodie, vornehmlich im Vergleich mit der russischen«, befaßt, liegt die historische Bedeutung der Abhandlung in ihrer Darlegung der neuen »phonemischen« Betrachtungsweise vergleichender Metrik [34].

Eine natürliche Begleiterscheinung der Entwicklung ist notwendigerweise die Differenzierung. Dieses biologische Gesetz scheint auch auf die Geistesgeschichte zuzutreffen. Der russische Formalismus macht in dieser Hinsicht keine Ausnahme. Seine Entfaltung bedeutete neben einer Ausweitung des Forschungsgebiets durch Inangriffnahme neuer Probleme ein Hinzuziehen neuer Kräfte zu den Veteranen der *Opojaz*. Bei seinem Verwandlungsprozeß von einer kritischen Koterie zu einer ernstzunehmenden kritischen Bewegung fesselte und beeinflußte der russische Formalismus eine Reihe von Literaturwissenschaftlern, die sich nach Herkunft, methodologischen und ästhetischen Bindungen erheblich voneinander unterschieden. Auf diese Weise war der Weg zu verschiedenen Deutungen der grundlegenden formalistischen Lehren, für individuelle Abweichungen von der »orthodoxen« *Opojaz*-Doktrin geebnet. Diese Häresien mußten die Einheit sprengen, deren sich die formalistische Schule in ihrem kämpferischen Anfangsstadium rühmte.

Das soll nicht heißen, daß die erste Periode des Formalismus von internen Auseinandersetzungen völlig frei gewesen wäre. Ganz abgesehen von individuellen Meinungsverschiedenheiten, die im vorigen Kapitel berührt wurden, bestand seit den ersten Anfängen der formalistischen Bewegung zwischen der Petersburger Gesellschaft für das Studium der poetischen Sprache (*Opojaz*) und dem Moskauer Linguistik-Kreis ein erheblicher Unterschied in der Auffassung. Der strittige Punkt war vor allem das Problem der Wechselbeziehung zwischen Literaturwissenschaft und Linguistik. Während beide Zentren des Formalismus eine enge Zusammenarbeit mit der Sprachwissenschaft befürworteten, waren die Moskauer Formalisten, wie schon aus dem Namen der Gesellschaft hervorgeht, weitgehend und betont linguistisch orientiert.

Die Anführer der *Opojaz* waren in erster Linie Literarhistoriker, die sich der Linguistik auf der Suche nach brauchbarem begrifflichem Handwerkszeug zuwandten, das sie für ihre Auseinandersetzung mit den Problemen der Literaturtheorie benötigten. Die Moskauer waren dagegen vorwiegend Sprachwissenschaftler, die in der modernen Dichtung einen Prüfstein für ihre methodologischen Theorien sahen. Für Šklovskij und Eichenbaum war die Sprachwissenschaft ein verwandtes Gebiet, genauer, die brauchbarste aller Hilfsdisziplinen. Für Jakobson oder Bogatyrev war die Poetik ein integraler Bestandteil der Linguistik.

Diese Position war in den frühen Schriften Roman Jakobsons, dem Hauptsprecher des Moskauer Linguistik-Kreises in den Jahren 1915 bis 1920 besonders ausgeprägt. In seiner Arbeit über Chlebnikov [35] verfocht Jakobson leidenschaftlich die Sache einer konsequent linguistischen Betrachtungsweise der Dichtung. Der Vorrang der Sprachwissenschaft auf dem Gebiet der Versforschung sei, so behauptet Jakobson, durch die methodologische Unfähigkeit der traditionellen Literaturwissenschaft wie auch durch die Natur des dichterischen Schaffens bedingt. »Dichtung«, schrieb Jakobson, »ist nichts als Sprache in ihrer ästhetischen Funktion« [36]. Daraus ergab sich die notwendige Folgerung, daß die Versforschung ihr Stichwort von der Sprachwissenschaft empfangen müsse, genauer, von der Schule der modernen Linguistik, deren Hauptanliegen die »Funktion« oder der Zweck der Sprachtätigkeit war.

Vielen Vorkämpfern der *Opojaz* und ihr nahestehenden Wissenschaftlern klang dies zu sehr nach »linguistischem Imperialismus« [37]. Sie bestritten zwar nicht die Gültigkeit von Jakobsons Behauptung, daß »die Erforschung der poetischen Sprache bisher weit hinter der Linguistik zurückgeblieben sei« [38] und bestätigten die dringende Notwendigkeit eines *rapprochement* zur modernen Sprachwissenschaft, bestanden aber auf der grundsätzlichen Autonomie der Literaturwissenschaft hinsichtlich ihrer Forschungsziele und -methoden [39].

Dieser durchaus berechtigte Standpunkt wurde leider durch eine etwas zweifelhafte Beweisführung geschwächt. Žirmunskij befand sich auf sicherem Boden, wenn er, Jakobsons Satz in Frage stellend, darauf hinwies, daß ein literarisches Kunstwerk nicht auf sein Wortsubstrat reduziert werden könne. Er machte sich aber einer groben Vereinfachung schuldig, wenn er behauptete, daß in einigen literarischen Gattungen, wie z. B. dem Roman, das Wortmaterial ästhetisch »neutral« sei [40].

Ähnlich zeigte Eichenbaum eine gewisse methodologische Naivität bei seiner Erörterung des Verhältnisses von Poetik und Linguistik. Indem er eine klare Scheidung zwischen den beiden Gebieten voraussetzte, konnte er folgendermaßen argumentieren: »Die Poetik gründet im teleologischen Prinzip, geht daher vom Begriff des Kunstmittels aus. Die Linguistik kreist, wie die Naturwissenschaften, um die Kategorie der Ursächlichkeiten, d. h. um die Idee des Phänomens als solchem« [41].

Diese Stelle scheint eine mangelnde Kenntnis Eichenbaums von den jüngsten Entwicklungen in der Sprachwissenschaft zu verraten. Die Linguistik mit den Naturwissenschaften auf eine Linie zu stellen, ließ sich vielleicht gegen Ende des neunzehnten Jahrhunderts rechtfertigen, als sich der Linguist in den Fußstapfen des Naturwissenschaftlers bewegte und sich hauptsächlich mit den physiologischen (artikulatorischen) und physikalischen (akustischen) Aspekten der Sprache beschäftigte. Im dritten Jahrzehnt unseres Jahrhunderts war diese Einteilung jedoch ein Anachronismus. Zu diesem Zeitpunkt war dank den Bemühungen von Sprachtheoretikern wie F. de Saussure oder Baudouin de Courtenay das »teleologische Prinzip« weithin als der Grundstein der modernen Linguistik anerkannt [42].

Diese Differenz zwischen den Moskauer Linguisten und den Petersburger »Ästheten« wurde im Laufe der Zeit zu einer tiefgehenden Kluft, die man als Spaltung zwischen den »Extremisten« und den »Gemäßigten« bezeichnen könnte, zwischen den Befürwortern eines »reinen« Formalismus und ihren orthodoxen Schülern einerseits und den unabhängigen »Mitreisenden« andererseits.

Eine wichtige Rolle spielte in dieser Debatte Viktor Žirmunskij, der bedeutendste unter den quasi-formalistischen Gemäßigten. Wie soeben erwähnt, hatte sich in den Anfängen des Formalismus Žirmunskij mit Eichenbaum zusammengetan, um den übertriebenen Forderungen Jakobsons zu begegnen [43]. Als sich der Schwerpunkt der Diskussion von der Frage »Poetik contra Linguistik« auf »die Grenzen der Anwendbarkeit der formalistischen Methode« [44] verlegte, veränderte sich das Verhältnis. Jetzt fand sich Žirmunskij in Opposition zu Eichenbaum und Jakobson, ja zu allen führenden Sprechern der formalistischen Schule.

Als Akademiker par excellence fühlte sich Žirmunskij nie in der Bohémien-Atmosphäre zu Hause, die in den Diskussionen und Veröffentlichungen der früheren *Opojaz* zu finden war. Er betrachtete Šklovskijs futuristische Possen mit Mißtrauen und hatte wenig Verständnis für die übertriebene Schroffheit der *Opojaz*-Manifeste oder für den angeblichen Wunsch der Formalisten, »auf die Straße zu gehen« und den gebildeten Philister zu erstauntem Aufhorchen zu zwingen. »Es ist höchste Zeit«, schrieb er 1923 [45], »daß die Wissenschaft vom allgemeinen Publikum Abschied nimmt und aufhört, den sogenannten intelligenten Laien für sich gewinnen zu wollen.«

Žirmunskijs Auseinandersetzung mit den Theoretikern der *Opojaz* beschränkte sich aber nicht nur auf ihren modus operandi. Als ein Kenner der westeuropäischen Romantik und von der »geistesgeschichtlichen Schule« Wilhelm Diltheys stark beeinflußt, neigte Žirmunskij weniger als die einseitigen Sprecher des orthodoxen Formalismus dazu, die Rolle des »Ethos« in der Literatur zu vernachlässigen oder die Bedeutung der Weltanschauung eines Dichters zu verkleinern. Außerdem war er seinem Temperament nach ein zu vorsichtiger und gemäßigter Forscher, als daß er sich unwiderruflich einer bestimmten Methode überantwortet und sich damit anderer Möglichkeiten begeben hätte.

Für Žirmunskij war der Formalismus weniger eine Gesamtkonzeption der Literatur und Literaturwissenschaft als die Beschäftigung mit einer bestimmten Problemgruppe, vor allem mit »Fragen des poetischen Stils im weiteren Sinne des Wortes« [46]. Der Irrtum der *Opojaz*-Lehre liege darin, behauptete Žirmunskij, daß sie ein Gebiet der wissenschaftlichen Forschung mit einer Forschungsmethode verwechsle und darüber hinaus diese Methode zu einer allumfassenden »Weltanschauung«, zu einer Art kritischem Allheilmittel erhebe. »Für einige Anhänger der neuen Strömung«, so schrieb Žirmunskij, »wird die formalistische Methode zur einzig rechtmäßigen wissenschaftlichen Theorie; sie ist für sie nicht nur eine Methode, sondern eine ausgewachsene Weltanschauung, die ich lieber als formalistisch denn als formal bezeichnen möchte« [47].

Žirmunskij distanzierte sich von Jakobsons frühem Ausspruch über das Kunstmittel als »einzigem Anliegen der Literaturwissenschaft« [48] und forderte zugleich methodologische Vielseitigkeit. Die Formel »Kunst als Machen« habe insoweit Gültigkeit, als sie die Notwendigkeit impliziere, »das literarische Werk als ein ästhetisches System zu betrachten, das von der Einheit seiner ästhetischen Absicht bestimmt wird, das heißt, als ein System von Kunstmitteln« [49]. Dies sei jedoch nur eine der möglichen Betrachtungsweisen von Literatur. »Die *Opojaz*-Formel ›Kunst als Machen‹ kann neben ebenso gerechtfertigten Formeln bestehen, wie z. B. Kunst als Ergebnis geistiger Tätigkeit, Kunst als gesellschaftliches Faktum oder Faktor, Kunst als moralisches, religiöses oder erkennendes Phänomen« [50].

Žirmunskijs Einwände gegen die dogmatische Einseitigkeit der *Opojaz*-Lehre waren zweifellos berechtigt. Seine Warnung, man solle die Beziehungen zwischen Literatur und Gesellschaft nicht unterschätzen und das Vorhandensein nicht-ästhetischer Elemente in einem literarischen Kunstwerk nicht übersehen, war ein Zeichen eines einfachen, gesunden, kritischen Verstandes. Und doch war Žirmunskijs Stellungnahme als methodologische Äußerung nicht ganz zutreffend. Es fruchtete wenig, die Berechtigung verschiedener Forschungsmethoden zu verkünden, ohne diese sinnvoll miteinander in Beziehung zu setzen und den Ort jeder einzelnen Methode innerhalb eines allgemeinen Schemas der literarischen Forschung festzulegen. Die bloße Koexistenz ästhetischer und außer-ästhetischer Elemente in einem literarischen Werk zu behaupten ohne den Versuch zu wagen, ihre relative Hierarchie zu bestimmen, das bedeutete letztlich, vor dem entscheidenden Problem der strukturellen Eigenschaften eines literarischen Werks auszuweichen. Mit anderen Worten, Žirmunskijs »Appell an die Vernunft« zeigte starke Spuren von akademischem Eklektizismus.

In den Augen der Formalisten war eine solche, auf Kompromisse ausgehende Haltung nicht nur inadäquat, sondern auch höchst tadelnswert. In einer sprühenden Erwiderung an die Kritiker der *Opojaz* sprach Eichenbaum verächtlich von Žirmunskijs »Mangel an intellektueller Leidenschaft« [51] und behauptete erregt, Žirmunskij sei nie ein »wahrer« Formalist gewesen.

So zog sich nach fünf Jahren enger, wenn auch leicht kritischer Zusammenarbeit mit den Formalisten [52] dieser unabhängige und kämpferische Mitstreiter von der Bewegung zurück. In einer Einleitung zur russischen Übersetzung von Oskar Walzels *Gehalt und Gestalt im dichterischen Kunstwerk* [53] setzte sich Žirmunskij ausdrücklich von der *Opojaz*-Lehre ab. Es braucht kaum gesagt zu werden, daß dies keine Abschwächung seines Interesses an der formalen Analyse bedeutete, ein Interesse, das – wie Žirmunskij selber gesagt hatte – kein unbedingtes Aufgehen in der ganzen formalistischen Weltanschauung erforderte.

Es konnte nicht ausbleiben, daß das Wachstum der formalistischen Schule bei rivalisierenden kritischen Gruppen Aufmerksamkeit und Opposition hervorrief. Während man nun über die »feineren Punkte« der *Opojaz*-Lehre in internen Debatten diskutierte, wurde der eigentliche Kern der formalistischen Methodologie von einer Schule angegriffen, die in der sowjetischen literarischen Kritik die Vormachtstellung hatte – von den »Marxisten-Leninisten«.

KAPITEL VI

MARXISMUS CONTRA FORMALISMUS

1

Die sowjetischen Literartheoretiker der marxistischen Schule konnten es sich nicht leisten, einer Entwicklung ruhig zuzusehen, die einer aus ihren Reihen als den »triumphalen Aufstieg« [1] der formalistischen Schule in den Jahren 1921-1925 bezeichnete. Die wachsende Popularität der *Opojaz* unter den jungen russischen Philologen und Literaturwissenschaftlern kam einem ernsthaften Anspruch auf Vorherrschaft des »historischen Materialismus« gleich, wie er von seiten der offiziellen Sowjetkritik als die einzig rechtmäßige Methode und die einzige der Revolutionsära würdige Lehre proklamiert wurde.

Es versteht sich von selbst, daß es sich bei der immer härter werdenden Opposition der Marxisten gegen die formalistische Bewegung nicht ausschließlich um einen Machtkampf innerhalb der russischen Literaturwissenschaft handelte. Viele kritische Lehren der *Opojaz* standen, wirklich oder scheinbar, in krassem Gegensatz zur marxistischen Auffassung von Literatur. Die ultra-formalistische Tendenz zur Trennung der Kunst vom sozialen Leben mußte eine heftige Reaktion auf seiten der Kritiker hervorrufen, die sich, mit den Worten G. Plechanovs, die Bestimmung des »soziologischen Äquivalents« eines literarischen Phänomens angelegen sein ließen. Äußerungen wie die der jungen Jakobson und Šklovskij, die ideologische Überlegungen für verfehlt ansahen, standen in offensichtlichem Gegensatz zu Theoretikern, die die Literatur für eine Waffe im Klassenkampf, für ein wirksames Mittel zur »Organisation der sozialen Psyche« [2] hielten. Außerdem erregte der aggressive Ton der formalistischen Manifeste zusätzlichen Anstoß bei den marxistischen Kritikern und bot ihnen leichte Angriffsflächen.

Während der ersten Jahre der Revolution zogen es die meisten marxistisch-leninistischen Wortführer vor, die formalistische »Gefahr« zu übersehen oder zu verkleinern. Wo diese erwähnt wird, tut man die neue kritische Schule als unerheblichen intellektuellen Spleen oder harmlosen Zeitvertreib trockener

Pedanten ab. P. S. Kogan, ein führender marxistischer Literarhistoriker, bezeichnete die *Opojaz*-Kritiker als »arme, naive Fachleute (specy) [3], welche die Beziehung zu ihrer Epoche hoffnungslos verloren haben« [4]. L'vov-Rogačevskij, dessen kritische Schriften zum Teil eine Mischung von falsch verstandener »Dialektik« und wortreichem Impressionismus darstellen, versuchte sich in schwerfälligem Sarkasmus. Auf den koterieartigen Charakter der formalistischen Schule anspielend, sprach er ironisch von »Vitja und Roma [5] der *Opojaz*« und spöttelte über formalistische Erfolge: »Während der letzten drei Jahre haben die Formalisten gewiß viel erreicht. Sie sind zum Stadtgespräch geworden. Heutzutage gibt es kaum eine Stadt in Rußland, die nicht mindestens ein *Opojaz*-Mitglied beherbergt« [6].

Nach und nach wurde es jedoch offenbar, daß die formalistische Herausforderung nach einer ernsthaften Widerlegung verlangte. Um 1924–25 rüsteten sich die Marxisten zu einem Frontalangriff gegen die *Opojaz*: sie unterwarfen die methodologischen Voraussetzungen der formalistischen Schule einer scharfen kritischen Untersuchung. Der erste Schuß in dieser Kampagne wurde von keinem Geringeren als Lev Trockij (Leo Trotzki) in seinem höchst polemischen Buch *Literatur und Revolution* abgegeben [7]. Es ist bezeichnend für die Rolle, die die *Opojaz* in den kritischen Debatten der Zeit spielte, daß der geistreiche kommunistische Wortführer es für notwendig hielt, in einer Erörterung entscheidender Probleme des sowjetischen literarischen Lebens der »formalistischen Schule in der Dichtung« ein ganzes Kapitel zu widmen [8].

Trotzki stand dem Formalismus zwar außerordentlich kritisch, aber nicht durchaus feindlich gegenüber. Er mußte zugeben, daß »trotz der Oberflächlichkeit und des reaktionären Charakters der formalistischen Kunsttheorie ein gewisser Teil der von den Formalisten geleisteten Forschungsarbeit brauchbar« sei [9]. An anderer Stelle schreibt er: »Die Methoden des Formalismus können, in angemessenen Grenzen, die künstlerischen und psychologischen Besonderheiten der literarischen Form klären helfen« [10].

Der einschränkende Satz »in angemessenen Grenzen« ist hier von höchster Bedeutung. Trotzkis Anerkennung der Gültigkeit eines »gewissen Teils« der formalistischen Forschung war abhängig von seiner engen Abgrenzung des »angemessenen« Gebiets und seiner starken Unterschätzung der tatsächlichen Tragweite formalistischer Forschung. Die *Opojaz*, so behauptete Trotzki, reduzierte die Aufgabe des Literarhistorikers auf »eine im wesentlichen beschreibende und halb-statistische Analyse der Etymologie und Syntax von Gedichten, auf ein Zählen wiederkehrender Vokale und Konsonanten, Silben und Beiwörter« [11].

Diese harmlosen Beschäftigungen mögen, so behauptete Trotzki, für sich genommen recht nützlich sein, offensichtlich aber gehen sie nicht über das vorbereitende Stadium literarischer Forschung hinaus. Das Unangenehme an den Formalisten sei, so fuhr er fort, daß sie ihre Grenzen nicht kennen; den »einseitigen, bruchstückhaften, unterstützenden und vorbereitenden« Charakter ihrer Methoden nicht einsehen und darauf bestehen, ihre Ware als vollwertige literarische Theorie anzupreisen. Diese Ansprüche müssen unwiderruflich zurückgewiesen werden. Als Hilfsmittel sei der Formalismus eine rechtmäßige, ja lohnende kritische Methode. Aber zu einer Kunstphilosophie, zu einer Weltanschauung aufgeblasen, werde er zu einer völlig verfehlten und reaktionären Einstellung [12].

Eben diese formalistische Weltanschauung wurde zur Zielscheibe für Trotzkis spitze Feder. Als hervorragender Polemiker unterzog er unausgegorene und übertriebene Stellen in frühen formalistischen Äußerungen einer vernichtenden Kritik. Er machte sich erbarmungslos über extreme Sätze her, die die Existenz von Ideen in der Dichtung oder deren Abhängigkeit von der sozialen Umwelt [13] leugneten, um auf diese Weise die »Arroganz und Unreife« formalistischer Theorien nachzuweisen.

Das Kernstück von Trotzkis Angriff auf die formalistische Ästhetik ist Polemik gegen einen zwar anregenden, aber unverschämten Essay Šklovskijs, in dem dieser in fünf schneidenden Aphorismen die soziologische Interpretation von Literatur ad absurdum zu führen versucht [14]. Šklovskijs Verteidigung der völligen Unabhängigkeit der Kunst kreiste um das vieldiskutierte Problem wandernder Handlungen, d. h. in schriftlicher und mündlicher Prosadichtung verschiedener Länder und Zeiten wiederkehrender Erzählschemata. Wenn es wahr wäre, sagte Šklovskij, daß Dichtung durch die Umwelt des Dichters geformt wird, dann wären literarische Themen an ein bestimmtes nationales Milieu gebunden. Tatsächlich aber sei das Gegenteil der Fall: »Die Handlungen sind heimatlos« [15].

Es fiel Trotzki nicht schwer, das dünne Netz solcher Beweisführung zu zerreißen. »Es überrascht keineswegs«, entgegnete er, »daß nur schwer zu entscheiden ist, ob gewisse Romane in Ägypten, Indien oder Persien entstanden sind, da diese Länder so vieles gemeinsam haben« [16]. Dies erkläre den Sachverhalt allerdings nur teilweise. Neben grundlegenden Ähnlichkeiten in der gesellschaftlichen Struktur, die zu ähnlichen literarischen Manifestationen geführt haben mochten, könne der Gebrauch gleicher Themen in verschiedenen Nationalliteraturen gelegentlich auf kulturellen Austausch zurückgeführt werden, der literarische Einflüsse und Anleihen zur Folge hatte.

Trotzkis Einwände gegen den übereilten Angriff von Šklovskij, des Führers der Formalisten, auf die soziologische Kritik waren im großen und ganzen wohlbegründet. Seine Vorstellungen über ›wandernde Handlungen‹ verbanden geschickt Andrew Langs Hypothese von der »Selbstzeugung«, d. h. dem unabhängigen Entstehen ähnlicher ethnischer Phänomene, mit Benfeys berühmter Theorie von der »Streuung« von Motiven in der Volksdichtung. Dieses wohlausgewogene Argument gab eine gute Erklärung für die Wiederkehr der gleichen Grundthemen in der erzählenden Dichtung verschiedener Völker oder Kulturgebiete. Es lassen sich jedoch — und an dieser Stelle scheint Šklovskij eine entscheidende Einsicht gewonnen zu haben — aus keiner dieser Annahmen die auffallenden Übereinstimmungen in der *Behandlung* identischer Themen, in der ähnlichen Anordnung einzelner Motive, der zeitlichen Folge der Ereignisse, mit einem Wort: im Handlungsgefüge erklären. Diese erstaunlichen Überschneidungen scheinen in Richtung bestimmter ästhetischer Übereinkünfte, immanenter Gesetze der Erzählkunst zu weisen, die offensichtlich nationale Grenzen überschreiten und nicht auf soziologische oder ethnographische Überlegungen zurückgeführt werden können.

Es ist bemerkenswert, daß Trotzki an einer Stelle nahe daran war, eben dieses auszusprechen. »Die Tatsache«, so schreibt er, »daß verschiedene Völker und verschiedene Klassen der selben Völker die gleichen Themen benutzen, zeigt lediglich, wie begrenzt doch die menschliche Einbildungskraft ist und wie der Mensch versucht, in jeder Art des Schaffens, selbst im künstlerischen, Energie einzusparen« [17]. Die vagen psychologischen Ausdrücke, die stark an Spencers Gesetz von der »geistigen Hygiene« [18] erinnern, sollten nicht die Tatsache verdecken, daß Trotzki hier etwas im Sinne hat, was im wesentlichen als ein »innerliterarischer« Faktor angesehen werden darf, nämlich das Wesen der menschlichen Einbildungskraft und deren Auswirkung auf den Schaffensprozeß.

Dieses Sichbesinnen auf die besonderen Forderungen künstlerischen Schaffens unterschied Trotzki deutlich von viel gröberen marxistischen Kritikern. Während diese in der Literatur einen Spiegel des Lebens, ein Mittel zum »Registrieren gesellschaftlicher Phänomene« [19] sahen, erkannte Trotzki, daß die künstlerische Schöpfung »eine Veränderung, eine Umformung der Wirklichkeit in Übereinstimmung mit den besonderen Gesetzen der Kunst« sei [20]. »Ein Kunstwerk«, sagt er an anderer Stelle, in verschleierter Polemik gegen den doktrinäreren Zweig der sowjetischen marxistischen Kritik, »sollte in erster Linie nach seinem eigenen Gesetz, das heißt, nach dem Gesetz der Kunst beurteilt werden« [21]. Der historische Materialismus per se, gab Trotzki zu, kann keinerlei Kriterien zur Bewertung künstlerischer Phänomene bieten. Der marxistische Kompetenzbereich erstreckt sich nicht auf das ästhetische Urteil, sondern auf die kausale Erklärung. In der letzteren Sphäre hat, fährt Trotzki fort, ein geschulter Dialektiker nicht seinesgleichen. »Nur der Marxismus kann erklären, warum und wie eine gegebene Richtung in der Kunst in der gegebenen geschichtlichen Periode entstanden ist« [22].

Trotzkis Meinung nach lag die grundlegende Schwäche des Formalismus in der Tatsache, diese entscheidende Frage nicht zu stellen, geschweige denn zu beantworten. Dieses bedeutende Versäumnis war vermutlich kein Zufall; nach Trotzki erklärte es sich aus den philosophischen Bindungen der *Opojaz*-Theoretiker.

Trotzki schenkte den nachdrücklichen Beteuerungen B. Eichenbaums, von »allen und jeden vorgefaßten philosophischen Meinungen« [23] frei zu sein, keinen Glauben. Hinter »rein empirischen« und beschreibenden Verfahren entdeckte er, nicht ohne eine gewisse Berechtigung, implizierte philosophische Voraussetzungen, die er als einen idealistischen, oder genauer, einen kantischen Trugschluß bezeichnete. Wie Trotzki behauptete, waren die formalistischen Kritiker Neukantianer, auch wenn sie selber es nicht wußten. Daraus erklärte sich, warum sie alle ideologischen Konstruktionen als unabhängige und in sich selbst ruhende Wesenheiten betrachteten; dies sei der Grund, daß sie so gern eine statische Beschreibung des literarischen Gegenstandes anstelle einer dynamischen Auffassung des literarischen Prozesses gäben.

In den Augen eines Marxisten-Leninisten war vom »Idealismus« [24], der das Primat der Autonomie des Geistigen vertritt, bis zum Glauben an das Übernatürliche, d. h. zur Religion, nur noch ein Schritt. In seinem *Historischen Materialismus,* einem der grundlegenden Bücher des frühen sowjetischen Marxismus, behauptete Nikolai Bucharin, daß »die Teleologie geradeswegs zur Theologie« führe [25]. Von diesem »Gesetz« bildete die formalistische Schule vermutlich keine Ausnahme. War nicht, so fragte Trotzki, der Wortkult die für die *Opojaz* typische fast ausschließliche Beschäftigung mit den Wortmitteln ein Symptom einer Religiosität sui generis? »Die Formalisten«, schloß Trotzki, »sind Anhänger des Hl. Johannes. Sie glauben: im Anfang war das Wort. Wir aber glauben: im Anfang war die Tat. Das Wort folgte als deren phonetischer Schatten« [26].

Trotzkis Angriff auf die formalistische Schule hatte starken Einfluß auf andere marxistische Kritiker der *Opojaz,* besonders auf die ernsthafteren und einsichtigeren unter ihnen. Seine Argumentation enthielt in nuce all das, was sich um die Mitte der zwanziger Jahre als halb-offizielle Linie gegen den Formalismus ausgab: die Vorwürfe der methodologischen Sterilität und philosophischer Häresie, gepaart mit einem bedingten Lob gewisser, von den Formalisten erarbeiteter Techniken der Textanalyse.

Dieser letztere Aspekt in Trotzkis Stellungnahme läuft parallel zu den Äußerungen eines anderen bedeutenden kommunistischen Führers, der bei verschiedenen Gelegenheiten aufgefordert wurde, die literarische Parteilinie zu formulieren [27] – zu den Äußerungen des vielseitigen und gelehrten Bucharin [28]. Auch Bucharin sah ein erhebliches Verdienst in einigen formalistischen Untersuchungen des dichterischen Handwerks. Gleichzeitig aber ging er noch über Trotzki hinaus, indem er die Reichweite formalistischer Interessengebiete verkleinerte, wenn nicht mißdeutete. Wollte man Bucharin Glauben schenken, so bemühten sich die *Opojaz*-Forscher um nichts anderes, als um eine Liste oder einen »Katalog« einzelner poetischer Mittel. »Diese analytische Tätigkeit«, erklärte Bucharin, »ist als Vorbereitung zu späterer kritischer Synthese vollkommen anzuerkennen« [29], als Ersatz für solche Synthese jedoch ganz inadäquat. »Ein Katalog ist nur ein Katalog«, schreibt er. »Es mag wohl eine nützliche Sache sein, aber man möge bitte dies Inventar nicht als echte Wissenschaft bezeichnen!« [30].

Trotzki und Bucharin waren in ihrer Einstellung zur formalistischen Bewegung noch recht weitherzig, wenn man sie mit den eingefleischten Vertretern des Marxismus-Leninismus vergleicht, die gegen die *Opojaz* in einem Symposium zu Felde zogen, das von der einflußreichen literarischen Zeitschrift *Presse und Revolution* groß herausgebracht wurde. Der Grundton dieses gemeinschaftlichen Angriffs gegen den Formalismus war unterschiedslose Ablehnung. P. Kogan [31] berief sich auf Trotzkis Autorität durch ehrfürchtiges Zitieren von dessen »glänzender Analyse der Entstehung des Formalismus«, konnte jedoch im Gegensatz zu dem Meister anscheinend überhaupt nichts mit den Arbeiten der *Opojaz* anfangen. Als ein Kritiker, der sich damit brüstete, niemals »Zeit für das Studium der literarischen Form« gehabt zu haben [32], konnte man bei Kogan kaum Sinn für die stark technisch orientierten Analysen der poetischen Sprache eines Jakobson, Eichenbaum oder Tynjanov erwarten. Die Beschäftigung mit dem literarischen Handwerk war in seinen Augen eine pathologische Erscheinung, ein Symptom übler »ästhetischer Geschmäcklerei« [33].

Eine ähnliche Einstellung findet man bei einem anderen Teilnehmer an dem Symposion, bei V. Poljanskij [34]. Auch er bezog offensichtlich sein Stichwort von Trotzki, da er den Formalisten riet, bei ihrer Kleinarbeit zu bleiben und sich nicht im Theoretisieren zu versuchen. Wie Kogan ließ Poljanskij nichts Gutes an seinem Gegner. Wütend griff er die Sprecher des Formalismus an und beschuldigte sie der Beziehungslosigkeit, Sterilität und sogar der Unwissenheit [35].

Etwas mehr als dieses unwesentliche Geplänkel enthielt der Artikel von A. Lunačarski [36], dem ersten sowjetischen Kommissar für Erziehung, einem produktiven Kritiker und Publizisten. Lunačarskij versuchte, die Kontroverse auszuweiten. Er sah in der Debatte über die formalistische Schule eine gute Gelegenheit, um sich mit einem – wie er es nannte – uralten formalistischen Irrtum, der in Zeiten geistigen Niedergangs das künstlerische Schaffen und die Kunstkritik plage, entschieden auseinanderzusetzen.

Die Position, von der aus Lunačarskij den »Formalismus in der Kunstwissenschaft« angriff, war eine merkwürdige Verbindung von marxistischer Dialektik und Tolstojscher Kunstphilosophie. Zusammen mit einigen anderen Sowjet-Marxisten, welche die Kunst mehr als eine gefühlsmäßige denn erkennende Tätigkeit ansahen [37], formulierte Lunačarskij seine Verteidigung der ideologischen Kunst mit Begriffen, die stark an Tolstojs »Ansteckungstheorie« erinnern. »Wahre Kunst«, schreibt Lunačarskij, »ist immer ideologisch. Unter ›ideologisch‹ verstehe ich eine einem intensiven Erlebnis entstammende Kunst, die den Künstler . . . zu geistiger Ausdehnung, zur Herrschaft über Seelen treibt« [38].

Mit dieser Auffassung von gefühlsmäßiger Intensität und Spontaneität als höchstem Beweis von Größe in der Kunst konnte Lunačarskij die formalistische Vorliebe für das Kunstmittel, für den »Coup de théâtre«, nur als Zeichen intellektueller und moralischer Dürre ablehnen. Mit echter Entrüstung sprach er von Eichenbaums »seelenloser« Analyse der berühmten Erzählung Gogol's, *Der Mantel* [39], und beschuldigte den formalistischen Kritiker der Umwandlung einer herzergreifenden Erzählung in eine bloße Stilübung. Dieser sterilen geistigen Akrobatik stellte Lunačarskij stolz solche unantastbaren Lei-

stungen der marxistischen Kritik wie Pereverzevs »meister-
hafte« Gogol'-Monographie gegenüber [40].

Es genügte jedoch offenbar nicht, die Mangelhaftigkeit der
formalistischen Schule auf literarischem oder methodologischem
Gebiet festzustellen. Um den Formalismus vollkommen zu ver-
nichten, schien es notwendig, ihn nicht nur zu widerlegen, sondern auch »bloßzustellen«, das heißt zu beweisen, daß er neben
einer kritischen Irrlehre auch noch ein »reaktionäres« soziales
Phänomen darstellte. Lunačarskij scheute vor dieser Aufgabe
nicht zurück. Seine Schmähschrift ist der erste ausgesprochene
Versuch, den Formalismus mit »soziologischen« Begriffen ad
absurdum zu führen.

Die formalistische Kritik, so behauptete Lunačarskij mit
einem Ausdruck, der seither zum Standardargument wurde, ist
eine Form des »Eskapismus«, ein Produkt der dekadenten und
geistig sterilen herrschenden Klasse. »Die einzige Kunstart«,
schrieb er, »welche die moderne Bourgeoisie genießen und verstehen kann, ist die nicht-objektive und rein formale Kunst.
. . . Um dieses Bedürfnis zu befriedigen, hat die engstirnige
bürgerliche Intelligenz eine Brigade formalistischer Künstler
wie auch ein Hilfskorps von formalistisch orientierten Kunst-
wissenschaftlern hervorgebracht« [41].

Man könne sich fragen, fuhr Lunačarskij fort, wie solch einer
dekadenten Bewegung im revolutionären Rußland überhaupt
Erfolg beschieden sein konnte. Dieser scheinbare Widerspruch
läßt sich nach Lunačarskij jedoch leicht erklären: der russische
Formalismus war nichts als ein kulturelles Überbleibsel, einer
der Restbestände des alten Rußland inmitten der revolutionären
Umwälzung. »Vorm Oktober war der Formalismus ein Gemüse
der Jahreszeit. Heute ist er ein eigensinniger Überrest des
status quo, eine letzte Zuflucht der noch nicht umgeformten
Intelligenz, die verstohlen zur europäischen Bourgeoisie hin-
überschielt« [42].

Obige Diagnose bietet verschiedene Angriffspunkte. Einmal
kann man sich kaum des Eindrucks erwehren, daß Lunačarskij
das ästhetische Feingefühl der »Bourgeoisie« weit überschätzte.
In Wahrheit konnte der durchschnittliche Vertreter der europäischen »herrschenden Klasse« ebensowenig mit ungegenständ-

licher Kunst anfangen wie der bolschewistische Kommissar. Zum anderen stimmt Lunačarskijs Darstellung, daß der *Opojaz* ein bloßes Überbleibsel des alten Regimes war, weder unbedingt mit der bilderstürmenden Haltung der Formalisten gegenüber allen alten wie auch neuen Autoritäten noch mit der Tatsache überein, daß einige der Schrittmacher der *Opojaz* aktive Mitglieder der kommunistischen Partei waren.

Wie es auch mit der Gültigkeit der soziologischen Analyse Lunačarskijs bestellt sein mochte, sie war aus der Feder eines einflußreichen Politikers und Erziehungsbeauftragten der Regierung eine bedeutsame und unheilverkündende Äußerung. Der Hinweis, daß der Formalismus innerhalb des Organismus der sowjetischen Gesellschaft ein Fremdkörper sei, war eine deutliche Warnung, welche die Amputation dieses »fremden« Gliedes ahnen ließ. Das war die gleiche Art der Beweisführung, wie sie sechs Jahre später, in einer Atmosphäre wachsender intellektueller Gleichschaltung, wieder hervorgeholt werden sollte, um die unverhüllte Liquidation der formalistischen Ketzerei zu rechtfertigen [43].

Aber 1924 verzichtete man noch auf solch drastische Maßnahmen. Eine literarische Auseinandersetzung hatte noch ihre zwei Seiten. Ein Abtrünniger, der von der offiziellen Kritik verdammt und »bloßgestellt« worden war, hatte immer noch das Recht, aus anderen Gründen ums Wort zu bitten als dem, »offen« seine Irrtümer eingestehen zu wollen. Er hatte immer noch eine, wenn auch begrenzte, Chance, sich inmitten des betäubenden Lärms der offiziellen Dialektik Gehör zu verschaffen; er hatte noch die Möglichkeit einer Erwiderung. So findet man in dem *Presse und Revolution*-Symposion Seite an Seite mit den heftigen Angriffen gegen die *Opojaz* einen Artikel von Eichenbaum, eine geistreiche Antwort an die Gegner des Formalismus wie auch an dessen mattherzige Verbündete [44].

Während er die selbstzufriedenen Ausfälle eines Kogan und L'vov-Rogačevskij als unzutreffend von der Hand wies [45], setzte sich Eichenbaum genauer mit Trotzkis Kritik auseinander, in der er mit Recht die erste ernsthafte Einschätzung des Formalismus durch einen prominenten Marxisten sah. Während er mit offensichtlicher Befriedigung von Trotzkis widerwilligem

Lob eines »gewissen Teils der formalistischen Forschungsarbeit« [46] Kenntnis nahm, war Eichenbaum natürlich nicht gesonnen, die untergeordnete, nebensächliche Rolle anzunehmen, die ihm und seinen Kollegen in *Literatur und Revolution* zugewiesen wurde. Zur formalistischen Literaturwissenschaft gehöre, so erklärte Eichenbaum, weit mehr als das Zusammentragen von Rohmaterial, statischer Daten über Vers, Rhythmus oder Stil. Das wahre Ziel der *Opojaz* sei nicht, über einzelne Bestandteile der Dichtkunst zu berichten, sondern sich ihrer Gesetze bewußt zu werden. Wäre Trotzki konsequenter gewesen, fuhr Eichenbaum offensichtlich mit Augenzwinkern fort, so hätte er diesem Unternehmen seine aktive Unterstützung angedeihen lassen. Habe er nicht im Laufe seiner Polemik gegen Šklovskij erkannt, daß literarische Schöpfung »eine Verwandlung der Wirklichkeit in Übereinstimmung mit den besonderen Gesetzen der Kunst« sei? Wenn dem so sei, dann müsse es sich der Literaturtheoretiker zur Aufgabe machen, das Wesen dieser Gesetze zu erhellen. Genau dieser Weg ist es, sagte Eichenbaum, den die Formalisten einschlagen und dem alle anderen kritischen Schulen, die Marxisten eingeschlossen, immer wieder ausweichen.

Trotzdem stand in Eichenbaums Polemik gegen Trotzki nicht in erster Linie Bedeutung oder Reichweite der formalistischen Tätigkeit zur Diskussion. Das Zentralproblem war hier die Frage der gegenseitigen Beziehungen zwischen Formalismus und Marxismus. Trotzki irre sich, sagte Eichenbaum, wenn er behaupte, der »Formalismus führe einen unnachgiebigen Krieg gegen den Marxismus«. Tatsächlich seien der Formalismus und der Marxismus weniger polar entgegengesetzte als vielmehr verschiedene Konzeptionen. Der Formalismus ist eine Schule innerhalb einer einzelnen geisteswissenschaftlichen Disziplin, nämlich der Literaturwissenschaft; der Marxismus ist eine Geschichtsphilosophie. Oder im Hinblick auf ihre Arbeitsweise ausgedrückt: die marxistische Soziologie untersucht den Mechanismus sozialer Veränderungen, während die formalistische Literaturwissenschaft sich besonders mit der Entwicklung literarischer Formen und Traditionen befaßt.

Theoretisch könnte man erwarten, fuhr Eichenbaum fort, daß ein gemeinsames Interesse an dem Problem der Evolution eine

Verbindung zwischen den beiden Schulen herstellen könnte. Dies sei jedoch kaum der Fall. Solange der Marxist den gesellschaftlich-wirtschaftlichen Prozeß diskutiert, spricht er von Evolution. Wenn er aber seine Aufmerksamkeit der Literatur oder anderen »ideologischen« Phänomenen zuwendet [47], spricht er von Genese. Anstatt die Wirkung der veränderlichen Größen innerhalb eines gegebenen Kulturgebiets zu untersuchen, interessieren den historischen Materialisten nur äußere Ursachen – die sogenannten zugrunde liegenden Faktoren ökonomischer, gesellschaftlicher oder gesellschaftspsychologischer Art. Dies sei, behauptete Eichenbaum, ein methodologisch unzulässiges Verfahren. Kein kulturelles Phänomen kann auf gesellschaftliche Fakten einer anderen Ordnung (rjad) zurückgeführt oder davon abgeleitet werden. Die Literatur von der Gesellschafts- oder Wirtschaftswissenschaft her erklären zu wollen, bedeutet ein Leugnen der Autonomie und der inneren Dynamik der Literatur, mit anderen Worten, Verzicht auf Evolution zugunsten von Genese [48].

Abgesehen von einigen reichlich glatten Formulierungen Eichenbaums gab die obige Argumentation ganz genau die offizielle *Opojaz*-Einstellung zum Marxismus wieder. Die Haltung eines orthodoxen Formalisten um die Mitte der zwanziger Jahre war ausgesprochen nichtmarxistisch, wenn nicht sogar aktiv antimarxistisch. Im wesentlichen lief Eichenbaums Beitrag zum Symposion auf folgendes hinaus: der »dialektische Materialismus« mag auf dem Gebiet der Soziologie ein recht fruchtbarer Begriff sein, aber der Literaturwissenschaft hat er wegen seines nach außen gerichteten Bezugssystems nur wenig zu bieten.

Einen ähnlichen Standpunkt vertrat zwei Jahre später Viktor Šklovskij, der feststellte, daß die Frage einer Anwendung der marxistischen Lehre auf die Literatur mehr eine Sache der kritischen Zweckmäßigkeit als ein methodologisches Prinzip sei. »Wir sind keine Marxisten«, schreibt er mit charakteristischer Nonchalance, »aber wenn wir etwa jemals dieses Utensil brauchen sollten, ... werden wir nicht aus purem Trotz mit den Händen essen« [49].

Diese Bemerkung, wie auch Eichenbaums ernstere Äußerung, erinnern an den Ausspruch, der dem berühmten französischen

Astronomen Laplace zugeschrieben wird: »Gott ist eine Hypothese, mit der ich bisher noch nichts anfangen konnte.« In den Jahren 1924–26 waren Šklovskij und Eichenbaum noch voller Zuversicht über die Möglichkeiten des »reinen« Formalismus, für sie war der Marxismus eine Hypothese, die man leicht abtun konnte.

2

Da die orthodoxen Marxisten den Formalismus ablehnten und die »reinen und einfachen« Formalisten kein Interesse am Marxismus zeigten, erschien die Kluft zwischen den beiden Lehren so gut wie unüberbrückbar. Und doch bemühten sich am Rande beider Bewegungen eine Reihe von Literaturtheoretikern fieberhaft darum, einen gemeinsamen Nenner zu finden, auf irgendeine Weise die formalistische Betonung des »Kunstmittels« mit der marxistischen Dialektik zu versöhnen. In diesen mühselig ausgebrüteten Vorschlägen variiert das Verhältnis zwischen den beiden grundlegenden Bestandteilen – dem formalistischen und dem »soziologischen« – je nach dem Hauptinteresse des einzelnen Kritikers. Diese Versuche einer Synthese reichten von einer vorwiegend inner-literarischen Betrachtungsweise, die durch einen Deckmantel aus marxistischer Terminologie »respektabel« gemacht wurde bis zu einem durch ästhetische Überlegungen gemäßigten »Soziologismus«.

Auf dem »rechten Flügel« [50] dieses synthetischen Spektrums findet man A. Zeitlin, einen jungen Kritiker und Literaturtheoretiker. Sein 1923 in der Zeitschrift *Lef* veröffentlichter Aufsatz über »Die Marxisten und die formalistische Methode« [51] war die geschickte Darstellung einer methodologischen Position, die weitreichende marxistische Ziele mit einem enger begrenzten, dem Formalismus nahestehenden Programm vereinigte.

Zeitlin lehnte »hastig monistische Angriffe« auf die Literatur durch Soziologisten ab, die offensichtlich mit literarischen Werten nichts anfangen konnten. Solche Versuche, behauptete er, müßten letztlich in pseudo-soziologischen Impressionismus ausarten. Er schreckte sogar nicht davor zurück, den maßgeben-

121

den, aber ungeschickten marxistischen Literaturtheoretiker V. Friče zur Rede zu stellen, weil er die Literaturwissenschaft zu einer bloßen Unterabteilung der Gesellschaftsgeschichte reduziert habe. Zeitlin zitierte Friches Behauptung, daß »literarische Werke das gesellschaftlich-wirtschaftliche Leben in eine besondere, symbolische Zeichensprache« übersetzten [52], und beklagte die Tatsache, daß Friče nie den Versuch gemacht habe, das besondere Wesen dieser Zeichen zu erforschen.

Der gleiche grob monistische Irrtum, fuhr Zeitlin fort, der bei Friče so offenkundig sei, annulliere einen großen Teil der jüngeren marxistischen Kritik. Ein gutes Beispiel dafür biete die Gogol'-Untersuchung V. Pereverzevs. In dieser Monographie werden alle Charakteristika der Dichtkunst Gogol's auf die Tatsache zurückgeführt, daß er ein kleiner Landeigentümer war.

Zwar müsse die Literaturwissenschaft, schreibt Zeitlin, über gesellschaftliche Faktoren orientiert sein. Das höchste Ziel der analytischen Bemühung des Kritikers ist ein weiterer Ausblick, ein Akt der Synthese, der das jeweilige Phänomen in einen erkennbaren sozialen Zusammenhang stellt. Im gegenwärtigen Stadium der russischen Literaturwissenschaft läßt sich solch eine Synthese jedoch noch nicht durchführen. »Es hat keinen Sinn«, schreibt Zeitlin, »die soziologischen Implikationen literarischer Tatsachen zu diskutieren, solange die Tatsachen selber noch nicht bestimmt sind.« »Bevor man daran geht, einen Gegenstand der Analyse zu interpretieren«, fuhr er mit dem zum Standardargument der Formalisten gewordenen Gedankengang fort [53], »sollte man dessen Gebiet umgrenzen, herausfinden, woraus er besteht ... Der Interpretation muß die Beschreibung vorausgehen« [54].

Daraus ergebe sich die Wichtigkeit und das Zeitgemäße des formalistischen Beitrags. Die *Opojaz*-Kritik mit ihrer Betonung der genauen Textanalyse, der systematischen Beschreibung literarischer Fakten sei bahnbrechend für eine wahrhaft wissenschaftliche Erforschung der russischen Literaturwissenschaft. Die Formalisten, erklärte Zeitlin, seien »die Pionierbataillone der Armee russischer Literarhistoriker« [55].

Fast die gleiche Argumentation wie bei Zeitlin findet sich bei

M. Levidov in seinem geistreichen Beitrag zu einem Symposion von 1925 unter dem Titel *Proletariat und Literatur* [56]. Levidov kam zu einem recht unorthodoxen Schluß: »Nur die gemeinsamen Bemühungen der Formalisten und der Soziologen könnten eine marxistische Literaturwissenschaft hervorbringen, die ihres Namens würdig wäre« [57].

Letztlich liefen Zeitlins und Levidovs Gedanken auf eine Auffassung der marxistischen Kritik hinaus, die dehnbar genug war, um einige Einsichten und Techniken der Formalisten aufzunehmen. Weiter gingen die Bemühungen Boris Arvatovs, eines Sprechers der *Lef* (Linksfront)-Gruppe. Seine »formalistisch-soziologische Methode« läßt sich kaum als Kompromiß bezeichnen. Anstatt zwei völlig verschiedene Schulen durch Einschränkung ihrer jeweiligen Ziele zusammenbringen zu wollen, vertrat Arvatov eine neue Super-Theorie, eine merkwürdige Mischung aus kämpferischem Formalismus und krudem Marxismus, die er als das letzte Wort der marxistischen Dialektik anpries.

Dieses synthetische Produkt sollte anscheinend als Programm für die *Lef* dienen, ein Ableger, aber kaum eine Replik der vorrevolutionären futuristischen Bewegung. Der russische Futurismus hatte seit den sorglosen, bohémienhaften Tagen in literarischen Cafés und der Beschäftigung mit »sinn-überschreitender Sprache« sein Gesicht sehr verändert. Nach 1917 wurde er in zunehmendem Maße ideologisch und sozial gesinnt, wobei er eine revolutionäre Form mit gleich revolutionärem Inhalt zu verbinden suchte und auch am »sozialistischen Aufbau« aktiv teilnahm. In der neo-futuristischen Ästhetik der *Lef* gingen leidenschaftliches Interesse am Wort, am formalen Experiment, und das pragmatische Schlagwort vom »sozialen Auftrag« eine Verbindung ein [58].

Diese doppelte Betonung spiegelte sich deutlich in Arvatovs Position. Er stimmte mit der *Opojaz* überein, die überragende Bedeutung des Handwerklichen hervorzuheben. Er warnte vor der Neigung vieler strenggläubiger Marxisten, die Rolle von Fiktion und Konvention in der Dichtung zu unterschätzen oder gar zu bestreiten. Ähnlich wie Eichenbaum und Šklovskij sah Arvatov in einem literarischen Werk weder eine unmittelbare Spiegelung der gesellschaftlichen Wirklichkeit noch den Selbstausdruck seines Schöpfers, vielmehr etwas künstlich »Gemachtes« oder Erfundenes, ein Objekt *sui generis* (vešč), das seine Entstehung einer wohlüberlegten Anwendung handwerklichen Könnens auf ein bestimmtes physisches Medium verdankt. Bei seiner Ablehnung der »naiv realistischen« und der »psychologischen« Kunstauffassung war Arvatov nahe daran, das frühe formalistische Schlagwort »Kunst ist Machen« aufzugreifen.

In Arvatovs Händen erhielt dieser Satz jedoch eine seltsam utilitaristische Wendung. Es gelang dem Theoretiker der *Lef*, den Begriff des »Machens« von der dadurch bedingten Idee der beabsichtigten künstlerischen Wirkung loszulösen. Die »formalistisch-soziologische Theorie« tat ästhetische Kriterien als dekadent und veraltet ab. Der »Fetischismus mit ästhetischen Mitteln, ästhetischem Material und ästhetischem Handwerkszeug« [59] wurde verächtlich abgelehnt. Die ultra-futuristische scharfe Kritik am Künstler im Elfenbeinturm, die durch die Insistenz der »Ultra-Linken« auf den direkten Propagandawert von Dichtung verstärkt wurde, führte zu einer reinen Nützlichkeits-Ästhetik. Arvatov ging sogar so weit, jeden wesentlichen Unterschied zwischen künstlerischem Schaffen und anderen Arten der Hervorbringung zu bestreiten. Kunst wurde so einfach zu einem weiteren Zweig der Industrie. Ja, durch Vermengung zweier verschiedener Bedeutungen des Wortes »Kunst« (iskusstvo) setzte Arvatov schließlich künstlerisches Schaffen mit Geschicklichkeit und technischem Können gleich. »Kunst«, erklärte er, »sollte einfach als die wirksamste Organisation auf irgendeinem Gebiet menschlicher Tätigkeit angesehen werden« [60].

In Arvatovs pragmatischer Kunsttheorie war die »soziale Ausübung« zugleich letzter Prüfstein und kausale Bestimmung. Arvatov lobte die Formalisten wegen ihres Interesses an der »literarischen Produktion«, machte ihnen jedoch den Vorwurf, den Dichtungsprozeß nicht auf die wirtschaftlichen Grundlagen der Gesellschaft bezogen zu haben. Die »Formalisten-Soziologen« wüßten darüber besser Bescheid. Es sei ihnen ganz klar, daß »das Material und die Form eines Kunstwerks durch die derzeit vorherrschenden Methoden seiner Hervorbringung und seines Verbrauchs bedingt« seien [61], und daß die letzteren wiederum durch die Art des zu einer gegebenen Zeit vorherrschenden Wirtschaftssystems bestimmt würden.

Dieser gedankliche Kurzschluß von der Kunst zur Wirtschaft wurde vor allem durch Arvatovs kämpferischen Anti-Psychologismus möglich gemacht, eine Haltung, die er mit den frühen Futuristen und Formalisten teilte. Weil man Faktoren wie die Persönlichkeit des Künstlers oder die Psychologie seiner Umwelt als unwesentlich außer acht ließ, schien es möglich, ja erforderlich, das Problem von »Kunst und Gesellschaft« in rein technologischem, unpersönlichem Sinne zu diskutieren. Die soziologische Analyse des literarischen Prozesses wurde darauf reduziert, eine direkte Beziehung zwischen zwei Gruppen von Artefakten herzustellen, den literarischen und der industriellen, oder genauer, zwischen zwei Arten von Techniken, die jeweils zur Herstellung dieser Objekte benutzt werden.

So war die Entstehung des Reimes in der westeuropäischen Dichtung nach Arvatov eine notwendige Begleiterscheinung der Marktwirtschaft, »eine Manifestation bürgerlicher Dichtungsarbeit, individuellen Verbrauchs an Versen und spezialisierter dichterischer Produktion« [62], die den Zusammenbruch des feudalen Systems begleiteten. Gleichermaßen wurde die Entwicklung des Romans zu einer eigenen literarischen Gattung in Arvatovs Schema mit dem Wachstum des industriellen Bürgertums in Zusammenhang gebracht.

Die »formalistisch-soziologische« Theorie Arvatovs hatte jedoch weder für die Formalisten noch für die Soziologen viel Anziehungskraft. Die Formalisten lehnten Arvatovs grob utilitaristische Kunstauffassung ab, die Soziologen setzten sich nachdrücklich von seinen »technologischen Verirrungen« ab [63]. Ilja Gruzdev, ein begabter Schüler Šklovskijs und Tynanovs [64] wandte sich überzeugend gegen Arvatovs Tendenz zur Gleichgesinnung von »Kunst« und »Handwerk« und betand auf der Autonomie ästhetischer Kriterien. In einem früheren Essay hatte Gruzdev seine Position folgendermaßen dargestellt: »Das Wesen der Kunst liegt in der Anordnung des Materials, ganz gleich, ob das aus diesem Material konstruierte

Objekt einem unmittelbaren praktischen Zweck dient oder nicht« [65].

Ein paar Jahre später tadelte U. Focht, ein marxistischer Kritiker mit einer starken Neigung zur Sozialpsychologie, Arvatovs Theorie als eine sterile Mischung von Formalismus und Futurismus. In seinem Aufsatz, worin Focht die kritischen Debatten um die Mitte der zwanziger Jahre gegeneinander abwog [66], wies er Arvatovs Extravaganzen energisch zurück, konnte aber ebensowenig mit anderen, bescheideneren synthetischen Schemata anfangen. Als ein fester Anhänger des »soziologischen Monismus« war er der Überzeugung, daß ein marxistischer Literaturwissenschaftler von einer dem Geist der Dialektik so durch und durch fremden Schule wie der *Opojaz* kaum etwas lernen konnte.

Focht stimmte zwar mit Lunačarskij und Kogan darin überein, die grundsätzliche Unvereinbarkeit von Formalismus und Marxismus anzunehmen, er war aber im Gegensatz zu den meisten unerschütterlich Orthodoxen weniger zuversichtlich oder selbstzufrieden mit den bisher von der marxistischen Kritik erreichten Ergebnissen. Er sah deutlich, daß ein rein äußerlicher Zugang zur Literatur nicht genügte. Es war ihm klar, daß man der Herausforderung durch die Formalisten nicht begegnen konnte, indem man der von der *Opojaz* gestellten Frage nach den besonderen Merkmalen der Dichtung einfach auswich, sondern daß man sich mit diesem entscheidenden Problem auseinandersetzen mußte. »Die marxistische Literaturwissenschaft«, schrieb Focht offen, »kann sich mit den Formalisten bisher noch nicht auf ihrem eigenen Gebiet messen. Es fehlt ihr an einem gut durchdachten System literarischer Begriffe; sie hat noch keine eigene Poetik« [67].

Dieser Wunsch, den Angriff ins »feindliche Lager« zu tragen, indem man innerhalb eines breiteren soziologischen Rahmens eine Typologie poetischer Formen und Mittel entwickelte, stand hinter der ausführlichsten und gelehrtesten Kritik an der *Opojaz*, die je von einem Marxisten vorgenommen wurde, hinter der Untersuchung der *Formalistischen Methode in der Literaturwissenschaft* von P. N. Medvedev [68].

Schon der Untertitel dieses ernsthaften Buches, »Eine kritische Einführung in die soziologische Poetik«, weist auf eine konstruktive Behandlung des Problems hin. Wie Focht war sich Medvedev der Tatsache bewußt, daß es wenig Sinn hatte, eine »Übereinstimmung zwischen bestimmten poetischen Stilen und gewissen ökonomischen Stilen« [69] herstellen zu wollen, ohne vorher den Begriff des »poetischen Stils« und verwandter literarischer Kategorien zu erhellen.

Ob Medvedevs Unternehmen tatsächlich erfolgreich war, ist eine andere Frage. Er ging von der richtigen Voraussetzung aus, daß die Literatur ein gesellschaftliches Phänomen sui generis ist, doch gelang es ihm nicht, ein tragfähiges Gleichgewicht zwischen den beiden Bestandteilen dieser Definition herzustellen. Er konnte den scheinbaren Konflikt zwischen dem Interesse am »sozialen« Aspekt der Literatur – ihrem Bezug zu anderen Gebieten menschlicher Tätigkeit – und dem ebenso berechtigten Interesse an den einzigartigen Merkmalen der Dichtkunst offenbar nicht lösen. Es scheint so, als ob Medvedevs Versuch einer »soziologischen Poetik« von seiner Furcht gehemmt wurde, dem »immanenten« Irrtum seiner Gegner zu erliegen. Es läßt sich häufig beobachten, daß er sich bei dem Versuch einer Definition grundlegender Begriffe der Poetik, wie Rhythmus, Stil und Gattung, plötzlich »herausreißt«, um dann nur auf den einleitenden Satz von der »durch und durch sozialen Natur . . . aller poetischen Strukturen« zurückzukommen, eine so weitgefaßte Formulierung, daß sie als fast bedeutungslos gelten kann.

Aber trotz aller Mängel seines positiven Programms vollbrachte Medvedev doch eine wichtige negative Aufgabe: er wies überzeugend die Notwendigkeit nach, über die a-soziale Poetik des reinen Formalismus wie auch über den a-literarischen Soziologismus grober Marxisten hinauszugehen.

Das prekäre Schlagwort von der »soziologischen Poetik«, das von Focht geprägt und von Medvedev vorsichtig untersucht worden war, bezeichnete eine Art Wasserscheide zwischen zwei grundlegend verschiedenen Unterströmungen der marxistisch-leninistischen Kritik.

Die sowjetische marxistische Literaturtheorie der zwanziger Jahre war kein einheitliches Gedankengebäude. Zu einer Zeit, als eine methodologische Diskussion bona fide noch möglich war, erwies sich die marxistische Literaturauffassung noch Interpretationen zugänglich, die stark voneinander abwichen. Diese Differenzierung – in einem Sinne ein Beweis dafür, daß die offizielle Lehre noch nicht zum starren Dogma erhärtet war – hing eng mit dem umfassenden Charakter der marxistischen Dialektik zusammen. Als eine allgemeine Theorie der sozialen Evolution löste der historische Materialismus nicht die spezifischen Probleme einzelner geisteswissenschaftlicher Disziplinen, noch konnte man solche Lösungen von ihm erwarten. Während die marxistische Lehre die letzte kausale Abhängigkeit »ideologischer« Phänomene wie der Kunst, Wissenschaft, Philosophie oder Religion vom wirtschaftlichen Prozeß annahm, hat sie in ihrer ursprünglichen Form eine Erforschung der Kräfte, die innerhalb des bestimmten Kulturgebiets wirksam waren, weder ausgeschlossen noch besonders gefördert. Die Probleme, die mit der Bedeutung ideologischer Konstruktionen im Hinblick auf den gegebenen Bereich der »Ideologie« zu tun hatten, blieben vom Marxismus unbeantwortet, obwohl sie innerhalb seines Rahmens nicht notwendig unbeantwortbar waren. Um ein treffendes Bild von A. Kazin [70] zu benutzen: der dialektische Materialismus wurde zu einem riesigen Aktenschrank, dessen jeweilige Schubladen noch darauf warteten, mit entsprechenden Untersuchungen gefüllt zu werden. Der Zustand der für die Literaturwissenschaft reservierten »Schubladen« hing weitgehend von dem Einfallsreichtum und Scharfsinn des marxistischen Kritikers, von dem Grad seiner Flexibilität und seines gesunden Menschenverstands ab, die er bei der Anwendung marxistischer Grundsätze auf seine besondere Disziplin zeigen würde.

Solange es also möglich war, daß die Meinungen über Grundsätzliches noch offen auseinandergingen, hielt die Kontroverse über die Frage, was die wahre marxistische Literaturauffassung sei, mit unverminderter Stärke an. Meinungsverschiedenheiten gab es viele; aber von besonderer methodologischer Bedeutung war die um das Problem der »soziologischen Poetik« kreisende Debatte. Die Diskussion über diesen strittigen Begriff unterstrich das, was Jakobson richtig als die grundlegende Ambiguität der marxistischen Literaturtheorie bezeichnete, die zwischen einer rein genetischen und einer quasi-strukturellen Literaturauffassung unbefriedigend hin- und herpendelt [71].

Die »Genetiker« begnügten sich damit, die gesellschaftliche Herkunft des literarischen Werks zu untersuchen, die – wie Friče sagt – »literarischen Zeichen« in die Sprache der Soziologie und Volkswirtschaft zurück zu übersetzen. Die auf die Struktur bedachten Marxisten versuchten eine soziologische Synthese literarischer Fakten und literarischer Evolution mit einer innerliterarischen Analyse zu verbinden. Sie waren mit Zeitlin der Überzeugung, daß man, um ein Phänomen erklären zu können, erst wissen müsse, was es sei.

Den starreren Vertretern des Marxismus-Leninismus erschien diese Frage unzutreffend, wenn nicht gar unerlaubt. Wo die Kausalität als das einzige rechtmäßige Bezugssystem angesehen wurde, waren die Fragen nach dem Wesen und der Funktion der literarischen Schöpfung von dem übergroßen Interesse an dessen Ursprüngen, den »zugrunde liegenden« gesellschaftlichen Kräften überschattet oder gar ausgelöscht. So behauptete V. Pereverzev – ein Kritiker, der mehr an der Textanalyse interessiert war als die meisten seiner Kollegen, nur leider viel zu eng in seinen methodologischen Äußerungen –, daß der »teleologische Wert eines Kunstmittels« ohne genetische Erklärung nicht verstanden werden könne. Man könne die Frage des »wofür« nicht ohne die Frage des »warum« beantworten [72]. Percov sagte es noch drastischer: »Ich kann mir nicht vorstellen, daß ein Marxist die Frage stellt: ›Wie ist dies literarische Werk aufgebaut?‹, ohne sie sofort durch die andere zu ersetzen: ›Warum ist dieses literarische Werk in dieser und keiner anderen Weise aufgebaut?‹« [73]. Nachdem er also das »was« und das »wie« der kritischen Analyse völlig im »warum« aufgelöst hatte, ging Percov noch einen Schritt weiter und lehnte eben den Begriff einer »marxistischen Poetik« als eines Widerspruchs in sich, eines »Oxymoron«, ab [74].

Die Debatte über den Formalismus hatte im offiziellen Lager eine Spaltung verschärft, die tiefer ging als viele terminologische und pseudo-philosophische Streitfragen, die oft im Mittelpunkt der allgemeinen Aufmerksamkeit standen. Die meisten marxistischen Theoretiker lehnten die *Opojaz*-Lehre einmütig ab, doch unterschieden sie sich, wie oben nachgewiesen wurde, erheblich in ihren Argumenten. Indem sie die spezifischen Ziele und Methoden der Literaturwissenschaft entschieden in den Mittelpunkt stellten, hatten die Formalisten ihre marxistischen Gegner dazu gezwungen, vom hohen Roß ihrer dialektischen Verallgemeinerung herabzusteigen und zu konkreten Problemen der Literaturwissenschaft Stellung zu nehmen. Bei diesem Vorgang äußerten die sowjetisch-marxistischen Kritiker stark auseinandergehende Ansichten über Grenzen und Möglichkeiten der genetischen Methode in der Literaturwissenschaft.

Der formalistische Angriff zwang nicht nur die Marxisten, ihre methodologische Position zu klären, und, zum Teil, die Grenzen ihrer Lehre zu erkennen, es war auch das Umgekehrte der Fall. Die Auseinandersetzung mit dem Marxismus hatte einen sichtbaren Einfluß auf die nachfolgende Entwicklung der formalistischen Bewegung. Dieser Einfluß hätte viel fruchtbarer sein können, wenn der Angriff konstruktiver vorgetragen worden wäre. Die marxistische Kritik an der *Opojaz* war im großen und ganzen zu grob und ohne Unterschied feindlich (Kogan, Poljanskij, Lunačarskij) oder auch zu mechanistisch (Arvatov), als daß sie irgendwelche positiven Lösungen hervorgerufen oder ergeben hätte. Aber allein schon die Heftigkeit des Angriffs und die Beharrlichkeit der Vorwürfe eines ästhetischen Isolationismus hatten die Notwendigkeit gezeigt, ursprünglich die Einstellung der *Opojaz* zur entscheidenden Frage »Literatur und Gesellschaft« zu überprüfen.

KAPITEL VII

KRISE UND ZUSAMMENBRUCH

1

Der Vorwurf, den die marxistischen Gegner gegen die Formalisten erhoben: sie hätten die Wirkungen der Gesellschaft auf die Literatur geleugnet, war nur teilweise gerechtfertigt. Šklovskijs häufig zitierter Ausspruch »Kunst war immer vom Leben getrennt« [1] muß man nicht allzu wörtlich nehmen. Wie bereits angedeutet [2], war diese Behauptung ganz bewußt übertrieben, um die »Kaufkraft« der *Opojaz* zu steigern und die kritischen Philister zu schockieren.

Selbst im Frühstadium der *Opojaz* hatten ihre Anführer zumindest eine vage Vorstellung davon, daß Literatur nicht im luftleeren Raum entsteht. In etwas nüchterneren Momenten bestritten sie die Bedeutung sozialer Überlegungen nicht. Ungeachtet einiger rhetorisch üppiger Äußerungen waren sich die formalistischen Theoretiker keineswegs sicher, daß Kunst nichts anderes sei als »Machen«. Sie waren jedoch der Überzeugung, daß dem »Machen« das Hauptinteresse der Literaturwissenschaft als einer für sich bestehenden geistigen Disziplin gelten müsse. Der formalistische A-Soziologismus erklärt sich mehr aus methodologischer Zweckmäßigkeit als aus einem ästhetischen Prinzip, mehr aus Ansichten über das besondere Interessengebiet eines Kritikers als über das Wesen der Dichtkunst [3].

In diesem pragmatischen Sinne beschreibt Šklovskij seine technologische Literaturauffassung in der Einleitung zu seiner Aufsatzsammlung *Über die Theorie der Prosa* [4]. Nachdem er kurz den Einfluß sozialer Gegebenheiten auf die Alltags- und auch die dichterische Sprache zugegeben hat, fährt er fort: »In meiner theoretischen Arbeit ging es mir um die inneren Gesetze der Literatur. Um ein Bild aus der Industrie zu benutzen: ich habe kein Interesse an den Verhältnissen auf dem Weltbaumwollmarkt oder an der Trust-Politik, sondern einzig an der Garnstärke und den Webtechniken« [5].

Es war zweifellos eher zu rechtfertigen, am »Weltbaumwollmarkt« oder an der »Trust-Politik« kein Interesse zu haben, als einfach die Existenz oder die Bedeutung dieser Faktoren zu leugnen. Aber eine ausschließliche Beschäftigung mit »Webtechniken«, ob nun aus philosophischer Überzeugung oder kritischer Taktik, war auf die Dauer unhaltbar, da diese Einstellung eine willkürliche Einengung des Gesichtskreises der literarischen Forschung bedeutete. Das Herauslösen eines besonderen Aspekts des untersuchten Gegenstandes mochte bis zu einem gewissen Punkt ein legitimes, ja ein lohnendes methodologisches Verfahren gewesen sein, um alle geistigen Kräfte einer kritischen Bewegung für einen bisher weitgehend vernachlässigten Problemkreis frei zu machen [6]. Aber es war ein zu künstliches Vorgehen, um genauerer Prüfung standhalten zu können. Die ausschließlich inner-literarische Literaturbetrachtung wurde offensichtlich den engen Wechselbeziehungen zwischen verschiedenen Kulturgebieten nicht gerecht; sie schien, mit Trotzkis Worten, »die psychologische Einheit des gesellschaftlichen Menschen, der schafft und der das Geschaffene ›verbraucht‹, zu ignorieren« [7].

So war es nach einiger Zeit unumgänglich, daß die Sprecher des Formalismus über ihre Anfangsposition hinausgingen, zumal deren Begrenzung durch die augenblickliche Entwicklung der Kritik und der schöpferischen Literatur sichtbar gemacht wurde. Die »offiziellen« Literaturtheoretiker schmähten die »methodologische Sterilität« der *Opojaz*-Lehre. Freundlicher gesinnte Kritiker wie Majakovskij lobten zwar den Beitrag der *Opojaz* zur Poetik sehr, drängten aber ihre formalistischen Freunde, sie sollten sozialen Überlegungen mehr Aufmerksamkeit schenken [8]. Noch wichtiger war die enorme Wirkung der revolutionären Umwälzungen auf das Tempo, den Ton und die Art und Weise der literarischen Produktion, die den Formalisten unwiderlegbar bewies, daß die Kunst *nicht* vom Leben abgetrennt ist.

Eines der ersten Symptome einer zunehmenden Tendenz zum »Soziologismus« auf seiten der Formalisten findet sich in Šklovskijs Autobiographie *Die dritte Fabrik* (1926) [9]. Dieses Buch – eine merkwürdige Mischung von literarischem Theoretisieren und Seelenforschung – zeigte eine akute geistige und methodologische Krise an. In Šklovskijs absichtlich unzusammenhängenden Betrachtungen enthüllte sich ein bestürzter und bestürzender Geist, der unruhig zwischen einem leidenschaftlichen Bemühen, sich dem »Druck der Zeiten« anzupassen, und dem ebenso aufrichtigen Wunsch, seine schöpferische und kritische Integrität zu bewahren, hin- und herpendelte.

Auf methodologischer Ebene war *Die dritte Fabrik* ein deutlicher Versuch, über den »reinen« Formalismus hinaus zu einer umfassenderen und mit den »sozialen Forderungen« der Zeit übereinstimmenderen Position vorzustoßen. In dem bekenntnishaften Ton des Buches gestand Šklovskij, die »außerästhetischen Reihen« (rjad) bisher ignoriert zu haben. Dies sei, so räumte er ein, ein schwerwiegender Irrtum: »Wandlungen in der Kunst vollziehen sich und können sich auf Grund außerästhetischer Faktoren vollziehen, ob nun eine gegebene Sprache von einer anderen beeinflußt wurde oder ob eine neue soziale Forderung entstand« [10].

Die Ausdrucksweise war etwas nachlässig (anscheinend konnte Šklovskij nur dann spritzig schreiben, wenn er übertrieb). Aber die allgemeine Absicht der zitierten Stelle kam klar heraus: es gibt keine unüberbrückbare Kluft, ja keine festgesetzten Grenzen zwischen Literatur und »Leben«, zwischen ästhetischem und nicht-ästhetischem Bereich.

Diese These – offensichtlich weit entfernt von der Ästhetik des elfenbeineren Turms, die man den Formalisten so oft vorgeworfen hat – sollte eine doppelte Funktion erfüllen. Einerseits bot sie eine Entschuldigung für die Zuhilfenahme gewisser »nicht-literarischer« Kriterien bei der kritischen Analyse. Andererseits sollte die neue Formel, wie die meisten kritischen Verallgemeinerungen Šklovskijs, als rationale Erklärung für Strömungen in der gegenwärtigen literarischen Praxis dienen, denen sich Šklovskij anschließen wollte.

Die Zeit nach dem Bürgerkrieg war durch ein enormes Anwachsen der dokumentarischen Literatur gekennzeichnet. Obwohl die erzählende Dichtung nach einer vorübergehenden Flaute endlich eine eigene Form zu finden begann, war doch die Zeit für große epische Darstellungen noch lange nicht da. Dem hektischen Tempo der Ereignisse entsprach Kürze. Die tur-

bulente Wirklichkeit ließ die Erfindung oft blaß und über-
flüssig erscheinen, sie leistete dem »direkten Bericht« Vorschub.
Die Zeitung wurde zu einem einflußreichen Medium literarischen Verkehrs wie auch politischer Propaganda, dadurch gewannen halb-journalistische Gattungen wie Reportage und
Feuilleton oder die feuilletonartige Kurzgeschichte zunehmend
an Bedeutung.

Entsprechend ihrer utilitaristischen Ästhetik [11] begrüßten
die Theoretiker der *Lef* begeistert diese Entwicklung und priesen die »Faktographie« (literatura fakta), die Beschreibung der
Tatsachen, als ein vollkommenes Beispiel der Verschmelzung
von Literatur und Leben. Šklovskij, der stets bereit war, einer
radikalen Wendung von der literarischen Tradition seinen Bei-
fall zu geben, stellte sich hinter seine neo-futuristischen Freunde
und lobte diese »halbfertigen literarischen Produkte« als einen
Neuanfang in der russischen Prosa.

Man mag sich mit Recht fragen, wie Šklovskij seine Begeisterung für die Reportage mit einer literarischen Theorie vereinigen konnte, die das Hauptziel der Kunst in der schöpferischen Deformierung der Wirklichkeit sah. Tatsache ist, daß
Šklovskijs Theoretisieren oft weniger konsequent als einfalls-
reich war. Es gebe Perioden in der Literaturgeschichte, so behauptete er, in denen jahrhundertealte ästhetische Regeln ihre
Wirksamkeit verlören, in denen traditionelle Kunstformen wie
der Roman anscheinend ihre Möglichkeiten erschöpft haben. In
solchen Augenblicken müsse die vom Zerfall bedrohte Literatur
über sich selber hinausgreifen, um ihre Lebensfähigkeit wie-
derzugewinnen: sie müsse in die »Nicht-Literatur eindringen«
[12], indem sie »Rohmaterial des Lebens« in ihren Bereich
herüberziehe, »außer-ästhetische« Vorlagen verwende. Wo die
erzählende Dichtung verbraucht ist, wird oft die »unge-
schminkte Tatsache als ästhetisch empfunden« [13].

Es wäre eine Vereinfachung, wollte man in dieser Beweisführung lediglich eine *tour de force*, eine besonders zugeschnittene Verteidigung sehen. Bis zu einem gewissen Grad läßt sich
Šklovskijs Eintreten für die ›Faktographie‹, die Reportage,
methodologisch aus der ultra-relativistischen Position der formalistischen Schule erklären. Wenn sich die Formalisten auch be-

sonders auf die spezifische Eigenart der Literatur konzentrierten, so vermieden sie es doch angelegentlich, dieses charakteristische Merkmal als eine absolute, unveränderte Eigenschaft zu definieren. In seinem scharfsinnigen Aufsatz über »Das literarische Faktum« [14] warnte Tynjanov vor statischen a priori-Definitionen literarischer Phänomene und beharrte darauf, daß man zwar jederzeit zwischen dem, was Literatur sei und was sie nicht sei unterscheiden könne, daß sich aber »die Auffassung von Literatur immerfort wandle« [15]. Die Grenze zwischen Literatur und Leben ist fließend – sie verändert sich von Periode zu Periode. »Die Literatur«, sagt Tynjanov, »spiegelt das Leben nie, aber sie berührt sich oft mit ihm« [16].

Tynjanov illustrierte seine Behauptung vom »Berühren« und gegenseitigen Befruchten von Literatur und »mores« (byt) durch eine Reihe treffender Beispiele aus der Vergangenheit der russischen Literatur. Gelegentlich, so beobachtete er, kann ein literarisches Phänomen zu einem am Rande liegenden »Lebensfaktum« werden. Die russische Ode des achtzehnten Jahrhunderts wurde zu den sogenannten *šinel'nye stichi* degeneriert – das waren in Verse gesetzte Bittschriften, die an hohe Beamte gerichtet und in einem pseudo-gehobenen und altväterischen Stil geschrieben waren. Umgekehrt kann ein Dokument, ein Bericht über ein authentisches Ereignis an einem bestimmten Punkt den Status der Literatur erreichen. Das geschah während der Periode der russischen Empfindsamkeit bei solchen »sub-literarischen Gattungen« wie Memoiren und Tagebüchern. Sogar beim Briefschreiben machte sich die Wirkung literarischer Normen bemerkbar: Karamzin, der führende Historiker und Prosa-Schriftsteller seiner Zeit, befaßte sich mit der Zusammenstellung eines Handbuchs für den Briefstil [17].

Die Lehre, die man aus diesen gescheiten Beobachtungen zog, war natürlich, daß der Literarhistoriker es sich bei der Erforschung des literarischen Kräftespiels nicht leisten konnte, die »naheliegenden« Fakten des sozialen Lebens zu übersehen.

Šklovskij, der mehr zu schlagwortartigen Formulierungen neigte und der, trotz seiner Widerborstigkeit, dem ›Zeitgeist‹ gegenüber aufgeschlossener war als Tynjanov, beeilte sich, seinen Vorschlag in ultra-marxistische Begriffe zu übersetzen.

Unter seinen Händen wurde die Einwirkung der sozialen Umgebung auf den literarischen Prozeß weitgehend zu einer Sache der »Klassenzugehörigkeit« des betreffenden Schriftstellers.

Die bei Šklovskij sich herausbildende »sozio-formalistische« Methode, die ästhetische Konventionen der Klassenideologie gegenüberstellte, wurde in seiner Untersuchung *Material und Stile in Leo Tolstojs »Krieg und Frieden«* (1928) [18] erprobt. Tolstojs Roman wird hier im Hinblick auf die Spannung zwischen »Klasse« und »Gattung« analysiert.

Für Šklovskij ist *Krieg und Frieden* das Ergebnis eines Zusammenstoßes zwischen dem Roman als einer – von Tolstoj übernommenen und wiederbelebten – Kunstform und der »sozialen Forderung«, die er in seinem Panorama des Rußland von 1812 zu erfüllen versucht hatte. *Krieg und Frieden*, behauptete Šklovskij, ist kein historisch getreuer Roman, sondern »die Kanonisierung einer Legende«. Um dem ideologischen Angriff der radikalen plebejischen Intelligenz (raznočincy) zu begegnen und der stark gesunkenen Moral der landbesitzenden Klasse aufzuhelfen, hatte es Tolstoj unternommen, den russischen Adel und seine im »Vaterländischen Krieg« von 1812 gespielte Rolle zu verherrlichen. Er verkleinerte die russischen Niederlagen und vergrößerte die Siege, er verharmloste oder übersah die bitteren historischen Wahrheiten wie die Teilnahmslosigkeit der bäuerlichen Massen angesichts der feindlichen Invasion und ihre starrköpfige oder gar offen rebellische Haltung gegenüber den Landeigentümern.

An einem gewissen Punkt aber, so stellt Šklovskij fest, kreuzte sich Tolstojs »pragmatische Richtung« (celevaja ustanovka) [19] mit der »Art der Gattung, gewissen literarischen Traditionen, Erzähltechniken, Gewohnheiten, etc.«. Wenn Tolstojs Klassenvorurteil ihn dazu bewog, die historische Wahrheit zu verzerren oder zu färben, so wurde umgekehrt diese Verzerrung wieder durch die Erfordernisse des von Tolstoj gewählten Mediums verzerrt und modifiziert [20].

Die Art und Weise, in der Šklovskij, das lästige Problem der schöpferischen Persönlichkeit übergehend, dazu gelangte, eine direkte Verbindung zwischen Klasse und Gattung herzustellen, das zeugt von seinem Einfallsreichtum wie auch von dem

Behelfsmäßigen seiner Konstruktionen. Tolstoj, so behauptete Šklovskij, wollte zunächst seine Apologie Rußlands im frühen neunzehnten Jahrhundert in der Form eines traditionellen Romans schreiben. Doch sein Wunsch, ein umfassendes und angeblich authentisches Bild der russischen Gesellschaft von 1812 zu geben, brachte Tolstoj dazu, die Grenzen der Gattung zu überschreiten, indem er verschiedentlich historisches und quasi-historisches Material benutzte. Die kompositorischen Fäden des Romans wurden gelockert, als eine riesige, panoramenartige Chronik mit ständig wechselndem Brennpunkt an die Stelle eines enger gewobenen Romantyps trat, der um ein Einzelschicksal kreiste.

Der gleiche Wunsch, eine eng mit dem polemischen Inhalt des Romans verbundene Illusion der Authentizität zu schaffen, führte zu einer Fülle von ultra-realistischen Einzelheiten bei der Darstellung historischer Figuren. Nun traf es sich aber, daß die Betonung des Schlichten ein hervorstechender Zug der radikalen Prosadichtung dieser Zeit war – der Roman des sozialen Protests, worin traditionelle Werte mit Hilfe einer »enthüllenden« (snižajuščaja) psychologischen Vivisektion vernichtet werden sollten. Dadurch verband sich *Krieg und Frieden* in den Köpfen vieler zeitgenössischer Leser mit eben der Art von Literatur, gegen deren Einfluß es gerichtet war [21].

Unter dem Eindruck dieser falschen Analogie, fuhr Šklovskij fort, wurde der allgemeine Tenor des Romans weitgehend mißverstanden. Die meisten Interpreten der Zeit, einschließlich des intelligenten Kritikers Strachov, deuteten das Buch mehr als eine liberale Satire statt als eine konservative Apologie [22]. Die »Gattung« hatte ihre Autonomie behauptet. Das »Kunstmittel« hatte sich durchgesetzt. Der vom ideologischen Zweck des Autors »geforderte« Stil und die Art der Charakterisierung hatten sich durch das Medium selbständiger literarischer Assoziationen gegen die ursprüngliche Absicht gewandt und eine Deutung gefördert, die das genaue Gegenteil des von Tolstoj Geplanten war.

Abgesehen von einigen interessanten, wenn auch nicht immer überzeugenden Gegenüberstellungen und einer Reihe treffender Bemerkungen über die in *Krieg und Frieden* angewandten

Erzähltechniken, erscheint einem Šklovskijs Besprechung des Romans als weithergeholt und ungebührlich zugeschnitten; sie läßt mehr aus als sie einschließt. So ist z. B. die oben gegebene Erklärung dessen, was D. S. Mirsky »die schlichten Wirkungen . . . des Realismus« [23] in *Krieg und Frieden* nennt, außerordentlich eng, wenn nicht sogar gänzlich falsch. Man könnte überzeugend darlegen, daß dieses Eingehen auf das Triviale weniger Tolstojs Polemik gegen Historiker des Feldzugs von 1812 als vielmehr seinem Kampf gegen traditionelle Geschichtsauffassungen zuzuschreiben ist – seiner Entschlossenheit nämlich, den »Helden« allen romantischen Beiwerks zu entkleiden und ihn in menschliche, einfache Verhältnisse herabzuholen. Außerdem könnte man hinzufügen, daß das Hervorheben physischer Einzelheiten, wie z. B. der berühmten Oberlippe der Prinzessin Bolkonskij, eine typisch Tolstojsche Charakterisierungsweise sei, die sein leidenschaftliches Interesse am menschlichen Körper kennzeichnet, das selbst so verschiedene Kritiker wie D. S. Merežkovskij und Stefan Zweig betonten [24].

Auch bei der Analyse der dem Roman zugrundeliegenden Philosophie machte sich Šklovskij einer argen Vereinfachung schuldig. Obwohl seine Betonung der patriotischen Apologetik und des konservativen »Archaismus« in *Krieg und Frieden* der Wahrheit näherkommt als die zahlreichen Versuche, den Roman im Sinne eines liberalen Populismus oder antipatriotischer Kritik zu interpretieren, wird Šklovskijs Versuch doch keinesfalls der vielfältig aufgeschlossenen Einstellung gerecht, die Tolstoj zu der von ihm geschilderten Welt hatte. Vielleicht liegt es weitgehend an dieser Vielfalt und an der Neigung nur allzu vieler Kritiker, diese zu ignorieren, daß *Krieg und Frieden* so stark voneinander abweichende Deutungen erfuhr. Einige Zeitgenossen Tolstojs mochten durch formale Übereinstimmungen mit dem russischen radikalen Roman des sozialen Protests »irregeführt« worden sein. Dies trifft jedoch wohl kaum auf den modernen amerikanischen Schriftsteller James T. Farrell zu. Und doch bezeichnete auch er in einem kürzlich erschienenen Aufsatz [25] *Krieg und Frieden* als eine scharfe Kritik am russischen feudalen Adel.

Šklovskijs Studie über *Krieg und Frieden* von 1928 machte

die Grenzen seiner neuen kritischen Methode deutlich. An sich war die dynamische Wechselwirkung zwischen »Klasse« und »Gattung« ein brauchbareres Bezugssystem als die einseitige kausale Abhängigkeit der Literatur von der Gesellschaft. Leider nahm Šklovskij aber den entscheidenden Begriff der Spannung zu wörtlich. Er projizierte ihn vom Gegenstand der Analyse in die Methode. Die soziologischen und formalen Kategorien wurden einander mechanisch aufgepfropft, anstatt sie organisch miteinander zu verschmelzen, wodurch oft der Eindruck eines kritischen Tauziehens entsteht. Šklovskij hatte sich zwischen kämpferischem Formalismus und einem ziemlich schlecht verdauten Marxismus festgefahren. So konnte er in einem 1930 verfaßten Aufsatz [26] von *Krieg und Frieden* als einem »mißglückten Versuch der *agitka* eines Adligen« [27] sprechen, ein Ausdruck, der im sowjetischen Sprachgebrauch für eine als Literatur posierende grobe politische Propagandaäußerung reserviert war – in diesem Zusammenhang also eine völlig unzutreffende Bezeichnung. Andererseits konnte er damals noch eine These vortragen, die trotz ihres marxistischen Wortschatzes ein formalistischer Determinismus *sui generis* war: »Letzten Endes bestimmt die Seinsweise einer literarischen Gattung das Bewußtsein des Dichters« [28]. Solches Hin- und Herpendeln zwischen zwei starren und daher im wesentlichen unvereinbaren monistischen Systemen kann kaum ein Ersatz für eine brauchbare Synthese sein.

Šklovskij war nicht der einzige *Opojaz*-Führer, der eine Synthese aus formalistischer und soziologischer Methode versuchte. Vorsichtiger bemühte sich B. Eichenbaum in seinem Artikel »Literatur und literarische Sitten« (1927) [29] um einen methodologischen Kompromiß. Eichenbaum teilte Šklovskijs und Tynjanovs wachsende Unzufriedenheit an der rein inner-literarischen Behandlung von Literatur. Gleichzeitig war er vor der offiziellen Fassung des Soziologismus auf der Hut. Er vermied es, die Klassenideologie eines Schriftstellers zu untersuchen wie auch literarische Formen von der gesellschaftlich-wirtschaftlichen Struktur abzuleiten. »Die Hauptursachen literarischer Formen und literarischer Evolution ergründen zu wollen«, schrieb er, »ist reine Metaphysik« [30].

Da Eichenbaum sich so eng wie möglich an die literarischen Fakten halten wollte, konnte er mit solch fernliegenden sozialen »Determinanten« wie den »hervorbringenden Kräften« nur wenig anfangen. Er schlug vor, statt dessen das Augenmerk auf ein näherliegendes soziales Gebiet zu richten, ein Gebiet, dessen Beziehung zur schöpferischen Literatur nicht nur kühn postuliert, sondern wirklich begründet werden konnte. Laut Eichenbaum waren es die »literarischen Sitten« (literaturnyj byt), welche die natürlichste Brücke zwischen der Literaturwissenschaft und der Soziologie darstellten.

Der Begriff der »literarischen Sitten«, der in Eichenbaums Schriften der späten zwanziger Jahre eine entscheidende Rolle spielte, bezeichnete eine Gruppe von Problemen, die sich auf den sozialen Status des Dichters bezogen, wie z. B. dessen Beziehungen zu seinem Publikum, seine Arbeitsbedingungen, Umfang und Mechanismus des literarischen Marktes. Hier liege, so beteuerte Eichenbaum, ein angemessenes Forschungsgebiet für einen Kritiker, der gewillt sei, gesellschaftlich-wirtschaftliche Überlegungen gelten zu lassen, solange sie sich auf die Literatur beziehen. Um ein Beispiel zu geben: Puškins jambischer Tetrameter stehe in absolut keinem Bezug zu der seinerzeit vorherrschenden literarischen Schaffensweise, aber Puškins Übergang zur Prosa und zum Journalismus könne einleuchtend auf die zunehmende Professionalisierung der russischen Literatur, auf die Entstehung großer literarischer Zeitschriften etc. zurückgeführt werden [31].

Eichenbaums neue Position war ein merkwürdiger Versuch einer »immanenten« Soziologie. Anstatt die Literaturwissenschaft zu einer Unterabteilung der Sozialgeschichte zu machen, wie es bei einigen marxistischen Theoretikern der Fall war, wurde die Soziologie hier in die Literatur aufgenommen, sozusagen in literarische Begriffe übersetzt. Die Literatur wurde nicht so sehr als integraler Bestandteil der menschlichen Gesellschaft, als ein Ergebnis äußerer, sozialer Kräfte angesehen, sondern als eine gesellschaftliche Institution, ein selbständiges wirtschaftliches System. Der Schriftsteller erschien nicht als Mitglied einer bestimmten sozialen Klasse im marxistischen Sinne dieses Wortes (sei es Adel, Bürgertum oder Proletariat), sondern zunächst und vor allem als Vertreter des literarischen Berufs. Wo es einem Pereverzev um die soziale Herkunft eines Künstlers und deren Einfluß auf sein Werk ging, da war Eichenbaum an den Lebensbedingungen des *Dichters* interessiert. Während Pereverzev gern wissen wollte, ob die in einem bestimmten literarischen Werk verkörperte Ideologie die eines kleinen Landeigentümers oder die der Kaufmanns-Klasse war, wollte Eichenbaum wissen, ob der Autor für einen anonymen Markt oder für eine begrenzte Zahl von Kennern schrieb, ob er ein aristokratischer Dilettant oder ein Berufsschriftsteller war, der sich durch das Schreiben seinen Lebensunterhalt verdienen muß.

Ein interessanter Aspekt an Eichenbaums Artikel über »literarische Sitten« war die Art und Weise, in der er seiner Betonung der Bedingungen des Dichtens Nachdruck und Geltung zu verschaffen suchte. Seine neue »Arbeitshypothese« wurde nur teilweise mit methodologischen Begriffen begründet. Um sein Abweichen vom »reinen und einfachen« Formalismus zu rechtfertigen, berief er sich nicht nur auf die grundlegende Unzulänglichkeit der anfänglichen formalistischen Position und auf die greifbare Nähe literarisch-ökonomischer Gedanken. Vermutlich legte auch die Veränderung der literarischen Situation dem Literaturwissenschaftler gebieterisch nahe, besondere Aufmerksamkeit auf den Beruf des Dichters zu lenken.

Eichenbaums neue Konzeption war, um mit Toynbee zu reden, die Antwort eines Kritikers auf eine durch die Zeit gegebene literarische Herausforderung. Wenn Šklovskijs neue Betonung »außer-ästhetischer Faktoren« mit seinem Versuch einer theoretischen Rechtfertigung des Neo-Futurismus zusammenhing, so war Eichenbaums Theorie der »literarischen Sitten« offensichtlich ein Versuch, die schwierige Lage des russischen Schriftstellers gegen Ende der zwanziger Jahre zu einem Gesetz der Literatursoziologie zu erheben.

Diese Begründung wurde von Eichenbaum selber deutlich ausgesprochen. Der frühe Formalismus, so erklärte er, entstand in einer Zeit, da die literarische Kontroverse um die zu schaffende Kunstart, um die dichterische Sprache kreiste, die verwendet werden sollte. Heute, fuhr er fort, steht das Problem der literarischen Sitten im Vordergrund. Die Frage: ›Wie dichtet man?‹ wird von einer anderen: ›Wie ist man Dichter?‹ überschattet [32].

Einige der Folgerungen dieser Bemerkung werden in einem überraschend offenherzigen Essay Eichenbaums von 1929 ausgesprochen [33]. »Ein Schriftsteller«, sagte er deutlich, »spielt heutzutage eine ziemlich groteske Rolle. Er ist zweifellos dem durchschnittlichen Leser unterlegen, weil dieser als berufsmäßiger Bürger über eine gradlinige, feste und saubere Ideologie verfügt. Und unsere Rezensenten – Kritiker haben wir nicht mehr, da keine Meinungsverschiedenheiten erlaubt sind – sind dem Schriftsteller sicherlich unendlich überlegen und weit wichtiger als er, so wie der Richter immer dem Angeklagten überlegen und wichtiger als dieser ist« [34].

Eichenbaums bittere Bemerkungen machen deutlich, daß seine Beschäftigung mit den literarischen Sitten mehr war als eine akademische Angelegenheit. In der trüben Atmosphäre einer zunehmenden politischen Reglementierung der Literatur nahm die Frage: ›Wie ist man Dichter?‹ eine fast tragische Bedeutung an.

Eichenbaums Vorstoß in die Soziologie fand unter den meisten seiner Mitstreiter und Schüler ein günstiges Echo. Šklovskij stürzte sich eifrig auf die Ausführungen seines Freundes und begrüßte die Theorie der »literarischen Sitten« als einen soliden Beitrag zu einer wahrhaft wissenschaftlichen Erforschung des literarischen Prozesses, ja als die legitimste Art soziologischer Erforschung der Literatur. Die »Berufssoziologen«, höhnte er, seien anscheinend zu sehr damit beschäftigt, populäre Abrisse zu schreiben, um ihrer »eigentlichen« Arbeit, der Erforschung des literarischen Marktes, nachzugehen [35].

Eichenbaums und Šklovskijs Gedanken über literarische Ökonomie regten drei junge formalistische Forscher, T. Gric, V. Trenin und N. Nikitin, zu einer umfassenden Studie über kommerzielle Aspekte der Puškin-Ära an. Ihr Buch *Literatur und Handel* (1927) [36] erörterte in genauen und oft ermüdenden Einzelheiten den *modus operandi* des Verlagshauses Smirdin, das während der ersten Hälfte des neunzehnten Jahrhunderts den russischen literarischen Markt beinahe ausschließlich beherrschte. Die Einwirkung dieses Geschäftsunternehmens auf Tempo und Verteilung der russischen literarischen Werke und auf die finanzielle Situation der Schriftsteller wurde durch eine eindrucksvolle Sammlung von Fakten und Zahlen, die allerdings ohne sichtbares Bemühen um Integration zusammengewürfelt waren, oftmals recht aufschlußreich belegt.

Die von Šklovskij angegriffenen »Berufssoziologen«, sprich: die orthodoxen Marxisten, waren nicht beeindruckt. In seinem Beitrag zu einem Symposion über *Literatur und Marxismus* [37] bezeichnete A. Zeitlin, der zu dieser Zeit seine anfängliche Sympathie für den Formalismus bereits überwunden hatte, *Literatur und Handel* als chaotisch, nachlässig und nutzlos. »In diesem Buch«, schrieb er beißend, »findet man wohl etwas über Handel, aber nach der Literatur sucht man vergebens.« »Die Soziologie des Puškinschen Stils wird hier durch eine unzulängliche Soziologie der Druckerpressen ersetzt, auf der seine Werke gedruckt wurden« [38].

Ein anderer Teilnehmer an dem Symposion, S. Breitburg, war zwar weniger zynisch, stand aber der »Wendung im Formalismus« ebenso kritisch gegenüber [39]. Er behauptete, Eichenbaums Theorie der »literarischen Sitten« sei nichts als verwässerter Formalismus. Die Konzessionen an den kausalistischen Gesichtspunkt seien nur mit halber Überzeugung und vor allem aus »taktischen« Gründen gemacht worden, da der Kritiker den Gebrauch einiger »relevanter« außer-literarischer Kategorien rechtfertige, indem er sich auf die historischen Begleitumstände, die literarische Situation und dergleichen berufe. Obwohl, so fuhr Breitburg fort, die neue Version der formalistischen Methode einige der krassesten Irrtümer der frühen *Opojaz* vermeide, bedeute sie doch eher einen methodologischen Rückschritt als einen Fortschritt. »Eine Wendung vom Monismus, selbst vom idealistischen Monismus, zum Pluralismus bedeutet einen Schritt fort von einer wahrhaft wissenschaftlichen Literaturbetrachtung« [40].

Diese kritischen Äußerungen erscheinen ungebührlich hart und anmaßend. Man gewinnt den Eindruck, daß Zeitlin und Breitburg das Eindringen von Nicht-Marxisten in die ihrer Meinung nach exklusive Domäne des »dialektischen Materialismus« nicht paßte und daß sie es daher nicht für nötig hielten, die Hypothesen der »Amateur-Soziologen« genauer zu prüfen. Wie mancher westliche Literaturtheoretiker gern zugeben wird [41], stellen die Probleme des literarischen Berufs, des sozialen Status eines Schriftstellers, einen ganz legitimen Forschungsbereich dar, einen Bereich, der sogar einen erheblich höheren Grad an Beweisbarkeit verspricht als etwa die Versuche, den Aufbau der *Toten Seelen* aus der Lebensweise der kleinen Landeigentümer erklären zu wollen. Die Verachtung der sowjetisch-marxistischen Kritiker für die etwas stümperhaften soziologischen Versuche der Formalisten war kaum gerechtfertigt. Was man auch von den nicht gerade bedeutenden Untersuchungen über *Literatur und Handel* halten mag, ihr Erkenntniswert war dennoch größer als der der »soziologischen« Etikettierungen und die Gedankensprünge von der Wirtschaftslehre zur Poetik, die einen großen Teil der marxistisch-leninistischen Kritik ungenießbar machten.

Und doch fehlte Breitburgs scharfer Kritik nicht jede Grundlage. Eichenbaums Begriff der »literarischen Sitten« reichte zu einer Lösung des Problems »Literatur und Gesellschaft« zweifellos nicht aus. Der Versuch, die Wechselwirkung zwischen dem Schriftsteller und seiner sozialen Umgebung auf den Mechanismus des literarischen Marktes zu reduzieren, war bezeichnend für einen viel zu engen Empirismus, der umfassenderen Problemen auswich und in wachsendem Maße auf ein bloßes ›Untersuchen‹ hinauslief. Allein die Tatsache, daß ein Buch wie *Literatur und Handel*, eine Sammlung weitgehend unverarbeiteter Daten, von einigen Anführern des Formalismus als ein Neubeginn in der Literaturwissenschaft begeistert begrüßt werden konnte, war schon ein bedeutsames und einigermaßen beunruhigendes Symptom.

Die Bemühungen Šklovskijs, Eichenbaums und ihrer Schüler, den ästhetischen Separatismus zu überwinden, waren an und für sich ein ermutigendes Phänomen. Was dabei an Breite der Anschauung gewonnen wurde, ging leider an Genauigkeit der Darstellung und Klarheit der theoretischen Formulierungen verloren. Die »Wendung im Formalismus« bedeutete weniger eine Annäherung auf ein umfassenderes und flexibleres kritisches System, als vielmehr einen stückweisen, wenig durchdachten Rückzug von einer offensichtlich unhaltbaren Position.

Dieser Eindruck der Richtungslosigkeit wird durch die theoretischen Stellen des ersten Bandes von Eichenbaums breit angelegter Monographie über *Leo Tolstoj* (1928) noch verstärkt. Dieses Werk, von vielen Autoritäten als einer der gründlichsten Beiträge zur Tolstoj-Forschung angesehen, unterscheidet sich in seiner Methode und geistigem Horizont erheblich von Eichenbaums früheren, zur Zeit seines kämpferischen Formalismus verfaßten historischen Arbeiten. In Büchern wie *Der junge Tolstoj* (1923) oder *Lermontov* (1924) war biographisches Material so gut wie nicht vorhanden. Im ersten Band des *Leo Tolstoj* von 1928 kehrte Eichenbaum teilweise zu der traditionellen Form einer kritischen Monographie zurück, in der das Werk des Dichters vor dem Hintergrund seines Lebens und in enger Verbindung damit erörtert wird.

Es stimmt allerdings, was Eichenbaum selbst hervorhob, daß sein Interesse an Tolstojs Biographie etwas ganz anderes war als das bevorzugte Angriffsobjekt der *Opojaz*-Kritiker – nämlich die Beschäftigung mit biographischen Einzelheiten um ihrer selbst willen. Das Leben des Dichters interessierte Eichenbaum nur insoweit, als es die literarische Laufbahn erhellte. Im Mittelpunkt der Aufmerksamkeit stand hier Tolstojs »literarisches Verhalten«, die Rolle, die er im literarischen Leben seiner Zeit spielte, sein Verhältnis zu anderen Dichtern oder literarischen Gruppen der Zeit.

So findet sich in Eichenbaums neuer Untersuchung über Tolstoj neben aufschlußreichen Beobachtungen über die literarischen Einflüsse, die seinen Stil und seine Weltanschauung formten, eine lebendige Darstellung von Tolstojs Konflikten mit den plebejischen Radikalen, die um die Zeitschrift *Gegenwart* geschart waren, wie auch mit den vornehmeren liberalen Intellektuellen von der Art Turgenevs. Tolstojs Rückzug in die »splendid isolation« von Jasnaja Poljana wurde als eine Herausforderung der Redaktionen und Verlage des literarischen Petersburg, als ein Symbol völliger Abgeschlossenheit von den sozialen Kräften gedeutet, welche die schöne Literatur seiner Zeit formten. Tolstojs berühmter Wohnsitz, wo er fern vom

Getriebe des literarischen Marktes der Großstadt seine Meisterwerke schrieb und seine erzieherischen Experimente ausübte, war
laut Eichenbaum an sich schon »eine besondere Form der literarischen Sitten und literarischer Produktion« [42].

Diese sozio-biographische Abweichung vom reinen formalistischen Kanon wurde durch einen »Ausflug« ins Ideologische noch kompliziert. Tolstojs Streitigkeiten mit seinen Kollegen wie Cernyševskij oder Turgenev erklärten sich nicht nur
aus Unvereinbarkeiten auf persönlichem Gebiet oder aus literarischer Rivalität. Sie wurden vielmehr häufig durch ideologische Meinungsverschiedenheiten heraufbeschworen. Daher
fühlte sich Eichenbaum bei der Analyse von Tolstojs »literarischem Verhalten« verpflichtet, in weit größerem Ausmaß über
dessen Gedankengänge zu berichten, als es noch in der konsequenten formalistischen Arbeit über den *Jungen Tolstoj* der
Fall gewesen war. Eichenbaum besprach nicht nur Tolstojs allgemeine Haltung – seinen Anti-Intellektualismus, seine instinktive Abscheu vor der modernen Zivilisation – sondern auch seine
Einstellung zu so spezifischen Fragen wie die der Emanzipation
der Bauern wurde eingehend behandelt.

Es wäre unangebracht, diese Beschäftigung mit Fragen der
Ideologie zu bedauern. Eine Darstellung von Tolstojs Erbe, die
diese Probleme außer acht lassen würde, wäre einfach nicht
vollständig. Obschon man sich also über diese Ausweitung der
kritischen Sicht Eichenbaums nur freuen kann, fehlt es doch
der Begründung für dieses Einbeziehen von ›nicht-ästhetischem
Material‹ an Überzeugungskraft.

Eichenbaum war anscheinend besorgt, daß ihm sein Pluralismus als methodologische Inkonsequenz, wenn nicht als »Kapi-
tulation« ausgelegt würde. Er stellte in etwas verteidigendem
Ton fest, daß es durchaus nicht falsch sei, wenn man seine anfängliche Position im Laufe der Zeit modifiziere. Das Weiter-
bilden einer Lehre sei eine natürliche und gesunde Entwicklung,
eher ein Beweis von Wachstum und geistiger Beweglichkeit als
ein Eingeständnis von Schwäche. Eine wissenschaftliche Theorie
sei kein unveränderliches Dogma, sondern eine Arbeitshypothese, die sich unter der Einwirkung neuen Materials, das der
kritischen Forschung zugänglich geworden ist, ändern könne

und solle. Der Literarhistoriker, fuhr Eichenbaum fort, sollte sich zunächst und vor allem dem Neuen, dem Unbekannten oder wenig Bekannten zuwenden, Problemen, die von seinen Vorgängern vernachlässigt wurden. Ein solches Forschungsgebiet seien heute die »literarischen Sitten« – die Voraussetzungen des Dichtens [43].

Eichenbaum hatte vollkommen recht, wenn er sich auf die Anpassungsfähigkeit wissenschaftlicher Hypothesen berief, wenn er auf dem Recht, ja der Pflicht des Theoretikers beharrte, seine Position unter dem Eindruck neuen Forschungsmaterials zu modifizieren. Aber von einem Literaturwissenschaftler, der einen so ausgeprägten Sinn für Methode besaß, konnte man tiefer schürfende und lohnendere Gedanken erwarten als eine Reihe »taktischer« Abweichungen von einem zu starren Schema, die entweder mit den Erfordernissen des Augenblicks [44] oder mit der anregenden Neuheit des Materials begründet wurden.

3

Das Behelfsmäßige des formalistischen Denkens der Jahre 1927 bis 1929, die wachsende Unsicherheit der Ziele und Methoden zeugten von einer deutlichen Krise des russischen Formalismus, der zu dieser Zeit von äußerem Druck heimgesucht und innerlich vom Gefühl der eigenen Mangelhaftigkeit bedrängt wurde. Die hochfahrende Selbstsicherheit der frühen Zeit wich dem Ton der Verteidigung bei Eichenbaum und der Unsicherheit, die Šklovskijs *Dritte Fabrik* durchzog [45].

Die Gegner der *Opojaz* stürzten sich natürlich eifrig auf diese Vorzeichen, um den intellektuellen Bankrott des Formalismus zu verkünden [46]. Man fragt sich aber, ob diese Vorgänge innerhalb der formalistischen Bewegung gegen Ende der zwanziger Jahre nicht richtiger als ein vorübergehender methodologischer Engpaß bezeichnet werden sollten.

Der reine Formalismus wurde überprüft und für fehlerhaft befunden. Die ursprüngliche Arbeitshypothese hatte ihre Brauchbarkeit überlebt. Die einseitige Haltung der orthodoxen *Opojaz*-Lehre war zum Hindernis für ein zukünftiges Wachstum der formalistischen Bewegung geworden.

Das soll nicht heißen, daß die Literaturtheorie der *Opojaz in toto* aufgegeben werden mußte. Wie wir im folgenden nachzuweisen versuchen werden, enthielten einige der formalistischen Grundsätze, wenn auch in überspitzter und unreifer Form, echte methodologische Einsichten. Um jedoch diesen gesunden Kern erhalten zu können, war es notwendig, die grundlegenden formalistischen Voraussetzungen zu überholen, das Falsche und Veraltete abzustoßen und das Haltbare neu zu formulieren.

Solch eine durchgreifende kritische Revision ließ sich jedoch nicht mittels behelfsmäßiger Konstruktionen erreichen, welche die Beziehung zwischen Künstler und Gesellschaft auf eine Soziologie der literarischen Produktion reduzierten. Erforderlich war ein kritisches System, das den zentralen literarischen Akzent aus dem frühen Formalismus rettete und das doch fähig war, die schöpferische Literatur mit anderen kulturellen Bereichen zu verbinden, ein System, das elastisch genug war, um den vielfältigen Aspekten eines literarischen Werks gerecht zu werden, und genügend auf das Ganze gerichtet, um die grundlegende Einheit der ästhetischen Struktur widerzuspiegeln. Gebraucht wurde eine Theorie der Dichtung, die sich gebührend mit der sinnlichen Erscheinung des poetischen Idioms – dem Hauptanliegen der frühen *Opojaz* – befaßte, die aber gleichzeitig alle notwendigen Schlüsse aus der unschätzbaren Arbeit zog, welche in der zweiten Periode des Formalismus für die Wechselbeziehungen zwischen Klang und Bedeutung geleistet worden war.

Dies war natürlich ein sehr schwieriges Unterfangen, das die besten Leistungen der besten kritischen Köpfe erforderte. Es setzte einen höheren Grad an methodologischer Schulung, ein schärferes Verständnis der dialektischen Spannung zwischen Literatur und Gesellschaft, eine gründlichere Vertrautheit mit »angrenzenden« Gebieten wie dem der Logik, Erkenntnis- und Sprachtheorie voraus, als sie Eichenbaum oder Šklovskij vorweisen konnten.

Diese Feststellung soll die Leistungen dieser außerordentlich fähigen Männer nicht verkleinern. Eichenbaum war ein vorzüglicher Kritiker und ein verdienstvoller Literaturwissenschaftler, ein Mann von seltener Gelehrsamkeit und Sensibi-

lität, der mit der russischen und westeuropäischen Literatur
gründlich vertraut war. Aber trotz seines ständigen Interesses
an theoretischen Problemen war Eichenbaum kein Methodologe
par excellence. Er war scharfer Einsichten fähig, solange es sich
um rein literarische Fragen handelte, seien es Probleme des
Versrhythmus [47] oder der erzählenden Dichtung [48]. Aber
seine Argumente waren oftmals außerordentlich blaß, um nicht
zu sagen geistlos, wenn er methodologische Probleme aufgriff,
die außerhalb des Bereichs der schöpferischen Literatur lagen,
wie z. B. den Zustand der Linguistik oder die Frage »philosophischer Vorurteile« [49].

Was Šklovskij betraf, so war er noch weniger für die Aufgabe geeignet, die formalistische Lehre zu untermauern oder
zu vertiefen. Diesem wendigen Unruhestifter des Formalismus
fehlte die Grundlage, das Temperament und die intellektuelle Disziplin, die diese mühsame Aufgabe erforderte. Seine
Ausrüstung war zu leicht, seine Terminologie zu lose, seine
Kenntnis der Linguistik und Philosophie zu oberflächlich.
Šklovskijs Belesenheit auf literarischem Gebiet war groß, aber
zu unsystematisch; Gelehrsamkeit war nie seine starke Seite.
Die meisten seiner kritischen Erfolge gingen eher auf brillante
»Eingebungen« als auf Tatsachenwissen zurück. G. Gukovskij,
einer seiner begabtesten Schüler, der sich gegen Ende der
zwanziger Jahre von der *Opojaz* löste, gab eine sehr richtige
Beschreibung Šklovskijs:

Die Wirkung der Schriften Šklovskijs lag nicht im Tatsachenmaterial. Er arbeitete stets intuitiv, versah sich leicht in den
Einzelheiten und konstruierte seine Theorien fern von allen
historischen Fakten. Aber keiner konnte an Šklovskij wegen
seiner tatsächlichen Fehler oder der Dürre an konkretem
Material herumkritteln. Beide Mängel wurden durch die
Konsequenz und Frische seiner Ansichten über Kunst auf-
gewogen. In seinen hitzigen und brillanten Formulierungen
verkörperte er die Sehnsüchte des russischen wissenschaftlichen und literarischen Denkens während der futuristischen
Ära mit einer Klarheit und Treffsicherheit, wie sie von kaum
einem seiner Zeitgenossen erreicht wurden [50].

Diese bewundernswert gerechte Darstellung der historischen

Rolle Šklovskijs, die sich in der sehr kritischen Besprechung einer seiner letzten Arbeiten findet [51], bezog sich auf die Frühzeit der *Opojaz*. In der Periode von »Kampf und Polemik«, als sich die neue Bewegung inmitten des literarischen Marktgetümmels durchzusetzen versuchte, waren Treffsicherheit der Formulierungen und Lautstärke der Stimme von ausschlaggebender Bedeutung. Später jedoch, als die eingängigen Schlagworte ausgewogeneren und streng logischen Begriffen Platz machen mußten, erwiesen sich »Eingebungen« als ungenügender Ersatz für eine gediegene wissenschaftliche Leistung. Šklovskijs Eigenheiten – seine Nonchalance bei der Anwendung von Begriffen, seine Freiheiten gegenüber Tatsachenmaterial – wurden jetzt zu einem erheblichen Hindernis.

Da Eichenbaum und Šklovskij einige Eigenschaften fehlten, die für eine konstruktive Erneuerung der ursprünglichen formalistischen Gedanken notwendig waren, blieben unter den Führern der *Opojaz* noch zwei Männer, die dieses Unternehmen unter günstigeren historischen Umständen hätten vielleicht mit größerem Erfolg durchführen können. Ich meine Tynjanov und Jakobson.

In Tynjanov, der mit einer ebenso geschmeidigen oder sensiblen kritischen Intelligenz ausgestattet war wie Eichenbaum, die aber noch durchdringender und schärfer war, verband sich ein wacher Sinn für literarische Werte mit einem klaren Verständnis methodologischer Probleme. Jakobson, ebensosehr Sprachtheoretiker wie scharfsinniger Kenner der Literatur, spielte zu der Zeit eine hervorragende Rolle bei der Revision des Begriffssystems der modernen Linguistik [52].

Bezeichnenderweise waren es Jakobson und Tynjanov, die den einzig ernsthaften, wenn auch verspäteten Versuch machten, einen Weg aus dem Engpaß herauszufinden, den die formalistische Bewegung erreicht hatte, und sie vor einem Versanden in extremem Empirismus zu bewahren. 1928 erschien in der Zeitschrift *Novyj Lef* eine gedrängte Darstellung der Beziehungen der Literaturwissenschaft zu angrenzenden Disziplinen, die von Jakobson und Tynjanov gemeinsam unterzeichnet war [53]. In einer Reihe mathematisch knapper Sätze wiesen die Verfasser den doktrinären Formalismus zurück, der den ästhetischen Bereich von anderen kulturellen Bereichen absonderte, und wandten sich ebenso gegen den mechanischen Kausalismus, der die innere Dynamik und die Besonderheit jedes einzelnen Bereichs leugnet. »Die Literaturgeschichte«, erklärten sie, »ist eng mit anderen historischen »Reihen« verbunden. Jede dieser Reihen wird durch besondere strukturelle Gesetze charakterisiert. Ohne eine Erforschung dieser Gesetze ist es unmöglich, die Verbindung zwischen den literarischen ›Reihen‹ und anderen kulturellen Phänomenen herzustellen. Es ist ein schwerer methodologischer Irrtum, das System der Systeme studieren zu wollen, wenn man die inneren Gesetze jedes individuellen Systems ignoriert« [54].

Diese Thesen Jakobsons und Tynjanovs wiesen auf eine Position hin oder deuteten sie an, die eine viel solidere theoretische Grundlage für den russischen Neo-Formalismus bieten könnte als die Bemühungen Eichenbaums oder Šklovskijs. Die Auffassung vom literarischen Prozeß als einem »System«, worin jede Komponente eine bestimmte »konstruktive Funktion« zu erfüllen hat, kam dem fruchtbaren Begriff der ästhetischen Struktur nahe, der in der tschechischen Fassung des Formalismus eine entscheidende Rolle spielen sollte [55]. Die Auffassung vom sozialen Gefüge als einem »System der Systeme« setzte das Postulat einer *Wechselbeziehung* zwischen verschiedenen Reihen voraus, die sich in sich selbst entwickeln, anstelle einer *Reduktion* der »sekundären« Data-Gruppen auf die »primären«. Der Geisteswissenschaftler sah sich so einer doppelten Aufgabe gegenüber: (a) festzustellen, auf welche Weise jedes der einzelnen Systeme funktioniert, d. h. er hatte ihre immanenten Gesetze zu erforschen; (b) das »transzendente« organisierende Prinzip oder das Wesen der Querverbindungen zwischen diesen Systemen zu bestimmen. Es handelte sich hier, wie Jakobson und Tynjanov deutlich machten, um zwei verschiedene, wenn auch eng voneinander abhängige Ebenen der Analyse, von denen der Literaturwissenschaftler eine nur auf eigene Gefahr ignorieren konnte.

Trotz dieser überzeugenden Ansätze konnte der Versuch, den russischen Formalismus im quasi-strukturalistischen Sinne umzubestimmen, den allmählichen Zerfall der formalistischen

Bewegung nicht aufhalten. Die schematischen Thesen der Erklärung Jakobsons und Tynjanovs wurden nie weiter ausgeführt [56]. Was sich möglicherweise zu einem russischen Strukturalismus hätte entwickeln können, blieb doch nur ein kurzlebiges Zwischenspiel.

Der kühne Versuch, die philosophische Unreife der *Opojaz* zu überwinden, war zu spät gekommen. Die Zeit zum Experimentieren mit nichtmarxistischen Konzeptionen war lang vorbei. Die sowjetische Kritik wurde »auf Vordermann« gebracht.

Das Ende der zwanziger Jahre war der Wendepunkt in der Geschichte der sowjetischen Literatur. Als der erste Fünf-Jahresplan anlief, waren die russische Literatur und Kritik zu Handlangern des »Sozialistischen Aufbaus« geworden. Die doktrinäre Literaturfraktion, die sogenannte RAPP (Russische Gesellschaft proletarischer Schriftsteller) wurde von der Partei ermächtigt, die sowjetische Kritik gleichzuschalten. Alle »unorthodoxen« Interpretationen der marxistischen Literaturauffassung, ob Voronskijs »Objektivismus« oder Pereverzevs »roher Soziologismus«, wurden skrupellos unterdrückt.

Wo schon marxistische »Abweichungen« auf solche Weise beseitigt wurden, konnte sich eine nicht-marxistische Häresie natürlich überhaupt nicht halten. Die Formalisten sahen sich wütenden Angriffen ausgesetzt. Die einzige Alternative, die ihnen blieb, war, zu schweigen oder »freimütig« ihre Irrtümer einzugestehen.

Paradoxerweise war es dem aggressivsten und scheinbar unnachgiebigsten der formalistischen Führer vorbehalten, den zweiten Weg einzuschlagen. Šklovskij war der erste, der öffentlich der *Opojaz*-Lehre abschwor.

Wer Šklovskijs Laufbahn genau verfolgt hatte, den konnte diese Entwicklung nicht allzu sehr überraschen. Dieses *enfant terrible* des Formalismus begann schon ziemlich früh seine Nerven zu verlieren. 1922, als ihm eine Haft für frühere politische »Sünden« drohte, floh er ins Ausland. Aber das Heimweh war auf die Dauer doch stärker als die Opposition gegen das Sowjetregime. In einem bizarren Buch, *Der Zoo, oder Briefe nicht über die Liebe* (1923) [57], das er kurz vor seiner Rückkehr nach Rußland schrieb, hatte er symbolisch vor den Macht-habern kapituliert. »Meine Jugend ist dahin«, sagte er resi-gniert, »und so auch meine Selbstsicherheit. Ich erhebe meine Hand und gebe auf« [58]. Als er sich jetzt aufs heftigste ange-griffen sah, »wiederholte er«, um den ihm feindlich gesinnten Kritiker Gorbačëv zu zitieren, »einfach das bereits im *Zoo* be-nutzte Mittel – und widerrief von neuem« [59].

Der »Widerruf«, auf den Gorbačëv anspielte, war der von Šklovskij im Januar 1930 in der *Literaturnaja gazeta* veröffent-lichte Artikel mit dem bezeichnenden Titel »Ein Denkmal für einen wissenschaftlichen Irrtum« [60]. Einiges darin war be-gründete und wahrscheinlich aufrichtige Selbstkritik [61], aber der allgemeine Ton der Erklärung und ihre Schlußfolgerungen scheinen den Stempel einer von außen herbeigeführten Kapitu-lation zu tragen.

Bei einem melancholischen Rückblick auf die formalistische Schule sah Šklovskij die Berechtigung einiger der gegen die *Opojaz* vorgebrachten Vorwürfe ein, versuchte aber dennoch, sie in etwas abgemilderter Form neu zu formulieren. Indem er den auf literarischem Gebiet ausgetragenen Klassenkampf igno-rierte, habe der Formalismus, wie Šklovskij traurig zugab, tat-sächlich einen schweren Irrtum begangen, da diese Haltung leicht zu einer »Neutralisierung bestimmter Frontabschnitte« führe [62]. Ebenso habe die formalistische Tendenz, den lite-rarischen Prozeß von den zugrunde liegenden sozialen Kräften zu trennen, auf einer falschen Auffassung beruht, auch wenn sie dadurch eine Zeitlang einem nützlichen Zweck gedient hätte [63].

Ja, fuhr Šklovskij fort, als ein vorübergehender Notbehelf mochte die Absonderung der literarischen »Reihe« vielleicht ein legitimes Verfahren gewesen sein. »Unser Irrtum«, schrieb er, »lag nicht in der Einführung dieser Arbeitstrennung (rabočee otdelenie), sondern in dem Versuch, sie ständig aufrechtzuer-halten« [64].

Dies solle nicht heißen, fuhr Šklovskij fort, daß die Forma-listen sich von ihrer Ausgangsposition nicht entfernt hätten. Er erkenne dankbar die Rolle Tynjanovs an, der die schein-bar statische Auffassung der literarischen Form durch eine dynamische Konzeption des literarischen Prozesses ersetzt hätte, wie auch beim Erkennen der Tatsache, daß das gleiche literarische Mittel in verschiedenen historischen Zusammenhängen verschiedene Funktionen erfüllen kann. Es braucht kaum gesagt zu werden, daß Šklovskij nicht vergaß, seinen eigenen Versuch einer Verbesserung der ursprünglichen formalistischen Position zu erwähnen. »Ich wollte nicht«, erklärte er, »als Denkmal meines eigenen Irrtums dastehen.« Daher seine Wendung von einer morphologischen Beschreibung literarischer Mittel zu historischen Untersuchungen mit stark soziologischer Betonung, wie z. B. *Material und Stile in ›Krieg und Frieden‹.*

Keine dieser Bemühungen konnte jedoch, laut Šklovskij, eine im Grunde genommen unhaltbare Position retten. »Was mich betrifft«, verkündete er feierlich, »ist der Formalismus eine Sache der Vergangenheit. Was vom Formalismus übrigblieb, ist die heute allgemein anerkannte Terminologie sowie eine Reihe von technologischen Beobachtungen« [65].

Vorbei war die Zeit, da Šklovskij noch von oben herab vom Marxismus als einem Werkzeug sprach, das man eines Tages vielleicht einmal brauchen könne, als er schrieb, der dialektische Materialismus sei »eine gute Sache für einen Soziologen, aber kein Ersatz für die Kenntnis der Mathematik der Astronomie« [66]. Jetzt war er bereit, die marxistische Dialektik als das Alpha und Omega der Literaturwissenschaft anzuerkennen. »Ein soziologischer Dilettantismus«, schrieb er im Schlußabsatz, »genügt einfach nicht. Es ist notwendig, eine tiefgreifende Untersuchung der marxistischen Methode in ihrer Ganzheit vorzunehmen« [67].

Die Implikationen dieser Äußerung waren unmißverständlich. Aber den offiziellen und halb-offiziellen Ultras war Šklovskijs bedingte Selbstwiderlegung nicht unterwürfig genug.

Der erste, der Šklovskijs Beichte angriff, war ein gewisser M. Gel'fand. Sein in *Presse und Revolution* veröffentlichter Artikel [68] war eine so wilde Schmähschrift, daß sich Lunačarskijs Ausfälle gegen die formalistische Dekadenz dagegen noch akademisch und milde ausnehmen.

Gel'fand fiel über den Anführer der Formalisten mit der Vehemenz eines Staatsanwalts her, der einen gefährlichen und geschickten Verbrecher entlarvt. Er bezeichnete Šklovskijs Erklärung als ein bösartiges Manöver, das darauf abziele, die sowjetische öffentliche Meinung zu betrügen und moralisch zu unterhöhlen. Jeder Versuch eines Kompromisses mit dem Formalismus, jedes Symptom von Milde gegenüber diesem immer noch aufsässigen Feind sei ein Verrat am Marxismus.

Für Gel'fand war Šklovskijs Selbstkritik nichts als eine versteckte Verteidigung. »Neutralisierung gewisser Frontabschnitte!« rief er aus. »Welch ein irreführender, euphemistischer Name für gemeinste, auf Befehl der Bourgoisie ausgeführte ideologische Sabotage« [69].

Gel'fands selbstgerechte Wut trübte anscheinend seine Denkfähigkeit. Seine Tiraden gipfelten in folgender logischer Monstrosität: »Die formalistische Philosophie . . . ist völlig falsch, weil sie gänzlich reaktionär ist, und sie ist reaktionär, weil sie völlig falsch ist« [70].

Wo Beschimpfungen anstelle einer Diskussion traten, war die einzig mögliche Folge der Schrei nach dem »intellektuellen« Lynchen des Feindes oder, wie Gel'fand es elegant ausdrückte, »die absolute Neutralisierung der Neutralisierer durch ein ideologisches Exekutionskommando« [71].

G. Gorbačëv war fast ebenso heftig [72]. Er verkündete erfreut den »Zerfall« der formalistischen Schule und berief sich auf den »Abfall einiger ihrer fähigsten Schüler«, vornehmlich G. Gukovskijs und des Romanschriftstellers V. Kaverin. »Die formalistische Schule«, schrieb er, »löst sich auf. Ihre begabteren Mitglieder werden sich einer gründlichen Umerziehung in der rauhen Anfängerschule des Marxismus unterziehen müssen . . . Sie werden nach einem ideologischen Canossa wandern müssen. Wir aber sollten, anstatt dem Beispiel des Papstes zu folgen und uns über den reuigen Gegner lustig zu machen, ihn zu Zwangsarbeit unter guter Überwachung verurteilen« [73].

Es ist allerdings Ironie, daß schon kurz darauf Gel'fand wie auch Gorbačëv als »Abtrünnige« gebrandmarkt werden sollten. Das Schwert der literarischen Inquisition, das diese beiden selbsternannten Ankläger des Formalismus so kräftig schwangen, traf auch sie selber.

Šklovskij machte den schwachen Versuch einer Entgegnung

[74]. Sie war im wesentlichen ein taktischer Rückzug, der von einer eindrucksvollen Zitatensammlung aus »Autoritäten« wie Labriola, Marx, Engels, Plechanov und Mehring gedeckt war (Šklovskij lernte recht schnell, sich der marxistisch-leninistischen Etikette zu bedienen!). Bei diesem Manöver gelangen ihm allerdings einige gültige methodologische Aussagen. Bei der Abwehr von Gel'fands soziologischer »Erklärung« des Formalismus beobachtete er richtig: »Auf jeden Fall legt die Genesis der formalistischen Bewegung nicht an sich schon deren soziale Funktion fest.« An anderer Stelle setzte er sich vorsichtig von einem groben ökonomischen Determinismus ab, indem er sich auf die Wechselwirkung zwischen der »Grundlage« und dem »Überbau« berief: »Nachdem sie erst einmal enstanden ist, kann die Literatur ihrerseits wieder einen gewissen Einfluß auf ökonomische Beziehungen ausüben« [75]. Aber die Gültigkeit des orthodoxen marxistischen Schemas wurde nicht mehr bezweifelt. Das Primat des ökonomischen Standpunkts wurde für gegeben hingenommen. Die von den Sprechern der *Opojaz* noch 1927 als »Metaphysik« kritisierte Formel von der »letzten Analyse« wurde jetzt von dem reuigen Formalisten angewandt: »In der letzten Analyse ist es der ökonomische Prozeß, der die literarische Reihe und das literarische System bestimmt und reorganisiert« [76].

Da nun der führende Feuerkopf der *Opojaz* den Formalismus als eine erledigte Angelegenheit erklärte, blieb den übrigen Formalisten keine andere Wahl, als sich in ihren eigenen Untergang zu fügen. Ganz gleich, was sie über Šklovskijs Erklärung denken mochten, es fehlte ihnen jegliche Gelegenheit, sich öffentlich davon zu distanzieren.

Vielleicht hatte Šklovskij den russischen Formalismus als kritisches Gedankengebäude zu früh begraben. Aber als eine organisierte Bewegung, als eine selbständige Schule innerhalb der russischen Literaturwissenschaft war der Formalismus Geschichte geworden.

KAPITEL VIII

NACHWIRKUNGEN

1

Der Untergang der formalistischen Schule hatte nicht zur Folge, daß ihre Wortführer von der literarischen Bühne verschwanden. Offensichtlich waren sie jedoch gezwungen, alles literarische Theoretisieren zu lassen, das von nun an ausschließliche Domäne des »Marxismus-Leninismus« war, und sich sichereren Arten der Aussage zuzuwenden. So gab Tynjanov die Literaturwissenschaft so gut wie vollkommen auf, um sich dem historischen Roman zu widmen – einer Gattung, in der er sich zuerst in der Mitte der zwanziger Jahre versucht hatte [1]. Šklovskij, nachdem er seinen eigenen Beitrag zur *Opojaz* öffentlich verworfen hatte, mußte sich nach anderen Gebieten für seine Tätigkeit umsehen, nach Dokumentarfilmen, Drehbüchern, Memoiren, Reportagen [2]. Auch Eichenbaum und Tomaševskij mieden seit 1930 alle methodologischen Probleme und beschränkten sich auf Textdeutungen, indem sie kritische Einleitungen und erläuternde Anmerkungen zu den neuen wissenschaftlichen Ausgaben Puškins, Lermontovs, Gogol's, Dostoevskijs und anderer Klassiker beitrugen [3].

In einer ähnlichen Lage befanden sich die quasi-Formalisten. Vinogradov gelang es, zu Beginn der dreißiger Jahre ein Werk theoretischen Inhalts zu veröffentlichen [4], aber auch er hat sich als Literaturwissenschaftler dann auf konkrete Untersuchungen über Stil und Sprache großer russischer Dichter, besonders Puškins, konzentriert [5]. Žirmunskij gab die Literaturtheorie auf und wandte sich historischen Forschungen auf dem Gebiet der deutschen Sprache und Literatur und später auch orientalischer Volkskunde zu [6].

Dieses sorgfältige Umgehen theoretischer Probleme schützte die früheren Mitglieder und Freunde der *Opojaz* nicht vor gelegentlichem Zorn von offizieller Seite. Im Verlauf einer 1947 vom Zaun gebrochenen heftigen Kampagne gegen den Führer der russischen »Komparatisten«, Aleksandr Veselovskij [7], wurden Žirmunskij, Tomaševskij und Eichenbaum zur Rede gestellt, weil sie Veselovskijs »bürgerlichen Kosmopolitismus«, d. h. das Vergleichen von russischer und abendländischer Literatur, fortgeführt hatten.

Die angegriffenen Wissenschaftler gaben sofort ihre Schuld zu. Žirmunskij, der 1940 eine anerkennende kritische Einführung zur neuen Auflage von Veselovskijs *Historischer Poetik* [8] geschrieben hatte, war ziemlich belastet, und er widerrief daher mit besonderem Nachdruck. Er ging so weit, Veselovskijs »Kosmopolitismus« mit den finsteren Machenschaften der »amerikanischen Imperialisten« in Zusammenhang zu bringen, und er dankte »der Partei, daß sie den rechten Weg für die Korrektur unserer Fehler aufgewiesen hatte« [9].

Was Eichenbaum betrifft, so war seine Verbindung zu der »reaktionären« Schule Veselovskijs nicht das einzige Vergehen, dessen man ihn während der kulturellen Säuberungsaktion bezichtigte, die durch A. Ždanovs jetzt berühmt gewordene Rede von 1946 über die literarischen Zeitschriften *Leningrad* und *Stern (Zvezda)* ausgelöst wurde. Anscheinend wurde Eichenbaum wegen seiner günstigen Reaktion auf neuere Gedichte der Anna Achmatova hart gerügt, einer der großen Dichterinnen Rußlands, die ihr langes Schweigen gebrochen hatte, aber sofort von Ždanov als »halb-Nonne, halb-Hurre« erledigt wurde. Auf einer Tagung des Leningrader Instituts für Literatur, die unter dem Schutz der Sowjetischen Akademie der Wissenschaften abgehalten wurde, bekannte sich Eichenbaum »politischer Naivität« schuldig: er habe angeblich nicht erkannt, daß Achmatovas Lyrik, vor allem das von Ždanov insbesondere angegriffene Gedicht über eine schwarze Katze, »tragische Obertöne« habe. Und diese können – so gab der alternde Gelehrte reumütig zu – keine Unterstützung finden zu einer Zeit, in der die sowjetische Gesellschaft sich mit der Bedrohung durch den anglo-amerikanischen Imperialismus auseinandersetzen müsse . . . [10].

Auch Eichenbaums Prüfungen waren noch nicht zu Ende. Im September 1949 brachte die *Zvezda* einen langen und verletzend ironischen Artikel von einem gewissen Papkovskij über »Der Formalismus und Eklektizismus des Professor Eichenbaum«. Es ist vielleicht kein Zufall, daß in den letzten vier oder fünf Jahren Eichenbaums Name unter den russischen Veröffentlichungen fehlt.

Aber obwohl die formalistische Lehre offiziell exkommuniziert und ihre Sprecher zum Schweigen oder, noch schlimmer, zur Selbstverleugnung gezwungen worden waren, wäre es falsch anzunehmen, daß die sowjetische Literaturwissenschaft nun keinerlei Spuren des Formalismus mehr zeige. Fünfzehn Jahre *Opojaz*-Forschung auf dem Gebiet der historischen und theoretischen Poetik konnten nicht einfach durch einen bürokratischen Machtspruch beseitigt werden. Die formalistische Literaturtheorie übte auf viele sowjetisch-marxistische Kritiker und Literaturforscher eine stärkere Wirkung aus, als sie hätten zugeben mögen oder auch nur wußten. Šklovskij hatte weitgehend recht, als er 1926 feststellte: »Sogar während unsere Theorien angegriffen werden, ist unsere Terminologie allgemein akzeptiert und ... unsere Irrtümer finden irgendwie ihren Weg in die Lehrbücher der Literaturgeschichte« [11].

Tatsächlich fanden einige Begriffe der formalistischen Poetik, besonders die, welche sich auf die Verskunst bezogen, in der sowjetischen kritischen Literatur weite Verbreitung. Ein gutes Beispiel sind die Schriften L. Timofeevs, der als eine der hervorragendsten sowjetischen Autoritäten der Prosodie gilt. Timofeev war ein harter und oft ungerechter Kritiker der formalistischen Auffassung von Verskunst. Und doch scheint er in seiner Terminologie und den methodologischen Voraussetzungen gelegentlich seine Stichworte der späten *Opojaz* zu entnehmen. Er spricht von »Klangwiederholungen« [12] und »interverbalen Pausen«, ein Begriff, der dem formalistischen Gedanken der »Wortgrenzen« [13] nah verwandt ist. Ferner fordert er eine Strukturanalyse der Lyrik, so als ob er Tynjanovs und Jakobsons Zergliederung der poetischen Sprache nachahme [14].

Ähnlich verhält es sich mit Ivan Vinogradov, dem Verfasser der Sammlung theoretischer Essays *Der Kampf um den Stil* (1937) [15]. Dieser ultra-orthodoxe Literaturtheoretiker, der kaum proformalistischer Sympathien angeklagt werden konnte [16], fühlte sich gezwungen, bei seiner Erörterung des Versrhythmus so ausgesprochene *Opojaz*-Anhänger wie Brik, Jakobson und Tynjanov wiederholt zu zitieren [17]. Offensichtlich konnte es sich Vinogradov nicht leisten, bei seinem Versuch der Darstellung eines zusammenhängenden Systems der marxistischen Poetik den formalistischen Beitrag zu ignorieren, um so mehr als er, wie er selber zugab, von den Größen seines eigenen Lagers nur wenig Hilfe empfing. Trotz seiner Achtung für V. Friče, einen der Pioniere marxistischer Kritik in Rußland, konnte Vinogradov eingestandenermaßen nur wenig mit dessen Versuchen anfangen, den freien Vers durch Hinweise auf den Rhythmus der kapitalistischen Städte zu »erklären« [18].

Ein anderes Beispiel formalistischen Einflusses wurde zehn Jahre früher von dem bekannten sowjetischen Kritiker V. Polonskij in seiner Polemik gegen G. Lelevič angeführt, einem der Hauptsprecher für die doktrinäre *Wachtposten*-Partei [19]. Polonskij wies mit sichtlicher Freude darauf hin, daß sich dieser marxistisch-leninistische Eiferer stark an Eichenbaums Untersuchung der Anna Achmatova [20] angelehnt hatte. Die Bedeutung dieser recht unerwarteten Anleihe wird durch die auch von Polonskij erwähnte Tatsache unterstrichen, daß Lelevič zu wortreichem Impressionismus neigte, wenn er auf dem Gebiet der formalen Analyse auf seine eigenen Mittel zurückgreifen mußte. Als er z. B. bei der Erörterung eines anderen zeitgenössischen Dichters, Doronin, die *Opojaz*-artige »Genauigkeit« und »technischen Einzelheiten« aufgab, fiel er auf zweifelhafte Metaphern wie »muntere Bächlein der Verse« und ähnliches zurück [21]. Gerade weil es diesem kraß ideologischen Kritiker an eigenem, der Formanalyse angemessenem begrifflichem Handwerkszeug fehlte, blieb ihm in den seltenen Augenblicken, wenn er bei der Beurteilung von Problemen des poetischen Stils »genau« sein wollte, kaum etwas anderes übrig, als zu dem formalistischen »Feind« überzulaufen.

Diese ganz wahllos angeführten Beispiele machen deutlich, daß kein marxistischer Literaturwissenschaftler, der sich mit Problemen der dichterischen Sprache beschäftigte, die von den Formalisten geleisteten bahnbrechenden Arbeiten übersehen konnte, ganz gleich, wie kritisch er auch der *Opojaz*-Weltanschauung gegenüberstehen mochte. Diese Tatsache wurde von

N. Bucharin in seiner 1934 vor dem Kongreß der sowjetischen Schriftsteller in Moskau gehaltenen, einsichtigen Rede über »Probleme der Poesie und Poetik« auch annähernd zugegeben [22]. Bucharin bestand auf einer klaren Unterscheidung zwischen dem »extremen Formalismus, der die Kunst aus ihrem gesellschaftlichen Zusammenhang reißt« und damit die Literaturwissenschaft zur Unfruchtbarkeit verdammt, und der »Formalanalyse, die nicht nur sehr nützlich, sondern jetzt, wo unsere Hauptaufgabe darin besteht, die Technik zu meistern (ovladet' technikoj), geradezu unentbehrlich ist«. In dieser Hinsicht, fügte Bucharin hinzu, »können wir sogar etwas von den Formalisten lernen, die sich systematisch mit diesen Problemen auseinandersetzten, während die marxistischen Literaturwissenschaftler sie fröhlich übergingen«.

Bucharins gerechte Beurteilung der *Opojaz* war natürlich für die offiziellen Äußerungen über den Formalismus in den dreißiger Jahren nicht typisch. Tonangebend waren jetzt Fanatiker von der Art Gel'fands und Gorbačevs oder Partei-Bürokraten, denen es an Bucharins Bildung und literarischem Wissen fehlte. Die rationale Polemik mußte intellektuellen Pogromen weichen.

Obgleich die formalistische Bewegung seit der Verdammung von 1930 keinerlei sichtbare Symptome des Wiederauflebens zeigte, wurde der Formalismus später noch zweimal das Ziel heftiger Angriffe von seiten der höchsten offiziellen Stellen. Der erste begann im Januar 1936, als die *Pravda* eine bösartige Anklage der »Formalisten und Ästheten« veröffentlichte. Dieser neue Angriff hatte jedoch wenig mit Kritik oder Literatur zu tun. Diesmal entdeckte man Spuren der formalistischen Häresie in der Musik, genauer, in einer neuen Oper von D. Šostakovič, der *Lady Macbeth vom Mcensk Distrikt.*

Der *Pravda*-Artikel, der einer 1948 abgegebenen Erklärung A. A. Ždanovs zufolge [23] »die Auffassung des Zentralkomitees über die Oper« ausdrückte, tadelte den Komponisten wegen seiner »kraß naturalistischen« Behandlung eines recht »angreifbaren« Themas [24] und wegen des »musikalischen Chaos«, das er anstelle der »klaren melodischen Linienführung« eines Čajkovskij (Tschaikowski) und Rimskij-Korsakov gesetzt habe. »Diese rohe, primitive und vulgäre Musik«, fuhr die offizielle Kritik fort, »kann nur Ästheten und Formalisten gefallen, die jeglichen gesunden Geschmack verloren haben« [25].

Dieses Zusammenwerfen von Formalismus und dem häufig als dessen Gegenteil aufgefaßten »krassen Naturalismus« mag einen mit Recht als Stück einer weithergeholten Rhetorik anmuten. Der Verfasser des *Pravda*-Artikels war jedoch offenbar nicht an kritischen Unterscheidungen interessiert. Die einzige Unterscheidung, auf die es hier ankam, war die zwischen dem »gesunden« Dogma des Sozialistischen Realismus und allen »ungesunden« ästhetischen Häresien. »Formalismus«, der selbst für Lunačarskij nach »Dekadenz« ausgesehen hatte, bot sich als eine bequemes Stigma für alle – egal, ob »rechten« oder »linken« – Abweichungen vom rechten Wege.

Die durch den Fall Šostakovič heraufbeschworene Attacke gegen den Formalismus von 1936 weitete sich bald auch auf andere Gebiete der sowjetischen Kultur aus. Der berühmte Direktor Meyerhold, der kühnste Erneuerer des russischen Theaters, mußte offenbar einen schweren Preis für seine »linksradikalen Experimente« zahlen, während in der literarischen Kritik die bolschewistische Wachsamkeit erneut gegen den besiegten, aber noch heimtückischen Feind aufgerufen wurde. Die Formalisten-Hetze von 1936/37 wurde jedoch nach Ausmaß und Heftigkeit durch die Attacke gegen den »bürgerlichen Formalismus« Ende der vierziger Jahre noch weit in den Schatten gestellt.

Seit Ždanovs Angriff gegen die unabhängigen Leningrader Schriftsteller und Kritiker vom Jahr 1946 [26] ist der Begriff »Formalismus« so oft und so unterschiedslos gebraucht worden, daß es immer schwieriger wird, seine genaue Bedeutung und Bezug auszumachen. Im Verlauf dieser Nachkriegsäußerungen auf kulturellem Gebiet wurde dieses Etikett den verschiedensten »Sündern« angehängt: (1) Literarhistorikern, die vergleichende Forschung betrieben (Žirmunskij, Tomaševskij, Šišmarëv und andere), (2) »dekadenten«, »ästhetisierenden« Dichtern – ob Achmatova oder Pasternak, Bagrickij oder Antokol'skij, (3) den führenden sowjetischen Komponisten – Šostakovič, Prokof'ev, Chačaturjan, alle der »formalistischen Verzerrungen und antidemokratischer Tendenzen« angeklagt [27],

(4) Malern und Architekten, die vom Wege des sowjetischen Neu-Akademismus, fälschlich »Sozialistischer Realismus« genannt, kamen.

Damit ist die Sache noch nicht erschöpft. Wenn man den sowjetischen Publizisten Glauben schenken will, so beschränkt sich die formalistische Häresie nicht auf die Künste oder die Kunstkritik; sie hat auch die Naturwissenschaften unterhöhlt. Der Verfasser eines 1949 in *Zvezda* veröffentlichten heftigen Ausfalls gegen »bürgerliche Strömungen in der sowjetischen Physik« [28] erklärte: »Ein rücksichtsloser Kampf gegen einen reaktionären Formalismus geht auf allen Gebieten unserer Kultur vor sich, in der Wissenschaft wie in der Kunst. Die Physik bildet keine Ausnahme.« Ja, der gepriesenen bolschewistischen Wachsamkeit gelang es sogar, reaktionäre Infiltrationen in der naturwissenschaftlichen Forschung aufzudecken. Die sowjetische Kernphysik fand man durch formalistische Bazillen verseucht, die unter der Maske einer weitverbreiteten Anhängerschaft an die Theorien von Nils Bohr eingedrungen waren.

Wenn man sich diese Maßregelungen vor Augen hält, dann muß man sich fragen, ob das Wort »Formalismus«, wie andere »ismen« des sowjetischen Journalismus, z. B. »Kosmopolitismus«, »Trotzkismus«, »Menševismus«, nicht zu einem bloßen Zensurbegriff herabgesunken ist oder, wie Hayakawa sagen würde, zu einem »sinnlosen Geräusch, das Mißbilligung ausdrückt« [29].

Diese Beispiele beweisen zur Genüge, daß das, was heute in der sowjetischen Presse als »Formalismus« gebrandmarkt wird, meistens nur eine ganz entfernte Beziehung zum echten Formalismus aufweist. Aber wenn die Bezeichnung auch immer skrupelloser gebraucht wurde, so war die Wahl des Sündenbocks doch nicht vollkommen zufällig.

Der Ersatz klar definierter Begriffe durch gefühlsgeladene Beiwörter macht es sehr schwierig zu bestimmen, worum es wirklich ging. Aber in dem Grade, in dem man den Dunst des offiziellen Jargons zu durchdringen vermag, kann man mit einiger Sicherheit annehmen, daß sich die kulturellen Verfolgungen der vierziger Jahre in der Sowjetunion gegen zwei eng miteinander verbundene Strömungen richteten: (a) gegen jedes Experimentieren mit dem Medium der Kunst, das bequem als »Pseudo-Erneuerung« abgestempelt wurde, und (b) gegen die Forderung schöpferischer Freiheit, fälschlich als Befürwortung reiner Kunst dargestellt.

Sicherlich kann man keine der beiden Tendenzen als ausschließliches Eigentum der Formalisten ansehen. Doch hatten sich beide nachdrücklich in kritischen Äußerungen niedergeschlagen, die von der formalistischen Bewegung ausgingen oder von ihr angeregt wurden.

2

Wie oben angedeutet [30], hatte die formalistische Bewegung von ihren ersten Anfängen an gemeinsame Sache mit der künstlerischen Avantgarde gemacht. In ihren frühen Schriften versuchten Sklovskij und Jakobson, die futuristischen Experimente zu allgemeinen Gesetzen der Poetik zu erheben. Andere Formalisten waren weniger parteiisch. Eichenbaum und Tynjanov hielten sich im großen und ganzen von besonderen Sympathiekundgebungen zurück. Man darf diese relative Zurückhaltung jedoch nicht als ein Sichfernhalten von der literarischen Szene ihrer Zeit mißverstehen. Eichenbaum sah die Aufgabe des Literaturwissenschaftlers als Kritiker [31] darin, dem Schriftsteller zu helfen, »den Willen der Geschichte zu entziffern«, »die [zu schaffende] Form mehr zu entdecken als zu erfinden« [32].

Welche Form war es nun, die »Geschichte« von dem russischen Schriftsteller der frühen zwanziger Jahre verlangte? Auf diese Frage hatten die Formalisten als geschlossene Gruppe keine positive Antwort. Sie waren sich jedoch einig, daß sie eine akute Krise in der russischen schöpferischen Literatur, besonders in der erzählenden Dichtung feststellten, sowie in dem Ruf nach einem radikalen Neubeginn. Šklovskij entlarvte mit Vergnügen das langweilige soziale Panorama Maxim Gor'kijs, *Das Leben des Klim Samgin*. Der altmodische russische Problemroman mit seiner so langsam fortschreitenden Selbstbetrachtung stehe in hoffnungsloser Diskrepanz zum Tempo der Revolutionszeit [33]. In einem Essay von 1924 sagte Tynjanov folgendes: »Der Roman befindet sich in einem Engpaß; was wir heute brauchen, ist ein Sinn für eine neue Gattung, d. h. ein Sinn für entscheidende Neuheit in der Literatur. Alles was jenseits bleibt, ist nur eine halbe Maßnahme« [34].

Man sah den Ausweg aus dem Engpaß einmal in der »Faktographie« (literatura fakta) oder besser, in halb-literarischen, halb-dokumentarischen Gattungen [35], dann wieder in dicht verwobenen Handlungen, in Farbe und Tempo des westlichen Abenteuerromans [36].

Es ist offensichtlich, daß in den formalistischen Stellungnahmen zur Literatur ihrer Gegenwart die Diagnose wichtiger war als das Rezept, der Wille nach Veränderung entscheidender und auch allgemeiner anerkannt, als der Einsatz für eine bestimmte Neuerung. Ganz gleich, worin Wesen oder Richtung der im Augenblick unterstützten literarischen »Umwälzung« bestand, die Betonung der formalistischen Kritik lag stets auf einer kühnen und in keiner Weise gehemmten Suche nach dem Neuen; ihr Kennwort war »Erfindungskraft« (izobretatel'stvo) [37].

Während das Beharren der Formalisten auf »entscheidender Neuheit« die Suche nach unorthodoxen und »schwierigen« Ausdrucksweisen förderte, bot ihre Betonung der Einzigartigkeit der Literatur als Kunst die theoretische Grundlage für einen zwar kurzlebigen, aber heftigen Feldzug gegen die politische Überwachung der Literatur.

Einige der bemerkenswerteren Äußerungen kamen von seiten der formalistischen Führer selber. In seinem Überblick über die russische Prosa der Gegenwart legte Tynjanov mit der ihm eigenen Schärfe die Sinnlosigkeit bürokratischer »sozialer Gebote« bloß: »Der russischen Literatur sind viele Aufgaben gestellt worden; aber alle umsonst. Man sage dem russischen Schriftsteller, er solle nach Indien segeln und er wird Amerika entdecken« [38].

In seiner gewagten Essaysammlung *Der Rösselsprung* (1923) [39] ließ Šklovskij eine ähnliche Warnung laut werden: »Kameraden der Revolution, Kameraden im Kampfe, laßt die Kunst frei, nicht um ihrer selbst willen, sondern weil wir das Unbekannte nicht bestimmen dürfen.« »Das größte Unglück der russischen Kunst ist«, fuhr er fort, »daß sie sich nicht organisch entwickeln darf wie der Herzschlag in der Menschenbrust, sondern daß man über sie bestimmt wie über die Fahrt von Zügen« [40].

In der *Dritten Fabrik* (1926) war Šklovskijs Haltung schon deutlich zwiespältiger. Offenbar war seine Unbeugsamkeit durch den wachsenden Druck von außen wie auch durch innere Ungewißheit hinsichtlich der »Zeitgemäßheit« der von ihm vertretenen Werte unterminiert worden. Das Ergebnis waren erregte, widerspruchsvolle Gedanken über die Grenzen der schöpferischen Freiheit und gelegentliche Versuche, die »Unfreiheit« im Sinne einer historischen Notwendigkeit zu rechtfertigen.

Die bohrenden Zweifel, die hier den Anfang vom Ende des kämpferischen Formalismus bezeichnen, fehlen völlig in der glühenden Anklage gegen den sozialen Utilitarismus, die einige Jahre vorher von einem der begabtesten Schüler Šklovskijs, Lev Lunc, ausging. Sein oft zitiertes Credo [41] wurde zum Manifest jener literarischen Vereinigung, die als die »Serapionsbrüder« bekannt wurde [42].

Es ist kein Zufall, daß diese kämpferische Äußerung – die beherzteste Verteidigung der schöpferischen Freiheit, die sich in den Annalen der sowjetischen Literatur findet – von einer literarischen Gruppe ausging, welche die Auswirkungen formalistischer Theorien stärker fühlte als jede andere Gruppe russischer Schriftsteller. Die beiden Hauptsprecher der »Serapionsbrüder«, Lev Lunc und Ilja Gruzdev, verbrachten ihre Lehrjahre in den literarischen Seminaren Šklovskijs und Tynjanovs. Einer der fähigsten und repräsentativsten Schriftsteller unter den Serapionsbrüdern, Benjamin Kaverin, betrieb literarische Forschungen unter Anleitung der *Opojaz* [43]. Schließlich war auch Šklovskij ein aktives und, laut einem neueren Zeugnis [44], einflußreiches Mitglied der »Brüderschaft«. So verwundert es nicht, daß Luncs Erklärungen oft den Äußerungen der formalistischen Anführer entsprechen.

Luncs Manifest ging von einem lebhaften Eintreten für die Mannigfaltigkeit in der Kunst aus: »Wir haben den Namen der Serapionsbrüder angenommen, weil wir keine Einheitlichkeit in der Kunst wollen. Jeder von uns rührt seine eigene Trommel ... Wir wollen keinerlei Utilitarismus. Wir schreiben nicht für Propagandazwecke ... Kunst ist wirklich, wie das Leben selber, und wie das Leben selber hat sie keine höhere Bedeutung oder Zwecke; sie existiert, weil sie nicht anders kann« [45].

»Wir haben uns«, fuhr Lunc fort, »in den Tagen der Revolution, in den Tagen mächtiger politischer Spannungen zusammengefunden. Wer nicht für uns ist, ist wider uns – wurde uns von der Rechten und der Linken gesagt. Für wen seid nun ihr, Serapionsbrüder? Für die Kommunisten oder wider die Kommunisten? Für die Revolution oder wider die Revolution? Wir sind für den Eremiten Serapion!« [46].

Lunc hatte anscheinend das Gefühl, daß seine Worte leicht als ein Bekenntnis zur radikalen Absonderung des Künstlers von aller Politik ausgelegt werden könnte, und so fügte er hinzu: »Das heißt – für niemanden? Intellektuelle Ästheten? Ohne Ideologie, ohne Überzeugung? Nein. Jeder von uns hat seine eigene Ideologie, jeder malt seine Hütte in seiner eigenen Farbe an. Wir alle zusammen jedoch, wir, die Brüderschaft, fordern nur dies Eine: daß die Stimme nicht falsch klinge ... Daß wir an das Werk glauben dürfen, welche Farbe auch immer es trage« [47].

Diese Stelle wird von den »leninistisch-stalinistischen« Fanatikern angelegentlich übersehen, die, wie A. A. Ždanov, über die »verderbliche a-politische Einstellung« der »Serapionsbrüder« herfielen [48]. Man braucht jedoch nicht notwendig mit Lunc übereinzustimmen, um zu erkennen, daß seine Position nicht mit der *l'art-pour-l'art*-Lehre vom Ende des neunzehnten Jahrhunderts identisch war. Lunc behauptete nicht, daß die Kunst über der Politik stehe; er bestand nur darauf, daß sie keinen engen, mit dem Metermaß der Partei gemessenen politischen Gesichtspunkten unterworfen werden dürfe. Was der Sprecher der »Brüderschaft« in seinem jugendlich überschäumenden Stil sagen wollte, war einfach dies: der Schriftsteller sollte nach seinen literarischen Leistungen und nicht nach seinen politischen Bindungen beurteilt werden – nach der Aufrichtigkeit und Integrität seiner künstlerischen Vision und nicht nach der »Zeitgemäßheit« seines Stoffes oder der Orthodoxie seiner »Botschaft«.

Es stimmt zwar, daß der Satz »die Kunst hat keine höhere Bedeutung oder Zwecke« der *l'art-pour-l'art-Theorie* gefährlich nahekommt. Daraus darf man jedoch keine vorschnellen Schlüsse ziehen. Lunc bestritt nicht, daß echte Kunst gesellschaftlich nützlichen Zwecken dienen könne. Er behauptete lediglich, daß ein literarisches Werk seine Existenz nicht durch unmittelbare gesellschaftliche Nützlichkeit zu rechtfertigen braucht, daß die Kunst die sozialen Zwecke, denen sie dienstbar gemacht wird, übersteigt.

In seinem aufschlußreichen und eindringlichen Aufsatz über »Die Serapionsbrüder« [49] wies W. Edgerton auf einige »logische Lücken« in Luncs Beweisführung hin. Tatsächlich kann es kaum bezweifelt werden, daß sich das Problem Künstler und Gesellschaft konstruktiver formulieren ließe, als das in Luncs abgehackten Aphorismen der Fall zu sein scheint. Das Manifest der »Serapionsbrüder« war im wesentlichen eine negative Erwiderung auf eine negative Herausforderung, insbesondere auf die Bedrohung durch ideologische Uniformität; es war mehr ein Schlachtruf als eine positive Darlegung von Prinzipien. Aber Kriegserklärungen lösen nur selten schwierige Probleme; sie dramatisieren höchstens die zur Diskussion stehenden Fragen.

Es sei noch erwähnt, daß die Vereinigung, für die Lunc die rationalen Grundlagen zu schaffen versuchte, kaum in der Lage war, ein abgerundetes literarisches Programm aufzustellen oder auszuführen. Diese heterogene Brüderschaft, in der sich M. Zoščenko, ein in der Tradition Gogol's, Leskovs und Remizovs stehender Satiriker, Seite an Seite mit dem extrem westlich eingestellten Lunc befand, einem begeisterten Schüler A. Dumas' und R. L. Stevensons, wo der »altmodische lyrische Realismus Fedins« [50] neben Kaverins E. Th. A. Hoffmannesken Grotesken zu finden war, glich eher einer Verteidigungsgemeinschaft als einer literarischen Schule. Kein gemeinsamer Glaube, ob politischer oder künstlerischer Art, brachte diese begabten und dem Widerspruch ergebenen Schriftsteller zusammen, sondern die gemeinsame Entschlossenheit, einen aussichtslosen

Kampf gegen den autoritären Druck zu führen und die Literatur als autonome Tätigkeit zu bewahren.

Indem er sich gegen das ständige Zunehmen bürokratischer Kontrollen der Literatur wandte, sprach Lunc für viele unabhängige Schriftsteller und Kritiker, weit über den Umkreis der »Serapionsbrüder« oder auch der formalistischen Schule hinaus. Aber sein störrischer Nonkonformismus war zweifellos ein organischer Bestandteil des formalistischen »Ethos« der frühen zwanziger Jahre. Dieser aufsässige und ruhelose Geist war es vor allem, den Ždanov und seine Genossen bei der Bekämpfung des ohnehin toten »Formalismus« auszutreiben versuchten . . .

Kapitel IX

NEUBESTIMMUNG DES FORMALISMUS

1

Während in der Sowjetunion der Formalismus in seiner Entwicklung so aufgehalten und ihm so nie eine Chance gegeben wurde, seine Schwächen zu überwinden, fanden einige der formalistischen Lehren ihren Weg in ein Nachbarland, das sich noch nicht dem »marxistisch-leninistischen« Dogma verschrieben hatte. Um die Mitte der zwanziger Jahre wurde die Tschechoslowakei ein lebendiger und tatkräftiger Mittelpunkt der Linguistik und Literaturwissenschaft. Diese intellektuelle Gärung wurde durch Anregungen aus Moskau und Leningrad sichtbar gefördert.

Besonders Roman Jakobson, der frühere Vorsitzende des Moskauer Linguistik-Kreises, der seit 1920 in Prag lebte, war dabei behilflich, die tschechischen Philologen mit den Methoden und Leistungen des russischen Formalismus vertraut zu machen. Dank Jakobson wurden die Kategorien der formalistischen Dichtungstheorie auf einige entscheidende und stark umstrittene Probleme der tschechischen Prosodie angewandt.

Durch seine Untersuchung *Über den tschechischen Vers* [1] (1923) gab Jakobson einer zu der Zeit unter den Prager Dichtern und Literaturwissenschaftlern ausgetragenen Debatte über den Rhythmus in der tschechischen Dichtung eine ganz neue Wendung. Die sogenannten *prízvučníci* [2] behaupteten unter der Führung des hervorragenden Metrikers J. Král, das einzige metrische System, das dem Geist der tschechischen Sprache entspreche, sei der qualitative Vers. Die entgegengesetzte Schule, die *iločasovci* [3], traten mit gleicher Überzeugung für die Quantität als einzig »natürliche« Grundlage der tschechischen Verskunst ein.

Der junge russische Linguist ging an das Problem in etwas anderem Sinne heran. Er wandte sich entschieden gegen die Argumente des ehrwürdigen Král und stellte fest, daß die quantitative Metrik vom linguistischen Standpunkt aus weit besser zu vertreten sei. Die prosodischen Elemente, so führte er aus, die in der gegebenen Sprache am ehesten eine »Rhythmusgrundlage« bilden, sind für gewöhnlich die »phonemisch relevanten«, d. h. sie dienen dazu, die Wortbedeutungen zu unterscheiden. Im Russischen, wo quantitative Unterschiede nur ein nebensächlicher Faktor und die Akzente frei sind, hat die Betonung phonemischen Wert angenommen. Im Tschechischen dagegen, wo der Akzent immer auf die erste Silbe fällt, dient mehr die Quantität als die Betonung zur Unterscheidung von Bedeutungen.

Und wie ist die Tatsache zu verstehen, fragte Jakobson, daß innerhalb von mehreren Perioden der Geschichte der tschechischen Lyrik das vorherrschende metrische System das betonte war? Der entscheidende Punkt ist, fuhr Jakobson fort, daß die Versifikation nicht mechanisch vom Klangmuster der Umgangssprache abgeleitet werden kann. Hinweise auf den »Geist« einer gegebenen Sprache, auf die »natürliche« Grundlage der Prosodie können das Problem nicht ganz lösen, da Dichtung immer das *artificium* voraussetzt – eine Reihe von unnachgiebigen ästhetischen Konventionen, die dem Wortmaterial auferlegt werden [4].

Jakobsons Herausforderung der Autorität Králs mochte einige Traditionalisten schockiert haben. Aber sein gründliches analytisches Vorgehen wurde von tschechischen Wissenschaftlern, die nach neuen Ideen, neuen Auffassungen der Sprache suchten, aufs höchste anerkannt.

Einer von ihnen war Wilhelm Mathesius, eine führende tschechische Autorität auf dem Gebiet der englischen Sprache. Als Schüler von Sweet und Jespersen empfand Mathesius zu Beginn der zwanziger Jahre das Ungenügen am extremen Historismus des neunzehnten Jahrhunderts aufs schärfste. Notwendig war seiner Ansicht nach mehr eine »horizontale als eine vertikale« Auffassung der Sprache. Wie er später bekannte [5], wurde seine eigene methodologische Neuorientierung durch den engen Kontakt mit einer Gruppe jüngerer Kollegen, vor allem mit Jakobson, beschleunigt.

In einem 1936 verfaßten Aufsatz erkannte Mathesius dankbar die wertvolle Hilfe an, die er in diesem Punkt von Jakobson erfahren habe. »Dieser vielseitige und ungewöhnlich intelligente junge Russe«, schrieb Mathesius, »brachte aus Moskau ein lebhaftes Interesse an eben den linguistischen Problemen mit, die mich am meisten beschäftigten. Er war für mich eine große Hilfe, weil er ein lebendiger Beweis dafür war, daß auch anderswo diese Probleme im Mittelpunkt der wissenschaftlichen Diskussion standen« [6].

Aus diesen zwanglosen methodologischen Diskussionen bildete sich eine Vereinigung, die bald zu einer entscheidenden Kraft in der europäischen Linguistik und Literaturwissenschaft wurde: der Prager Linguistik-Kreis.

Die erste Zusammenkunft des Kreises fand am 6. Oktober 1926 statt. Mathesius, der älteste der Gruppe, hatte den Vorsitz. Unter den Teilnehmern waren auch Roman Jakobson und drei andere junge tschechische Linguisten: B. Havránek, Jan Rypka und B. Trnka [7]. Bald darauf weitete sich der Kreis über den anfänglichen Kern hinaus aus. Zu den Gründern gesellten sich der schon früher erwähnte Pëtr Bogatyrëv [8], Dmitrij Čiževskij, der literarische Kritik mit Ideengeschichte vereinigte, Jan Mukařovský [9], ein linguistisch orientierter Literaturtheoretiker und Ästhetiker, N. S. Trubetzkoy, der hervorragende Slawist, und René Wellek, eine Autorität auf dem Gebiet der englischen und vergleichenden Literatur. Außerdem nahm Boris Tomaševskij an mehreren Zusammenkünften des Kreises teil.

Wie schon dieser unvollständigen Aufzählung zu entnehmen ist, spielten russische Gelehrte formalistischer oder annähernd formalistischer Schulung [10] eine bedeutende Rolle in dem Prager Kreis. In einem Aufsatz zum zehnten Jahrestag des Kreises [11] sprach Mathesius von der »Arbeitssymbiose« zwischen tschechischen und russischen Philologen. »Unsere geistige Begegnung mit den Russen«, schrieb Mathesius, »war zugleich anregend und stärkend; ich möchte ihnen heute einmal sagen, wie sehr wir ihren Beitrag schätzen.« »Wir waren jedoch«, fuhr Mathesius fort, »mehr als ihre Schüler. Bei unserer Zusammenarbeit erreichten wir einen hohen Grad an gegenseitiger Befruchtung, was eine Grundvoraussetzung für den Erfolg jedes gemeinsamen wissenschaftlichen Unternehmens ist« [12].

Mathesius traf das rechte, wenn er diese Zusammenarbeit eine »Arbeitssymbiose« nannte, die Trubetzkoy in der gleichen Ausgabe des *Slovo a slovesnost* als »eine gemeinsame Leistung von Forschern« bezeichnete, »die durch eine Einheit des methodologischen Ziels verbunden und von dem gleichen leitenden Prinzip inspiriert wurden«. Diese »Begegnung der Geister« zwischen den Russen und Tschechen beruhte auf dynamischer Wechselwirkung und hatte nichts mit mechanischer Nachahmung zu tun. Während die tschechischen Mitglieder des Kreises, von Mathesius angefangen, durch ihre russischen Kollegen »angeregt und gestärkt« wurden, gewannen die Russen viel durch die direkte Berührung mit der abendländischen Wissenschaft, wie sie in der intellektuellen Atmosphäre Prags geboten wurde. Für die meisten der russischen Formalisten wurde solcher Kontakt im Hinblick auf die zunehmende Isolierung der Sowjetunion so gut wie unerreichbar.

Ein weiterer anfänglicher Vorteil, den der Prager Linguistik-Kreis seinen Moskauer und Petersburger Vorgängern voraus hatte, hing mit dem bedeutenden Fortschritt zusammen, den die Sprachtheorie und Semiotik in dem Jahrzehnt von 1915/16 bis 1926 gemacht hatte.

Die Ausgangspunkte der Prager Gruppe und der russischen formalistischen Schule waren sehr ähnlich. Die methodologische Position beider Bewegungen war durch eine funktionelle anstatt genetische, oder, mit den Worten Mathesius', »eine horizontale anstatt vertikale« Sprachauffassung gekennzeichnet. Außerdem bot in beiden Fällen diese funktionelle Sprachauffassung eine gemeinsame Grundlage für Linguisten und für linguistisch orientierte Literaturwissenschaftler.

In der programmatischen Erklärung, die 1935 in der Zeitschrift des Prager Linguistik-Kreises *Slovo a slovesnost* veröffentlicht wurde [13], postulierten die Unterzeichner – B. Havránek, R. Jakobson, V. Mathesius, J. Mukařowský, B. Trnka – eine unlösliche Bindung zwischen der Sprach- und der Literaturwissenschaft. Die Beziehung zwischen der »ästhetischen Funktion der Sprache« und anderen Anwendungen der Sprache sah man als eines der interessantesten und schwierigsten Probleme der modernen Sprachwissenschaft an. Daraus erklärt sich die

Bedeutung der poetischen Sprache. »Nur die Dichtung«, heißt es in dem Manifest, »ermöglicht es uns, den Sprachakt in seiner Ganzheit zu erleben. Sie offenbart uns die Sprache nicht als ein fertiges statisches System, sondern als eine schöpferische Energie« [14].

Die von den slawischen Formalisten vorausgesetzte und praktizierte Verbindung zwischen Linguistik und Poetik erwies sich für beide Teile als günstig. Einerseits lehnten sich die Literaturwissenschaftler der Prager Vereinigung, wie ihre russischen Kollegen, in ihren Analysen von Prosodie und Stil stark an linguistische Kategorien an; auf der anderen Seite ergaben sich aus einigen der bedeutenderen »formalistischen« Versuntersuchungen Einsichten und Formulierungen, die wiederum für die allgemeine Sprachwissenschaft von entscheidender Bedeutung waren. So wurde die Idee der Phoneme, die einen Neubeginn in der Wissenschaft von den Sprachklängen bezeichnet, zum erstenmal in einer Abhandlung über vergleichende Metrik dargestellt oder vielmehr angedeutet.

Jakobsons Studie *Über den tschechischen Vers* brachte zum erstenmal die Unterscheidung zwischen »bedeutenden« und »unbedeutenden« prosodischen Elementen. Damit war, wie kürzlich festgestellt wurde [15], um fast ein Jahrzehnt ein Begriff vorweggenommen, der mit im Mittelpunkt der eigenen bahnbrechenden Phonemik-Studien Trubetzkoys und Jakobsons stand [16].

Obschon die enge Zusammenarbeit zwischen Linguistik und Poetik immer ein Hauptgrundsatz des slawischen Formalismus in seiner tschechischen Phase blieb, wurde doch die ursprüngliche Formulierung des Problems der Wechselwirkung zwischen diesen beiden Disziplinen abgeändert. Das Schlagwort des Moskauer Linguistik-Kreises, »Dichtung ist Sprache in ihrer ästhetischen Funktion« [17] wurde bedeutsam ergänzt.

Die tschechische Position war allerdings keine Rechtfertigung des Kampfes, wie ihn Žirmunskij und Eichenbaum gegen den »linguistischen Imperialismus« der Moskauer geführt hatten [18]. Die Sprecher des Prager Linguistik-Kreises änderten die frühe Formel Jakobsons aus anderen Gründen als jenen ab, auf die sich die Petersburger Literarhistoriker beriefen. Die

Gleichsetzung von Dichtung mit »Sprache in ihrer ästhetischen Funktion« wurde nun als ungenügend empfunden, nicht weil die Sprache, wie Žirmunskij ein wenig flach ausgeführt hatte, in einigen literarischen Werken sich ästhetisch neutral verhält, sondern weil die Literatur über die Sprache hinausgeht. Es wurde klar, daß einige Schichten eines literarischen Werks, wie z. B. Erzählstrukturen, sich auch auf nicht-wortgebundene Zeichensysteme, wie den Film, übertragen ließen.

Während der »heroischen« Periode des russischen Formalismus war die Wissenschaft von den Zeichen so gut wie nichtexistent. Ferdinand de Saussure war in seiner Annahme einer neuen Disziplin, der »Semasiologie«, eine Einzelerscheinung [19]. Aber um 1930 hatte diese neue Disziplin unter der Einwirkung der Arbeiten Ernst Cassirers und der logischen Positivisten [20] doch erhebliche Fortschritte gemacht. Die Theorie der Sprache wurde dem weiteren Rahmen einer Philosophie symbolischer Formen angepaßt, welche die Sprache zwar als das zentrale, aber nicht das einzig mögliche Zeichensystem betrachtete.

Die Literaturtheoretiker des Prager Linguistik-Kreises machten sich mit diesen Entwicklungen vertraut. Der begriffliche Rahmen des slawischen »Formalismus« hatte sich erweitert: für Mukařovský und nun auch für Jakobson war die Poetik mehr ein integraler Bestandteil der Semiotik als ein Zweig der Linguistik. »Alles am Kunstwerk sowie dessen Beziehung zur Welt . . . läßt sich auf Grund von Zeichen und Bedeutung erörtern. In diesem Sinne kann man die Ästhetik als einen Teil der modernen Wissenschaft von den Zeichen, der Semasiologie, ansehen« [21].

Es gelang den Prager Formalisten nicht nur, den methodologischen Irrtum zu vermeiden, ein literarisches Werk auf seine Wortschicht zu reduzieren, sondern sie umgingen auch einen anderen Fehler der frühen *Opojaz*, nämlich die Tendenz, die Literatur mit literarischer Ausschließlichkeit gleichzusetzen [22]. In seiner Einführung zur tschechischen Übersetzung von Šklovskijs *O teorii prozy* (Über die Theorie der Prosa) [23] pries Mukařovský den Scharfsinn der besten Einsichten des Autors, bedauerte aber das bewußte Ausschließen sogenannter außer-

literarischer Faktoren. Šklovskijs einseitige Beschäftigung mit
»Webtechniken« [24] minderte ungebührlich den Bereich der
literarischen Forschung.

Die Prager gaben den ästhetischen Isolationismus auf und
erweiterten das Gebiet der Literaturwissenschaft, um das literarische Werk in seiner Ganzheit zu erfassen. Dies bedeutete,
daß auch der ideologische oder gefühlsmäßige Gehalt des
Kunstwerks zum rechtmäßigen Gegenstand der kritischen Analyse erhoben wurde, vorausgesetzt, daß er als Bestandteil einer
ästhetischen Struktur aufgefaßt wurde. Der reine Formalismus
wich einem »Strukturalismus«, der um die Idee eines dynamisch
integrierten Ganzen kreiste, für das man die Begriffe »Struktur«
oder »System« einsetzte [25].

Dieser Schlüsselbegriff wurde auch zum Angelpunkt der von
dem Prager Linguistik-Kreis aufgestellten Sprachtheorie. Der
Strukturalismus wurde zum Schlachtruf der Prager auf den
internationalen Linguistik-Kongressen der späten zwanziger
und der dreißiger Jahre. Jakobson und Trubetzkoy führten im
Verein mit gleichgesinnten westeuropäischen Linguisten wie
Bally, Bröndal und Sechehaye einen erfolgreichen Kampf um
die Auffassung, daß die Sprache keine Anhäufung einzelner
Faktoren ist, sondern ein System, »ein zusammenhängendes
Ganzes, in dem alle Teile aufeinander einwirken« [26].

Es wäre falsch, anzunehmen, daß die »strukturalistische«
Literaturauffassung lediglich Sache der Anleihe eines Schlüsselbegriffs bei einer angrenzenden Disziplin sei. Wie Mukařovský
nachwies, war die Idee der »Struktur« ebensoweit in der
modernen Wahrnehmungspsychologie verbreitet, wie überhaupt in vielen anderen Zweigen der modernen Wissenschaft.
In einem Aufsatz von Ernst Cassirer heißt es, der »Strukturalismus« in der Linguistik sei »Ausdruck einer allgemeinen
Denktendenz, die in diesen letzten Jahrzehnten auf fast allen
Gebieten wissenschaftlicher Forschung mehr oder weniger in
den Vordergrund trat« [27].

Daß der Prager Kreis die literarische Forschung in einem
Begriff von so umfassender Anwendbarkeit verankerte, kennzeichnet seine Tendenz zu einem weiteren Rahmen, als ihn die
russischen Formalisten abgesteckt hatten. Jetzt wurde auch die

Frage nach dem Verhältnis von Wissenschaft und Philosophie neu gestellt. Man gab das instinktive Mißtrauen gegen »philosophische Vorurteile« [28] auf, das für die frühe *Opojaz* bezeichnend war. »Wissenschaftliche Strömungen«, schrieb Mukařovský, »die ein völliges Desinteresse an philosophischen Fragen vorspiegeln, geben ganz einfach jede bewußte Kontrolle über ihre Voraussetzungen auf« [29]. »Der Strukturalismus«, fuhr er fort, »ist weder eine Weltanschauung, die empirische Data vorwegnimmt und überschreitet, noch ist er lediglich eine Methode, das heißt, eine Reihe von Forschungstechniken, die sich nur auf ein Forschungsgebiet anwenden lassen; er ist vielmehr ein noetisches Prinzip, das sich heute in verschiedenen Disziplinen durchsetzt, in der Psychologie, Linguistik, Literaturwissenschaft, Kunsttheorie und -geschichte, Soziologie, Biologie etc.« [30].

Die strukturalistische Position schloß einen methodologischen Separatismus nicht nur bei der Definition des literarischen Objekts, sondern ebenso bei der Auffassung des literarischen Prozesses aus. Die von Jakobson und Tynjanov 1928 ausgearbeitete Idee einer sozialen Evolution als eines »Systems der Systeme« [31] wurde nun erhärtet und erweitert. Man sah jetzt die dichterische Leistung als ein Ergebnis des Ineinanderwirkens von Stil, Milieu und Persönlichkeit. Die Beziehung zwischen Kunst und Gesellschaft wurde als dialektische Spannung gedeutet.

Diese Auffassung von Literatur fand ihren reifsten Ausdruck in einer 1938 veröffentlichten Sammlung von Arbeiten über *Kern und Geheimnis von Máchas Werk* [32]. Čiževskij, Jakobson, Havránek, Mukařovský, Wellek und andere unterzogen das Erbe Máchas, des größten tschechischen Dichters der Romantik, einer genauen Untersuchung. Im Vergleich zu den Arbeiten der *Opojaz* zeugt diese Veröffentlichung von genauerem Eingehen auf soziale Gesichtspunkte und von einem intensiveren Interesse am »Ethos« der Literatur.

Die Einleitung zu dem Symposion nimmt Notiz von dem Wechsel im ästhetischen Klima, wie er vom Beginn der zwanziger bis in die Mitte der dreißiger Jahre eingetreten war. »Wieder wird, wie so oft zuvor, von der Kunst verlangt, ihre grundlegende Pflicht zu erfüllen – nämlich die Haltung des Menschen gegenüber der Realität zu antizipieren« [33].

Der Herausgeber von *Kern und Geheimnis von Máchas Werk* hob hervor, daß diese Wiederentdeckung der gesellschaftlichen Bedeutung der Kunst keine Absage an das für die moderne Kunst so typische Formbewußtsein sei oder sein solle. »Die Kunst kann«, fuhr er fort, »diese Aufgabe nur innerhalb ihrer eigenen Bedingungen erfüllen, d. h. indem sie von allen Komponenten ihres Mediums den vollsten Gebrauch macht« [34].

Das Hauptproblem des Symposions über Mácha wurde als das des »Verhältnisses zwischen dem semantischen Aspekt im Werk Máchas und den darin angewandten künstlerischen Mitteln« umschrieben [35]. Diese Betonung zeigt sich in den meisten der Einzelbeiträge. Mukařovskýs Untersuchung »Die Bedeutungsgenese in Máchas Lyrik« [36] kreiste um die »semantische Dynamik des Kontexts«, um des Dichters Gebrauch von Doppelsinn und Ironie, um das Schillern zwischen gewöhnlichen und bildhaften Wortbedeutungen und ähnliche Fragen. Čiževskij behandelte »Máchas Weltanschauung« und zerlegte diese sorgfältig in die Elemente solch verschiedener philosophischer Systeme wie Neuplatonismus, mittelalterliche Mystik, Hegelsche Dialektik und romantische Naturphilosophie. Tschiževskij war jedoch ein zu genau auf den dichterischen Zusammenhang bedachter Kritiker, als daß er sich mit einer bloßen Bestimmung der außerliterarischen Quellen von Máchas Weltanschauung und einer Übertragung von dessen dichterischer Vision in die Sprache der Philosophie hätte zufriedengeben können. Als echter Strukturalist untersuchte er die Anwendung, die diese heterogenen Ideen in Máchas Dichtung fanden. Das interessanteste Ergebnis dieser Untersuchung war eine Analogie zwischen philosophischen Antithesen, auf die sich das Begriffssystem im Werk Máchas stützte, und dem antithetischen Charakter seiner Bilder.

Während Čiževskij sich vom »semantischen Aspekt« der Dichtung zum »künstlerischen Mittel« hinarbeitete, ging Jakobson in umgekehrter Richtung vor. Sein Beitrag »Wege zu einer Beschreibung von Máchas Vers« war ein außerordentlich geistreicher Versuch, eine Wechselbeziehung zwischen den von

Mácha benutzten Metren und seiner Weltanschauung nachzuweisen.

In seinem Essay zur »Poetischen Sprache« wies Mukařovský
auf die methodologische Bedeutung von Jakobsons Darstellung
hin. Jakobson zeige in seiner Untersuchung, daß »Máchas
Raumgefühl in den im jambischen, für den tschechischen betonten Vers kanonischen, Metrum geschriebenen Gedichten ein
anderes war als in seinen trochäischen Versen. In Máchas Jamben erscheint der Raum als ein nach einer Seite gerichtetes Kon-
tinuum, das durch eine zurückweichende Bewegung vom
Beobachter nach dem Hintergrund zu hervorgebracht wird; in
seinen Trochäen nimmt er dagegen eine ruhelose, viellinige
Qualität an« [37]. »Nun ist der Rhythmus«, fuhr Mukařovský
fort, »im wesentlichen ein linguistisches Phänomen, da er von
der Anordnung der phonischen Schicht abhängig ist. Die
Raumwahrnehmung dagegen gehört zur Thematologie. So ist
die oben angeführte Untersuchung ein weiterer Beweis dafür,
daß die linguistische Analyse auf die verschiedenen Schichten
eines Dichtwerks angewandt werden kann.« »Der Gebrauch des
linguistischen Apparats«, fügte der tschechische Theoretiker
hinzu, »bedeutet hier mehr eine allgemeine methodologische
Orientierung – die Betonung des Mediums – als eine Begrenzung des Forschungsgebiets« [38].

Die Arbeiten Čiževskijs, Jakobsons und Mukařovskýs
über verschiedene Aspekte der Literaturtheorie und -geschichte
übten auf einige jüngere Linguisten und Literaturwissenschaftler eine tiefgehende Wirkung aus. Zu den begabtesten gehörten
Mikuláš Bakoš, Josef Hrabák und A. V. Isačenko [39].

Nach 1945 befand sich der Strukturalismus in Verteidigungs-
stellung; sein Einfluß war beträchtlich geschwächt. Zum Teil
erklärt sich dies aus der Tatsache, daß so aktive Mitglieder des
Prager Linguistik-Kreises wie Čiževskij und Jakobson die
Tschechoslowakei kurz vor 1939 verlassen hatten und im Ausland blieben. Aber die schwierige Lage der Prager Strukturalisten ging, wie die der russischen Formalisten in den Jahren
1929–1930, weit über das Individuelle hinaus. Die in der Tschechoslowakei der Nachkriegszeit vorherrschende intellektuelle
Atmosphäre konnte einer Strömung kaum günstig sein, die,

wenn nicht gerade anti-marxistisch, so doch weit von der offiziellen Form der marxistischen Methodologie entfernt war. Wie oben angedeutet, wurde der »Formalismus« 1946 zum Haupt-Prügelknaben der offiziellen sowjetischen Literaturstellen. Bei der starken Abhängigkeit Prags von Moskau geriet auch das tschechische Gegenstück zur *Opojaz* in eine immer schwierigere Position. Nach neueren Berichten gab Mukařowský, der einzige bedeutende noch in der Tschechoslowakei verbliebene Strukturalist, seinen anfänglichen Standpunkt auf und stellte seine erheblichen Verstandeskräfte in den Dienst der offiziellen Lehre.

2

Die Tschechoslowakei war nicht das einzige slawische Land, wo die Auswirkungen des russischen Formalismus zu spüren waren. Der formalistische Einfluß läßt sich auch in der polnischen Literaturwissenschaft erkennen, die sich in der Zeit zwischen den beiden Kriegen in wachsendem Maße der Mangelhaftigkeit ihrer methodologischen Voraussetzungen bewußt wurde.

Die Situation der polnischen Literaturwissenschaft in den zwanziger Jahren ähnelte der russischen kurz vor dem Beginn der formalistischen Bewegung. Die Kritik pendelte zwischen impressionistischer »Würdigung« im Stil des *fin de siècle* und einer rein ideologischen Literaturauffassung hin und her. Die akademische Literaturgeschichte wurde noch weitgehend von der fälschlich als »philologisch« und richtiger als kulturgeschichtlich zu bezeichnenden Methode beherrscht [40], einer Methode, die in mancher Hinsicht der Pypin-Skabičevskij-Schule glich [41]. Der Hauptunterschied zwischen den beiden Strömungen lag vielleicht in ihrer Ideologie. Während die Formel für die Skabičevskijsche Art der Kritik grob als Kulturgeschichte plus Liberalismus bezeichnet werden kann, wurde der zweite Bestandteil in der polnischen Version durch patriotische Lehrhaftigkeit ersetzt [42].

Einer der angesehensten Vertreter der »philologischen« Schule der polnischen Literaturwissenschaft definierte die »Literaturgeschichte als die Geschichte der Verkörperung nationaler Ideale in ihrer graduellen Evolution im Worte« [43]. Daraus ergab sich sehr leicht der Schluß, daß »der Literarhistoriker sich mit all den Werken befassen muß, in denen die nationalen Ideale starken Ausdruck finden« [44].

Die Tendenz, die Literaturwissenschaft mit Kulturgeschichte zu verwechseln, ging oft mit der gleichen Sorte »Biographismus« Hand in Hand, die sich um die Jahrhundertwende in der russischen Literaturwissenschaft so breit gemacht hatte. In Polen hatte diese Vorliebe für Biographisches häufig einen verteidigenden oder hagiographischen Beigeschmack. Das Interesse des Historikers an den wirklichen Erlebnissen des Dichters als einem angeblichen Schlüssel zu seinen Schöpfungen war hier oft mit einer fast religiösen Ehrfurcht vor den Reliquien der geistigen Führer einer umkämpften Nation vermischt. In umfangreichen und gelehrten Monographien über Polens große Romantiker – Mickiewicz, Slowacki und Krasiński – wurde dem »Leben« oft ebensoviel oder mehr Raum zubemessen wie dem »Werk«; Liebesgeschichten galten ebensoviel wie Liebesgedichte.

In den dreißiger Jahren wurde dann die Gültigkeit der traditionellen Methoden von verschiedenen Seiten her bezweifelt und angegriffen. Die polnische Literaturwissenschaft konnte sich nicht dem Zug zu einer inner-literarischen Betrachtungsweise verschließen, die in Westeuropa und den slawischen Ländern gleichzeitig an Boden gewann. Es wurde immer klarer, daß der Literaturwissenschaftler sich mit dem »Gehalt des literarischen Textes als einem gesonderten Bereich der menschlichen Realität« befassen solle [45]. Eine Reihe begabter Literaturwissenschaftler beschäftigte sich nun in systematischer Form mit den Problemen des Stils und der Komposition: Stanislaw Adamczewski, Waclaw Borowy, Juljan Krzyżanowski, Leon Piwiński, Wiktor Weintraub, Konstanty Wojciechowski, K. W. Zawodziński.

Die rationalen Richtlinien für eine strukturelle Literaturauffassung enthielt eine scharf durchdachte Abhandlung von Manfred Kridl, *Einführung in das Studium des literarischen Werkes* (1936) [46]. Professor Kridl, bis dahin ein bedeutender

Vertreter der kulturgeschichtlichen Schule, setzte sich nun von deren Eklektizismus ab und bemühte sich, den Bereich der Literaturwissenschaft zu begrenzen und ihren Gegenstand genauer zu definieren.

»Verwischt man die Grenzen zwischen den einzelnen Disziplinen«, stellte Kridl im Sinne Kants fest, »so bedeutet das nicht ihre Bereicherung, sondern ihre Verzerrung« [47]. Er zitierte auch beifällig Jakobsons sarkastische Bemerkungen [48] über die gleichmacherische Einschließlichkeit der traditionellen Literaturgeschichte.

Jakobson war nicht der einzige Theoretiker des russischen Formalismus, der in der gelehrten Untersuchung Kridls erschien. Bei der Erörterung von Grundfragen der Literaturtheorie, wie z. B. dem Unterschied zwischen poetischer und praktischer Sprache oder dem Verhältnis von Literatur und empirischer Realität, zitierte Kridl wiederholt die Untersuchungen Jakobsons, Šklovskijs und Žirmunskijs. Daß Kridl sich zu diesen Kritikern hingezogen fühlte, ging deutlich aus seinem Tribut an die »fruchtbaren Einsichten« der russischen Formalisten hervor. Der polnische Gelehrte beschrieb die formalistische Schule als eine »frische, dynamische Bewegung . . . , die sich einer Reihe begabter Forscher auf dem Gebiet der Literaturtheorie und Kritik rühmen konnte, denen nicht nur eine originale Auffassung literarischer Probleme, sondern auch eine gründliche Kenntnis der europäischen Literatur eignete« [49]. Auch wenn sie, fuhr Kridl fort, häufig über das Ziel hinausschossen, erscheinen diese Übertreibungen rückblickend doch durch die Ausblicke gerechtfertigt, die ihre bahnbrechende Leistung der Literaturwissenschaft eröffnet hat.

Trotz dieser freundlichen Einstellung zu den formalistischen »Exzessen« tat Kridl offensichtlich sein bestes, sie seinerseits zu vermeiden. Im großen und ganzen war seine Position der tschechischen strukturalistischen Fassung des slawischen Formalismus verwandter als dessen extremer russischer Form. Kridl selber bezeichnete seine Literaturauffassung als »ergozentrisch« oder »integral«. Der erste Begriff weist darauf hin, daß im Mittelpunkt der kritischen Analyse die literarische Schöpfung stehen solle anstatt der »zugrunde liegenden Faktoren«. Das

Adjektiv »integral« bezieht sich auf ein kritisches Schema, das allen Aspekten der Literatur gerecht würde, den »ästhetischen« wie auch den »außer-ästhetischen«, das aber beide innerhalb des Zusammenhangs des literarischen Werks untersucht [50].

Kridls Betonung des dichterischen Sprachgebrauchs, sein Interesse an Wort-Mitteln brachte ihn näher an die Linguistik heran, als das bei vielen seiner Kollegen der Fall war, für die die Literaturwissenschaft lediglich ein Zweig der Kulturgeschichte war. Dieser polnische »Formalist« neigte jedoch weniger als seine russischen oder tschechischen Gesinnungsgenossen dazu, seine Verteidigung der Autonomie der Literaturwissenschaft mit Hilfe rein linguistischer oder semasiologischer Begriffe zu formulieren. Kridls literarische Konzeptionen schienen fast ebenso stark auf die westeuropäische Ästhetik und Philosophie – auf Croce, Dessoir, Husserl und Kant – zurückzugehen wie auf die Poetik des slawischen Formalismus.

Es sei hier erwähnt, daß Husserls Phänomenologie, die in Rußland durch die Vermittlung von Gustav Špet [51] einen gewissen Einfluß auf das formalistische Denken ausgeübt hatte, in Polen den begrifflichen Rahmen für den bedeutenden Versuch einer »Ontologie« der literarischen Schöpfung abgab. In seinem schwierigen, aber lohnenden Werk, *Das literarische Kunstwerk* [52], versuchte Roman Ingarden, Professor an der Lwów Universität, die Husserlschen Kategorien auf eines der schwierigsten Probleme der Literaturtheorie anzuwenden – auf die Seinsweise eines literarischen Werks [53]. Wie noch erwähnt werden wird, kommen einige von Ingardens Ideen, besonders seine Bemerkungen über »Pseudo-Darlegungen« in der schöpferischen Literatur, formalistisch-strukturalistischen Äußerungen sehr nahe. Es wäre jedoch unbegründet, diese Berührungspunkte einer tatsächlichen Einwirkung des Formalismus auf den polnisch-deutschen Philosophen zuzuschreiben.

Kridls Arbeiten übten auf die jüngere Generation polnischer Literaturwissenschaftler einen beträchtlichen Einfluß aus. Die »integrale« Methode fand viele Anhänger unter den Studenten der Universität Wilno, wo Kridl polnische und vergleichende Literatur lehrte. Kridls Seminar über Poetik und die Methode der Literaturwissenschaft wurde in der Mitte der dreißiger Jahre zu einem wichtigen Zentrum für Forschungen über die Struktur literarischer Kunstwerke [54].

Einen weiteren Mittelpunkt bildete der Polnische Literaturkreis der Universität Warschau (Koło Polonistów Studentów Uniwersytetu Jósefa Piłsudskiego). Die begabtesten Mitglieder dieses Kreises waren Kazimierz Budzyk, Dawid Hopensztand, Franciszek Siedlecki, Stefan Żółkiewski. Zur Zeit der Gründung des Kreises waren sie alle Doktoranden an der Universität Warschau.

Die methodologischen Neigungen der Warschauer Gruppe gingen deutlich aus einem großangelegten Übersetzungsprojekt hervor, das darauf abzielte, die bedeutendsten, kurz zuvor in Westeuropa und Rußland veröffentlichten Arbeiten zur literarischen Theorie und kritischen Methodologie ins Polnische zu übertragen.

In dieser Reihe erhielten die Schriften russischer Formalisten und den Formalisten nahe Stehender eine bevorzugte Behandlung. Die erste von dem Warschauer Literaturkreis zur Übersetzung ausgewählte ausländische Arbeit war der bereits erwähnte Aufsatz von Žirmunskij »Die Ziele der Poetik« [55]. Die zweite Veröffentlichung des *Archivs der Übersetzungen*, die Problemen der Stilistik gewidmet war, enthielt zwei Untersuchungen von Viktor Vinogradov [56]. Die folgende Ausgabe sollte eine Auswahl aus Schriften russischer Formalisten, und zwar Eichenbaum, Jakobson, Šklovskij, Tomaševskij, Tynjanov und Žirmunskij, bringen [57]. Diese Veröffentlichung kam jedoch nicht zustande, da der Ausbruch des zweiten Weltkriegs der Tätigkeit des Kreises ein Ende setzte.

Auch die eigenen Arbeiten der Warschauer Gruppe standen stark unter dem Einfluß der Formalisten. Franciszek Siedlecki, ein glänzender Kenner der metrischen Dichtung, war sehr der *Opojaz* verpflichtet. Seine *Studien über polnische Metrik* [58] waren eine kluge Neuformulierung der von Brik, Jakobson und Tomaševskij entwickelten formalistischen Dichtungstheorie, wie auch eine ideenreiche Anwendung dieser Erkenntnisse auf die polnische Prosodie. Bei seiner Definition von Metrum und Rhythmus und seiner beredten Verteidigung der »Freiheit des polnischen Verses« [59] bediente sich Siedlecki eingehend der

Šklovskijschen Begriffe der »Disautomatisierung« und »Wahrnehmbarkeit« (oščutimost') [60].

Bei der Erörterung der umstrittenen Probleme des »freien« und des regelmäßigen Verses hielt es Siedlecki mehr mit den Hauptexponenten der *Opojaz* als mit deren gemäßigteren Freunden. Er kreuzte seine Waffen mit einem zwar ästhetisch denkenden, aber etwas eklektischen Metrikforscher, K. W. Zawodziński [61], der in der polnischen Kritik eine ähnliche Rolle spielte wie Žirmunskij in der russischen. Im Verlauf dieser Polemik bezweifelte Siedlecki die Echtheit von Zawodzińskis »Formalismus« auf Grund von Begriffen, die den von den orthodoxen russischen Formalisten im Hinblick auf Žirmunskij angewandten sehr ähnlich war [62]. Zawodziński sei, wie Siedlecki schreibt, »nur in dem Sinne ein Formalist, daß er sich lebhaft für die formalen Elemente einer Dichtung interessiert. Dies ist jedoch von dem echten Formalismus eines Šklovskij oder Jakobson sehr weit entfernt« [63].

Siedleckis Vorliebe für die reine, unvermischte Art des russischen Formalismus erklärt sich mehr aus der Freude des jungen Kritikers an scharfen theoretischen Formulierungen als aus ästhetischem Purismus. Die Warschauer Formalisten neigten ebensowenig zum Purismus wie die Prager Strukturalisten. Ihre Beschäftigung mit der poetischen Sprache wurde durch einen scharf ausgeprägten Sinn für die sozialen Gegebenheiten ergänzt. Kurz vor seinem frühen Tod deutete Siedlecki in einem Brief an Jakobson aus dem von den Deutschen besetzten Warschau die Notwendigkeit einer schöpferischen Synthese von Formalismus und Marxismus an. Hopensztand versuchte seinerseits in einem interessanten Aufsatz über den Stil eines modernen polnischen Romans eine genaue semantische Analyse mit Kategorien zu verbinden, die der Soziologie der Sprache entnommen waren [64].

Der Krieg brachte die Tätigkeit dieser dynamischen Gruppe zu jähem Stillstand und riß bald eine traurige Lücke in ihre Reihen. Ihre vielversprechendsten Mitglieder, Siedlecki und Hopensztand, kamen in dem von den Deutschen besetzten Gebiet um. Die meisten der Überlebenden stellten sich nach dem Krieg auf die Seite der offiziellen Kritik. Der sprachgewandte

Stefan Żółkiewski scheint einer der führenden Literartheoretiker des kommunistischen Polen zu sein. In seiner emsigen Kampagne für den »sozialistischen Realismus« hat sich Żółkiewski immer mehr von der kritischen und methodologischen Position der formalistisch-strukturalistischen Schule entfernt.

Neuere Zeugnisse scheinen darauf hinzudeuten, daß in Polen, wie in der Tschechoslowakei, der Formalismus – um Lunačarskijs Ausdruck zu benutzen – kein »Gemüse der Jahreszeit« mehr ist. Sein vielversprechendes Wachstum wurde von der gleichen Strömung beschnitten, die zwei Jahrzehnte vorher die Auflösung der *Opojaz* herbeigeführt oder zumindest sehr beschleunigt hatte. Der slawische Formalismus war offensichtlich ans Ende gekommen.

Aber wenn auch die formalistische Bewegung nicht mehr existiert, so ist doch noch das umfangreiche und anregende Erbe ihrer kritischen Schriften vorhanden. Das formalistische Erbe verlangt nach einer Zusammenfassung und Bewertung. Ein Versuch dazu soll in den folgenden Kapiteln unternommen werden.

TEIL II · LEHRE

KAPITEL X

GRUNDBEGRIFFE

1

Der russische Formalismus wurde häufig bloß als eine auf-
polierte Version der *l'art-pour-l'art*-Lehre vom Ende des neunzehnten Jahrhunderts beschrieben. Diese Auffassung ist jedoch
irreführend. Zunächst einmal ging es den russischen Formalisten nicht in erster Linie um das Wesen oder den Zweck der
Kunst. Als erklärte Verfechter des »Neo-Positivismus« versuchten sie sich von allen »philosophischen Vorurteilen« [1]
über die Beschaffenheit eines Kunstwerks freizuhalten. Mit
Spekulationen über Schönheit und das Absolute konnten sie
kaum etwas anfangen. Die formalistische Ästhetik war eine
beschreibende und keine metaphysische Lehre.

»Unsere Methode«, schrieb B. Eichenbaum in einer seiner
frühen Studien, »wird gewöhnlich als ›formalistisch‹ bezeichnet. Ich möchte sie lieber morphologisch nennen, um sie von
anderen Auffassungen wie der psychologischen, soziologischen
und dergleichen zu unterscheiden, wo der Gegenstand der Untersuchung nicht das Werk selber ist, sondern das, was sich
nach Ansicht des betreffenden Wissenschaftlers in dem Werk
spiegelt« [2].

»Morphologisch« war nicht der einzige Begriff, mit dessen
Hilfe die Formalisten [3] ihre methodologische Position zu
erklären versuchten. In einer Polemik gegen die orthodoxen
Marxisten [4] stellte Eichenbaum einmal fest: »Wir sind keine
›Formalisten‹, aber wenn Sie wollen, ›Spezifizierer‹ (specifika-
tory)« [5].

»Morphologische Methode«, »Spezifizierer« — diese aufschlußreichen Begriffe beleuchten zwei entscheidende und eng
miteinander verbundene Grundsätze des russischen Formalismus: (a) seine Betonung des »literarischen Werks« und seiner
Bestandteile, und (b) sein Beharren auf der Autonomie der
Literaturwissenschaft.

Die treibende Kraft hinter den formalistischen Theorien war

der Wunsch, der in der traditionellen Literaturwissenschaft vorherrschenden methodologischen Verwirrung ein Ende zu bereiten und die Literaturwissenschaft als ein gesondertes und integriertes Feld geistiger Betätigung zu systematisieren. Es sei höchste Zeit, meinten die Formalisten, daß die Literaturwissenschaft, die so lange ein geistiges Niemandsland war [6], endlich ihr Gebiet begrenze und unzweideutig ihren Forschungsbestand bestimme [7].

Genau dies nahmen sich nun die Formalisten vor. Sie gingen von der – heute weitgehend akzeptierten – Voraussetzung aus, daß sich der Literaturwissenschaftler mit den eigentlichen Werken der schöpferischen Literatur befassen solle, anstatt mit den, wie Sir Sydney Lee sagte, »äußeren Umständen, unter denen die Literatur hervorgebracht wird« [8]. Die Literatur, sagte Kridl, sollte als solche der Gegenstand der Literaturwissenschaft sein, und nicht ein Mittel zu irgendwelchen sachfremden Untersuchungen [9].

Aber den kämpferischen formalistischen »Spezifizierern« war das noch nicht spezifisch genug. Um die Literaturwissenschaft von zudringlichen angrenzenden Disziplinen wie der Psychologie, Soziologie und Kulturgeschichte freizumachen, erschien es notwendig, die Definition noch stärker einzuengen. »Der Gegenstand der Literaturwissenschaft«, schrieb Jakobson, »ist nicht die Literatur in ihrer Ganzheit, sondern die »Literaturhaftigkeit« (literaturnost'), nämlich das, was ein gegebenes Werk zu einem literarischen Werk macht« [10]. »Der Literaturwissenschaftler als Literaturwissenschaftler«, fügte Eichenbaum hinzu, »sollte sich ausschließlich mit der Erforschung der unterscheidenden Merkmale des literarischen Materials befassen« [11].

Dies wiederum enthielt die wichtigste und umstrittenste Einzelfrage der Literaturtheorie: was sind die Kennzeichen von Dichtung? Was ist das Wesen und die Sphäre der »Literaturhaftigkeit«? Der größte Teil der formalistischen theoretischen Äußerungen befaßt sich direkt oder indirekt mit diesem Problem.

Bei ihren Versuchen, diese entscheidenden Fragen zu beantworten, bemühten sich die Formalisten, alle traditionellen Antworten und vereinfachenden Lösungen zu vermeiden. Entsprechend ihrem tiefen Mißtrauen gegenüber der Psychologie waren sie allen Theorien abgeneigt, welche die entscheidenden Merkmale mehr im Dichter als im Gedicht suchten, indem sie sich auf eine der dichterischen Schöpfungen günstige »Geisteskraft« beriefen. Die formalistischen Theoretiker schoben ungeduldig alles Gerede über »Intuition«, »Einbildungskraft«, »Genius« und dergleichen beiseite. Der Ort der »Literaturhaftigkeit« konnte nicht in der Seele des Dichters oder des Lesers, sondern nur im Werk selber gesucht werden.

Aber ebensowenig wie die Formalisten Dichtung im Sinne zugrunde liegender psychologischer Vorgänge erklären wollten, suchten sie den Schlüssel zur »Literaturhaftigkeit« in der Erlebnisweise (oder -ebene), die im Werk verkörpert war. Mit der bekannten These, daß Poesie mit Gefühlen, Prosa mit Begriffen arbeite, konnten sie überhaupt nichts anfangen. Als Relativisten, die das proteushafte Wesen des »literarischen Faktums« scharf erkannten, hüteten sie sich davor, bestimmte Motive von vornherein für poetischer zu halten als andere. In seinem Essay »Was ist Dichtung?« wies Jakobson die Vorstellung von Themen, die an sich schon poetisch seien, als dogmatisch und veraltet zurück. Die fast unbeschränkte Vielfalt von Gegenständen, die sich in der Moderne einer poetischen Behandlung als zugänglich erwiesen hätten, strafte alle solchen einschränkenden Schemata Lügen: »Heute kann alles Material für ein Gedicht sein« [12].

Die relativistische Auffasung literarischer Phänomene, das Erkennen literarischer Veränderungen, das, mit den Worten Tynjanovs, alle »statischen Definitionen der Literatur« aufhebt [13], machte die russischen Formalisten vorsichtiger in bezug auf scharfe Trennungslinien zwischen Dichtung und Wirklichkeit, vorsichtiger, als das bei der ästhetischen Kritik für gewöhnlich der Fall ist. »Die Grenzen zwischen Literatur und Leben sind fließend«, schrieb Tynjanov [14]. Dieses Bewußtsein, verbunden mit einem gewissen Interesse an dokumentarischer Literatur, wie z. B. Reportage, Autobiographie und Tagebüchern [15], hielt die formalistischen Theoretiker davon ab, das rein Fiktive als eines der Hauptkennzeichen schöpferischer Literatur hervorzuheben [16].

Es ist klar, daß der Unterschied zwischen Literatur und Nicht-Literatur nicht im Inhalt, d. h. in der vom Schriftsteller behandelten Wirklichkeitssphäre, sondern in der Darstellungsweise zu suchen war. Aber bei der Auseinandersetzung mit diesem Problem sahen sich die Formalisten einer altehrwürdigen Auffassung gegenüber, die schon auf Aristoteles zurückgeht und in neuerer Zeit von so verschiedenen Kritikern wie Samuel Taylor Coleridge, Cecil Day Lewis, George Plechanov und Herbert Read vertreten wird. Ich meine die Theorie, die den Gebrauch von Bildern als das hervorstechende Merkmal der Dichtung proklamiert. Die Formalisten und Kritiker, die ihnen nahestanden, unterzogen diese Lehre einer eingehenden Kritik.

Gustav Špet, ein scharfsinniger Ästhetiker, der auf einige Formalisten großen Einfluß ausübte [17], bedauerte das leichtfertige Gerede über die »Lebendigkeit« des poetischen Bildes. Wenn man einem poetischen Bild malerische Qualitäten zuschreibe, so enthalte das ein Fehlurteil über das wahre Wesen der poetischen Sprache. »Ein Bild, das nicht auf der Leinwand erscheint«, schrieb Špet, »ist nur ein bildlicher Ausdruck, eine Redefigur; poetische Bilder sind Metaphern, Tropen, innere Formen. Die Psychologen leisteten der Poetik einen schlechten Dienst, als sie die innere Form als ein in erster Linie anschauliches Bild interpretierten.« »Ein anschauliches Bild«, fuhr Špet fort, »hindert die poetische Wahrnehmung ... Sich um die anschauliche Wahrnehmung von Puškins ›Denkmal, nicht von menschlichen Händen erbaut‹ (nerukotvornyi) oder seines ›flammenden Wortes‹, ja jedes Bildes, jedes Symbols, jener nicht anschaulichen, sondern fiktiven Formen zu bemühen, hieße sich um das Mißverständnis und die falsche Wahrnehmung der poetischen Sprache bemühen« [18].

In seiner Untersuchung der »Ziele der Poetik« vertrat Žirmunskij eine ähnliche Auffassung. Indem er sich auf den deutschen Literartheoretiker Th. Meyer bezog, warnte Žirmunskij davor, den sinnlichen Qualitäten poetischer Bilder zuviel Gewicht beizumessen [19]. Die durch Dichtung beschworenen anschaulichen Bilder sind vage und subjektiv, da sie weitgehend von der Sensibilität des einzelnen Lesers und dessen oft rein persönlichen Assoziationen abhängen [20]. Was die Lebendigkeit betrifft, fuhr Žirmunskij fort, d. h. die Intensität der sinnlichen Effekte, ist die Dichtung offensichtlich der Malerei unterlegen. Aber sie verfügt über den »ganzen Nexus der einer Sprache innewohnenden formal-logischen Beziehungen, die in keinem anderen Zweig der Kunst zum Ausdruck kommen können« [21].

Žirmunskijs abschließende Feststellung ist bezeichnend für die vorzugsweise Beschäftigung der Formalisten mit der Sprache: »Das Material der Poesie sind weder Bilder noch Gefühle, sondern Worte . . . Die Poesie ist Wortkunst« [22].

Indem Žirmunskij eine klare Unterscheidung zwischen der Literatur und den bildenden Künsten traf, verschob er die Diskussion mit Recht vom Problem der malerischen Darstellung auf das der poetischen »Diktion«. Dieses Bezugssystem schloß jedoch keineswegs eine Beschäftigung mit dem Bild aus. Sogar viele Verfechter der »Bilder«-Lehre, von Aristoteles bis zu J. L. Lowes, interpretierten das »Bild« in dem Sinne, in dem Špet es auffaßte, nämlich als ein *verbales* Phänomen. Sie sahen im Gebrauch der Trope, vor allem der Metapher, den Hauptunterschied zwischen poetischer und prosaischer Rede.

Die Formalisten waren jedoch nicht überzeugt. Tatsächlich war, wie schon erwähnt [23], der Ausgangspunkt von Šklovskijs programmatischem Essay »Kunst als Machen« ein geistreicher Angriff auf die Bilder-Lehre.

Den Gebrauch von Bildern als das Unterscheidungsmerkmal für Dichtung anzunehmen, so führte Šklovskij aus, heißt, sich zugleich eines zu weiten und zu engen Bezugssystems bedienen. Poetische Diktion und bildhafter Ausdruck, fuhr er fort, sind Dinge ganz verschiedener Ausdehnung. Einerseits ist der Bereich der bildhaften Rede viel weiter als der der Poesie, da »Tropen« auf verschiedenen Sprachebenen erscheinen, z. B. in bildhaften Ausdrücken der Umgangssprache oder in rhetorischen Figuren der Redekunst. Andererseits können, wie Jakobson nachgewiesen hat [24], einer Dichtung manchmal »Bilder« im üblichen Sinne fehlen, ohne daß es dadurch an Suggestionskraft verlieren würde. Nach Jakobson gibt dafür Puškins berühmtes Gedicht »Einst liebte ich dich« ein gutes Beispiel, das die beabsichtigte Wirkung erreicht – die einer wehmütigen

Resignation, hinter der sich eine noch schwelende Leidenschaft verbirgt –, ohne sich irgendeines Bildes zu bedienen. Die Wirkung dieses lyrischen Meisterwerkes beruht ausschließlich auf grammatischen Gegenüberstellungen und auf der Satzmelodie [25]. Es ist offenkundig, behaupteten die Formalisten, daß es so etwas wie ein nicht-bildliches Gedicht, wie auch ein nichtpoetisches Bild gibt.

»Der Dichter«, schrieb Šklovskij, »schafft keine Bilder; er findet sie [in der gewöhnlichen Sprache – V. E.] oder er ruft sie sich ins Gedächtnis zurück« [26]. Folglich sollte man die charakteristischen Merkmale von Dichtung nicht im bloßen Vorhandensein von Bildern sehen, sondern im Gebrauch, den man von ihnen macht.

Dies war die entscheidende und nützlichste Phase der formalistischen Auseinandersetzung. Šklovskij und Jakobson befanden sich letzten Endes auf sicherem Grund, wenn sie gegen eine Gleichsetzung der poetischen Sprache mit dem bildhaften Ausdruck protestierten, auch wenn sie in der Hitze des Gefechts etwas zu weit gingen, als sie die strategische Bedeutung der Metapher in Frage stellten [27]. Aber zweifellos errangen sie ihre gewichtigsten Pluspunkte, indem sie eine klare, funktionelle Unterscheidung zwischen dem poetischen und dem prosaischen Bild postulierten.

Šklovskij wandte sich überzeugend gegen die rationalistische Vorstellung des poetischen Bildes als eines erklärenden Mittels, einer geistigen »Abkürzung«. »Die Theorie ist vollkommen irrig«, schrieb er, »daß das ›Bild‹ immer einfacher sei als die Idee, für die es steht.« Wenn dies stimmte, fragte Šklovskij, wie könnte man dann Tjutčevs berühmtes Gleichnis erklären, in dem er Wolken mit »taubstummen Dämonen« (demony gluchonemye) vergleicht [28]?

Herbert Spencers Gesetz vom »Einsparen geistiger Energie«, das bei dilettantischen Ästhetikern so beliebt ist, läßt sich, so behauptete das Manifest der *Opojaz*, nicht auf Dichtung anwenden. Während in informierender »Prosa« eine Metapher darauf abzielen kann, den Gegenstand den Zuhörern näherzubringen oder eine Sache klarer zu machen, dient sie in der »Poesie« als ein Mittel, die beabsichtigte ästhetische Wirkung zu intensivieren. Das poetische Bild übersetzt nicht das Unbekannte in die Sprache des Bekannten, sondern »verfremdet« das Gewohnte, indem es in einen unerwarteten Zusammenhang gebracht und damit in einem neuen Licht gezeigt wird [29].

Šklovskijs Theorie der »Verfremdung« des dargestellten Gegenstandes verschob den Akzent vom poetischen Gebrauch des Bildes auf die Funktion der Dichtkunst. Die Trope wurde hier lediglich als *eines* der dem Dichter zur Verfügung stehenden Mittel gesehen, das beispielhaft für die allgemeine Tendenz der Dichtung, ja aller Kunst steht. Die Verlegung des Objekts in die »Sphäre neuer Wahrnehmung« [30], das heißt eine durch die Trope bewirkte »semantische Verschiebung«, wurde nun als das Hauptziel, als *raison d'être* der Dichtung verkündet.

»Menschen, die an der Küste leben«, schrieb Šklovskij, »gewöhnen sich so sehr an das Geräusch der Wellen, daß sie es nie hören. Genauso hören wir kaum je die von uns ausgesprochenen Worte ... Wir sehen einander an, aber wir sehen uns kaum noch. Unsere Wahrnehmung der Welt ist ausgezehrt; geblieben ist das bloße Erkennen« [31].

Gerade diesem unerbittlichen Zwang der Routine, der Gewohnheit, muß der Künstler entgegenwirken. Indem er das Objekt aus seinem gewohnten Zusammenhang reißt, indem er disparate Ideen zusammenbringt, gibt der Dichter den Wortklischees und abgedroschenen Redensarten den Gnadenstoß und zwingt uns, die Dinge und ihr sinnliches Gewebe mit einem wacheren Bewußtsein aufzunehmen. Der Akt schöpferischer Deformation verschafft unserer Wahrnehmung wieder die Schärfe, gibt der Welt um uns »Dichte«. »Dichte (faktura) ist das Hauptcharakteristikum dieser besonderen Welt ganz bewußt konstruierter Objekte, deren Ganzheit wir Kunst nennen« [32].

Als ob er damit beweisen wolle, daß das »Kunstmittel der Verfremdung« (priëm ostrannenija) nicht bloß ein Schlagwort der literarischen Avantgarde, sondern ein überall gegenwärtiges Prinzip der schöpferischen Literatur war, bezog Šklovskij seine aufschlußreichsten Beispiele von dem Meister des »realistischen« Romans, von Lev Tolstoj [33].

Tolstojs Werke sind, wie Šklovskij sehr fein beobachtete, überreich an Stellen, an denen der Autor die bekannten Gegenstände »zu erkennen sich weigert« und sie so beschreibt, als würde er sie zum erstenmal wahrnehmen. Wenn er in *Krieg und Frieden* eine Opernaufführung schildert, so bezeichnet er die Kulissen als »Stücke bemalter Pappe«, und in der Messe-Szene der *Auferstehung* benutzt er den prosaischen Ausdruck »kleine Stücke Brot« für die Hostie. Die gleiche Technik wird in größerem Umfang in Tolstojs Kurzgeschichte *Cholstomer*, einer Ich-Erzählung, angewandt, in der ein Pferd erzählt. Die gesellschaftlichen Sitten und Institutionen, wie sie am Beispiel des Pferdebesitzers und seiner Freunde gezeigt werden, sind hier aus dem Blickwinkel eines völligen Außenseiters, eines Tieres, dargestellt, das von der Wankelmütigkeit und Heuchelei der Menschen überrascht und entsetzt ist [34].

Daß in den hier angeführten Beispielen die »Verfremdung« zu einem Vehikel sozialer Kritik wurde, jener typisch Tolstojschen Ablehnung der Zivilisation zugunsten der »Natur«, trifft mit Šklovskijs Argumentation nur zufällig zusammen. Es geht ihm hier nicht um die ideologischen Folgerungen dieses Kunstmittels. Ihn interessiert nur Tolstojs Ablehnung des Klischees – das Ausmerzen der »großen Worte«, der technischen Ausdrücke, wie sie gewöhnlich die Beschreibung einer Theateraufführung, einer Messe oder von Privateigentum hervorbringt, zugunsten eines grundlegenden, »naiven« Wortschatzes.

Auf den ersten Blick mag es merkwürdig erscheinen, daß ein Verfechter ästhetischer Verfeinerung Hilfe und Trost von Tolstojscher »Einfachheit« empfangen könne. In Wirklichkeit war hier jedoch kein Widerspruch gegeben. »Verfremdung« bedeutete nicht notwendig, das Einfache durch das Verfeinerte zu ersetzen; es konnte ebenso gut das Umgekehrte meinen, nämlich die Verwendung des profanen oder naturhaften Ausdrucks anstelle des gelehrten oder vornehmen, vorausgesetzt, daß letzterer jeweils für den allgemeinen Sprachgebrauch stand. Nicht auf die Richtung der »semantischen Verschiebung« kam es an, sondern einfach auf die Tatsache, daß eine solche Verschiebung stattgefunden hatte, daß man von der Norm abgewichen war. Eben diese Abweichung ist es, behauptete Šklovskij, diese

»Differenzqualität« [35], die den Kern ästhetischer Wahrnehmung ausmacht.

Der Bedeutungswandel, wie er einer Metapher eigen ist, ist laut Šklovskij nur eines der Kunstmittel, wodurch diese ästhetische Wirkung erreicht werden kann, nur eine der Möglichkeiten, ein »wahrnehmbares« und »dichtes« Universum aufzubauen. Ein weiterer, entscheidender Aspekt der »bewußt gehemmten Form« (zatrudnënnaja forma) ist der Rhythmus – eine Reihe von Kunstgriffen, die der gewöhnlichen Rede aufgezwungen werden. Das Schreiben von Versen, behauptete Šklovskij, ist ein Seiltanz mit Worten, ein »Tanz der artikulierenden Organe« [36]. Des Dichters »verdrehte«, verschrobene Redeweise hindert die Kommunikation und zwingt den Leser, sich mit der Welt in einer anstrengenderen und daher lohnenderen Weise auseinanderzusetzen.

In der Auseinandersetzung mit Šklovskijs Gegenüberstellung von »Automatisierung« und »Wahrnehmbarkeit« warf Medvedev, einer der marxistischen Gegner Šklovskijs, dem Sprecher der Formalisten vor, er habe sich vom Weg der objektiven Analyse entfernt und sich in den »psychophysiologischen Bedingungen ästhetischer Wahrnehmung« verloren [37]. Auch wenn man von dem vollkommen falsch angewandten Adjektiv »physiologisch« absieht, erscheint Medvedevs Vorwurf als unberechtigt. Literarische Werke sind erkennbare Objekte, die sich nur der individuellen Erfahrung erschließen. Folglich gehört auch der Mechanismus der ästhetischen Reaktion zum rechtmäßigen Interesse eines »objektivistischen« Kunsttheoretikers, vorausgesetzt, daß die Betonung nicht auf die rein persönlichen Assoziationen des einzelnen Lesers gelegt wird, sondern auf die dem Kunstwerk innewohnenden Qualitäten, die imstande sind, einen gewissen »intersubjektiven« Widerhall hervorzurufen.

Aber während der Vorwurf einer psychologischen »Abweichung« wohl kaum gerechtfertigt war, könnte man überzeugend nachweisen, das Šklovskij trotz seinem beschreibenden Ausgangspunkt zu einer Definition der Dichtung gelangte, bei der nicht die Frage nach ihrem Sein, sondern nach ihrer Funktion im Mittelpunkt stand [38]. Die formalistische Theorie erwies sich mehr als eine neue »Verteidigung der Dichtung« denn als eine

Definition der »Literaturhaftigkeit«. Außerdem mag hier angemerkt werden, ohne daß die Gültigkeit der Formulierungen von Šklovskij geschmälert werden soll, daß seine Auffassung der Kunst als eine Wiederentdeckung der Welt letzten Endes mehr mit traditionellen oder populären Anschauungen gemeinsam hatte, als der formalistische Kritiker je gern zugegeben hätte [39]. Wie Wellek und Warren gezeigt haben, war das Kriterium der »Fremdheit« alles andere als neu. Schon Aristoteles wußte, daß eine vollkommene poetische »Diktion« ohne »ungewöhnliche Worte« nicht auskommt [40]. In neuerer Zeit erklärten romantische Ästhetiker, mit Coleridge und Wordsworth, »das Gefühl der Neuheit und Frische« zu einem der Kennzeichen echter Dichtung [41]. Ähnlich ist für die Surrealisten die Kunst letztlich eine »Wiedergeburt des Wunders«, »ein Akt der Erneuerung« [42]. Besonders diese letzte Analogie ist beachtlich. In einem 1926 verfaßten Essay [43] beschrieb Jean Cocteau, einer der führenden Dichter und Kritiker des französischen Surrealismus, die Bedeutung der Kunst in einem mit den Äußerungen Šklovskijs fast identischen Sinne.

»Plötzlich«, schrieb Cocteau, »wie von einem Blitzstrahl erhellt, *sehen* wir den Hund, den Wagen, das Haus zum erstenmal. Kurz darauf radiert die Gewohnheit dies trächtige Bild wieder aus. Wir streicheln den Hund, wir rufen nach dem Wagen, wir leben in einem Haus; wir sehen sie nicht mehr.«

»Eben dies«, fuhr Cocteau fort, »ist die Rolle der Dichtung. Sie nimmt den Schleier fort, im vollsten Sinne des Wortes [44]. Sie enthüllt . . . die erstaunlichen Dinge, die uns umgeben und die unsere Sinne für gewöhnlich nur mechanisch registrieren. Nimm dir einen Gemeinplatz, säubere ihn, putze ihn, beleuchte ihn in einer Weise, daß er uns alle durch seine Jugend und Frische, durch seine uranfängliche Kraft überrascht, und du wirst die Arbeit eines Dichters geleistet haben. *Tout le reste est littérature*« [45].

Die auffallende Ähnlichkeit der beiden Äußerungen geht nicht etwa auf einen Einfluß Šklovskijs auf Cocteau zurück. Es besteht kein Grund anzunehmen, daß Cocteau überhaupt mit den Schriften des *Opojaz*-Theoretikers bekannt war. Und doch ist diese annähernde Gleichheit der Formulierungen nicht bloß eine Übereinstimmung der Ansichten zweier Essayisten, die begeistert und phantasievoll über Poesie schrieben. Es ist gewiß kein Zufall, daß eine Äußerung, die zeitweise wie eine französische Übertragung des *Opojaz*-Manifests klingt, aus der Feder eines Mannes stammt, der, wie Šklovskij, ein Sprecher der literarischen Avantgarde war.

Man darf nicht vergessen, daß Šklovskijs improvisierte Kunstphilosophie ein Päan für die russische futuristische Bewegung wie auch ein Beitrag zur Literaturtheorie war. Aus eben dieser unzweideutigen ästhetischen Bindung – die bei Šklovskij stärker als bei jedem der anderen führenden Formalisten zum Ausdruck kam – erklärt sich der Grundton dieses geistreichen Essays: die etwas unerwartete Beschäftigung mit dem Zweck der Dichtung und dem therapeutischen Wert der schöpferischen Deformation. Jede Dichtschule, gleichgültig wie wenig Interesse am »Leben« sie zu haben vorgibt, fühlt sich in ihrer Werbung um eine Leserschaft dazu gezwungen, für sich selber wie auch für die Dichtkunst eine einzigartig wirkungsvolle Behandlungsweise der Realität zu beanspruchen.

2

Šklovskijs geistreiche Verteidigung der Dichtung hatte erheblichen Einfluß auf nachfolgende formalistische Theorien. Seine Schlüsselbegriffe, wie »Verfremdung«, »Automatisierung«, »Wahrnehmbarkeit«, fanden in den Schriften der russischen Formalisten weite Verbreitung. Im großen und ganzen war aber Šklovskijs Argumentation typischer für den Formalismus als Rationalisierung dichterischer Experimente denn als systematische Methodologie der Literaturwissenschaft. Das Bemühen der Formalisten, grundlegende Probleme der Literaturtheorie in enger Verbindung mit der modernen Linguistik und Semiotik zu lösen, fand ihren bündigsten Ausdruck in den Arbeiten von Roman Jakobson.

»Es ist die Funktion der Dichtung«, schrieb Jakobson 1933 [46], »aufzuweisen, daß das Zeichen nicht identisch mit seinem Bezugsgegenstand ist. Warum brauchen wir diesen Hinweis?« »Weil wir«, fuhr Jakobson fort, »zusammen mit dem Wissen von der Identität von Zeichen und Bezugsgegenstand (A gleich A1) das Bewußtsein von der Unzulänglichkeit dieser Identität (A ist nicht gleich A1) brauchen; diese Antinomie ist wesentlich, denn ohne sie wird die Verbindung zwischen Zeichen und Gegenstand automatisiert und die Wahrnehmung der Realität verflüchtigt sich« [47].

Jakobsons prägnant abstrakte Bestimmung der poetischen Qualität (›básnickost‹) kam in vieler Hinsicht dem Lobpreis der Dichtung von Šklovskij sehr nahe. Beide Kritiker schrieben der Dichtung zu, daß sie unsere geistige Gesundheit fördere, indem sie der gefährlichen Tendenz zur »Automatisierung« unserer Reaktionen entgegenwirke. Aber Jakobsons Akzente sind ein wenig anders als die von Šklovskij. Für Jakobson liegt das unmittelbar kritische Problem nicht in der Wechselbeziehung zwischen dem wahrnehmenden Subjekt und dem wahrgenommenen Objekt, sondern im Verhältnis von »Zeichen« und »Bezugsgegenstand«; nicht in der Haltung des Lesers gegenüber der Wirklichkeit, sondern in der Einstellung des Dichters zur Sprache.

Jakobson sah, im Verein mit den meisten formalistischen Theoretikern, die Bestimmung der »Literaturhaftigkeit« in der Art und Weise, in der der Dichter sein Medium benutzt. Mit anderen Worten, die Aufgabe, die unterscheidenden Merkmale der Dichtung zu bestimmen, lief nun im Grund auf eine Abgrenzung der »poetischen Sprache« von anderen Sprechweisen hinaus.

Schon die ersten formalistischen Manifeste unterschieden zwischen poetischer Sprache und »praktischer« oder informierender Sprache [48]. Man bestimmte die letztere als ästhetisch neutral, amorph, während Dichtung als eine Sprechweise beschrieben wurde, die um einer ästhetischen Wirkung willen durch und durch organisiert ist. In der mitteilenden Sprache, so wurde bewiesen, schenkt man dem Klang oder dem Gewebe des »Wortzeichens« keine Bedeutung. In der gewöhnlichen und mehr noch in der wissenschaftlichen Sprache ist das Wort lediglich eine körperlose Bezeichnung, eine bloße Etikette. In der Dichtung, besonders im Vers, werden Sprachklänge sehr bewußt angewandt. Das für die dichterische Sprache charakteristische Spiel mit Worten legt das phonetische Gefüge des Wortes bloß [49].

Die früheren formalistischen Schriften neigten dazu, das Problem zu verwirren, indem sie die Dichotomie der poetischen und der »praktischen« Sprache mit der Unterscheidung der Semantiker zwischen verstandesmäßigem und gefühlsmäßigem Sprachgebrauch auf eine Stufe stellten [50]. Es war offensichtlich eine Konzession an die populäre gefühlsbetonte Dichtungstheorie, daß die *Opojaz*-Kritiker von der poetischen Sprache als einer alogischen oder expressiven Mitteilungsweise sprachen. In seinem Essay »Über Poesie und sinnüberschreitende Sprache« stellte Šklovskij Interjektionen, gefühlsgeladene Archaismen und klangliche Mittel wie die Alliteration in eine Linie [51]. Jakubinskij zitierte beifällig die Theorie von der potentiellen Ausdruckskraft von Phonemen, deren Autor Maurice Grammont die Klangmuster des französischen Verses vom Standpunkt der gefühlsmäßigen Färbung einzelner Vokale und Konsonanten zu analysieren versuchte [52].

Aber diese »emotionalistische« Abweichung war bald überwunden. Im Verlauf ihres Kampfes gegen die symbolistische Ästhetik wurden die Formalisten immer vorsichtiger gegenüber mystischen »Übereinstimmungen« zwischen Klängen und den unaussprechlichen Gefühlen, die angeblich durch ihren »Wortzauber« beschworen werden sollten. »Es ist ebenso irrig«, sagte Jakobson, »die poetische Sprache mit gefühlsmäßiger Sprache gleichzusetzen, wie wenn man poetischen Wohlklang auf Lautmalerei beschränken wollte« [53]. Der Dichter kann und wird sich gelegentlich der Hilfsquellen der expressiven Sprache bedienen, aber nur, um damit seine eigenen Ziele und Absichten zu fördern [54].

Was sind nun die »Ziele« der poetischen Sprache im Unterschied zu denen gefühlshafter Äußerungen? Jakobsons Erklärungen hierzu sind von höchstmöglicher Klarheit. Er räumte ein, daß Dichtung der gefühlshaften Sprechweise näher stehe als der verstandesmäßigen. In der ersteren sei das »Verhältnis zwischen Klang und Bedeutung organischer, enger« als in der letzteren: der Versuch, Gefühle mit Hilfe »passender« Klangverbindungen zu übertragen, erfordert stärkere Aufmerksamkeit gegenüber dem Klanggefüge eines Wortes. Hier aber, beharrt Jakobson, hört die Ähnlichkeit auch auf. In der gefühlshaften Sprache wird die »passende« Klangverbindung nicht um ihrer selbst willen gewertet, sondern um dessentwillen, was sie übermittelt: der Wohlklang ist ein Handlanger der Kommunikation, da »das Gefühl sein Gesetz der Wortmasse aufprägt«. Dies gilt nicht für die Dichtung, wo die »der ›praktischen‹ wie der gefühlshaften Sprache innewohnende kommunikative Funktion auf ein Minimum reduziert ist«. »Dichtung, die nun einmal *eine auf die Ausdrucksweise hin orientierte Äußerung* (vyskazyvanie s ustanovkoj na vyrazhenie) ist, wird von immanenten Gesetzen regiert« [55].

So lautete Jakobsons Ansicht in seiner provokativen, fast extremistischen Untersuchung der russischen futuristischen Dichtung. Fünfzehn Jahre später formulierte er die gleichen Ideen in gemäßigteren Begriffen:

»Das besondere Merkmal für Dichtung liegt in der Tatsache, daß ein Wort als Wort wahrgenommen wird und nicht bloß als Stellvertreter für ein bezeichnetes Objekt oder für einen Gefühlsausbruch, daß Worte und ihre Anordnung, ihre Bedeutung, ihre äußere und innere Form eigenes Gewicht und eigenen Wert erlangen« [56].

Ein anderer formalistischer Theoretiker, B. Tomaševskij, scheint von Jakobson angeregt worden zu sein. In Tomaševskijs *Theorie der Literatur* [57], der umfassendsten Darstellung der formalistischen Methodologie, wird die poetische Sprache als »eines der sprachlichen Systeme« definiert, »wo die kommunikative Funktion in den Hintergrund gedrängt ist und Wortstrukturen autonomen Wert annehmen«. Und Efimov, der Verfasser einer Studie über den russischen Formalismus, faßte die formalistische Auffassung von Dichtung in dem folgenden Satz zusammen: »eine Wortaktivität, die durch die maximale Wahrnehmbarkeit der Ausdrucksweisen charakterisiert wird« [58].

»Betonung des Mediums«, »Wahrnehmbarkeit der Ausdrucksweisen« – dies waren die entscheidenden Formulierungen, welche die Sprache der Dichtung scharf von anderen Sprechweisen abhoben. Die Gegenüberstellung von verstandesmäßig und gefühlshaft wurde hier von der Unterscheidung zwischen der hinweisenden Sprache informativer Prosa und der zeichenorientierten, auf die »Aktualisierung« des sprachlichen Symbols hin gerichtete Sprache der Dichtung abgelöst. Alle dem Dichter zur Verfügung stehenden Techniken – Rhythmus, Wohlklang und eben jene überraschenden Wortverbindungen, die man »Bilder« nennt – wurden als auf das Wort zulaufend aufgefaßt, um dessen komplexes Gefüge, seine »Dichte« hervortreten zu lassen. In der Dichtung, behaupteten die Formalisten, ist das Wort mehr als ein verbaler Schatten des Objekts; es ist ein in sich selbst bestehendes Objekt [59].

Es wurde gelegentlich geäußert, daß diese Lehre im wesentlichen nur ein Echo der futuristischen Poetik mit ihren Schlagworten von der »Befreiung der phonischen Energie« und dem »selbstwertigen Wort« sei. Das ist aber eine Vereinfachung. Es läßt sich nicht leugnen, daß die frühe formalistische Auffassung der poetischen Sprache stark vom russischen Futurismus beeinflußt wurde. Jakobson führte Chlebnikovs »sinnüberschreitende« Experimente zur Unterstützung seiner Behauptung an, daß »die poetische Sprache . . . sich auf ihre äußerste Grenze hin bewegt – das phonetische, oder genauer, wohlklingende Wort« [60], d. h. den reinen Klang. Šklovskij pries den »Tanz der artikulierenden Organe« und sprach vom Versemachen als dem »Füllen der Zwischenräume zwischen den Reimen mit freien Klangflecken« [61].

Diese Vorliebe für die Art von Dichtung, in der die »Semantik herabgestimmt« und der »Klang bloßgelegt« wurde, läßt sich jedoch nicht ausschließlich aus der Wirkung des Futurismus erklären. Für die neue Schule der Kritik bot sich in der Betonung des poetischen Wohlklangs die wirkungsvollste Art und Weise, den Punkt, um den es ging, zu dramatisieren – nämlich die Kennzeichen der Dichtung »bloßzulegen«. Wegen ihrer höchst durchgeformten Struktur schien sich die Versdichtung besser dazu zu eignen als die Prosa; und ein experimentierendes, auf völlig ungehemmtem Wortspiel basierendes Gedicht einen besseren Prüfstein abzugeben als eine »konventionellere« Art der Dichtung.

Aber welcher Art auch die Motive sein mochten, die hinter den ersten formalistischen Äußerungen standen, die Begeisterung der formalistischen Kritiker für das »selbstwertige« Wort war nicht von langer Dauer. Wie bereits oben angedeutet [62], verlegte sich das Hauptinteresse der formalistischen Forschung bald von der Phonetik auf die Semantik oder, genauer, auf die Wechselbeziehungen zwischen Klang und Bedeutung. Diese zunehmende Beschäftigung mit Fragen der Semantik war nicht nur eine Frage der Ausweitung des Forschungsgebiets. Es ging hier vielmehr um eine umfassendere und reifere Auffassung des Wort-Zeichens als sie für die frühe Periode typisch gewesen war.

Es war für die Futuristen leicht, über die Befreiung des Wortes von seiner Bedeutung zu reden, weil sie ja dazu neigten, das Wortzeichen auf seine sinnliche Erscheinung zu reduzieren, oder, was vielleicht auf das gleiche hinausläuft, weil sie die Bedeutung des Wortes mit dessen Bezugsgegenstand verwechselten.

Edmund Husserl, ein Philosoph, der beträchtlichen Einfluß auf einige formalistische Theoretiker ausübte, machte die fruchtbare Unterscheidung zwischen dem »Gegenstand«, dem nicht-verbalen Phänomen, das durch das Wort bezeichnet wird, und der »Bedeutung«, d. h. der Art und Weise, in der der Gegenstand dargestellt wird. Mit anderen Worten, für Husserl ist die Bedeutung kein Element einer außer-sprachlichen Realität, sondern untrennbarer Bestandteil des Wortzeichens. Wenn dies aber der Fall ist, so wird die futuristische Losung zur Absurdität oder zumindest zu einer falschen Definition.

Wie die Formalisten bald erkannten, kann keine auch noch so ungegenständliche Dichtung ohne Bedeutung auskommen. Selbst im experimentellsten Gedicht von Edith Sitwell oder Ezra Pound zum Beispiel, selbst in den verwirrendsten Stellen von *Finnegans Wake* mit seiner Überfülle an *ad hoc* aus bekannten Morphemen geprägten Quasi-Worten ist die Bedeutung immer irgendwie gegenwärtig, wenn auch nur in einer »annähernden«, potentiellen Form. Die Wirkung des Zusammenhangs wie auch Analogien zu verwandten »wirklichen« Worten verleihen diesen bizarren Produkten der sprachlichen Phantasie des Dichters eine gewisse semantische Aura.

Worum es wirklich ging, war ganz offensichtlich nicht die

Loslösung von der Bedeutung, sondern die Autonomie gegenüber dem Bezugsgegenstand. Diese Tendenz ist besonders deutlich im Falle eines poetischen Neologismus, der keinerlei bezeichnenden (»denotativen«) Wert hat, da er auf kein erkennbares Element einer außer-sprachlichen Realität verweist. Dies ist aber bereits eine außergewöhnliche poetische Situation. Sehr viel häufiger als mit solchen »Pseudobezügen« (wie Yvor Winters es nannte [63]) haben wir es in der Dichtung mit »Doppelsinn« im Sinne William Empsons zu tun [64]. Das Schillern zwischen verschiedenen semantischen Ebenen, typisch für einen dichterischen Kontext, lockert die Verbindung zwischen Zeichen und Gegenstand auf. Die in der »praktischen« Sprache erreichte bezeichnende (denotative) Genauigkeit weicht einer umfassenden (konnotativen) Dichte und einem Reichtum an Assoziationen.

Mit anderen Worten, das bezeichnende Merkmal der Dichtung als einer einzigartigen Sprechweise liegt nicht in der fehlenden Bedeutung, sondern in der Vielfalt der Bedeutungen. Eben diese Auffassung kam in den ausgereiften formalistischen Untersuchungen zum Ausdruck. »Das Ziel der Dichtung ist«, schrieb Eichenbaum, »das Gewebe des Wortes in *all* seinen Aspekten wahrnehmbar zu machen« [65]. Dies bedeutet, daß die »innere Form« des Wortes, d. h. der ihm innewohnende semantische Nexus, für die ästhetische Wirkung nicht weniger wesentlich ist als der reine Klang. Die von der Dichtung erreichte »Aktualisierung« des Wortzeichens wurde als ein komplexer Verwandlungsprozeß erkannt, in den die semantischen und morphologischen wie auch die phonetischen Sprachebenen hineinverwoben sind.

3

Vom Beharren auf der komplexen Einheit des Wortzeichens war es nur noch ein Schritt zur Annahme der Unteilbarkeit jenes besonderen Zeichensystems, woraus ein literarisches Werk besteht. Wenn im Einzelwort die »Bedeutung« nicht vom Klang getrennt werden konnte, so erschien es ebensowenig sinnvoll, die Gesamtbedeutung des literarischen Werks, seinen »Inhalt«,

von seiner künstlerischen Verkörperung, allgemein als »Form«
bekannt, zu scheiden.

Die russischen Formalisten verhielten sich gegen die traditionelle Doppelheit von »Form und Inhalt« sehr ablehnend.
Diese zerteilt, wie Wellek und Warren schreiben, »ein Kunstwerk in zwei Hälften . . . : einen rohen Inhalt und eine auf-
gesetzte, rein äußerliche Form« [66]. Boris Engelhardt, ein
gedankenreicher, dem russischen Formalismus nahestehender
Philosoph, der versuchte, die Grundsätze der *Opojaz* in die
Kategorien der neukantianischen Ästhetik umzuformulieren,
spricht von der Entschlossenheit der Formalisten, den Dualismus zwischen dem »zum Ausdruck kommenden Objekt« und
den »Ausdrucksmitteln« zu beseitigen [67].

Der Beweis einer untrennbaren Einheit des »Wie« und des
»Was« der Literatur wurde von Žirmunskij mit Ausdrücken
des einfachen, kritischen Menschenverstandes geführt [68]. Er
wandte sich gegen die naive, unkritische Auffassung der Form
als einem bloßen Gewand für die Ideen des Dichters oder einer
Schale, in die der zurechtgemachte Inhalt »gegossen« wird. In
der Dichtung erscheine der Inhalt – gefühlsmäßiger oder ver-
standesmäßiger Art – nur durch das Medium der Form und
kann daher getrennt von seiner künstlerischen Verkörperung
nicht fruchtbar erörtert oder auch nur verstanden werden.
»Liebe, Schmerz, tragischer innerer Drang«, schrieb Žirmunskij,
»eine philosophische Idee etc. existieren in der Dichtung nicht
per se, sondern nur in ihrer konkreten Form.« Mit Recht warnte
Žirmunskij vor der Tendenz zu einer grob außerliterarischen
Kritik, welche die in einem dichterischen Werk verkörperten
Gefühle oder Ideen aus ihrem literarischen Zusammenhang
reißt und sie dann mit psychologischen oder soziologischen
Begriffen diskutiert.

»In der Dichtkunst haben die Elemente des sogenannten
Inhalts«, fuhr Žirmunskij fort, »kein unabhängiges Dasein
und sind nicht von den allgemeinen Gesetzen der ästhetischen
Struktur ausgenommen [69]; sie dienen als ein poetisches
›Thema‹, ein künstlerisches ›Motiv‹ oder Bild, und in dieser
Eigenschaft haben sie an der ästhetischen Wirkung teil, auf
die das literarische Werk hinzielt« [70].

Šklovskij ließ sich über den Irrtum eines »abtrennbaren Inhalts« in seiner charakteristisch schroffen und spitzen Weise aus. Er machte sich über die Kritiker lustig, die die Form als ein »notwendiges Übel«, als eine Verkleidung für das »Eigentliche« behandeln und sie ungeduldig beiseite schieben, um zum »Inhalt« des Kunstwerks vorzudringen. »Leute, die Gemälde ›lösen‹, als ob das Kreuzworträtsel wären, wollen die Form vom Gemälde wegnehmen, damit sie es besser sehen« [71]!

Ein westlicher »Kontext«-Kritiker könnte an diesem Tadel nichts aussetzen. Er könnte jedoch ein wenig widerspenstig werden über Šklovskijs Definition der Kunst als »reiner Form« oder seine Erklärung an einer selbstzufriedenen Stelle: »Das Erstaunlichste an der ... formalistischen Methode ist, daß sie nicht den ideologischen Inhalt der Kunst negiert, sondern den sogenannten Inhalt als einen der Aspekte der Form betrachtet« [72]. Man fragt sich, was der formalistische Sprecher tatsächlich sagen wollte: bestritt er die Relevanz oder die Abtrennbarkeit des »Inhalts«? Meinte er, daß es einzig die Form sei, worauf es in der Kunst ankomme? Oder wollte er einfach nur sagen, daß alles in einem Kunstwerk notwendigerweise *geformt*, d. h. zu einem ästhetischen Zweck angeordnet sei?

Es scheint hier eine doppelte Verwirrung vorzuliegen, eine philosophische und eine semantische. Šklovskijs Stellungnahme zum Problem von Inhalt und Form wird durch einen Mangel an Klarheit, was die relative Bedeutung der ästhetischen Kriterien betrifft, beeinträchtigt, wie auch durch den inkonsequenten Gebrauch des Wortes »Form«. Der russische Formalist scheint hier zwischen zwei verschiedenen Auslegungen des Begriffs hin und her zu schwanken; er konnte sich nicht ganz entschließen, ob mit »Form« die einem ästhetischen Ganzen innewohnende Qualität, oder ein mit einer bestimmten Qualität ausgestattetes Ganzes gemeint sein solle.

Wo das erstere zuzutreffen scheint, hat die Tendenz zur Gleichsetzung von Kunst und Form den Beigeschmack eines sterilen »Purismus«, den Šklovskij selber in einer seiner Arbeiten als »mechanistisch und veraltet« ablehnte [73]. Wo der Schlüsselbegriff »Form« in einem umfassenderen Sinne benutzt wird, werden die oben genannten Einwände hinfällig. Man kann

dann Žirmunskijs Feststellung nur zustimmen, daß »alle inhaltlichen Faktoren in der Kunst zu formalen Phänomenen werden,
wenn wir mit ›formal‹ ›ästhetisch‹ meinen« [74]. Man mag
allerdings mit M. Kridl [75] bezweifeln, ob es praktisch ist,
»Form« als einen allgemeinen Begriff für künstlerische Schöpfung zu gebrauchen – eine so weit gefaßte Interpretation, daß
sie letztlich unbrauchbar, wenn nicht irreführend ist. Wo »formal« so gebraucht wird, daß es mit »ästhetisch« auszuwechseln
ist, da täte man besser daran, den Begriff der »Form«, der sich
im allgemeinen mehr auf einen Teil als auf ein Ganzes bezieht,
ganz aufzugeben und stattdessen von »Struktur« zu reden.

Den russischen Formalisten blieben offenbar die Schwierigkeiten der traditionellen Terminologie nicht verborgen. Sie
waren nie sehr glücklich über die Idee der Form oder das
»formalistische« Etikett, das der Bewegung anscheinend mehr
von ihren Beobachtern als ihren Anhängern angeheftet wurde.
Wie bereits erwähnt, waren die Formalisten bei der Definition
ihrer methodologischen Position nur zu eifrig darum bemüht,
auch auf Begriffe wie »morphologische Methode«, »Spezifizierer« und dergleichen zurückzugreifen. Bei der Erörterung der
Struktur der »literarischen Handlung« und des Mechanismus
des literarischen Prozesses neigten sie immer mehr dazu, für die
statische Doppelheit von »Form und Inhalt« ein dynamisches
Ideenpaar einzusetzen, nämlich »Materialien« und »Kunstmittel« oder »Kunstgriff« (priëm).

Vom formalistischen Standpunkt aus gesehen boten diese
Begriffe verschiedene methodologische Vorteile. Die organische
Einheit des literarischen Kunstwerks wurde bewahrt, da die
Vorstellung von der Koexistenz zweier gleichzeitiger und
scheinbar voneinander trennbarer Bestandteile im ästhetischen
Objekt durch die Auffassung zweier aufeinander folgender
Phasen im literarischen Prozeß, der vor-ästhetischen und der
ästhetischen, abgelöst wurde. In der Ausdrucksweise der Formalisten standen die »Materialien« für den Rohstoff der Literatur, der ästhetische Wirksamkeit annimmt [76] und der so
der Teilnahme am literarischen Kunstwerk nur durch die Mit-
lerrolle des »Kunstgriffs« fähig wird, oder genauer, durch eine
Reihe von der Literatur eigens zugehörigen Kunstmitteln.

Es mag noch bemerkt werden, daß man in den frühen formalistischen Schriften gelegentlich auf einen terminologischen Kompromiß sui generis stößt, besonders auf die Doppelheit von »Form und Stoff«. Der angreifbarere der beiden traditionellen Begriffe, »Inhalt«, wurde fallengelassen, während der andere neu interpretiert wurde, mehr als gestaltendes Prinzip dynamischer Integration und Kontrolle, denn bloß als äußere Hülle oder äußerliche Verzierung. Diese Auffassung war dem aristotelischen Begriff des *eidos* nah verwandt, der mit den Worten des modernen Sprachphilosophen Anton Marty [77] die »auf Rohmaterial angewandte innere Gestaltungskraft« bedeutet.

Was war nun das Wesen oder die Bestimmung der »Materialien«? Machen sie den Gegenstand des Werkes aus, d. h. die in der Literatur verkörperte Wirklichkeitssphäre, oder aber ihr Medium, die Sprache? Über diesen Punkt herrschte anscheinend keine völlige Übereinstimmung unter den Formalisten und deren Mitläufern. Für Engelhardt, dem es als Philosoph mehr um die Ontologie als um die Linguistik ging, bedeuteten die »Materialien« die außer-ästhetischen Überreste der poetischen »Kommunikation«, das »kontrollierende« Segment der Wirklichkeit. Šklovskij vertrat beide Seiten der rivalisierenden Deutungen; Folgerichtigkeit oder terminologische Sauberkeit waren nie seine Stärke. »Die Außenwelt«, schrieb er in seiner Broschüre über *Literatur und Film* [78], »ist für den Maler nicht der Inhalt, sondern bloßes Material für sein Gemälde. Das gleiche gilt«, fuhr er fort, »für die psycho-ideologischen Komponenten der Literatur, die man gewöhnlich unter der Überschrift ›Inhalt‹ klassifiziert.« In einem literarischen Werk dargestellte Ideen und Gefühle sowie darin beschriebene Ereignisse werden hier als »Baumaterialien« für die Aufgabe der künstlerischen Konstruktion, als Phänomene vom selben Rang wie Worte oder Wortverbindungen behandelt [79].

In der gleichen Essaysammlung findet man die folgende Stelle: »Auf jeden Fall erscheint es mir ganz klar, daß für einen Schriftsteller Worte kein notwendiges Übel oder lediglich ein Hilfsmittel sind, um etwas zu sagen, sondern das eigentliche Material des Werkes. Literatur wird aus Worten gemacht und wird von den Gesetzen beherrscht, welche die Sprache beherrschen« [80].

Diese Interpretation scheint sich in anderen formalistischen Schriften durchgesetzt zu haben. Žirmunskij wie auch Jakobson, um zwei sonst recht verschiedene Vertreter des russischen Formalismus zu nennen, setzten die »Materialien« der Literatur ihrer Wortschicht gleich. Der Dichter, so wurde argumentiert, arbeitet in der Sprache auf die gleiche Art und Weise, wie der Musiker mit Tönen und der Maler mit Farben umgeht.

Diese immanente Auffassung paßte besser zu der formalistischen Überzeugung vom in sich selbst ruhenden Wesen des literarischen Werks. Die Vorstellung vom schöpferischen Prozeß als einer Spannung zwischen der gewöhnlichen Sprache und den sie formenden oder deformierenden Kunstmitteln erhärtete den formalistischen Grundsatz, daß die Literatur im Grunde genommen ein sprachliches oder semiotisches Phänomen sei – ein »Entfalten des Wortmaterials« in der frühen formalistischen Ausdrucksweise, »ein Zeichensystem« in der Sprache der tschechischen Strukturalisten. Wieder einmal wurde die Aufgabe des Dichters als Sprachmanipulation anstatt als Darstellung der Realität definiert. Das Wirkliche wurde in die Rolle des Bezugsgegenstandes des literarischen Werks gedrängt, in die einer empirischen, an die Literatur angrenzenden Gegenständlichkeit, der jedoch ein anderer ontologischer Status eignet.

War diese Idee der »Materialien« ein weiteres Zeugnis der linguistischen oder semasiologischen Orientierung des Formalismus, so war der ergänzende Begriff des »Mittels« noch entscheidender. Wie ja aus allem bisherigen klar hervorgeht, war das Wort »Kunstmittel« oder »Kunstgriff« geradezu die Losung des russischen Formalismus. Das »Kunstmittel der ›Verfremdung‹« (priëm ostranenija), »ein bloßgelegtes Kunstmittel« (obnaženie priëma), »das literarische Werk ist die Gesamtsumme der darin angewandten Kunstmittel« – in all diesen entscheidenden Formulierungen erscheint »priëm« als ein Schlüsselbegriff, als die Grundeinheit der dichterischen Form, als Träger der »Literaturhaftigkeit«.

Schon die Wahl eben dieses Wortes war bedeutsam. Manch

ein formbewußter Kritiker spricht von »Ausdrucksmitteln«. Für die russischen Formalisten hätte dies den Beigeschmack des Psychologismus gehabt, der »naiven realistischen Formel, daß Dichtung die Seele des Dichters enthülle« [81]. Wie Veselovskij, dessen »historischer Poetik« sie vieles verdankten [82], waren die formalistischen Theoretiker sehr darauf bedacht, das ärgerliche Problem der schöpferischen Persönlichkeit zu umgehen. Ihnen erschien die literarische Technologie ein weit sicherer Boden als die Psychologie des Schaffens. Daraus erklärt sich ihre Tendenz, die Literatur mehr als ein überpersönliches, wenn nicht gar unpersönliches Phänomen, als eine bewußte Anwendung von Techniken auf »Materialien«, denn als Selbstausdruck zu betrachten, mehr als »Konvention« denn als »Konfession«.

»Das literarische Kunstwerk«, schrieb Eichenbaum an einer charakteristischen Stelle, »ist immer etwas Gemachtes, Geformtes, Erfundenes – nicht nur kunstvoll, sondern künstlich im guten Sinne des Wortes« [83]. Und Šklovskij gab die folgende Entschuldigung für das Gewundene seiner kritischen Essays im *Rösselsprung:* »Es gibt viele Gründe für die Seltsamkeit des Rösselsprungs, aber der Hauptgrund ist die Konventionalität der Kunst. Ich schreibe über die Konventionen in der Kunst« [84].

Die »Konventionalität der Kunst« – dies war das Grundthema nicht nur der Schriften Šklovskijs, sondern der russischen formalistischen Kritik ganz allgemein. Und mit Recht. Wenn die Dichtung ein als »wahrnehmbar« gestaltetes Zeichensystem ist, mußte man für jede Periode oder Dichtart das gestaltende Prinzip feststellen, den ästhetischen *modus operandi,* die an die »Materialien« herangetragenen Konventionen. Angesichts eines neuen literarischen Objekts interessierte sich der formalistische Kritiker nicht für die Frage, warum oder von wem es geschaffen, sondern dafür, »wie es gemacht wurde« [85]. Sein Ausgangspunkt war nicht die Erforschung sozialer Not oder psychischer Zwänge, die auf das Werk Einfluß hatten, sondern ästhetischer Normen, die dieser Art der Dichtung innewohnten und die sich dem Autor ohne Rücksicht auf seine sozialen Bindungen oder sein künstlerisches Temperament aufdrängten.

KAPITEL XI

LITERATUR UND »LEBEN«
Formalistische und strukturalistische Auffassung

1

Das leidenschaftliche Interesse am Handwerklichen, die Gewohnheit, ein literarisches Werk auseinanderzunehmen, um zu erfahren, wie es »funktioniert«, und all dies unterschieds- und pietätslos sowohl auf gefeierte Meisterwerke wie auf drittrangige Stücke angewandt: das brachte den Formalisten den Vorwurf des ästhetischen Epikurismus und der »Seelenlosigkeit« ein [1]. Einer der Ankläger, der altmodische »realistische« Romanschriftsteller Veresajev – der durch Eichenbaums Behandlung von Gogol's »Mantel« und Tolstojs inneren Kämpfen gereizt worden war –, ließ seiner Phantasie die Zügel schießen und stellte sich die Formalisten vor als »wahrscheinlich zahnlose alte Pedanten, die keiner Gefühle fähig sind« [2].

Während man Veresajevs psychologisches Herumrätseln nicht ernst zu nehmen braucht, läßt sich nicht bestreiten, daß die russischen Formalisten selbst der Kritik weite Angriffsflächen boten. Manche von ihnen, besonders Šklovskij, gebärdeten sich gern als Kenner und sie besprachen z. B. die jeweiligen Verdienste zeitgenössischer russischer Dichter in der hartgesottenen technischen Fachsprache von Boxkampfexperten, die die »Form« der zum Kampf angetretenen Champions begutachten [3].

Wichtiger war noch, daß einige Äußerungen der *Opojaz* durchblicken ließen, die Literatur sei nichts als ein artificium, nichts als die Summe der darin angewandten Kunstmittel.

Dieser beschränkte Blickpunkt fand seinen Ausdruck nicht nur in methodologischen Verallgemeinerungen, sondern ebenso in der Wahl des Beweismaterials. Die Formalisten ließen Fällen, die sich gut dazu eigneten, den konventionellen Charakter der Dichtung »bloßzulegen« – um den *Opojaz*-Begriff zu gebrauchen –, bevorzugte Behandlung angedeihen. Sie erhöhten ständig den Wert solcher Werke, deren einziger Inhalt die Form war. Bei ihrer Beurteilung der modernen russischen Literatur priesen sie das »reine« Spiel mit Worten im Vers und förderten indirekte Techniken in der Prosadichtung, wie z. B. Parodie, Stilisierung, das launenhafte Spiel mit der Handlung. Die gleiche Tendenz ist bei den frühen formalistischen Unternehmungen in der Geschichte der Literatur zu erkennen. Es war gewiß kein Zufall, daß Eichenbaum als Thema seines ersten »formalistischen« Essays Gogol's berühmte Kurzgeschichte *Der Mantel* wählte, ein Meisterwerk grotesker Stilisierung [4]. Noch bedeutsamer war, daß Šklovskij – der sich nebenbei damit brüstete, »Sterne nach Rußland gebracht zu haben« – in seiner *Theorie der Prosa* Sternes *Tristram Shandy* als ein Kriterium für die Kunst des Romanschriftstellers benutzte.

Was Šklovskij an Sterne so schätzte, war offensichtlich dessen Geschick zur Parodie und sein Spotten über konventionelle Erzählschemata. Der formalistische Kritiker entdeckte eine Analogie zwischen Sternes »Poetik« und der futuristischen Lyrik: Der Unterschied zwischen *Tristram Shandy* und einem konventionellen Roman entspricht, so behauptete Šklovskij, dem Unterschied zwischen einem traditionellen Gedicht, das die Alliteration verwendet und einem futuristischen Gedicht. Sternes grotesk lange und irrelevante Abschweifungen, fuhr Šklovskij fort, solche Kunstgriffe wie die Verpflanzung des Vorworts in die Mitte des Buches oder das spielerische »Auslassen« mehrerer Kapitel sind beredtes Zeugnis seines scharfen Bewußtseins von der literarischen Form und ihrer wesentlichen Konventionalität. »Eben diese Kenntnisnahme der Form durch deren Verletzung macht den Inhalt des Romans aus« [5].

Nun ist gerade dies der Aspekt in der Kunst Sternes, der jene Kritiker oder Leser stört, die von einem Romanschriftsteller erwarten, daß er eine zusammenhängende und spannende Geschichte erzählt, anstatt »ein Kunstmittel bloßzulegen«. Für solche Verleumder Sternes hat Šklovskij nichts als beißenden Hohn: »Man kann oft die Behauptung hören, *Tristram Shandy* sei kein Roman. Für Leute, die diese Ansicht vertreten, ist nur die Oper richtige Musik; eine Symphonie ist für ihre Ohren bloß Durcheinander.« »In Wirklichkeit«, erklärte Šklovskij, »ist das Gegenteil richtig. *Tristram Shandy* ist der typischste Roman der Weltliteratur« [6].

Dies war natürlich eine starke Behauptung. Daß *Tristram Shandy* ein viel größerer Roman ist als manch eine »gute Geschichte«, kann man gern zugeben. Man kann Šklovskij auch darin zustimmen, daß das Spiel mit der jeweiligen Gattung nicht nur ein immer wiederkehrendes Thema in der Weltliteratur ist, sondern auch ein für ihre Wirksamkeit und ihr Wachstum wesentliches Verfahren. Das Bewußtsein der Form als Form ist unentbehrlich für die ästhetische Wahrnehmung. Das »Bloßlegen des Kunstmittels« stellt die Spannung zwischen »Form« und »Materialien« in den Mittelpunkt, und so verrichtet es für das literarische Handwerk einen ähnlichen Dienst wie das Spiel des Dichters mit Worten gegenüber dem »Zeichen«. Außerdem ist die Parodie, wie Tynjanov scharfsinnig bemerkte [7], häufig eine Triebfeder literarischer Veränderungen. Durch den Spott über eine bestimmte Haltung von Konventionen, die eine Tendenz zu abgedroschenen Klischees verraten, bereitet der Künstler den Weg für eine neue, besser »wahrnehmbare« Reihe von Konventionen – für einen neuen Stil.

Und doch ist das Adjektiv »typisch« in Šklovskijs Loblied auf *Tristram Shandy* bezeichnenderweise falsch angewandt. In der Anwendung des Begriffs verrät sich die moderne Voreingenommenheit des Formalisten für ungegenständliche Kunst, seine Tendenz, fälschlich das Extreme für das Repräsentative, das »Reine« für das »Überlegene« zu nehmen. Offensichtlich trat das charakteristische Merkmal der Literatur, die Auseinandersetzung mit dem Medium, stärker dort zutage, wo das Kunstmittel auf sich selber zurückwies, statt als Katalysator die heterogenen Elemente zu einer Einheit zu verschmelzen. Aber machte das Chlebnikov notwendigerweise »literarischer« als Puškin, oder Sterne »typischer« als Henry James, ja, als die große Mehrzahl der Romanschriftsteller?

Sogar in ihrer orthodoxen Periode konnten sich die russischen Formalisten diesem Argument nicht ganz verschließen. Sie waren bereit zuzugeben, daß ein »reines« Kunstmittel in der Literatur eher die Ausnahme als die Regel bilde. Sie räumten auch ein, daß in den meisten Fällen eine literarische Technik, sei es ein »selbstwertiges« Klangmuster, eine »semantische Verschiebung« oder ein Handlungsgefüge, durch nicht-künstlerische

Überlegungen wie z. B. Wahrscheinlichkeit, psychologische Glaubwürdigkeit und dergleichen verkleidet oder gerechtfertigt wird. In den meisten literarischen Werken, so mußte man zugestehen, ist das Kunstmittel eher »motiviert« als »bloßgelegt«.

Die »Motivierung des Kunstmittels« (motivirovka priëma) war ein weiterer Schlüsselbegriff der formalistischen Kritik. Im Hinblick auf die Erforschung der Prosadichtung, wo der Begriff am häufigsten benutzt wurde, bedeutete »Motivierung« mit Šklovskijs Worten »die Erklärung eines Handlungsgefüges im Sinne wirklicher Sitten« [8]. Für die gesamte schöpferische Literatur gab dieser Begriff eine Rechtfertigung einer künstlerischen Konvention im Sinne des »Lebens«.

Zunächst stand bei den Formalisten mit ihrer einseitigen Anerkennung des »Kunstmittels« die »Motivierung« in nur geringem Ansehen. Man betrachtete sie als eine Sekundärerscheinung, als ein notwendiges Übel – offensichtlich eine Konzession an den durchschnittlichen Leser, der das einzig wichtige Spiel mit der Gattung nicht voll zu würdigen weiß und der daher unter falschen Vorwänden an das literarische Werk herangelockt werden muß. Aber der kompetente Kritiker sollte es besser wissen; er brauche nicht etwas für wahr zu nehmen, was tatsächlich nur eine *post-factum* Rechtfertigung oder gar nur ein Vorwand für etwas anderes sei.

Nachdem sie das Problem auf diese Weise aufgerollt hatten, machten sich die Formalisten eifrig daran, das »Ethos« verschiedener literarischer Werke durch Erklären zu beseitigen. In seiner Studie über Chlebnikov interpretierte Jakobson das »Großstädtische« der futuristischen Dichter, ihren Kult der Maschinenzivilisation als eine ideologische Rechtfertigung der Revolution im dichterischen Vokabular, als einen futuristischen Notbehelf zur Einführung neuer und unorthodoxer Wortverbindungen. »Eine Reihe von Kunstmitteln«, schrieb Jakobson, »fand ihre Anwendung in der Vorliebe für das Großstädtische« [9].

In der gleichen Untersuchung findet sich ein geistreicher Versuch, die romantische Vorstellung von der schöpferischen Persönlichkeit – die titanische, von inneren Widersprüchen zerrissene Seele – als eine in erster Linie psychologische Motivierung der fragmentarischen, unzusammenhängenden Qualität der byronischen poetischen Erzählung zu konstruieren [10].

Selbst bei der Analyse ausgesprochen persönlicher Lyrik wurden psychologische Überlegungen nicht zu wörtlich genommen. In seiner anregenden Arbeit über Anna Achmatova vertrat Eichenbaum eine interessante These: der scheinbare Dualismus von Achmatovas lyrischem »Ich«, das poetische alter ego, »jetzt ein Sünder, hingerissen von stürmischer Leidenschaft, jetzt eine verlassene Nonne« [11], wird mit einem treffenden Ausdruck als »personifiziertes Oxymoron« bezeichnet. Achmatovas bevorzugte Redefigur, schreibt Eichenbaum, wurde auf die Ebene eines psychologischen Dramas projiziert, ein stilistisches Paradoxon wurde zur seelischen Spaltung. »Das lyrische Thema«, fuhr er fort, »in dessen Mittelpunkt Achmatova steht, entfaltet sich mit Hilfe von Antithesen und Paradoxen; es entzieht sich der psychologischen Formulierung; es wird ›verfremdet‹ durch die Inkongruenz ihrer Geisteszustände« [12].

Eine ähnliche Betrachtungsweise wurde auf einige Meisterwerke der russischen Prosa angewandt. Mit seiner ultra-formalistischen Untersuchung des jungen Tolstoj zog sich Eichenbaum den unauslöschlichen Zorn Veresajevs durch seine Behauptung zu [13], Tolstojs leidenschaftliches Interesse an sorgfältiger psychologischer Analyse, an erbarmungsloser Selbstbeobachtung und folgerichtigem Fortschreiten sei im Grunde genommen nichts anderes als sein Kampf um eine neue Erzählweise, sein Vorstoß gegen die Klischees der romantischen Literatur.

Die Psychologie der Charaktere nahm man keineswegs ernster, als die des Autors. In seinem Essay *Wie Don Quixote gemacht wurde* [14] sprach Šklovskij verächtlich von den Kritikern, denen die Tatsache Schwierigkeiten zu bereiten schien, daß Cervantes' sorgenvoller Ritter sich wie ein Verrückter benahm, dann wieder gelehrte und zusammenhängende Reden über literarische und philosophische Themen von sich gab. Von einem literarischen Charakter, meinte er, könne man nicht erwarten, daß er folgerichtig oder glaubwürdig sei. Offenbar wollte Cervantes in seine Erzählung einige kritische Kommentare einstreuen, entsprechend seiner allgemeinen Tendenz, die Aufmerksamkeit auf Probleme des literarischen Handwerks zu lenken. Cervantes' Formbewußtsein tritt nach Šklovskijs Beobachtung besonders deutlich in den Szenen im »literarischen Wirtshaus« hervor, wo das Publikum kritische Beurteilungen der dort erzählten Geschichten von sich gibt. Der gelehrte Aspekt des Don Quixote, so wenig er auch zu dessen Schrulligkeit passen mochte, wurde ganz einfach benötigt, um die kritischen Zwischenbemerkungen möglich zu machen. In der Kunst, behauptete Šklovskij, kann alles – das Schicksal, der Charakter des Helden, der Handlungsverlauf, Haltungen und Ideen – dazu gebraucht werden, als »Motivierung der Kunstfertigkeit« zu dienen [15].

Solche Neuinterpretationen, von denen es mehrere gibt, waren oft recht scharfsinnig und immer geistreich, aber die leichtfertige Behandlung des »Ethos« der Literatur war ebenso weithergeholt wie mechanistisch. Wie zu erwarten war, erwies sich das Schema nur voll anwendbar auf extreme literarische Situationen. Es paßte genau auf *Tristram Shandy*, den ganz und gar nicht-objektiven und den formbewußtesten aller berühmten Romane; es ließe sich fast ebenso gut auf Byrons *Don Juan* anwenden, wo die Geschichte zugegebenermaßen eine Nichtigkeit, ein bloßer Vorwand für die feuerwerkartige Entfaltung der »Leichtigkeit des Gesprächs«, war, oder auf Puškins schrulliges Gedicht *Domik v Kolomne*, das Šklovskij ganz richtig als ein Werk bezeichnete, das »fast ausschließlich der Beschreibung des darin angewandten Kunstmittels gewidmet ist« [16]. Aber das verächtliche Abtun der »Motivierungen« in einem literarischen Werk mit bedeutendem sittlichen Gehalt war ganz unhaltbar. Šklovskijs Besprechung des *Don Quixote* bietet dafür ein gutes Beispiel. Es war zwar sehr verdienstvoll, daß Šklovskij Cervantes' Formbewußtsein hervorhob, eine von den meisten Kritikern übersehene Eigenschaft. Aber seine Behandlung der Charakterisierung Don Quixotes zeigte deutlich die Grenzen seiner Methode. Indem er die Widersprüche zwischen Don Quixotes »Verrücktheit« und »Weisheit« als einen bloßen technischen Notbehelf zu erklären versuchte, scheint Šklovskij das entscheidende Dilemma des Romans verfehlt zu haben. Ich denke an das Problem des grundlegenden Doppelsinns der Worte »Verrücktheit« und »Weisheit«, mit anderen Worten: an das Problem von Wirklichkeit und Wahn [17].

Wenn sich schon *Don Quixote,* ein Roman mit üppigem Gebrauch von Parodie und Ironie, nicht allzu gut für ultra-formalistische Behandlungsweisen eignet, so schaudert man geradezu bei dem Gedanken, Šklovskijs Schema auf ein Werk wie etwa die *Göttliche Komödie* angewandt zu sehen. Kein Mensch wird wohl ernsthaft behaupten, daß Dantes Theologie bloß »Motivierung« einer heterogenen Handlung, ein ideologischer Vorwand für die dichterische Erforschung verschiedener Daseinsebenen sei!

Die frühe formalistische Auffassung von *motivirovka* war empirisch falsch, weil sie mehr ausließ als einschloß. Auch methodologisch war sie, nach den eigenen Maßstäben der Formalisten, unhaltbar. Dieser Begriff, durch den leicht eine literarische Komponente hinwegerklärt werden konnte, implizierte das Vorhandensein eines »Fremdkörpers« – eines von außen kommenden, wenn nicht gar überflüssigen Elements – in einem vollentwickelten Kunstwerk. Diese Auffassung wiederum konnte den formalistischen Grundsatz von der organischen Einheit eines literarischen Kunstwerks erschüttern und damit die mechanistische Doppelheit von Form und Inhalt, an deren Auflösung die Formalisten so hart gearbeitet hatten, wiederbeleben. Die irrige Vorstellung von der »loslösbaren Form« fand man fast ebenso angreifbar wie ihr Gegenteil, die Vorstellung von dem »abtrennbaren Inhalt« [18]. Bereits 1923 gab Šklovskij selber zu, daß das Beharren der Ästhetiker auf dem Primat der »Form« genauso mechanistisch sei wie der Ruf der Utilitaristen nach der Vorherrschaft des »Inhalts« [19].

2

Der den frühen formalistischen Äußerungen zugrunde liegende Irrtum war zweifacher Natur, erkenntnistheoretischer wie auch ästhetischer. Der stark empiristische Grundton in den Theorien der *Opojaz* fand seinen Ausdruck in einem übertriebenen Interesse an dem unmittelbar »Gegebenen« – der sprachlichen Schicht als dem einzig greifbaren Element der Literatur, dem

Klang als der einzig handgreiflichen Komponente der poetischen Sprache. Die »Entfaltung des Wortmaterials« (razvertyvanie slovesnogo materiala), um Šklovskijs Lieblingsausdruck zu benutzen, war das Gegebene. Die Weltanschauung des Dichters ergab sich daraus als Folgerung. Zu diesem Zeitpunkt erschienen den Formalisten die in der Literatur eingebetteten Gefühle und Ideen als ein Bereich skrupelloser Spekulation. Sie waren meistens im Werk selber nicht gegeben, aber Kritiker, die ihre ideologischen Steckenpferde reiten müssen, lasen sie hinein. Diese Skepsis wurde zweifellos durch viele bekannte Beispiele von willkürlichen oder vereinfachenden Interpretationen der Dichtung noch verstärkt.

Von noch größerer Bedeutung war die geistige Einstellung, die jenes leidenschaftliche Suchen nach den unterscheidenden Merkmalen der Dichtung auslöste, das zum Ausgangspunkt für das formalistische Theoretisieren wurde. Das Interesse an dem recht eigentlich und rein Literarischen führte zu der Tendenz, Literatur der »Literaturhaftigkeit« gleichzusetzen, Kunst auf ihr unterscheidendes Merkmal zu beschränken.

Wie oben gezeigt wurde, kam den russischen Formalisten nach und nach das Unangemessene dieser Einschränkung zu Bewußtsein. Die späteren literarhistorischen Untersuchungen Šklovskijs und Eichenbaums behandelten sehr ernsthaft und ausgiebig »Motivierungen« wie Tolstojs »klassenbestimmte« Sicht des Feldzugs von 1812 oder seine »archaistische« Lebensphilosophie [20]. Mit anderen Worten, die Formalisten sahen sich gezwungen zuzugeben, daß es in der Literaturgeschichte Perioden gibt, in denen ideologische oder soziale Überlegungen eine recht große Rolle spielen; sie müssen daher vom Kritiker ernst genommen werden.

Aber von hier bis zur dringend notwendigen Überprüfung der formalistischen Position war es noch weit. Den Kritikerfreunden des russischen Formalismus in der Tschechoslowakei und in Polen – den Prager Strukturalisten und den polnischen Adepten der »integralen Methode« [21] – blieb es überlassen, das Problem der »Literaturhaftigkeit« von neuem aufzurollen und es in die richtige Perspektive zu rücken.

In seinem Essay *Was ist Dichtung?* von 1933 gab Jakobson

eine bündige Darstellung der neuen methodologischen Orientierung, als er die »Autonomie der ästhetischen Funktion anstelle eines Kunstseparatismus« postulierte [22]. Autonomie und nicht Separatismus, das war das Entscheidende. Das bedeutete, daß Kunst eine für sich bestehende Weise menschlicher Tätigkeit ist, die sich durch die Ausdrucksweise anderer Erlebnisbereiche nicht völlig erklären läßt, die jedoch in enger Beziehung zu ihnen steht. Daraus geht hervor, daß die Idee der »Literaturhaftigkeit« weder der einzig zutreffende Aspekt der Literatur noch lediglich eine ihrer Komponenten ist, sondern eine strategische Eigenschaft, die das gesamte Werk bestimmt und durchzieht, das Prinzip dynamischer Integration oder, mit einem Schlüsselbegriff der modernen Psychologie, eine »Gestaltqualität«. Demzufolge erschien das »Ethos« nicht als eine pseudo-realistische Tarnung des »Eigentlichen«, sondern als ein bona fide-Element der ästhetischen Struktur und als solches ein rechtmäßiger Gegenstand literarischer Forschung, vorausgesetzt, daß es vom Standpunkt der »Literaturhaftigkeit«, d. h. innerhalb des Werkzusammenhangs untersucht würde. Und schließlich wurde das Werk selber nicht als eine Anhäufung von Kunstmitteln, sondern als eine komplexe, vieldimensionale Struktur definiert, die durch die Einheit des ästhetischen Zwecks zusammengehalten wird [23].

Wie bereits aus früheren Erörterungen hervorging [24], waren die Grundzüge dieser Lehre in den reifsten und logisch strengen Äußerungen des russischen Formalismus schon im Kern enthalten. Der Prager Begriff der ästhetischen Struktur als eines dynamischen »Zeichensystems« war in Tynjanovs Idee des »Systems« klar vorweggenommen. In seinem Essay *Über literarische Evolution* (1927) definiert er das System als ein komplexes Ganzes, das durch Wechselbeziehungen und dynamische Spannung zwischen den einzelnen Komponenten charakterisiert und durch die zugrunde liegende Einheit der ästhetischen Funktion zusammengehalten wird. »Die konstruktive Funktion jeder Komponente des Systems«, schrieb Tynjanov, »liegt in ihrer Bezogenheit auf andere Komponenten und damit auf das gesamte System« [25].

Wenn Tynjanov letzten Endes das literarische Werk als eine

»Gestalt« definierte, so ist es nur natürlich, daß die »Literaturhaftigkeit« als eine »Gestaltqualität« interpretiert wurde. Auf
die strukturalistische Auffassung der »ästhetischen Funktion«
wies auch schon der fruchtbare Begriff der »dominanta« hin,
d. h. der dominierenden Qualität, ein Begriff, der von Eichenbaum und Tynjanov entwickelt und offenbar von dem deutschen Ästhetiker Broder Christiansen entliehen worden war.
»Ein System«, schrieb Tynjanov, »bedeutet nicht die Koexistenz
von Komponenten auf gleichberechtigter Grundlage; es setzt
vielmehr den Vorrang einer bestimmten Gruppe von Elementen
und die sich daraus ergebende Deformierung anderer Elemente
voraus« [26].

Eben diese »hervorstechende Komponente oder Gruppe von
Komponenten« oder die »dominanta« sind es, welche die Einheit des literarischen Werks wie auch dessen »Wahrnehmbarkeit« sichern, d. h. die Tatsache, daß es als ein literarisches Phänomen erkannt wird. Mit anderen Worten, die »dominierende
Qualität« der Literatur ist auch ihr unterscheidendes Merkmal,
der Kern ihrer »Literaturhaftigkeit«.

Es ist typisch für jenen tiefgreifenden Relativismus, der das
formalistische Denken in seinen frühen wie auch reiferen Phasen kennzeichnete, daß sich Tynjanov viel weniger eingehend
mit dem Wesen der »dominanta« als mit ihrem Rang befaßte. Man
nahm an, daß sich die Merkmale, auf Grund derer das literarische
Werk »wahrgenommen« oder als solches identifiziert wird, von
einer Periode zur anderen verändern. Die literarische Entwicklung
zeitigt Verschiebungen in der Hierarchie der literarischen Gattungen wie auch im Verhältnis zwischen der Literatur und anderen, angrenzenden kulturellen Bereichen, z. B. den Naturwissenschaften, der Philosophie, Politik. Die dominierende Qualität der
schöpferischen Literatur oder einer literarischen Gattung ist daher Veränderungen unterworfen. Konstant bleibt jedoch das eigentliche Gefühl der Verschiedenheit von aller Nicht-Literatur.
Man wird hier auf Christiansens »Differenzqualität« verwiesen,
auf die sich Šklovskij schon 1919 in seinem Manifest »Kunst als
Machen« [27] berief. Aber diesmal war der begriffliche Rahmen
im wesentlichen strukturalistisch.

Wenn man mit Recht sagen kann, daß der russische Formalismus in seinen besten Äußerungen Strukturalismus war oder zumindest dahin neigte, so darf man wohl mit dem gleichen Recht behaupten, daß auf vielen entscheidenden Gebieten der Prager Linguistik-Kreis nur Einsichten der Formalisten aufgriff und weiter ausführte. Hier liegt der Grund, warum, bei allen notwendigen Einschränkungen, die Besprechung des tschechischen Strukturalismus wie auch der polnischen »integralen« Methode in diese Untersuchung hineingehört. Die westslawischen »Formalisten« gaben einige Grundsätze der Russen auf, die ihnen veraltet oder überspannt erschienen; viele andere wurden von ihnen neu formuliert. Aber sie bewahrten den gesunden Kern der *Opojaz*-Einsichten: die Vorstellung von der »Wahrnehmbarkeit« des Wortzeichens, der Betonung des Mediums als den unterscheidenden Merkmalen der poetischen Sprache, die Überzeugung vom grundlegenden konventionellen Charakter der Dichtkunst und die damit verbundene Opposition gegen wörtliche Auslegungen der Dichtung. Dies letztere, einer der wertvollsten Aspekte der formalistischen Methodologie, konnte übrigens durch die Neuformulierung mit Hilfe fundierterer Begriffe an Überzeugungskraft nur gewinnen. Bedeutsame Unterschiede in Betonung und Ausdruck unterstrichen nur die grundsätzliche Einheit des Themas. Während ein »reiner« Formalist die Existenz von Ideen und Gefühlen in einem dichterischen Werk scharf bestritt [28], oder dogmatisch erklärte, es sei »unmöglich, aus einem literarischen Werk irgendwelche Schlüsse zu ziehen« [29], betonte der Strukturalist mehr die unausweichliche Ambiguität der zwischen verschiedenen semantischen Ebenen schwankenden dichterischen Äußerung, und warnte davor, vom Dichter eine unzweideutige, leicht zu umschreibende »Aussage« zu erwarten.

In einer feinsinnigen Einführung in die gesammelten Werke Puškins auf tschechisch [30] setzte sich Jakobson mit den zahlreichen Versuchen auseinander, aus Puškins Dichtungen eine abgerundete Philosophie zu gewinnen. Er wies auf die schwer faßbare Art von »Puškins Weisheit«, auf die »Vielzahl der Gesichtspunkte« in seiner Lyrik hin, die es jeder Generation, jedem Milieu und jedem Denksystem ermöglichten, ihre eigenen Werte in Puškins Werke hineinzulesen [31]. Dafür wäre die Vorstellung von Eugen Onegin [32] ein gutes Beispiel, behauptete Jakobson; in ihren Interpretationen der Persönlichkeit Onegins gingen die Meinungen russischer Kritiker scharf auseinander. Einige sahen in ihm einen gutherzigen Hedoniker, andere einen mürrischen Nonkonformisten. »Jedes Puškinsche Bild«, bemerkte Jakobson, »ist von so dehnbarer Doppelsinnigkeit, daß es leicht den verschiedensten Zusammenhängen eingefügt werden könnte.«

Das ständige Problem von »Dichtung und Wahrheit«, das Verhältnis von Dichtung und Wirklichkeit, wurde in ähnlicher Weise behandelt. Die orthodox formalistische Position war eine heftige, aber verständliche Reaktion gegen den akademischen »Biographismus«. In seiner frühen Essaysammlung *Skvoz' literaturu* versuchte Eichenbaum, die Dichtung vom Dichter zu scheiden. Kunst, so erklärte er, ist ein in sich selbst ruhender, zusammenhängender Vorgang, der in keinem kausalen Verhältnis zum »Leben«, zu »Temperament« oder zur »Psychologie« steht [33].

Ein strukturalistischer Kritiker würde diese Feststellung durch Hinzufügen des Adjektivs »direkt« zu den Worten »kausales Verhältnis« näher bestimmen. Anstatt eine Verbindung zwischen Werk und »Erfahrung« gänzlich abzulehnen, würde er den versteckten, kaum greifbaren Charakter dieser Beziehung hervorheben.

Für eine bündige Formulierung des Problems werden wir uns wieder an Jakobsons Essay *Was ist Dichtung?* zu halten haben [34]. Jedes Wortphänomen, schreibt Jakobson, stilisiert und modifiziert das beschriebene Ereignis bis zu einem gewissen Grade. Bei dieser Stilisierung kann es auf die beabsichtigte Wirkung, auf das Publikum, auf eine vorbeugende Zensur oder auf das Repertoire an vorhandenen Regeln ankommen. Unter der Einwirkung all dieser Faktoren kann sich ein tatsächliches Erlebnis, das in einem Gedicht beschrieben wird, so gut wie in sein Gegenteil verkehren.

Als Beispiel führt Jakobson das Werk des tschechischen Romantikers K. H. Mácha an. Diese äußerst persönliche, fast einer Beichte gleichende Lyrik ist für den formalistischen Kritiker ein verwirrendes Spiel zwischen Wirklichem und Erdichtetem. Jakobson lenkte die Aufmerksamkeit auf den starken Gegensatz zwischen der demütigen Verehrung der Heldin von Máchas Liebesgedicht und zynisch-groben Bemerkungen über dieselbe im Tagebuch des Dichters [35]. »Welche Darstellung des Erlebnisses ist wahr?« fragt Jakobson. »Beide und keine« [36].

Aber wenn die durch das Prisma der literarischen Konvention gefilterten Tatsachen des Lebens gelegentlich bis zur Unkenntlichkeit deformiert werden können, so liegt es umgekehrt manchmal gerade an diesem koventionellen Wesen der Poesie, daß eine Dichtung dem Tatsächlichen gefährlich nahe kommen kann, wo wir es am wenigsten erwarten. Wir sollten, warnt Jakobson, einem Dichter keinen Glauben schenken, wenn er uns versichert, daß er uns »diesmal« die unverfälschte Wahrheit gebe; ebenso wenig wörtlich dürfe man seine Behauptung nehmen, daß seine Erzählung reine Erfindung sei [37]. Da wir vom Dichter als Dichter nicht erwarten, daß er »nichts als die Wahrheit« sage, da, wie Eichenbaum sagt, »in der Dichtung das Gesicht des Dichters eine Maske« ist [38], kann die für gewöhnlich bei Konfessionen ausgeübte innere Zensur in der Literatur unter Umständen beträchtlich gelockert sein. So sprach, um auf den Essay von Jakobson zurückzukommen, der große slowakische Lyriker Janko Král über die leidenschaftliche Liebe zu seiner Mutter, anscheinend das wahre Leitmotiv seines Lebens, in seiner Lyrik offener als er es wohl in nicht-dichterischen Äußerungen getan hätte. Er konnte mit Recht annehmen, daß der Leser dieses zur-Schau-Stellen seines Oedipuskomplexes fälschlich für eine bloße »Maske«, für vorgetäuschte Kindlichkeit halten würde.

Aber die Vielschichtigkeit des Problems ist damit noch nicht erschöpft. Wie Tomaševskij nachgewiesen hat, ist das Verhältnis zwischen dichterischer Erfindung und psychologischer Realität nicht das einer einseitigen kausalen Abhängigkeit. Die Dichtung mythologisiert das Leben des Dichters in Übereinstimmung mit den zur jeweiligen Zeit vorherrschenden Konventionen, sie gibt das idealisierte Bild des Dichters, wie es für die bestimmte literarische Richtung typisch ist. Ein »autobiographisches« Gedicht erzählt häufig nicht, was geschehen ist, sondern was hätte geschehen sollen [39]. So bildet sich aus einem widersprüchlichen Wirrwarr von Fakten und unvermeidlichen Zutaten ein Mythos der literarischen Biographie heraus [40]. Aber dieser Mythos kann wiederum zu einem selbständigen Lebensfaktum werden. Eine literarische Mystifikation kann in die Wirklichkeit zurückprojiziert werden, die »Maske« kann sich dem »Menschen« wieder aufdrängen als ein Ideal, dem nachgestrebt, als eine Verhaltensweise, der nachgeeifert werden soll. Der Byronismus als Lebensauffassung bietet sich hier als gutes Beispiel an [41]. Aber Jakobson verweist auch auf jüngere Beispiele. In seinem aufschlußreichen Artikel über den Tod Majakovskijs spricht er von dessen Lyrik als einem turbulenten lyrischen Drama – einem Szenario, das im »wirklichen Leben« dargestellt werden sollte [42].

Natürlich besteht nach Meinung der Formalisten keine Punkt für Punkt zu verfolgende Übereinstimmung zwischen Dichtung und Persönlichkeit. Die Vorstellung der »naiven psychologischen Realisten«, daß Kunst ein orakelhafter Erguß, ein spontaner Gefühlsausbruch sei, wurde heftigster Kritik in einer Weise unterzogen, die T. S. Eliot gefallen hätte [43]. Das literarische Werk, sagt M. Kridl, geht über die Individualpsychologie hinaus. Im Verlauf der künstlerischen Objektivierung löst sich das literarische Werk von seinem Schöpfer los und nimmt ein Eigenleben an [44]. Roman Ingarden vertrat den Standpunkt, daß die psychologische Erfahrung, die ein Kunstwerk entstehen läßt, in eben dem Moment, in dem das Werk entstanden ist, als Erfahrung aufhört [45].

Wo sich die meisten russischen Formalisten auf die Einwirkung überpersönlicher Techniken auf die anfängliche individuelle Erfahrung beriefen, setzte sich Mukařovský mit dem Problem in dem von ihm bevorzugten Sinne der Semiotik auseinander. »Wie die Sprache«, schrieb er, »ist die Kunst ein von subjektiver Bedeutung durchsetztes Zeichensystem.« Wegen seines semiotischen Wertes (znáková povaha) entspricht das Kunstwerk weder vollkommen der Geistesverfassung, der es entsprang, noch derjenigen, die es hervorruft. Was immer wir an vermeintlichem Ausdruck der Erfahrung des Dichters in einem Kunstwerk finden, ist nichts als ein in die künstlerische Struktur aufgegangenes Bedeutungselement. Manchmal antizipiert der Künstler das Leben, manchmal haben wir es mit reiner Erfindung zu tun, mit einer künstlerisch ausgenutzten Situation, die jedoch nie wirklich erlebt wurde [46]. »Das dichterische Ich«, bemerkte Mukařovský an anderer Stelle, »ist nicht mit irgendeiner empirischen Persönlichkeit identisch, nicht einmal mit der des Autors. Es ist vielmehr der Angelpunkt im Aufbau der Dichtung« [47].

Was all dies für den Literarhistoriker bedeutete, wurde sehr gut von Tomaševskij zusammengefaßt, einem außerordentlich vernünftigen Gelehrten, der sich von bohémienhaften Übertreibungen wie auch von akademischem Eklektizismus immer freihalten konnte. »Die Lyrik ist kein wertloses Material für die biographische Forschung. Sie ist einfach unzuverlässiges Material« [48]. Die lyrische Aussage ist kein Zeugnis per se; das kann sie nur werden, wenn sie sich durch anderes, zusätzliches Material erhärten läßt.

Was vom individuellen Selbstbekenntnis gilt, läßt sich ebenso auf die »Spiegelungen der Gesellschaft« in der Literatur anwenden. Die gleichen Faktoren, durch die ein Gedicht ein unzuverlässiges psychologisches Dokument ist, sprechen gegen die Betrachtung einer Dichtung als soziologisches oder anthropologisches Beweisstück.

Dieser Punkt wurde in den volkskundlichen Untersuchungen der Formalisten einleuchtend behandelt [49]. Šklovskij und Bogatyrev wandten sich gegen den »Ethnographismus« von A. Veselovskij und seiner Schule. Volkserzählungen sind, so behaupteten sie, niemals ein direkter Spiegel wirklicher Bräuche. Bogatyrev wies darauf hin, daß die Handlung der Volkserzählung umso wirksamer ist, je größer die Distanz zwischen der in der Geschichte benutzten Situation und dem Publikum wird. Damit sich ein Stoff für eine volkstümliche Erzählung überhaupt eignet, muß das Motiv entweder exotisch sein, d. h. aus einer entfernten Kultur stammen, oder aber archaisch sein, also der »alten Geschichte« angehören [50]. Von dieser Voraussetzung ausgehend warnte Šklovskij vor einer zu wörtlichen Auslegung der griechischen Volksdichtung, die den Raub von Bräuten behandelt. Es sei eine riskante Sache, daraus den

Schluß zu ziehen, daß der Raub von Bräuten zu jener Zeit ein alltägliches Vorkommnis gewesen sei. Die mündliche Überlieferung, schrieb Šklovskij, spiegle nicht die Bräuche der Zeit; sie bringe vielmehr Bräuche ins Gedächtnis zurück, die veraltet seien. Beim Übergang zur geschriebenen Dichtung spricht Šklovskij dann von einem ähnlichen, von ihm in Maupassants Kurzgeschichten entdeckten Gesetz, wo »ein Brauch nur dann zu einem literarischen Thema werden kann, wenn er nicht mehr gebräuchlich ist« [51].

Eine interessante Kritik der völlig »realistischen« Auffassung der Folklore findet sich in A. Skaftymovs etwas schwülstiger aber anregender Untersuchung über *Die Poetik und Genese der Byliny* [52]. Skaftymov bot eine neue, »innerliterarische« Lösung für eines der umstrittensten Probleme der russischen Folklore, nämlich der Behandlung, die dem Prinzen Vladimir, dem König Arthur der russischen Überlieferung des mündlichen Epos, in den *byliny* zuteil wird.

Manch russischer Volkskundler hat sich gefragt, warum in den *byliny* dieser tüchtige und dem Volksmund nach gütige Herrscher ausnahmslos von dem »Helden« (bogatyr'), meistens einem Gefolgsmann Vladimirs, in den Schatten gestellt wird. Die Rolle des Anführers, so hat man festgestellt, ist gewöhnlich recht unbedeutend und gelegentlich sogar wenig sympathisch. Der Vladimir der *byliny* ist weder gegen Schwächen wie Verwirrung und Furcht angesichts eines mächtigen Gegners gefeit, noch ist er erhaben über Ungerechtigkeit und Falschheit, wenn man ihn mit dem bogatyr' vergleicht, der dem Feind stets überlegen ist.

Einige russische Volkskundler haben in dieser Darstellung des Prinzen den Niederschlag einer anti-autoritären Einstellung von seiten demokratisch gesinnter Angehöriger des Hofes sehen wollen [53]. Für Skaftymov ist Vladimirs Rolle in dem mündlich überlieferten Epos eher eine Sache der Komposition denn der Ideologie. Eine »bylina«, so führte er aus, ist eine eindeutige Verherrlichung des Kriegers, eine dicht gesponnene Erzählung, die um den dramatischen Konflikt zwischen dem Helden und seinem Feind kreist. Alle anderen Personen, die Hauptfigur der russischen »feudalen« Hierarchie, Prinz Vladimir, eingeschlossen, bilden bloß einen echogebenden Hintergrund« dafür [54]. Nach dem Gesetz der künstlerischen Perspektive muß nun der Vordergrund in der Geschichte deutlicher hervortreten als der Hintergrund. Außerdem kann man, da alles in den »bylina« auf die endliche Verherrlichung des Helden gerichtet ist, von allen zweitrangigen Gestalten, den Prinzen eingeschlossen, eine Verhaltensweise erwarten, die diese Schlußwirkung am stärksten zur Geltung bringt. So könnte z. B. der Prinz in einer Notlage einer allgemeinen Panik zum Opfer fallen, nur damit der Mut des Helden noch stärker ins Auge fällt. Bis zu der großen Auseinandersetzung mag sich Vladimir, was den Ritter betrifft, ungläubig, ja geringschätzig verhalten, nur um dessen endgültigen Triumph noch großartiger zu machen.

Die methodologische Lehre aus dieser Analyse ist deutlich: es hat keinen Sinn, eine außerliterarische Erklärung für das Verhalten eines Charakters oder auch für ein Handlungselement zu suchen, wenn letztere sich aus den inneren Notwendigkeiten der ästhetischen Struktur erklären lassen. Mit anderen Worten, es ist gefährlich, irgendwelche soziologischen oder psychologischen Schlüsse aus dem literarischen Werk zu ziehen, bevor man nicht seine strukturellen Eigenheiten genau untersucht hat; was an der Oberfläche wie ein Niederschlag der Realität aussieht, das kann sich bei genauerem Zusehen als eine ästhetische Struktur erweisen, die dieser Realität aufgesetzt ist. Da jeder Teil des Lebens, der in der Kunst Ausdruck findet, durch die »Konvention« verwandelt wird, ist es die erste Aufgabe des Literarkritikers, Art und Richtung dieser Verwandlung zu bestimmen. Wie Skaftymov sagt, muß die strukturelle Beschreibung einer genetischen Untersuchung vorausgehen [55].

Der formalistische Hauptgrundsatz wurde so von neuem bestätigt. »Die Autonomie der ästhetischen Funktion« wurde im Hinblick auf verschiedene Arten schöpferischer Literatur und verschiedene Ebenen literarischen Schaffens erfolgreich bewiesen. Die formalistisch-strukturalistische Literaturtheorie war von der Autonomie des einzelnen dichterischen Wortes gegen seinen Gegenstand bis zur Autonomie des literarischen Kunstwerks hinsichtlich der Realität vorgedrungen – sowohl der subjektiven (der Künstler) wie auch der objektiven (die soziale Umwelt) Realität.

Diese Beweise für die Besonderheit der Dichtkunst waren um so überzeugender, je schärfer und klarer dem Kritiker die zahllosen Verbindungen zwischen Literatur und Gesellschaft bewußt waren.

Ein gutes Beispiel bieten Jakobsons Beobachtungen zur Prosa von Boris Pasternak [56], einem der hervorragendsten modernen Lyriker Rußlands. In seinem anregenden, wenn auch etwas zu knappen Essay versuchte Jakobson, Pasternaks Thematik von den strukturellen Eigenschaften seiner Poetik abzuleiten [57]. Er wies auf Pasternaks Vorliebe für Figuren der Kontiguität des Vertauschens angrenzender Begriffe –, die Metonymie und die Synekdoche, hin, eine Tendenz, den »Handelnden« durch die »Handlung« und wiederum die »Handlung« durch die »Umgebung« zu ersetzen, »das Bild des Helden in ... eine Reihe objektiver Geisteszustände oder umgebender Gegenstände aufzulösen« [58]. In dieser Anlage der Bildersprache sieht Jakobson einen Schlüssel zur weitgehend passiven Eigenart der poetischen Welt Pasternaks [59].

Diese glänzend durchgeführte kritische *tour de force* hatte zweierlei Folgerungen. Sie war ein Beweis für die organischen Wechselbeziehungen zwischen verschiedenen Schichten des literarischen Werks und war außerdem eine Probe dafür, daß der Stil für die integrale kritische Analyse ein ebenso guter Ausgangspunkt ist wie jeder andere Gesichtspunkt auch.

Wenn Dichtung wirklich, mit den Worten eines modernen deutschen Ästhetikers, H. Konrad, »die in Sprache verwandelte Welt« ist [60], so ist das Wort-Mittel das stärkste dem Dichter zur Verfügung stehende Kunstmittel für die Auseinandersetzung mit der Realität. In der Dichtung werden ideologische Kämpfe oft auf der Ebene des Gegensatzes zwischen Metapher und Metonymie, zwischen Metrum und freiem Rhythmus ausgetragen.

Die heftigeren Kritiker des russischen Formalismus scheinen sich darüber nicht klar geworden zu sein. Wenn Veresajev unwillig Eichenbaums Behandlung der moralischen Krise des jungen Tolstoj als den Versuch eines Pedanten ablehnt, aus einem großen Romanschriftsteller einen trockenen Handwerker zu machen, indem die jeweiligen Vorzüge verschiedener Satzwendungen ungerührt abgewogen werden, so hat man doch das Gefühl, daß der Verteidiger Tolstojs das Entscheidende nicht erkannt hat. Für einen Schriftsteller, der sich mit der Welt vermittels des Stils auseinandersetzt, ist die Wahl des »Kunstmittels« keine unerhebliche Angelegenheit. Tatsächlich macht die klare und gut belegte Beschreibung Eichenbaums, trotz ihrer Einseitigkeit, Tolstojs Kampf gegen die Klischees der romantischen Prosa das Drama der moralischen Krise Tolstojs verständlicher als manche platte ideologische Darstellung dieses Dichters. Selbst in seiner Ablehnung der Kunst war Tolstoj ein Künstler, kein Theologe. Wie Harry Levin sagt, helfen uns technische Einzelheiten mehr als ideologische Allgemeinheiten [61].

Hier muß auch bemerkt werden, daß Eichenbaum in seinen frühen Schriften die philosophischen oder psychologischen Folgerungen der künstlerischen Methode eines Dichters nur indirekt berühren konnte. Jakobson konnte sich 1935 schon viel klarer darüber äußern, da er damals für die »Motivierung« die gleiche Autonomie voraussetzen konnte, wie sie die russischen Formalisten für das »Kunstmittel« beanspruchten. Es sei ebenso abwegig, schrieb er, Pasternaks »passive« Einstellung zur Welt aus seiner Vorliebe für die Metonymie abzuleiten wie diese Haltung von der apolitischen Gesinnung der Umgebung des Dichters abzuleiten, wie das einige seiner kraß marxistischen Kritiker versuchten [62]. »Der Wunsch«, fuhr Jakobson fort, »eine Wechselbeziehung zwischen verschiedenen Wirklichkeitsbereichen herzustellen, ist vollkommen gerechtfertigt. Das gleiche gilt von den Bemühungen, aus den Fakten des einen Bereichs die entsprechenden Fakten eines anderen abzuleiten, solange dieses Verfahren nur als Projektion einer vielschichtigen Realität auf eine einzige Ebene verstanden wird. Es wäre jedoch ein Irrtum, die Projektion mit der Realität zu verwechseln und die besondere Struktur wie auch die innere »Selbstbewegung« der einzelnen Ebenen zu ignorieren. Aus den Möglichkeiten einer künstlerischen Strömung kann eine bestimmte Umwelt oder ein Individuum diejenigen wählen, die ihren sozialen, ideologischen, psychologischen oder anderen Erfordernissen am meisten gerecht werden; umgekehrt suchen sich künstlerische Formen, die durch die inneren Gesetze ihrer eigenen Entwicklung hervorgebracht wurden, ein adäquates Milieu oder eine schöpferische Persönlichkeit für ihre Realisierung.« Jakobson fügte hinzu: »Man sollte diese Entsprechung von Schichten nicht als eine idyllische Harmonie verstehen. Man darf nicht vergessen, daß zwischen verschiedenen Schichten der Realität dialektische Spannungen auftreten können« [63].

Diese Auffassung des literarischen Prozesses als einer dialektischen Spannung zwischen ästhetischer Form, schöpferischer Persönlichkeit und sozialem Milieu wurde der Vielschichtigkeit und dem Reichtum der schöpferischen Literatur gerecht. Außerdem war dies eine kritische Position, welche die Hoffnung auf Lösung eines der schwierigsten Probleme der Literaturtheorie zu enthalten schien: das der poetischen Wahrheit.

Es wurde oben gezeigt, wie beharrlich die Formalisten vor einer Verwendung der Literatur als Beweismaterial, als einer verläßlichen Informationsquelle über das Leben warnten. Jakobson postulierte die Orientierung zum Zeichen anstelle des Bezugsgegenstandes als des unterscheidenden Merkmals von Dichtung. Kridl sah das Ziel einer schöpferischen Literatur im Schaffen einer neuen, fiktiven Realität [64]. R. Ingarden fügte diesen Gedankengängen eine neue Dimension hinzu, die der Logik. Er führte überzeugend aus, daß ein Satz aus einem literarischen Werk im Unterschied zu einer informativen Äußerung nicht vorgibt, »wahr« zu sein, oder mit Ingardens eigenen Worten, keinen »Wahrheitsanspruch« erhebt [65].

Dies war ein gutes Argument. Und doch können, wie Ingarden zweifellos zugeben würde, große literarische Werke, wenn sie auch nicht im wörtlichen Sinne »wahr« sind, doch zur Wahrheit beitragen, da sie oft entscheidende Einsichten in die menschliche Lage gewähren. Bei der Behandlung seines Mediums oder beim Aufbau einer fiktiven Welt offenbart ein Dichter unter Umständen indirekt mehr über die Wirklichkeit als mancher Gelehrte auf der Suche nach der »Wahrheit«. So erfahren wir z. B. aus Prousts Romanen mehr über die menschliche Seele als aus einem mittelmäßigen Lehrbuch der Psychologie. Oder in

Dostoevskijs Legende vom »Großinquisitor« wird das tragische Dilemma von Freiheit und Macht mit einer Scharfsichtigkeit dargestellt, wie sie eine soziale Abhandlung kaum erreichen kann.

Die slawischen Strukturalisten haben sich nie ausdrücklich über diese indirekte Wahrheitsfunktion der Dichtung ausgesprochen. Aber einige ihrer Äußerungen werfen doch ein bezeichnendes Licht auf die Art und Weise, in der Literatur bedeutsam und zutreffend sein kann, ohne »wahr« zu sein. Man denke nur an die These, daß die Literatur nicht die Wirklichkeit spiegelt, sondern sich mit ihr überschneidet, oder an die fruchtbare Idee von der dynamischen Wechselwirkung der Kunst mit ihrem Schöpfer und seiner Umgebung. Das literarische Werk, sagte Mukařowský, »ist ein Zeichen, das auf die Verhaltensweisen und den Zustand der Gesellschaft hinweisen kann; aber es ist kein automatisches Nebenprodukt ihrer Struktur« [66]. In gewissem Sinne ist die Literatur für alle Faktoren, mit denen sie in Berührung kommt, bezeichnend, z. B. für den Autor, sein Milieu, sein Publikum, ohne jedoch je die Stellvertretung für einen dieser Faktoren zu übernehmen.

Man kann noch einen Schritt weiter gehen. Der Erkenntniswert der Literatur beruht weder auf der Tatsache, daß der Dichter wichtigere Data zutage fördern kann als der Wissenschaftler, noch wird er zur Gänze aus der Fähigkeit des Künstlers verständlich, das Allgemeine zu konkretisieren oder das Abstrakte greifbar zu machen. Wie Lionel Trilling sagt, ist die Literatur »die menschliche Tätigkeit, die der Mannigfaltigkeit, den Möglichkeiten, der Komplexität und Schwierigkeit am meisten gerecht wird« [67]. Könnte man nun nicht diese einzigartige Bewältigung der Ambiguität menschlichen Erlebens, diese Fähigkeit, die »massive Dichte des Weltkörpers« (John Crowe Ransom) zu übermitteln, als ein Gegenstück zu jener Dichte des Mediums auffassen, die nach Ansicht der Formalisten für die Dichtung typisch ist? Könnte nicht die komplexe und oft verwirrende Schau der Wirklichkeit, d. h. des »Bezugsgegenstandes« des literarischen Werks, auf die semantischen Verschiebungen zurückgeführt werden, die auf der Ebene des »Zeichens« vor sich gehen?

In seiner Diskussion von Puškins Weltanschauung kam

Jakobson solchen Schlüssen sehr nahe [68]. Die meisten russischen Formalisten waren allerdings zu sehr damit beschäftigt, die Kunst vom Leben zu trennen, um zuzugeben, daß Dichtung auf der erkennenden oder gefühlshaften Ebene genau so stark wirken könne wie auf der sinnlichen. In einem seiner Angriffe auf die unberechtigten Ansprüche der Gefühlstheorie schrieb Šklovskij: »Im Grunde genommen ist Kunst jenseits von Gefühl. ›Blut‹ in der Dichtung ist nicht blutig . . . es ist der Bestandteil eines Klangmusters (z. B. Reim) oder eines Bildes« [69].

Wie leider nur zu viele von Šklovskijs übereilten Verallgemeinerungen, war auch dies eine Halbwahrheit. Zweifellos wirkt das Wort »Blut« in einem Gedicht anders auf uns, als wenn wir es im »wirklichen Leben« hören. Und wie Šklovskij ganz richtig beobachtete, ergibt sich einer der Unterscheidungspunkte wahrscheinlich aus der formalen Struktur des Verses; die »Künstlichkeit« des Reims bringt einen, wie I. A. Richards es nannte, »Rahmeneffekt« hervor [70], ein Bewußtsein der Distanz gegenüber der Realität. Das bedeutet jedoch nicht, daß »Blut« in der Literatur gänzlich »blutlos« ist. Das gewöhnliche Wort, in die Dichtung übertragen, wird seiner gefühlsmäßigen Färbung oder der zahlreichen Assoziationen, die sich im Laufe seiner Geschichte darum angesammelt haben, nicht entkleidet. Wie die formalistischen Theoretiker selber andeuteten, »aktualisiert« der Vers das Wortzeichen in allen seinen Eigenschaften. Das unterscheidende Merkmal der poetischen Sprache liegt nicht in der Tatsache, daß sie »jenseits des Gefühls« ist, sondern darin, daß ihr Gefühlswert zusammen mit ihrer grammatischen Form mehr zu einem Gegenstand ästhetischer Überlegungen als zu einem Katalysator von Furcht, Haß oder Begeisterung wird; zu etwas, das als Teil einer symbolischen Struktur »wahrgenommen« oder »erlebt« werden soll, statt Anstoß zum Handeln zu sein. Wie Wellek und Warren aufgezeigt haben, sind »die in der Literatur dargestellten Gefühle . . . die Empfindungen von Gefühlen, das Wahrnehmen der Gefühle« [71].

Dies führt weiter zu dem Problem der ästhetischen Empfänglichkeit. Trotz I. A. Richards neigen wir zu der Ansicht, daß die durch die Kunst hervorgerufenen Gefühle nicht nur dem

Grad, sondern auch der Art nach anders sind als Gefühle im Leben. Ein tragischer Höhepunkt, sagen wir Hamlets Tod auf der Bühne, berührt uns ganz anders als z. B. ein Autounfall, den wir mit ansehen. Das in der ersteren Reaktion gegebene Gefühl des Abstands hängt offenbar mit dem »untergründig« immer gegenwärtigen Bewußtsein zusammen, daß das vor unseren Augen sich abspielende Drama nicht wirklich, daß die Katastrophe Teil einer nur vorgespiegelten Welt ist. Und doch kann keine echte Reaktion auf eine dramatische Entwicklung ohne einen bestimmten Grad an Gefühlseinsatz oder gar wirklicher Identifizierung auskommen.

Die Dichtkunst ist gleichzeitig fiktiv und ähnlich der Wirklichkeit, ganz subjektiv ausgeprägt und allgemein zutreffend. Beide Seiten sind entscheidend; es ist für jeden Kritiker gefährlich, eine von beiden zu ignorieren. Offenkundig liegt in der Besonderheit der Kunst der Grund für die Eigenart der ästhetischen Reaktion. Aber aus der Bezogenheit der Literatur auf andere menschliche Tätigkeiten erklärt sich die Stärke dieser Reaktion, oder macht sie vielleicht überhaupt erst möglich.

Man könnte noch hinzufügen, daß sich diese beiden Seiten der ästhetischen Erfahrung nicht nur miteinander vertragen, sondern daß sie geradezu voneinander abhängen. Gerade weil Kunst nicht in erster Linie nach Taten verlangt oder Informationsquelle ist, sondern »interesseloses Wohlgefallen« am Medium, »zwecklose Zweckmäßigkeit« (Kant), kann sie so viele, oft so widersprüchliche Elemente in ihren Bereich hineinnehmen und sich auf so viele Interessen und Bestrebungen einlassen.

Die außerliterarische Kritik, die, wie Šklovskij ganz richtig sagte, die Form beiseite schiebt, um sich des »Inhalts« zu vergewissern, war zu sehr mit der »Bedeutung« der Dichtung beschäftigt, um ihrer Einzigartigkeit gerecht zu werden. Der reine Formalismus, eine gerechtfertigte, wenn auch übertriebene Reaktion auf den Irrtum der rein genetischen Methode, neigte zu dem andern Extrem. Der Strukturalismus, das Endergebnis der formalistischen Theorien, weist jedoch den Weg zu einer Literaturauffassung, die der Einzigartigkeit wie auch der »Bezogenheit« der Literatur volle Gerechtigkeit widerfahren ließe.

KAPITEL XII

DIE VERSSTRUKTUR:
KLANG UND BEDEUTUNG

1

In den vorangegangenen Kapiteln wurde der Versuch gemacht, den begrifflichen Rahmen der formalistischen Kritik darzulegen. Als nächster Schritt ergibt sich nun eine Untersuchung über die Art und Weise, in der diese methodologischen Voraussetzungen auf spezifische Probleme der theoretischen und historischen Poetik angewandt wurden.

Der geeignetste Bereich für eine Anwendung der formalistischen Begriffe war zweifellos die Verstheorie. Ob es nun daran lag, daß die poetische Sprache die »erste Liebe« der *Opojaz*-Theoretiker war [1], oder daran, daß Formalisten wie Jakobson, Tomaševskij oder Tynjanov, die sich in erster Linie mit Fragen der Verskunst beschäftigten, schon verhältnismäßig früh zum Strukturalismus übergingen – auf diesem Gebiet jedenfalls leisteten die Formalisten ihren besten Beitrag.

Die formalistische Einstellung zur Verskunst wurde von zwei Grundsätzen bestimmt: (a) der Überzeugung von der organischen Einheit der poetischen Sprache und (b) der Idee der »dominanta«, d. h. der vorherrschenden oder gestaltenden Eigenschaft. Der Vers, so meinten die Formalisten, besteht nicht etwa nur aus äußerlichen, der Umgangssprache aufgesetzten Verzierungen wie Metrum, Reim oder Alliteration [2]. Er ist vielmehr ein integrierter Sprachtypus, von anderer Beschaffenheit als die Prosa, mit einer klar erkennbaren Hierarchie der Elemente und eigenen inneren Gesetzen, »eine in ihrem ganzen phonetischen Gefüge durchgestaltete Sprache« [3].

Der »konstruktive Faktor« im Vers ist der Rhythmus [4]; er ist das Element, das alle anderen Bestandteile abändert und verwandelt und das sich daher auf die semantischen und morphologischen sowie auf die phonetischen Ebenen der poetischen Sprache auswirkt. Im Rhythmus, verhältnismäßig allgemein [5] als ein »in der Zeit sich vollziehender regelmäßiger Wechsel vergleichbarer Phänomene« definiert [6], sah man das unterscheidende Merkmal wie auch das gestaltende Prinzip der dichterischen Sprache.

Die Formalisten bestritten nicht, daß Rhythmus oder eine Tendenz zum Rhythmus auch in berichtender Prosa gefunden werden kann. Aber entsprechend ihrer funktionellen Literaturauffassung sahen sie die unterscheidenden Merkmale der Verssprache nicht in der bloßen Anwesenheit eines Elements – in diesem Falle einer regelmäßigen oder einigermaßen regelmäßigen Anordnung des Klanggefüges – sondern in dessen Rang. In der »praktischen« oder der wissenschaftlichen Sprache, so hieß es, ist der Rhythmus nur ein sekundäres Phänomen, eine physiologische Selbstverständlichkeit oder ein Nebenprodukt der Syntax. In der Dichtung dagegen ist er eine primäre und »selbstwertige« Qualität. »Der Vers«, schreibt Tomaševskij, »hat außer-syntaktische Mittel zur Verfügung, um den klanglichen Fluß in wahrnehmbare Einheiten zu gliedern« [7]. »In der Dichtung«, sagte Tynjanov, »wird die Bedeutung der Worte durch den Klang modifiziert, in der Prosa wird der Klang durch die Bedeutung modifiziert« [8].

Noch wichtiger ist, daß in der Prosasprache – außer in der rhythmischen oder poetischen Prosa, die einen Grenzfall darstellt – der sogenannte Isochronismus, d. h. eine Neigung zu gleichen Zeitintervallen zwischen »rhythmischen Signalen«, eher die Ausnahme als die Regel bildet. Wie Tomaševskij in seiner Analyse von Puškins *Pique Dame* zeigt [9], kann eine Prosastelle eine recht regelmäßige Akzentverteilung aufweisen. Aber diese Regelmäßigkeit ist, wie Tomaševskij meint, eher eine zufällige als eine strukturelle Qualität, etwas, was man vielleicht bei genauerem Zusehen entdeckt, was man aber keineswegs erwartet. Umgekehrt kommt es beim Rhythmus eines Gedichts nicht so sehr auf die tatsächliche Verteilung der rhythmischen Akzente als vielmehr auf unsere Erwartung ihrer Wiederkehr in bestimmten Intervallen an. Für Jakobson, wie auch für Wellek und Warren, ist »die Zeit . . . in der Verssprache eine Erwartungszeit« [10].

Die Auffassung vom Rhythmus als einer »Gestaltqualität«, als einer Eigenschaft, die auf alle Ebenen der Verssprache ausstrahlt und sie durchzieht, bewahrte die Formalisten vor dem Irrtum der traditionellen Metrik, einer Gleichsetzung von Rhythmus und Metrum. Es war den Formalisten vollkommen klar, daß der Vers wohl das Metrum, aber nicht den Rhythmus entbehren kann. »Die Sprache kann wie Verse klingen, ohne irgendein metrisches Muster aufzuweisen«, schrieb Tomaševskij [11]. Wie schon oben gezeigt wurde [12], war für die Theoretiker der *Opojaz* der Reim einfach nur ein besonderer Fall von »Klangwiederholung« (zvukovoj povtor), allerdings, so möchte man hinzufügen, ein durch den »strategischen« Ort des Reims besonders auffälliger Fall. Ähnlich hielt man das Metrum bloß für einen besonderen Fall des Rhythmus an, oder, genauer, als den handgreiflichsten Beweis seiner Existenz. Das metrische System wurde zu einem Hilfsmittel reduziert, das den »gestalteten« Charakter der Verssprache bezeichnete, indem es den rhythmischen Fluß in »gleiche Betonungsteile« aufteilte [13].

Dieser Gedankengang erinnert an Andrej Belyjs Unterscheidung zwischen dem idealen metrischen System und dem tatsächlichen Versrhythmus [14]. Obwohl Belyj und die Führer der *Opojaz* nicht viel miteinander anfangen konnten, zeigten doch die formalistischen Arbeiten über den Versbau viele Berührungspunkte mit den bahnbrechenden Untersuchungen des symbolistischen Theoretikers. Tomaševskij, Tynjanov und Brik teilten Belyjs Interesse an rhythmischen Variationen wie auch an der Art und Weise, in der die gleiche metrische Norm von verschiedenen Dichtern oder Dichtschulen verwirklicht wird. Wie Belyj sahen sie Abweichungen von der Regel, wie sie nun einmal im »regelmäßigsten« Vers vorkommen, als ganz zum Rhythmus gehörig und daraus erklärlich an – als einen im Hinblick auf den »Widerstand des Wortmaterials« nicht nur unvermeidlichen, sondern für den ästhetischen Effekt entscheidenden Faktor.

Während die Symbolisten und Formalisten im Postulat der Unumgänglichkeit metrischer Unregelmäßigkeiten übereinstimmten, gingen ihre Meinungen in bezug auf die dafür angeführten Kriterien auseinander. Während Belyj die rhythmische »Mannigfaltigkeit« verteidigte, neigten die Formalisten zu Šklovskijs Gedanken der »Entautomatisierung«.

Der hervorragende polnische Formalist Franciszek Siedlecki stellte fest: die für den Vers typische dichte Organisation zieht die Klangschicht der Sprache aus der amorphen Trägheit heraus, in der sie in der praktischen Sprache für gewöhnlich verharrt [15]. Aber der künstlich eingeführte Isochronismus, fuhr Siedlecki fort, könnte wiederum zur Automatisierung führen, wenn es nicht die gelegentlichen Abweichungen von der Norm gäbe, jene »Augenblicke enttäuschter Erwartung« (Jakobson). Eine rhythmische Variation z. B., das Fortfallen einer Betonung in einer metrisch an sich »starken« Position erzeugen Spannung zwischen der gewöhnlichen Sprache und der ästhetischen Norm, wodurch der dynamische und kunstvolle Charakter des Versrhythmus unterstrichen wird.

Aus Siedleckis Überlegungen geht deutlich hervor, daß die Formalisten den unregelmäßigen »freien« Vers bevorzugten. Aber trotz dieser offensichtlichen kritischen Voreingenommenheit konnten sie die Dogmatik der Position Belyjs vermeiden. Für diesen war, wie oben gezeigt wurde, der Rhythmus ein Triumph über das Metrum, oder mit seinen eigenen Worten, »eine Symmetrie in Abweichungen vom Metrum«. Die formalistischen Versforscher fanden diese Definition zu eng und zu negativ.

Tatsächlich ergeben sich aus den formalistischen Versstudien zwei Auffassungen vom Versrhythmus, eine breit und eine eng angelegte. Die erstere, die man als die formalistische Maximaldefinition des Rhythmus bezeichnen könnte, umfaßte die »Ganzheit der tatsächlich wahrnehmbaren klanglichen Phänomene« [16], d. h. die Gesamtsumme der ästhetisch angeordneten Klangelemente eines Gedichts. Darunter waren natürlich auch die sonst unter »Metrik« besprochenen »quantitativen« Faktoren [17] wie Betonung, Tonhöhe und -länge, und die »qualitativen« wie Alliteration oder Übereinstimmung von Vokalen zu verstehen.

Diese umfassende Auffassung des Rhythmus war klarerweise eine Folge des formalistischen Akzents auf der organischen Einheit der poetischen Sprache. Der Umfang der Rhythmusanalyse wurde beträchtlich erweitert, um alle Schichten der poetischen Sprache, die direkt oder indirekt von der gestaltenden Kraft der rhythmischen »dominanta« berührt werden, in den Bereich der Versforschung miteinzubeziehen.

In formalistischen Arbeiten über Probleme der Prosodie wird der Rhythmus in etwas spezifischerem Sinne erörtert. »Die Rhythmik«, sagte Tomaševskij, »erstreckt sich auf die Klangphänomene, die während des Umsetzens der metrischen Norm in die eigentliche dichterische Sprache hervorgebracht werden« [18]. Aber im Gegensatz zu Belyjs Auffassung wird diese eigentliche Verwirklichung des Metrums nicht bloß als eine Reihe von Verstößen gegen die Regel, sondern als die Regel plus diese Verstöße angesehen, als eine »kontrapunktische« Spannung zwischen der Norm und der gewöhnlichen Sprache [19].

Während die Formalisten in ihrer Behandlung des metrischen Verses weniger aggressiv waren als Belyj, zeigten sie sich in ihrem Begriffssystem viel radikaler. Sie gingen weit über die Grenzen der traditionellen Versforschung hinaus, indem sie Probleme wie die der Wortorchestrierung und der Satzmelodie aufgriffen. Auch bezweifelten sie in ihren Rhythmusanalysen russischer Lyrik die Brauchbarkeit des Vers-»Fußes«, eines Schlüsselbegriffs der griechisch-lateinischen Prosodie. Begriffe wie »Amphibrachys«, »Trochäus« oder »Jambus« sind für den russischen Literaturwissenschaftler von nur geringem Wert, da sie sich auf einen regelmäßigeren Wechsel von betonten und unbetonten Silben und ein genaueres quantitatives Verhältnis zwischen »starken« und »schwachen« Elementen beziehen, als sich in der russischen Lyrik, selbst in ihrem »klassischen« Stadium, je beobachten ließe. »Der Begriff des Versfußes«, schrieb Tomaševskij, »ist der schwächste Aspekt der alten Metrik« [20]. Für Jakobson und Tomaševskij ist die Grundeinheit des Versrhythmus nicht ein »imaginärer« Fuß, sondern die als ein deutlich »rhythmisch-syntaktischer« oder »modulierter« Abschnitt erfaßte Verszeile [21].

Diese Auffassung vom Versbau fand klaren Ausdruck in Tomaševskijs gelehrter Analyse von Puškins jambischem Pentameter [22]. Für Belyj war eine in diesem Metrum geschriebene Gedichtzeile eine Reihe von fünf zweisilbigen Füßen, als »Jamben« bekannt, mit gelegentlich »fehlenden Akzenten«. Tomaševskij würde lieber von einer Folge von zehn Silben sprechen, die durch einen jambischen »rhythmischen Impuls« gekennzeichnet sind, d. h. einer Tendenz zur Betonung auf den langen Silben. Dieser zugrunde liegende »Impuls«, würde der formalistische Theoretiker hinzufügen, ist beständig genug, um die Abweichungen von der Norm, die »Augenblicke enttäuschter Erwartung«, wahrnehmbar und damit ästhetisch bedeutsam zu machen.

Die formalistischen Metriker gaben sich bei ihrer genauen Wiedergabe des Klanggefüges eines Gedichts nicht damit zufrieden, die Zahl der Silben und die Akzentverteilung innerhalb einer Verszeile aufzuzeichnen. Es ging ihnen ebensosehr um die Position der Betonungen im Hinblick auf Worteinheiten. Die »Wortgrenzen« (slovorazdely) waren ihrer Meinung nach ein wichtiger Faktor bei der Aufnahme eines Gedichts.

Wie Fedor Korš, einer der Pioniere der vergleichenden Metrik in Rußland, lehnten es die Formalisten ab, eine Verszeile als eine bloße Lautreihe zu betrachten, als eine Folge von starken und schwachen Silben. In seiner Arbeit *Über den tschechischen Vers* versuchte Jakobson die Wirkung der sich verschiebenden Wortgrenzen dadurch zu verdeutlichen, daß er die folgenden vier Zeilen aus Puškins Gedicht »Utoplennik« (Der Ertrunkene) aufzeichnete:

> A ne tó pokoločú
> Pritažžíli mertvecá
> Nevidímkoju luná
> Utoráplivaet šág.

Vom rein akustischen Gesichtspunkt aus ist, wie Jakobson sagt, die Struktur der vier Zeilen identisch. Jede hat sieben Silben, der »rhythmische Impuls« ist trochäisch, mit nur zwei wirklich starken Hebungen und »schwachen« ersten und fünften Silben. Und doch darf nach Ansicht Jakobsons von der Rhythmusanalyse die Tatsache nicht übersehen werden, daß in jeder der vier Zeilen die Pause zwischen den Worten anders liegt, wenn das auch akustisch nicht wahrnehmbar ist [23].

Wie Jakobson an anderer Stelle zeigte, gibt es Fälle, wo sich die Position des Akzents gegenüber der Worteinheit insofern unmittelbar auf die Prosodie auswirkt, als sie die tatsächliche

Akzentverteilung in einer Verszeile beeinflußt. Dies kann an Stellen vorkommen, die rhythmische Variationen aufweisen. Das Ergebnis der Spannung zwischen metrischer Norm und Wortmaterial hängt oft von der Stellung der Wortgrenze ab. Manchmal wird der Rhythmus über die Gewohnheit triumphieren. So kann ein einsilbiges, in der gewöhnlichen Sprache immer unbetontes Wort, das logisch dem folgenden oder vorangehenden Wort untergeordnet ist, infolge der rhythmischen »Trägheit« einen vollen Akzent erhalten. Allgemeiner gesehen kann eine normalerweise unbetonte Silbe das rhythmische Signal auffangen oder umgekehrt eine normalerweise betonte Silbe die Betonung verlieren, wenn ein solcher Vorgang nicht eine Akzentverschiebung innerhalb einer Worteinheit mit sich bringt. Sollte dies aber der Fall sein, so wird der rhythmische Impuls notwendigerweise blockiert. Die prosodische Struktur der russischen Sprache erlaubt eine solche »innere Akzentverschiebung« (pereakcentirovka) nicht, da im Russischen eine solche poetische Freiheit sehr leicht die Bedeutung des gegebenen Wortes verändern würde [24].

Diese Gedankengänge wiesen deutlich auf die Wechselbeziehungen zwischen dem Klang des Gedichts und seiner Bedeutung, zwischen Prosodie und Semantik hin. Tatsächlich wurden sich die Formalisten, nach einer kurzen Zeit der Faszination durch den reinen Wohlklang, dieser wechselseitigen Beziehung in hohem Maß bewußt. Eichenbaum, Jakobson und Tynjanov wandten sich überzeugend gegen die rein akustische Versauffassung, wie sie von Sievers und Saran in Deutschland und von Verrier in Frankreich vertreten wurde [25]. Sie erhoben nachdrücklich Einwände gegen die Ansicht von Sievers, daß sich ein Versforscher in die Lage eines Ausländers versetzen solle, der einem Gedicht zuhört, ohne die Sprache, in der es geschrieben ist, zu verstehen [26]. Eine solche Einstellung war nach Auffassung der Formalisten weder wünschenswert noch psychologisch möglich. Die Klangstruktur einer Sprache wird, wie Jakobson und Mukařowský überzeugend darstellten, zunächst und vor allem als ein System von »phonemischen« Gegensätzen wahrgenommen, die zur Unterscheidung von Wortbedeutungen dienen, oder, um L. Bloomfields Begriffe zu benutzen [27], als eine Reihe »bezeichnender« phonetischer Unterscheidungen. Diese in das kollektive »Sprachbewußtsein« einer bestimmten Sprachgemeinschaft eingebettete Hierarchie klanglicher Werte, fuhr Jakobson fort, bestimmt höchstwahrscheinlich bis zu einem hohen Grad die Reaktion des »Ausländers« von Sievers. Wenn wir unverständliche Äußerungen hören, können wir gar nicht anders, als sie in die Klanggewohnheiten unserer eigenen Sprache zu transponieren. Wenn wir ein in einer fremden Sprache geschriebenes Gedicht anhören, neigen wir halbbewußt dazu, die fremde Klangfolge in vermeintliche lexikalische und phraseologische Einheiten aufzuteilen [28].

Solche Gedankengänge weisen in Richtung der sogenannten phonemischen Prosodie. Wie nicht anders zu erwarten, bemühten sich die Formalisten darum, die Versforschung mehr mit der Linguistik zu verbinden. So unterschrieben sie voll und ganz Verriers Definition der Prosodie als einer »Disziplin, welche die Sprachklänge vom Standpunkt jener Eigenschaft aus erforscht, die eine bedeutende Rolle in der Verskunst der jeweiligen Sprache spielen« [29]. Während die Formalisten im Hervorheben der Bedeutung linguistischer Überlegungen für die Metrik mit Verrier übereinstimmten, gingen ihre Meinungen in bezug auf die Art der Sprachforschung, die der Verstheorie am meisten förderlich sei, auseinander. Da die Formalisten Verriers Satz ablehnten, daß »die Metrik sich nur mit dem Klang, nicht mit der Bedeutung« befasse [30], suchten sie ihre Vorbilder lieber in der modernen funktionalistischen Sprachwissenschaft. Die Prosodie, so führten sie aus, solle sich nicht an der Phonetik »orientieren«, d. h. an der physikalischen und physiologischen Beschreibung von Sprachklängen, sondern an der Phonemik, welche die Sprachklänge sub specie ihrer linguistischen Funktion untersucht, also in ihren Möglichkeiten der Unterscheidung von Wortbedeutungen [31].

Diese Betonung der Phonemik erwies sich als sehr fruchtbar. Eine klare Unterscheidung zwischen »bedeutenden« und »unbedeutenden« phonetischen Unterschieden macht es möglich, die Hierarchie der prosodischen Elemente in jeder Sprache zu erfassen und damit eine brauchbare Basis für eine Typologie metrischer Systeme zu schaffen.

Ein gutes Beispiel für die Nutzbarmachung phonemischer Methode für die Zwecke der vergleichenden Metrik findet sich in Jakobsons Studie *Über den tschechischen Vers*. Im allgemeinen, meinte Jakobson, stehen der Sprache drei Mittel zur Verwirklichung »rhythmischer Signale« (Verriers »temps marqués«) zur Verfügung, drei potentielle »Rhythmusgrundlagen«: die Betonung oder der »dynamische Akzent«, die Tonhöhe oder der »musikalische Akzent«, und die Quantität. Jede einzelne Sprache bevorzugt in einer bestimmten Periode ihrer Entwicklung eines dieser Elemente als das gestaltende Prinzip ihrer Verskunst.

Diese Wahl, so fuhr Jakobson fort, wird weitgehend von dem relativen phonemischen Status der drei prosodischen Faktoren beeinflußt, wenn nicht völlig bestimmt. Unter sonst gleichen Voraussetzungen hat das verbindende Klangelement, das in der gegebenen Sprache am ehesten zur Grundlage des Rhythmus wird, die größte phonemische Relevanz. Es ist kein Zufall, daß sich der russische Vers im Verlauf seiner Entwicklung in zunehmendem Maße auf das Akzent-System hin bewegt hat. Im Russischen, wo die Bedeutung des Wortes oft von der Stellung der Betonung abhängt [32], ist der »dynamische Akzent« das einzige phonemische Element der Prosodie, da die Quantität hier einfach ein Nebenprodukt der Betonung ist. So ist es auch nur zu natürlich, daß in der griechischen Verskunst die Dauer das gestaltende Prinzip ist, weil da quantitative Unterschiede »bedeutend« sind, oder daß die Prosodie des Serbo-Kroatischen, der einzigen lebenden slawischen Sprache mit einer »phonemischen« Tonhöhe, um den »musikalischen Akzent« kreist.

Jakobson war sich des wesentlich künstlichen Charakters der poetischen Sprache zu genau bewußt, als daß er es damit hätte genug sein lassen. Es war ihm klar, daß die Hierarchie der einer Sprache innewohnenden prosodischen Elemente nicht der einzige bestimmende Faktor des metrischen Systems ist. Da Dichtung eine »gegenüber der gewöhnlichen Sprache ausgeübte organisierte Gewalttätigkeit« ist [33], wird in jedem gegebenen Augenblick die Wahl eines vorgeschriebenen rhythmischen Schemas durch außer-linguistische Faktoren wie »die poetische

Tradition, die Autorität der Klassiker, sowie jeweils wirksamen ausländischen Einflüssen« mitbestimmt.

Und doch sollte man, wie N. Trubetzkoy in einer freundschaftlichen Kritik von Jakobsons Arbeit meinte [34], »nicht vergessen, daß die Geduld der Sprache nicht unbegrenzt ist. In jeder Sprache gibt es Elemente, die von der Prosodie aufgegriffen werden müssen, wenn diese lebendig bleiben will«. Die poetische Form muß den grundlegenden Eigenschaften der Sprache entweder dadurch Rechnung tragen, daß sie von ihnen Gebrauch macht, das heißt, daß sie die »bedeutenden« phonischen Werte als Grundlage des Rhythmus wählt, oder dadurch, daß sie nicht gegen sie verstößt.

Das führt uns zum Problem der Grenzen metrischer Freiheit zurück, genauer, zu der These von Jakobson und Tomaševskij über die Unmöglichkeit der Akzentverschiebung innerhalb eines Wortes im Russischen. In der ersten Zeile der *Aeneis*, »Arma virumque cano«, verschiebt der daktylische rhythmische Impuls die Betonung willkürlich von der ersten zur zweiten Silbe von »cano«. Im Russischen könnte, wie Jakobson und Tomaševskij gezeigt haben, diese Art »organisierter Gewalttätigkeit« nicht vorkommen, aus dem gleichen Grunde, weswegen sich die serbo-kroatische Prosodie einer Verschiebung des »musikalischen Akzents« innerhalb eines Wortes widersetzt. Anscheinend, so schlossen die formalistischen Theoretiker, sind einige phonische Werte unserem Sprachbewußtsein doch zu tief eingeprägt, als daß sie vom Dichter übersehen oder mißhandelt werden dürften.

2

Das Festhalten der Formalisten an den Wortgrenzen als rhythmischen Faktoren und ihre Bemühungen um eine phonemische Prosodie bezeugen das anhaltende Interesse an der Bedeutung, das die spätere Phase der von der *Opojaz* betriebenen Versforschung charakterisiert [35]. Dieses Bewußtsein von der Wechselbeziehung zwischen phonetischen und semantischen Aspekten der poetischen Sprache wirkte sich auf verschiedene Ebenen der kritischen Analyse aus. Vom Phonem, der kleinsten Einheit, die fähig ist, Bedeutung zu unterscheiden, über das Wort, der kleinsten unabhängigen Bedeutungseinheit, bewegte sich die formalistische Verstheorie auf die höhere Einheit zu, den Satz. Probleme der poetischen Syntax erschienen als eine natürliche Verbindung zwischen rein metrischer Analyse und der Untersuchung der poetischen Semantik.

Der erste, der sich eingehend mit der poetischen Anwendung des Satzbaus befaßte, war Osip Brik, der sich seit den Anfängen der formalistischen Bewegung ständig der Erforschung von »Klangwiederholungen« gewidmet hatte – Klangfiguren, die sich im Vers erkennen lassen, wenn man von seinem prosodischen Schema absieht. In seinem ersten Aufsatz über »Klangwiederholungen« [36] versuchte Brik eine Einteilung alliterativer Figuren in der russischen Lyrik des frühen neunzehnten Jahrhunderts, und zwar auf Grund von Kriterien wie der Anzahl der wiederholten Konsonanten oder konsonantischen Häufungen, der Reihenfolge ihrer Wiederkehr und der Stellung der konstituierenden Klänge im Hinblick auf die rhythmischen Einheiten. Bezeichnenderweise befaßte sich Briks nächste Veröffentlichung nicht mit der »Wortorchestrierung«, dem Lieblingsthema der frühen *Opojaz*-Studien, sondern mit den Beziehungen zwischen Rhythmus und Syntax. In vielen Gedichten, sagte Brik in seinem Aufsatz »Ritm i sintaksis« [37] (Rhythmus und Syntax), hängt die rhythmische Bewegung nicht nur von rein prosodischen Faktoren wie z. B. der Akzentverteilung ab, sondern ebenso von der Wortfolge. Dabei erhält die Syntax ihr Stichwort vom Rhythmus. Die Neigung zur regelmäßigen Anordnung des Wortmaterials findet ihren zusätzlichen Ausdruck in Parallelismen von Satzstrukturen, wie sie in angrenzenden oder sonstwie zugeordneten Verszeilen auftreten.

Brik bezeichnete dieses Phänomen als »rhythmiko-syntaktischen Parallelismus«, dem er nun in der russischen Lyrik der Puškin-Zeit nachzuspüren begann. Im russischen jambischen Tetrameter, dem »kanonischsten« der metrischen Systeme im Russischen, fand er eine Anzahl immer wiederkehrender rhythmiko-syntaktischer »Figuren«. Es handelte sich da um Folgen wie z. B. Substantiv plus Adjektiv plus Substantiv (z. B. »Krasa polunočnoj prirody'«) oder persönliches Pronomen plus Adjek-

tiv plus Substantiv (z. B. »Moi studenčeskie gody«) [38]. Als
ein vergleichbares deutsches Beispiel ließe sich folgende Strophe von Goethe anführen:

> Ach wer bringt die schönen Tage,
> Jene Tage der ersten Liebe,
> Ach wer bringt nur eine Stunde
> Jener holden Zeit zurück! [39]

In seinem anregenden Artikel »Verbal Style: Logical and
Counterlogical« [40] berührte auch W. K. Wimsatt jr. das
Problem der Beziehung von Rhythmus und Syntax im Vers.
»Die Gleichheiten des Metrums«, schrieb Wimsatt, »laufen
nicht mit, sondern quer durch die Sinnparallelen. Shakespeares
Zeile ›Of hand, of foot, of lip, of eye, of brow‹ und Miltons ›And
swims or sinks, or wades, or creeps, or flies‹ ... sind ausgesprochene Ausnahmen von der Regel« [41]. Man fragt sich
jedoch, ob Wimsatts Schluß nicht etwas übereilt ist. Wie Brik
gezeigt hat, gibt es Perioden oder Schulen in der Geschichte der
Poesie, für die die annähernd gleiche Ausdehnung der rhythmischen und der syntaktischen Einheiten eher die Regel als die
Ausnahme darstellt.

Diese Regel, würden die Formalisten eiligst hinzufügen,
erlaubt allerdings viele Ausnahmen. Die Wechselbeziehung
zwischen »Sinn« und »Metrum« nimmt nie die Form einer
idyllischen Harmonie an. Die Verszeile ist das Ergebnis zweier
verschiedener Kräfte, des rhythmischen Impulses und des syntaktischen Systems. Selbst in einem Gedicht, in dem diese zu-
sammenlaufen sollen, lassen sich Diskrepanzen zwischen den
beiden nicht vermeiden; ein Satz kann vor dem Ende der Zeile
aufhören oder, noch häufiger, darüber hinausgehen. Das auf
diese Weise entstehende enjambement, sagte Tynjanov, läßt
die potentielle Spannung zwischen Rhythmus und Syntax deutlich hervortreten und übt so eine ähnliche Funktion wie die
rhythmischen Variationen aus [42].

Die Bedeutung der Syntax als rhythmischer Faktor wurde
noch stärker von Eichenbaum in seiner Arbeit über *Die Melodik des Verses* hervorgehoben [43]. Brik hatte zu zeigen versucht, daß der syntaktische Parallelismus an der Gesamtwirkung des Gedichts teilhaben kann, wenn er dem Metrum hilft,

den gestalteten Charakter der Verssprache zu betonen. Eichenbaum ging nun noch über Brik hinaus bei seinem geistreichen Versuch, zu beweisen, daß ein syntaktisches Phänomen wie die Satzmelodie in einer bestimmten Versart nicht nur ein mitwirkender Faktor, sondern das »dominierende« Element, das gestaltende Prinzip werden kann.

Der Begriff der »dominierenden Qualität« erwies sich für den formalistischen Versforscher als doppelt nützlich. Man berief sich darauf bei der Abgrenzung des Verses von der Prosa wie auch beim Festsetzen von Unterscheidungen zwischen verschiedenen Arten von Dichtung. Wenn Dichtung in toto der Prosa gegenübergestellt wurde, so sah man im Rhythmus das Unterscheidungsmerkmal und auch das gestaltende Prinzip der dichterischen Sprache. Aber der Rhythmus war, besonders in der umfassenderen formalistischen Interpretation des Begriffs, ein zugegebenermaßen heterogener Begriff. Wie schon gezeigt wurde [44], bezeichnete er die Anordnung der quantitativen Elemente (Tonhöhe, Betonung, Dauer) und den von der Qualität der einzelnen Sprachklänge gemachten Gebrauch oder die Wortorchestrierung wie auch, so könnte man hinzufügen, die Auswertung der Satzmelodie. Die Hierarchie dieser Faktoren wechselt nach Ansicht Eichenbaums von einer Versart zur anderen. Jedes dieser drei Elemente des Rhythmus kann, je nach der ästhetischen »Orientierung« des Gedichts, sogar den Rang des dem Versbau zugrunde liegenden Prinzips annehmen.

Von dieser Voraussetzung ausgehend machte sich Eichenbaum daran, die relative Bedeutung der Satzmelodie in drei von ihm bestimmten Stilen der russischen Lyrik zu untersuchen, dem rhetorischen oder deklamatorischen, dem Konversationsstil und dem melodischen oder »singbaren« (napevnyj) Stil. In der ersten Versart, sagte Eichenbaum, ist die Satzmelodie, wie Lomonosovs Oden es beweisen, deutlich ein sekundäres Phänomen, eine »Begleiterscheinung oder ein Nebenprodukt des logischen Kanon«. In der zweiten, z. B. in den Gedichten der Achmatova, bemerkte Eichenbaum eine Tendenz, die Vielfalt und Beweglichkeit von Modulationen der Umgangssprache nachzuahmen. Aber nur im »sangbaren« Vers, meinte der Kritiker, haben wir

es mit einer konsequenten künstlerischen Auswertung der Satzmelodie zu tun, mit »einem vollentwickelten Intonationssystem
(intonirovanie), das die Phänomene der melodischen Symmetrie, Wiederholung, Crescendo, Kadenz etc. in sich einschließt«
[45].

Um diese These zu erhärten, bezog sich Eichenbaum vor allem
auf die russischen romantischen Lyriker Žukovskij, Fet und zu
einem geringeren Grade auf Lermontov. Die russische meditati-
ve Elegie, so behauptete er in einer gut belegten, wenn auch
nicht immer ganz überzeugenden Analyse [46], machte bewußten Gebrauch von fragenden und ausrufenden Intonationen.
Diese Intonationsmuster wurden mit Hilfe von Inversion, lyrischen Wiederholungen oder Refrain, der »Reprise« (Wiederholung einer Frage innerhalb einer Strophe) oder dem »Crescendo« [47] (eine Frage überschneidet eine Zeile oder Strophe)
betont [48].

Phonemische Prosodie, »rhythmiko-syntaktischer Parallelismus«, »Versmelodik« – all dies war weit von der traditionellen
Frage der Metrik entfernt, von der mechanischen Zählung langer
und kurzer, betonter und unbetonter Silben. Indem die Begriffe
»Phonem«, »Wort« und »Satz« die der »Silbe« oder des »Versfußes« überschatteten, wurde die Aufmerksamkeit auf die Art
und Weise gerichtet, in denen die »künstliche« Anordnung des
Versklanges mit der »natürlichen«, einer Sprache innewohnenden Bedeutungsanordnung verwoben ist und wie sie von ihr
Gebrauch macht. Von dem »Bezugsaspekt« des Problems war
es nur noch ein Schritt zu dem, was man dessen »qualitative«
Phase nennen könnte, d. h. der Auswirkung des poetischen
Wohlklanges auf den semantischen Wert der vom Dichter benutzten einzelnen Worte oder Wortverbindungen.

Es wurde bereits darauf hingewiesen [49], daß die formalistische Position von der Theorie der »Übereinstimmungen« zwischen akustischen und visuellen Reaktionen weit entfernt ist.
In ihren frühen Untersuchungen entrichteten die Formalisten
ihren Tribut an den Glauben an die »potentiellen Ausdrucksmöglichkeiten der Phoneme«. In der Folgezeit wurden sie jedoch
immer skeptischer hinsichtlich der Auffassung, daß einzelnen
Sprachklängen evokative Kraft oder bestimmte Gefühlstönun-

gen zuzuschreiben seien. Sie bezweifelten, ob gewisse Vokale oder Konsonanten rechtmäßig als »traurig« oder »heiter« bezeichnet werden könnten und maßen den lautmalerischen Mitteln keine allzu große Bedeutung zu. Nach Meinung der Formalisten war die Lautmalerei nur eine Randerscheinung der Dichtung. Viele poetische Wirkungen, sagte Eichenbaum [50], die manche Kritiker der reinen Klangnachahmung zuschreiben, hängen in Wahrheit von der Bedeutung des betreffenden Wortes ab [51].

Allgemeiner gesehen mißtrauten die Formalisten allen Theorien, die sich auf eine »organische« Verwandtschaft zwischen Zeichen und Bezugsgegenstand beriefen. Klang und Bedeutung direkt miteinander zu verbinden, bedeutete für sie das Herstellen einer Übereinstimmung nicht zwischen der Versmusik und der »Wirklichkeit«, sondern zwischen verschiedenen Schichten der poetischen Sprache [52].

Zwar lehnten es die formalistischen Theoretiker nicht völlig ab, über »phonetische Gesten« (zvukovye žesty) im Vers zu sprechen. Aber dieser Begriff bedeutete in der Anwendung durch Tynjanov oder Eichenbaum [53] nicht notwendigerweise, daß ihm beschwörende Kräfte für bestimmte akustische Wirkungen innewohnten. »Klanggeste« meinte in der Ausdrucksweise der *Opojaz* für gewöhnlich eine annähernde Analogie zwischen dem einer gegebenen Klangwiederholung zugrunde liegenden Artikulationsakt – dem mit der Hervorbringung eines Sprachlauts verbundenen Vorgang – und einer körperlichen Geste. So wird die dreifache Wiederholung des langen »u« in der ersten Zeile von Puškins Gedicht *Ruslan i Ljudmila* (*«U lukomor'ja dub zelënyj«*) von Tynjanov als »Beispiel einer phonetischen Geste« zitiert, »die mit außerordentlicher Überzeugungskraft eine wirkliche Geste suggeriert; man sollte hinzufügen, daß das hier Suggerierte keine besonderen oder eindeutigen Gesten sind« [54].

Weit häufiger findet sich in den formalistischen Schriften allerdings der Bezug auf eine »Klangwiederholung« – ob nun Reim oder ein nicht-metrisches alliteratives Mittel – als eine »rhythmische Metapher« sui generis oder ein »akustisches Gleichnis« [55]. Es muß jedoch wieder betont werden, daß diese

Begriffe in ihrer Anwendung durch Jakobson oder Tynjanov keine Verwandtschaft zwischen dem Klangmuster und dem vermeintlich dadurch beschworenen Aspekt der Wirklichkeit andeuteten, etwa eine Landschaft, ein Gefühl oder einen geistigen Zustand. Hier sollte vielmehr die Ähnlichkeit zwischen zwei Arten von Kunstmitteln, zwei Ebenen des literarischen Handwerks hervorgehoben werden: des poetischen Wohlklangs und der poetischen Bilder. Diese Behandlungsweise eines Problems war typisch formalistisch. Man bezog sich auf »innerliterarische« Begriffe und betrachtete den Vers als eine in sich ruhende Wesenheit. Außerdem ließ sich die Zuordnung von Reim und Metapher recht genau auf Šklovskijs Lehrsatz zurückführen, daß das Nebeneinander zweier sonst unähnlicher Ideen auf der Grundlage einer teilweisen Ähnlichkeit das allgegenwärtige Prinzip dichterischen Schaffens sei [56].

Noch entscheidender für die formalistische Auffassung der poetischen Semantik war die Annahme, daß der Rhythmus als gestaltender Faktor der Verssprache die Bedeutung modifiziert und »deformiert«. Das hervorstechendste Merkmal dieser »deformierten Semantik« lag nach Ansicht der Formalisten in der »Orientierung auf das benachbarte Wort hin«. Die dichte Anordnung der Lautschicht des Verses oder, wie Tynjanov sagte, »die Einheit und Gedrängtheit der Verszeile« [57], bringt die Worte einander näher, läßt sie sich überschneiden und ineinander greifen und offenbart dadurch den Reichtum ihrer anklingenden, potentiellen Bedeutungen. »Das Spiel mit diesen Nebenbedeutungen«, schrieb Eichenbaum, »das gewohnten Wortverbindungen zuwiderläuft, ist das Hauptmerkmal der poetischen Semantik« [58]. Primäre Bedeutungen weichen leicht »schillernden« Nebenbedeutungen des Wortes, die durch die Wirkung des Rhythmus in den Vordergrund treten [59]. Die für die dichterische Sprache bezeichnende, unerwartete »Überschneidung von Bedeutungen« gibt den vom Dichter benutzten Worten neue semantische Nuancen oder belebt seit langem vergessene Anklänge.

Durch dieses Schweben des Gedichts zwischen verschiedenen Bedeutungsebenen ist das dichterische Wort weit mehr vom jeweiligen Zusammenhang abhängig, als dies in der gewöhnlichen Sprache der Fall ist. Das gilt nicht nur vom poetischen Neologismus, dessen annähernder »Sinn« sich aus der semantischen »Atmosphäre« der betreffenden Stelle und aus den Morphemen ableiten läßt, aus denen er gebildet wurde. Auch in den Vers übertragene bekannte Worte, die nun mit logisch Unähnlichem auf der Grundlage einer gefühlsmäßigen oder phonetischen Verwandtschaft verbunden werden, können ihren »denotativen« Wert so gut wie verlieren zugunsten einer »Nebenbedeutung«, wie etwa einer starken Gefühlsfärbung, die durch die allgemeine Atmosphäre der Zeile oder Stelle hervorgerufen wird. Tynjanov verdeutlichte diesen Punkt durch Zitate einiger sehr bezeichnender Beispiele aus Aleksandr Blok. In der symbolistischen Dichtung, so stellte er fest, wo die Worte mehr auf Grund gefühlsmäßiger als logischer Affinität zusammengestellt werden und wo die Umrisse der Gegenstände verwischt sind, ist das Wortzeichen kein Bezug, sondern ein »affiktiver Ton« [60].

Ja, die Intensität der »affiktiven Färbung« (leksičeskaja okraska) des Wortes steht, fuhr Tynjanov fort, für gewöhnlich im umgekehrten Verhältnis zur Kraft seiner »primären Bedeutung«, seiner »denotativen« Genauigkeit. So bestimmen leicht Barbarismen, Mundartliches, Archaismen, Worte mit keinem erkennbaren »Bezugsgegenstand« und mit einer nur annähernden »Bedeutung« den Ton einer Stelle und übertragen ihre »Färbung« auf die verständlicheren Glieder einer Zeile oder Strophe. Ein ähnliches Phänomen läßt sich, wie Tynjanov bemerkte, in »expressiver« Sprache beobachten; in einem gefühlsgeladenen, recht abfälligen Kontext kann selbst ein gefühlsmäßig ganz neutrales Wort leicht als ein negatives Flickwort empfunden werden [61].

Die überwältigende Wirkung des Ganzen auf die Teile ist nur ein Aspekt dessen, was Mukařovský die »semantische Dynamik des dichterischen Zusammenhangs« nannte [62]. Der andere, vom ersteren ganz untrennbare Aspekt, ist der Einfluß eines Teils auf einen anderen Teil. Durch das Zuführen der Sprachenergie in die erbarmungslose Zucht des Rhythmus, durch die wohlüberlegte Behandlung des Mediums unterstreicht der Vers zahlreiche Wechselbeziehungen zwischen den Worten und hebt die Spannungen zwischen den verschiedenen Ebenen des Wortzeichens hervor.

Ein gutes Beispiel bieten die formalistischen Erörterungen über den Reim. Wie jedes Element der poetischen Struktur, so führte Žirmunskij in seiner Arbeit über »Die Ziele der Poetik« aus, ist der Reim ein komplexes Phänomen. Als eine kanonisierte Art der »Klangwiederholung« ist der Reim ein Faktor des Wohlklangs und gehört zur »Wortorchestrierung«. Gleichzeitig aber ist er durch seine Stellung am Ende der Zeile ein entscheidendes Element des metrischen Aufbaus [63].

Damit aber nicht genug. Der Reim hat, fuhr Žirmunskij fort, auch seine morphologischen und affiktiven Aspekte. Wir müssen daher untersuchen, ob der Reim das ganze Wort oder nur einen Teil davon einbezieht, und, sollte das letztere der Fall sein, ob der Gleichklang sich auf die Wurzel oder auf die Nachsilbe erstreckt. Ferner kann der Versforscher untersuchen, ob die durch den Reim zusammengebrachten Worte in die gleiche linguistische Kategorie gehören, z. B. ein weibliches Substantiv mit einer weichen konsonantischen Endung (krov'-ljubov') oder eine dritte Person pluralis des Präsens (idut-vedut), oder ob sie im Gegenteil ganz entgegengesetzten morphologischen oder semantischen Sphären entstammen [64].

Die formalistischen Versforscher interessierten sich vor allem für die letztere Art des Reims. Der Reim beruhte ihrer Meinung nach fast nie auf reiner Übereinstimmung oder flacher Gleichartigkeit. Phonetische Ähnlichkeit wird nur dann »wahrnehmbar« oder ästhetisch befriedigend, wenn sie sich vom Hintergrund der morphologischen oder semantischen Inkongruenz abhebt.

Diese These wurde durch viele zutreffende Beispiele aus der modernen russischen Dichtung gestützt. Man betonte die Tatsache, daß die meisten russischen Dichter der Zeit sich von sogenannten grammatischen Reimen freihielten, wo die phonetische Kongruenz ein Nebenprodukt gleicher Beugungen war, und sich in steigendem Maße um die »schwierigen Reime« und um morphologische Asymmetrie bemühten.

Ob nun die allgemeinen Schlüsse völlig gerechtfertigt waren oder nicht, die geschichtliche Beobachtung hatte Gültigkeit. Es ist eine unanfechtbare Tatsache, daß die moderne Dichtung grammatische Reime vermeidet. Außerdem stand diese Entwicklung, wie den Formalisten wohl bewußt war, in einem gewissen Zusammenhang mit der modernistischen Überzeugung von der Autonomie des Wortmittels [65]. Dort, wo der Reim als sekundärer Faktor erscheint, als eine bloße Folgeerscheinung außerästhetischer Faktoren wie grammatischer Symmetrie oder syntaktischem Parallelismus, ist das »Kunstmittel« als Mittel kaum zu erkennen. Erst dort, wo der ungenaue Reim etwa ein Gerundium gegen ein Substantiv stellt (z. B. Majakovskijs »vrezyvajas'–trezvost'«) oder zwei Worteinheiten gegen eine, wird die vom Vers auf die gewöhnliche Sprache ausgeübte »organisierte Gewalttätigkeit« scharf unterstrichen.

Derartige gemischte oder wortspielerische Reime, die oft eine »Neuverteilung der wesentlichen und formalen Merkmale des Wortes« (Tynjanov) [66] hervorrufen, d. h. eine Veränderung der Beziehung zwischen Wurzel und Vorsilbe, waren jahrhundertelang ein Bestandteil der humoristischen Dichtung [67]. Es ist nun ein sehr bezeichnendes Merkmal der modernen experimentellen Lyrik, daß sie, wie die Formalisten beobachteten, diese Technik ohne jede komische Motivierung anwandten, nur um das »Kunstmittel bloßzulegen« [68].

Was vom Reim galt, galt auch für andere Arten der Wortorchestrierung. So neigt eine »homophonische Beziehung« (Begriff K. W. Wimsatts) unweigerlich dem Wortspiel zu.

Das formalistische Sezieren der modernen Dichtung legte verschiedene dem Wortspiel innewohnende Möglichkeiten bloß. Man beobachtete, daß der poetische Zusammenhang wortspielerische Wirkungen und das Spiel mit Homonymen zu fördern schien. Die Gedrängtheit der Verszeile kann dort den Schein eines gemeinsamen Ursprungs oder semantischer Verwandtschaft hervorrufen, wo beides nicht zutrifft. »Wenn man ungleichartige, aber gleichlautende Wörter gegliedert aufstellt«, schrieb Tynjanov, »so werden sie urverwandt« [69]. In einer höchst interessanten Analyse untersuchte Jakobson Chlebnikovs »falsche Etymologie«; indem dieser phonetisch so ähnliche Worte wie »meč« (Schwert) und »mjač« (Ball) nebeneinander stellte, wirkten sie wie Modifikationen der gleichen Wurzel [70].

Dieses »Verwandtmachen nicht miteinander verbundener Worte« (Tynjanov) [71] bildete aber nur eine Seite des Problems. Eine ähnlich wirkungsvolle Technik war die der Wiederbelebung der echten Etymologie des Wortes oder, allgemeiner gesprochen, das Spiel mit wirklich statt scheinbar unverwandten Wörtern.

Wie schon früher angedeutet wurde, fand Jakobson ein extremes Beispiel dieses Kunstmittels in Chlebnikovs experimentellem Gedicht »Beschwörung durch Lachen« [72], das ausschließlich aus Ableitungen von »smech« (russisch für »Lachen«) besteht. Das Spiel des Dichters mit Affixen »aktualisiert«, wie der Kritiker aufzeigte, die Morpheme, indem es scharf den immer wiederkehrenden Stamm beleuchtet und die feinen semantischen Unterschiede zwischen den einzelnen Vorsilben unterstreicht.

Die formalistische Betrachtungsweise des Versbaus war im großen und ganzen eine deutliche Verbesserung gegenüber den Methoden der traditionellen Rhythmik. Jakobson konnte mit Recht 1935 [73] von der russischen formalistischen Bewegung sagen, daß sie »die Prosodie mit der Linguistik, den Klang mit der Bedeutung, Rhythmus und Melodik mit der Syntax in Beziehung gesetzt ... wie auch mit der normativen Versbetrachtung und der starren Antinomie von Metrum und Rhythmus aufgeräumt habe« [74].

Vielleicht die bedeutendste der von Jakobson angeführten Leistungen war das Erkennen der Wechselbeziehung zwischen Klang und Bedeutung. Die Gestalttheorie der Verssprache ermöglichte es den Formalisten, die besondere »semantische Dynamik« (Mukařowský) zu erfassen oder, um Empsons Lieblingsausdruck zu benutzen, die grundlegende Ambiguität des poetischen Zusammenhangs.

Diese entscheidende Einsicht wurde in zahlreichen Untersuchungen und Artikeln, besonders denen der späteren, »strukturalistischen« Periode, sinnvoll ausgewertet. Es möge hier genügen, auf Jakobsons Beobachtungen über die semantische »Biegsamkeit« von Puskins Bildern und Mukarovskys Untersuchung der Bedeutungsebenen in Máchas Lyrik hinzuweisen. Wohl kann sich die formalistische Schule keiner ganz ausführlichen Analyse der poetischen Ambiguitäten rühmen, die sich mit der hervorragenden Untersuchung Empsons vergleichen ließe. Aber die von Jakobson, Mukařowský und Tynjanov ausgearbeiteten methodologischen Prinzipien boten einem zukünftigen russischen oder tschechischen Empson das brauchbare begriffliche Handwerkszeug.

KAPITEL XIII

STIL UND KOMPOSITION

1

Indem wir uns nach und nach vom Wohlklang zur Semantik, von der »äußeren Form« zur »inneren Form« hin bewegten, haben wir fast unbemerkt den Bereich betreten, den man für gewöhnlich der Stilistik zuschreibt. Auch auf diesem Gebiet erwiesen sich die Bemühungen der Formalisten als fruchtbar, obgleich nicht immer als ganz beweiskräftig. Man konnte ihnen kaum mangelndes Interesse an den affiktiven und phraseologischen Aspekten der poetischen Sprache vorwerfen, doch hielten sie sich von einigen anderen im allgemeinen mit der Stilkunde verbundenen Forschungsgebieten recht fern. Ihre anti-psychologische Voreingenommenheit machte die Formalisten so gut wie immun gegen die »neu-idealistische« Schule Karl Voßlers und Leo Spitzers, die die Stile einzelner Dichter und Dichtschulen als den Niederschlag der Persönlichkeit oder eines Gruppenethos analysierten [1]. Die Methoden der älteren Stilistik, wie etwa das Katalogisieren von »Tropen«, waren für die Theoretiker der *Opojaz* uninteressant, ebenso die landläufige Stilanalyse, wo schillernde Gemeinplätze über Schönheit und Reichtum der dichterischen Sprache mit einer mechanischen Aufzählung der vom Dichter benutzten rhetorischen »Figuren« Hand in Hand gingen.

Das Fehlen von impressionistischem Gerede oder von traditionellem Rhetoriker-Geschwätz in den Schriften der Formalisten ist gewiß nicht zu bedauern. Man wünschte jedoch, daß sich die Formalisten einer lohnenderen Aufgabe zugewandt hätten, wie sie von einigen anglo-amerikanischen »Neuen Kritikern« angepackt wurde, nämlich immer wiederkehrende Bilder zu verfolgen und sie zu der gesamten in einem gegebenen Werk oder einer Reihe von Werken verkörperten Bedeutungsstruktur in Beziehung zu setzen [2].

Dies mehr oder minder fehlende Interesse an »Tropen« läßt sich zweifellos aus dem Widerwillen der Formalisten erklären, im Bild das unterscheidende Merkmal der dichterischen Sprache zu sehen [3]. Man muß allerdings hinzufügen, daß die frühe formalistische Einstellung zu den »Bildern«, wie Šklovskij sie in seinem Essay »Kunst als Machen« vertrat, später modifiziert wurde. In den späteren formalistischen Schriften kam die entscheidende Bedeutung der Metapher teilweise wieder zur Geltung.

Dies geht deutlich aus dem Versuch einer Typologie der literarischen Stile von Žirmunskij hervor. In seiner Abhandlung »Über klassische und romantische Dichtung« [4] legte der bekannte Literarhistoriker die Metapher und die Metonymie als das jeweilige Hauptkennzeichen des klassischen beziehungsweise romantischen Stils fest.

In Jakobsons Aufsatz über Pasternaks Prosa [5] dient die Doppelheit von »Figuren der Ähnlichkeit« und »Figuren der Kontiguität« [6] als Basis für noch grundlegendere Unterscheidungen. In einer interessanten theoretischen Abschweifung behauptet Jakobson, der Vers neige naturgemäß zur Metapher, während die Prosa die Metonymie bevorzuge. Sein Gedankengang bildet eine Parallele oder Ergänzung zu Tynjanovs Ansicht vom Reim als einer akustischen Metapher [7]. »Der Vers«, schrieb Jakobson, »beruht auf Assoziationen, die durch Ähnlichkeiten hervorgerufen werden. So ist die rhythmische Verwandtschaft einzelner Zeilen eine unentbehrliche Voraussetzung unserer Wahrnehmung des Verses. Der rhythmische Parallelismus verstärkt sich noch, wenn er vom Gefühl der Ähnlichkeit auf der Bildebene begleitet wird« [8].

Anders in der künstlerischen Prosa. Hier ist die treibende Kraft nicht die Ähnlichkeit, sondern die durch Angrenzendes hervorgerufenen Assoziationen, die den Kern der Metonymie bilden. »Während sich die Erzählung entfaltet, verschiebt sich ihr Brennpunkt von einem Objekt zu dessen Nachbar (im räumlich-zeitlichen oder im kausalen Sinne).« »Folglich ist«, schloß Jakobson, »für den Vers der Weg des geringsten Widerstandes die Metapher; für künstlerische Prosa die Metonymie« [9].

Diese Gedankengänge sind für die reifere formalistische Betrachtung des Problems der Bilder in der Dichtung recht typisch. Jakobsons Theorie, die die Metapher im Bereich der poetischen Semantik zu beherrschender Höhe erhebt, könnte wie eine Umkehrung von Šklovskijs Angriff auf die Lehre vom »Denken in Bildern« wirken. In Wirklichkeit aber haben wir es hier nicht mit einer Selbstwiderlegung, sondern mit einer Betonungsverschiebung zu tun.

Wenn Šklovskij sich weigert, den bildhaften Ausdruck als Prüfstein der Dichtkunst anzuerkennen und dagegen behauptet, daß die »Trope« nur eines unter den zahlreichen dem Dichter zur Verfügung stehenden Kunstmitteln sei, so scheint er die Rolle des Bildes doch wohl unterschätzt zu haben. Zugleich darf man aber nicht vergessen, daß Šklovskijs Ästhetik eben jenes Prinzip zum allgemeinen Gesetz der literarischen Schöpfung erhob, das vermutlich dem poetischen Bild zugrunde liegt, nämlich das Prinzip der »semantischen Verschiebung«. Im Grunde genommen war Šklovskijs Auffassung von der Dichtkunst den poetischen Bildern gegenüber nicht so voreingenommen, wie es den Anschein hat. Befreit von bewußten Übertreibungen und nebensächlicher Polemik liefe die orthodoxe formalistische Position auf eine Vorstellung der Metapher als des Hauptexponenten des »poetischen Prinzips« auf der Ebene der affiktiven Bedeutung hinaus.

Diese Einschränkung muß allerdings aufrechterhalten werden. Letzten Endes beruhte die formalistisch-strukturalistische Opposition gegenüber der traditionellen Betonung der »Redefiguren« nicht auf einer feindlichen Einstellung zur Metapher – nichts war den formalistischen Kritikern im Grunde lieber als eine »Vereinigung getrennter Ideen« [10] – sondern auf dem Widerwillen, die poetische Sprache in einem rein lexikalischem Sinn zu definieren.

Es wurde schon darauf hingewiesen, daß die Formalisten die Aufgabe des Dichters in einer »Aktualisierung« *aller* Elemente der Sprachstruktur sahen. Die Neigung zur »semantischen Verschiebung« setzte sich ihrer Ansicht nach auf verschiedenen Ebenen des dichterischen Idioms durch. Die Trope stellte bei all ihrer »strategischen« Wichtigkeit innerhalb des dichterischen Wortschatzes doch nur eine dieser Schichten dar.

Letztlich ging es Jakobson um eben diesen Punkt, als er sich auf Puškins »nicht-bildliches« Gedicht »Ich liebte dich einst«

als Beweis dafür berief, daß der Vers ohne Bilder auskommen kann [11]. Indem er hervorhob, daß die Wirksamkeit des Gedichts auf dem kunstvollen Gebrauch der Satzmelodie und morphologischer Gegensätze beruhte [12], machte Jakobson deutlich, daß grammatikalische Bedeutungen vom Dichter ebensogut nutzbar gemacht werden können wie lexikalische.

Die Suche der Formalisten nach einem einigenden ästhetischen Prinzip warf das Problem vom Wesen und der Bestimmung des poetischen *Stils* insgesamt auf, einem weiteren Schlüsselbegriff der literarischen Kritik. Die formalistische Behandlung dieses oft mißbrauchten kritischen Begriffs war nicht so durchgreifend wie im Falle des »Rhythmus«, aber gelegentlich doch recht fruchtbar.

Wie schon früher, sieht man sich hier wieder »Maximal«- und »Minimal«-Definitionen gegenüber. Ein Beispiel für erstere findet sich in Žirmunskijs Aufsatz über »Die Ziele der Poetik« [13], wo Stil als die Ganzheit der in einem dichterischen Werk angewandten Kunstmittel, als das zugrunde liegende Prinzip definiert wird, das die Einheit des Ganzen verbürgt und die Funktion jedes einzelnen Teils bestimmt. Eine so umfassende Auffassung des »Stils« würde offensichtlich auch die außerhalb der Wortebene liegenden Schichten des literarischen Werks einschließen. Tatsächlich umfaßt die Stilistik, wie Žirmunskij sie interpretiert, auch die Probleme der »Komposition« und der »Themenlehre« (tematika).

Die meisten Formalisten schränkten ihre Bestimmung des Stils jedoch stärker ein. In seiner Untersuchung der Anna Achmatova [14] pflichtete Eichenbaum Žirmunskij zwar durch seine Deutung des Stils als einer auf eine ästhetische Wirkung gerichtete »teleologische Einheit« von Kunstmitteln bei, beschränkte den Umfang seiner Stilanalyse jedoch auf die *Wort*mittel, auf die dichterische Anwendung linguistischer Hilfsmittel.

Diese Auffassung kam Eichenbaum bei seiner Analyse von Achmatovas »Poetik« gut zustatten. Er berief sich dabei erneut auf den Begriff der »dominanta«, da er im Stil der Achmatova eine Neigung zu gedrängter Ausdrucksenergie »dominieren« sah, die sich scharf vom Wortreichtum oder gar der Schwülstigkeit der symbolistischen Vorläufer der Dichterin abhob [15]. Nachdem er auf diese Weise die stilistische »Gestaltqualität« bestimmt hatte, ging Eichenbaum dazu über, deren Auswirkungen auf die Syntax der Dichterin (lakonische Sätze, abrupte syntaktische Übergänge), auf den Wohlklang strengere »artikulatorische Gesten« statt weicher akustischer Wirkungen) und auf ihren Wortschatz (karg, sachlich, fast »prosaisch«) aufzuzeigen.

Einige formalistische oder den Formalisten nahestehende Stilforscher meinten, Eichenbaums Begriffe seien zu weit gefaßt. Viktor Vinogradov bezeichnete solche Versuche, die ganze »Poetik« eines Dichters zu rekonstruieren, als verfrüht und unwissenschaftlich. Die Stilforschung sollte sich seiner Ansicht nach auf besondere Aspekte im Wortschatz des Dichters, vorzugsweise auf immer wiederkehrende »Wortmotive« konzentrieren, d. h. auf Worte und Wortverbindungen, die von dem jeweiligen Dichter oder der Schule bevorzugt wurden. Wie Eichenbaum benutzte auch Vinogradov die knapp gemeißelten Verse der Achmatova als Musterbeispiel. In einer frühen Besprechung von Achmatovas Stil [16] ging Vinogradov den für sie charakteristischen »semantischen Nestern« nach, Wortballungen, die sich um bestimmte Schlüsselbegriffe ansetzten.

Dies machte auf Eichenbaum allerdings keinen Eindruck. Er beschuldigte Vinogradov, die ästhetische Funktion der Wortmittel ignoriert zu haben. »Die Anwendung linguistischer Methoden«, schrieb er, »die einzelne Worte als semantische Anziehungsmittelpunkte isolieren, ist ein zu mechanisches Vorgehen, bei dem der poetische Zusammenhang nicht genügend berücksichtigt wird. Gewöhnliches ›Sprachbewußtsein‹ (Vinogradovs Begriff) und die Sprache des Dichters, die von künstlerischen Gesetzen und Überlieferungen sui generis geformt wird, müssen als zwei grundlegend verschiedenartige Phänomene verstanden werden.« »Die Schwäche der Position Vinogradovs«, fuhr Eichenbaum fort, »wird durch einen geringfügigen, aber bezeichnenden Irrtum enthüllt: bei der Erörterung einer vermeintlich bei der Achmatova gefundenen semantischen Ballung – einer Wortgruppe, die um die Idee des ›Singens‹ kreist – deutete Vinogradov fälschlich den ›Krahn (žuravl')‹ eines alten

zerfallenen Brunnens‹ als den Schreie ausstoßenden Kranich«
[17].

Egal, ob nun der jeweilige *Opojaz*-Theoretiker stärker ausschließlich oder einschließlich »linguistisch« oder »ästhetisch«
orientiert war, man erkannte im allgemeinen doch schon recht
früh, daß die Idee des literarischen Stils als das einem Werk
zugrunde liegende künstlerische Prinzip nur *ein* Aspekt des
Problems war. Es wurde den Formalisten klar, daß der Stil eines
Dichters nicht nur »innerliterarisch« erörtert werden konnte
und sollte, d. h. in bezug auf andere literarische Überlieferungen, sondern im Hinblick auf nicht-poetische Sprechweisen.
Vinogradov drückte es folgendermaßen aus: der stilistische
Apparat eines literarischen Werks sollte in zwei Zusammenhängen gesehen werden: »(a) dem Zusammenhang der künstlerischen Formen der literarischen Sprache, (b) dem Zusammenhang gesellschaftlicher Sprachsysteme, die sich innerhalb der
geschriebenen und gesprochenen Sprache der gebildeten Klassen
unterscheiden lassen« [18].

Daß der zweite Zusammenhang nicht weniger entscheidend
war als der erste, wurde zweifellos von allen Theoretikern der
Opojaz erkannt. Die formalistische Ästhetik, wie sie von
Šklovskij und Tynjanov formuliert worden war, schrieb den
aus den Kunstmitteln zu gewinnenden Genuß dem Sinn für die
Abweichung von der Norm der »Differenzqualität« zu [19].
Eines der entscheidenden Elemente dieser Qualität ist eben die
Abweichung vom allgemeinen Sprachgebrauch der Zeit. Nach
Ansicht der Formalisten wird die poetische Sprache vor dem
Hintergrund der gewöhnlichen Sprache wahrgenommen. Wir
können die kunstvolle Abweichung des Dichters von der Norm
nicht würdigen oder sie überhaupt bemerken, wenn sich die
Norm unserem Bewußtsein nicht ganz fest eingeprägt hat. Mit
anderen Worten, muß eine angemessene Beschreibung oder
Reaktion auf einen literarischen Stil nicht nur die Art der schöp-
ferischen Deformierung berücksichtigen, sondern ebenso das
Wesen dessen, was deformiert wurde oder wovon abgewichen
wird.

Aus dieser Voraussetzung ergaben sich eine Reihe von Problemen, die die traditionelle Stilistik nur wenig beachtet hatte.

Die Unterscheidung zwischen der poetischen und der »praktischen« Sprache schien noch nicht zu genügen, da die letztere offensichtlich kein homogenes Phänomen war. Die enge Zusammenarbeit mit der modernen Linguistik hatte den Sinn der Formalisten für die funktionellen Differenzierungen der Sprache, für die zahllosen Unterabteilungen innerhalb der »praktischen« Sprache sehr geschärft.

»Die Sprechtätigkeit des Menschen«, schrieb Jakubinskij, »ist ein komplexes Phänomen. Diese Komplexität findet ihren Ausdruck nicht nur im Vorhandensein verschiedener Sprachen und Zungen bis hinunter zu den Dialekten gesellschaftlicher Gruppen und individueller Besonderheiten, sondern gleichermaßen in funktionellen Unterschieden innerhalb jedes dieser sprachlichen Systeme« [20]. Chronologische, geographische oder gesellschaftliche Überlegungen, fuhr Jakubinskij fort, sind nicht die einzigen unterscheidenden Faktoren. Von nicht geringerer Bedeutung ist die Zielrichtung der betreffenden Äußerung. »Man müßte untersuchen, ob sie mitteilen oder eine Gefühlsreaktion hervorrufen will, ob sie für mündlichen Vortrag bestimmt ist oder nicht, und ob sie sich an eine große Zuhörerschaft oder an eine ausgewählte Gruppe richtet« [21].

Die methodologische Lehre aus diesen Gedankengängen liegt klar auf der Hand. Außer der Definition des einer bestimmten Reihe von Abweichungen zugrunde liegenden ästhetischen Prinzips ist es notwendig, die Ebene der nicht-literarischen Sprache zu erfassen, auf die das jeweilige literarische Werk gerichtet ist. Die Stilanalyse muß zeigen, wo im jeweiligen Fall der außerliterarische Bezugspunkt liegt, der vergleichbare Typ der »praktischen« Sprache.

Dies leitete unmittelbar zu dem Problem über, das Tynjanov als die »Sprachorientierung« (rečevaja ustanovka) der verschiedenen poetischen Gattungen bezeichnet hatte [22]. In seinem Essay über russische Lyrik des achtzehnten Jahrhunderts [23] machte Tynjanov von diesem Begriff Gebrauch, indem er die Ode als eine oratorische Gattung bezeichnete, d. h. als eine »auf den mündlichen Vortrag hin orientierte« Gattung. Auch Eichenbaum kam einer Anwendung von Tynjanovs Kriterium nahe in der oben zitierten Untersuchung [24] unterschied er zwischen drei Stilen der russischen Lyrik, dem oratorischen, dem »sang-baren« und dem Konversations-Stil.

Linguistische Kategorien schienen sich besonders gut auf Stile russischer Dichter des siebzehnten oder achtzehnten Jahr-hunderts. anwenden zu lassen. Während dieser Periode in der Geschichte der russischen Literatur konnten sich phone-tische oder morphologische Unterschiede leicht auf den Stil auswirken.

Die russische Literatursprache in ihrer uns bekannten Erschei-nungsform ist eine Kreuzung. Sie entstand aus einer Verschmel-zung der russischen Landessprache mit gewissen Elementen des Kirchenslawischen, dem hauptsächlichen literarischen Medium im Rußland vor Peter dem Großen. Diese beiden eng verwandten und doch verschiedenen sprachlichen Elemente ent-sprechen annähernd zwei verschiedenen Sprechbereichen, dem »höheren«, gebildeteren, und dem »niederen« der Umgangs-sprache.

Wie Trubetzkoy gezeigt hat, spiegelt sich dieser zweifache Ursprung des literarischen Russisch in einem Reichtum an Synonymen oder genauer, an »vielfältig miteinander verbunde-nen Bedeutungsschattierungen«. »Eine ganze Reihe von Begrif-fen läßt sich im Russischen auf zweierlei Weise ins Wort fas-sen, einmal mit kirchenslawischem Ursprung, das andere Mal mit altrussischer Herkunft. Die beiden Worte unterscheiden sich in ihrer Bedeutung: das kirchenslawische Wort hat eine feierliche und poetische Tönung angenommen, die dem entspre-chenden russischen Ausdruck fehlt; oder das kirchenslawische Wort hat eine abstrakte oder metaphorische Bedeutung, das russische dagegen eine konkretere« [25].

Obwohl dadurch der synonymische Reichtum im heutigen russischen Wortschatz vergrößert ist, wirkt sich dieser doppelte Ursprung im modernen Russisch doch nicht mehr allzu stark aus. Im Verlauf der letzten zwei Jahrhunderte sind viele »Kir-chenslawismen« auch dem gebildeten Russen vollkommen un-verständlich geworden und verschwanden daher nach und nach aus dem Wortschatz. In gewissen Fällen wird die Verwandt-schaft zwischen der russischen und der kirchenslawischen Variante nicht mehr wahrgenommen, wie z. B. in *strana, sto-*

rona. Oder die russische Form scheidet aus und die kirchen-slawische Variante wird in die Umgangssprache übernommen, wie in *sladkij*. Aber zu der Zeit, als sich das literarische Russisch erst herausbildete, war die Wechselbeziehung zwischen den üblichen groß-russischen Formen und ihren archaischen Ent-sprechungen ein bestimmender stilistischer Faktor. Nicht selten wurde die Wahl einer alten Wortform oder eines veralteten Satzbaus von ästhetischen Gesichtspunkten aus vorgenommen.

Vinogradov wies dies überzeugend nach in einer scharfsinni-gen Arbeit über *Das Leben des Protopopen Avvakum* [26], eines der farbigsten Werke der russischen Literatur des sieb-zehnten Jahrhunderts. Bei der Erörterung der ausdrucksstar-ken Sprachbehandlung in Avvakums Autobiographie gelang es Vinogradov, eine klare Wechselbeziehung zwischen Wortge-füge und stilistischer Absicht herzustellen. Er zeigte auf, wie das Zusammenspiel von Kirchenslawisch und Umgangssprache in dem gemischten Stil dieses Werks den schnellen Übergän-gen von religiöser Polemik in biblischer Hochsprache zu dem einfachen Realismus der erzählenden Stellen entsprach.

Im wesentlichen die gleiche Methode benutzte Vinogradov in breiterem Umfang, allerdings nicht ganz so erfolgreich, in seinem Buch über Puškins Stil [27]. Die Wortschicht der Lyrik Puškins wurde hier in ihre Bestandteile wie Kirchenslawisch, Elemente der Volkssprache, Gallizismen und Germanismen zerlegt.

Ähnlich ging Vinogradov bei seiner genauen Sprachanalyse von Dostoevskijs *Doppelgänger* vor. Der Kritiker unterschied in der stark stilisierten Sprache Goljadkins, des halb-verrückten Helden des Romans, mehrere »horizontale« Schichten – Aus-drücke aus der niederen Sprache neben einer gespreizten und antiquierten bürokratischen Redeweise, sowie oft falsch ange-wandte, »großartige« Fremdwörter [28].

Das Interesse der Formalisten an der »Sprachorientierung« der Literatur und ihr Wissen von den stilistischen Möglichkei-ten, die den verschiedenen Arten der Sprachtätigkeit innewoh-nen, fanden ihren Ausdruck in der Tendenz, den Stil eines literarischen Werks als das Alternieren von verschiedenen Arten des Monologs und Dialogs zu untersuchen [29].

In seinem interessanten Aufsatz »Über den Dialog« (O dialogičeskoj reči) [30] lenkte Jakubinskij die Aufmerksamkeit auf entscheidende stilistische Unterschiede zwischen Monolog und Dialog, indem er die ausgedehnte und zusammenhängende Struktur des ersteren der elliptischen »Nachlässigkeit« und »Automatik« des letzteren gegenüberstellte. Jakobson behandelte das Problem in einem unmittelbar auf die Dichtung zutreffenden Sinne in der Strukturanalyse eines tschechischen mittelalterlichen Gedichts, »Ein Gespräch zwischen der Seele und dem Körper« [31]. Er untersuchte die künstlerische Behandlung einer in der mittelalterlichen Literatur überlieferten Dialogform, des theologischen Streitgesprächs, einem Wortstreit, dessen Ausgang von vornherein festliegt. Er bemerkte die hin- und herschwingende Komposition des Gedichts, seinen »dramatisierten antithetischen Parallelismus«, die stark gefühlsbetonte Färbung des Rededuells der beiden Gegner, wie auch eine deutliche »Orientierung« auf treffende Formen der Umgangssprache hin. Letzteres ist, fuhr Jakobson fort, eine offenkundige Folgeerscheinung der Dialogsituation. »Da hier die Protagonisten für den Wortschatz verantwortlich sind, kann es sich der Autor leisten, gelegentlich von den Konventionen der üblichen Sprache abzuweichen« [32].

Mit Ausnahme der dramatischen und der erzählenden Literatur, die die »szenische Methode« (Henry James) anwenden, ist der Monolog die vorherrschende Ausdrucksform der Dichtung. Wie Vinogradov sagte, »konstituieren die Sprachformen des subjektiven Monologs die grundlegenden architektonischen Kategorien eines literarischen Werks« [33].

Vielleicht wäre hier, wie einige der formalistischen Theoretiker meinten, eine weitere Unterteilung angebracht. Während der größte Teil der darstellenden Prosa, sagen wir von Turgenev, James oder Flaubert, in einen gefeilten, hochliterarischen Monolog eingebettet ist, gibt es andere literarische Werke, die eine Neigung zum – wie man es nennen könnte – »mündlichen« Monolog aufweisen. Nicht selten, vor allem in Fällen, wo man es mit einem zwischen Autor und Leser vermittelnden »Erzähler« zu tun hat, wird die Geschichte in einer Weise erzählt, die die phonetischen grammatischen und affiktiven

Formen der wirklichen Sprache nachahmen und die »Illusion mündlicher Erzählung« hervorbringen soll [34].

Diese Erzählweise, in der russischen Literaturtheorie als »skaz« bekannt, zog die Aufmerksamkeit der formalistischen Stilforscher auf sich, die sich ja besonders für die Auswertung des Klanges interessierten und überhaupt allen Stilmitteln gegenüber sehr wachsam waren. Eichenbaum und Vinogradov verfolgten die Wandlungen des grotesken oder »farbenreichen« »skaz« in der russischen Literatur, von Gogol's ukrainischen Geschichten und dem *Mantel* über Dostoevskij und Leskov bis zu den zeitgenössischen Meistern dieser Technik, wie A. Belyj, A. Remizov, E. Zamjatin und M. Zoščenko. Man zog eine Parallele zwischen Gogol's unheimlicher Fähigkeit, den traurigen Mangel an Ausdrucksvermögen bei Akakij Akakievič im *Mantel* darzustellen, und Zoščenkos Geschicklichkeit im Nachahmen der Sprechweise eines verstörten sowjetischen Spießbürgers [35].

Ähnliche Entwicklungen lassen sich in der neueren polnischen Stilforschung verfolgen. Zu Beginn dieses Jahrhunderts versuchte Kasimir Wóycicki, einer der Pioniere der wissenschaftlichen Poetik in Polen, der später von den jungen polnischen Formalisten »wiederentdeckt« wurde [36], über die bis ins kleinste gehende Aufzählung rhetorischer »Figuren« hinaus zu größeren Konstruktionen wie »direkter, indirekter und scheinbar indirekter Rede« vorzudringen [37]. Etwa fünfzehn Jahre später wandte D. Hopensztand Wóycickis Kategorien, besonders die der »scheinbar indirekten Rede« [38], in der Stilanalyse eines modernen polnischen Romans an [39].

2

Das Interesse der formalistischen Stilforschung an umfassenderen Wortstrukturen und an Erzähltechniken wie der »skaz« wiesen deutlich auf eine höhere Ebene der Strukturanalyse hin. Wie die Metrik in die Stilistik überging, so brachte die formalistische Beschäftigung mit der »Diktion« auch Probleme der Komposition in den Vordergrund, die früher dem Bereich der Prosatheorie angehört hatten.

Auf diesem Gebiet ist die von den Formalisten geleistete Arbeit etwas weniger ergiebig und methodologisch unbefriedigender als im Falle der Versforschung. Zunächst einmal wurde die erzählende Dichtung erst im späteren Stadium der *Opojaz* ein Gegenstand systematischer Untersuchung. Zum anderen konnten die Haupt-Autoritäten der *Opojaz* für die Prosadichtung, besonders Šklovskij und Eichenbaum, nie ganz die philosophische Unreife des »reinen« Formalismus überwinden. In ihren Erörterungen des Romans und der Erzählung findet sich neben vielen scharfen Einsichten und guten Formulierungen so manches Weithergeholte und Einseitige.

Die formalistische Betrachtung der literarischen wie auch der volkstümlichen Prosadichtung [40] berührte sich häufig mit Veselovskijs »historischer Poetik« [41]. Veselovskijs Studien über die Erzählkunst, die sich mehr auf die gemeinsame literarische Tradition als auf das »Schöpfertum« des einzelnen Künstlers konzentrierte, mußten auf die formalistischen Theoretiker einen erheblichen Reiz ausüben. Außerdem wurde die von der *Opojaz* vertretene »morphologische« Analyse der Erzählkunst durch eine von Veselovskij in seiner unvollendeten *Poetik der Handlungen* eingeführte Unterscheidung gefördert – die zwischen dem »Motiv« als grundlegender Erzähleinheit und der »Handlung« als einer Anhäufung einzelner Motive.

Trotz dieser Abhängigkeit war die Haltung der Formalisten dem Erbe Veselovskijs gegenüber alles andere denn unkritisch. Veselovskijs wertvolle strukturelle Einsichten wurden nach Ansicht der Formalisten durch seinen »Ethnographismus«, das heißt seiner Tendenz, erzählte Ereignisse als eine unmittelbare Spiegelung gesellschaftlicher Sitten zu betrachten, stark getrübt. Diese Betonung von Außerliterarischem führe zu einer gewissen Unbeständigkeit in Veselovskijs Behandlung seiner Schlüsselbegriffe. Während er die Handlung immer mehr als eine kompositionelle anstatt als rein thematische Kategorie betrachte, interpretiere er ihren konstituierenden Teil, das »Motiv«, eine Jagd, eine Heimkehr oder eine Verwechslung und ähnliches, als das Element einer außerliterarischen Wirklichkeit, etwas, was mit Hilfe ethnologischer oder anthropologischer Begriffe erfaßt werden sollte.

Die formalistische Theorie der Prosa schlug einen Ausweg aus dieser Verlegenheit vor. Man sah das Motiv oder die archetypische literarische Situation nicht als eine Spiegelung des Wirklichen, sondern als dessen konventionelle Umformung. Auch der Begriff der »Handlung« wurde umgedeutet: für einen *Opojaz*-Kritiker war es nicht die bloße Gesamtsumme, sondern eine künstlerisch angeordnete Darstellung von Motiven.

Die grundsätzliche Unterscheidung zwischen dem äußeren Bezugsgegenstand des literarischen Werks und seiner innerliterarischen »Bedeutung« kam den Formalisten bei der Überarbeitung von Veselovskijs Begriffssystem gut zustatten. Laut Šklovskij und Eichenbaum ist die »Handlung«, die für gewöhnlich als Teil des »Inhalts« angesehen wird, ebensosehr »ein Element der Form wie der Reim« [42]. Bei dieser sich klar abzeichnenden Anwendung der dynamischen Doppelheit von »Kunstmittel« und »Materialien« auf die erzählende Dichtung [43] unterschieden die Formalisten zwischen der »Fabel« (fabula) und der »Handlung« (sjužet). Im Sprachgebrauch der *Opojaz* stand die »Fabel« für den Grundstoff der Erzählung, für die Gesamtsumme der in einem Erzählwerk zur Darstellung kommenden Ereignisse, mit einem Wort, für das »Material der Erzählkonstruktion« [44]. Auf der anderen Seite bedeutete die »Handlung« die Geschichte, wie sie tatsächlich erzählt wurde, oder die Art und Weise, in der die Ereignisse miteinander verbunden werden. Um zu einem Bestandteil der ästhetischen Struktur werden zu können, müssen die Rohmaterialien der »Fabel« zu einer »Handlung« gefügt werden. Letztere steht naturgemäß im Mittelpunkt der Prosatheorie der *Opojaz*. Das Thema für sich genommen, getrennt von seiner künstlerischen Verkörperung, erklärt niemals die ästhetische Wirksamkeit eines Romans oder einer Erzählung. Die »Fabel« von *Anna Karenina* z. B. ließe sich in einem kurzen Satz wiedergeben; doch würde eine solche Umschreibung den Reichtum und die Vielschichtigkeit des Romans noch nicht einmal andeuten. Die Kunst ganz allgemein, und die Erzählkunst im besonderen, steht und fällt mit der Gestaltung.

Die formalistischen Kritiker bemerkten zu ihrer Genugtuung, daß eine ähnliche Meinung vom Autor der *Anna Karenina* selber geäußert worden war, dem schwerlich jemand formalistische Neigungen vorwerfen konnte. Šklovskij und Eichenbaum zitierten mehrmals Tolstojs sarkastische Bemerkung über seine Kritiker, die die »Bedeutung« von *Anna Karenina* in ein paar Sätzen zusammenfaßten. »*Ils en savent plus que moi*«, schrieb Tolstoj über diese »Umschreiber« in einem Brief an N. Strachov [45]. »Wenn ich für meinen Teil gefragt würde«, fuhr er fort, »wovon *Anna Karenina* handelt, so müßte ich das ganze Buch noch einmal schreiben« [46].

Dieser Angriff auf die »Ketzerei der Paraphrase«, wie Cleanth Brooks es später nannte, bereitete den Formalisten offenkundiges Vergnügen [47]. Auch zitierten sie nur allzu gern eine andere »formalistische« Äußerung Tolstojs, nämlich seine Bemerkung, daß die Hauptaufgabe des Literaturkritikers darin bestehe, die Gesetze zu erforschen, »die das *Labyrinth der Verkettungen* (labirint sceplenij) beherrschen, welches die Dichtkunst ausmacht« [48].

Diese Betonung der »Verkettungen« bedeutete für die Erzählkunst das Primat der Komposition vor der Themenstellung. Šklovskijs Theorie der Prosa kreiste um den Begriff der »Konvention«, d. h. mehr um die Erzählschemata als um das in der Erzählkunst angeblich gespiegelte »Leben«. Da die »Wahrscheinlichkeit« als eine Täuschung abgetan, psychologische oder gesellschaftliche Faktoren auf den Status bloßer »Motivierungen« kompositioneller Mittel verwiesen wurden, mußte sich folgerichtig die Betrachtung des »Charakters« dem Interesse an der »Handlung« unterordnen [49]. Wie bereits erwähnt [50], wies die formalistische Poetik dem literarischen Helden tatsächlich eine sehr bescheidene Rolle zu: er ist nichts als ein Nebenprodukt der Erzählstruktur und als solches mehr eine kompositionelle als eine psychologische Wesenheit. In einem locker gebauten Roman wie dem *Don Quixote* ist der Hauptcharakter nur ein »Faden«, an dem die verschiedenartigsten Episoden »aufgehängt« sind (nanizany), ein »Vorwand für die Entfaltung der Handlung«. Die Entwicklung der Kunst, erklärte Šklovskij, wird von den Erfordernissen ihrer Technik vorangetrieben. So brachte die Romantechnik den »Typus« hervor [51]. Und mit einem Sprung in den Bereich des Dramas meinte der Kritiker überspitzt: »Hamlet ist eine Schöpfung der Bühnentechnik« [52].

Diese Vormachtstellung der Erzähltechnik bedeutete nicht notwendigerweise ein Ausspielen der »Handlung« gegen die »Probleme« in der Art einiger angelsächsischer Kritiker, die behaupten, es sei die Hauptaufgabe des Prosaschriftstellers, eine »gute Geschichte« zu erzählen. Zwar machte Šklovskij, und mehr noch einige seiner jüngeren Schüler wie Lev Lunc [53], den Versuch, den »roman d'aventure« wiederzubeleben. Aber auf der anderen Seite steht Šklovskijs lebhaftes Interesse an dokumentarischer Literatur und sein begeistertes Lob von *Tristram Shandy*, einem Roman, wo »Handlung« im üblichen Sinne des Wortes so gut wie nicht vorhanden ist.

Es wäre verfehlt, diesen scheinbaren Widerspruch der angeborenen Unbeständigkeit Šklovskijs zuschreiben zu wollen. Tatsache ist, daß Šklovskijs Auffassung der »Handlung« sich von der des Aristoteles etwas unterschied. Für den formalistischen Theoretiker war »sjužet« nicht ganz eine »Verknüpfung von Begebenheiten« [54].

Zweifellos spielte auch in Šklovskijs Schema die Folge der Ereignisse oder, mit anderen Worten, die Behandlung der Zeit in einem Erzählwerk eine entscheidende Rolle. In seiner *Theorie der Prosa* betonte Šklovskij mehrmals den konventionellen Charakter der literarischen Zeit [55]. Der Unterschied zwischen »Handlung« und »Fabel«, so führte er aus, liegt häufig in kunstvollen Abweichungen von der natürlichen chronologischen Reihenfolge, in zeitlichen Verschiebungen. Um diese These zu erhärten, befaßte sich Šklovskij eingehend mit Techniken wie dem Beginn der Geschichte in der Mitte oder am Ende, gelegentlichen Rückblenden oder ständigem Hin- und Herpendeln zwischen verschiedenen Handlungsebenen – Kunstmittel, die sich in anspruchsvollsten literarischen Werken von der Art *Tristram Shandys* wie auch in Kriminalromanen finden.

Aber für Šklovskij war die Behandlung der Zeit, wenn auch noch so entscheidend, nur ein Teil des Problems. Šklovskij verstand unter »sjužet« offenbar nicht nur die künstlerische Anordnung des Stoffs der Geschichte, sondern die Gesamtheit der beim Erzählen der Geschichte angewandten Kunstmittel. Darin sind auch Elemente der ästhetischen Struktur wie Abschweifungen von der eigentlichen Erzählung eingeschlossen. »Die Handlung von *Eugen Onegin*«, schrieb Šklovskij, »ist nicht Onegins Liebe zu Tatjana, sondern die künstlerische Behandlung der Fabel, wie sie mit Hilfe eingeschobener Abschweifungen erreicht wird« [56]. Die Umwege der Geschichte wurden als ein ebensosehr der »Handlung« zugehöriger Teil betrachtet wie die Geschichte selber. Von dieser Voraussetzung ausgehend konnte Šklovskij rückhaltlos der Anregung eines modernen Malers zustimmen, daß Puškins berühmter Ausbruch über die »anbetungswürdigen kleinen Füße« (»so nožki, nožki! gde vy nyne?«) gleichwertig mit der Abschiedsszene zwischen Onegin und Tatjana illustriert werden müsse [57].

Die traditionelle Hierarchie der Werte war also überholt. Nicht nur, daß der Held auf den Status eines Vorwandes für die »Entfaltung der Handlung« reduziert war; auch die Handlung selber betrachtete man oft nur als Vorwand für das, was Šklovskij die »Entfaltung des Wortmaterials« nannte (razvertyvanie slovesnogo materiala).

Letzteres bezeugte einmal Šklovskijs Interesse an der Sprache, zum andern seine Auffassung von der organischen Verbindung zwischen den »Kunstmitteln der Handlung und den allgemeinen stilistischen Mitteln« [58]. Er betrachtete die Erzähltechniken als eine auf der Ebene der Komposition vor sich gehende Illustration der Gestaltungskraft der Dichtung, in gleicher Weise, in der Metapher im Bereich des poetischen Wortschatzes die »Literaturhaftigkeit« vermittelte.

Was sind nun im Sinne Šklovskijs diese immanenten Kompositionsgesetze, diese im Roman, der Erzählung und dem Volksmärchen wirkenden »Kunstmittel des Handlungsaufbaus«?

Indem er sich direkt gegen Potebnjas Ästhetik [59] und indirekt gegen die des Aristoteles wandte, schrieb Šklovskij: »Die Kunst strebt nicht nach dem Allgemeinen. In ihrem ›Drang nach dem Gegenständlichen‹ (Carlyle) versucht die Kunst selbst das in Kleinstes zu zerlegen, was (in der Welt der Erfahrung? V. E.) als Allgemeines und Einheitliches erscheint« [60]. In der Dichtung, sagte Šklovskij, »verzweigt sich ein Objekt durch

das Medium seiner vielfältigen Spiegelungen und Nebeneinanderstellungen« [61].

Dieses Gesetz der »Verzweigung« findet seinen Ausdruck in
dem, was Šklovskij als die »treppenartige Struktur« (stupen-
čatoe postroenie) der Erzählkunst bezeichnet. Eine »architektonische Tautologie«, die Wiederkehr der gleichen Episode in
einem Roman, einer Ballade oder einem Volkslied [62], dient
dem gleichen ästhetischen Zweck wie eine »Wort-Tautologie« –
Alliteration, Refrain, rhythmische Parallelismen. In beiden
Fällen wird das, was eine geradlinige Erklärung hätte sein können, durch kunstvolle Umwege zu einem bizarren, vielstöckigen
Gebäude. Darin besteht, so behauptete Šklovskij, die Funktion
des kompositionellen Parallelismus, dem Lieblingsmittel Leo
Tolstojs. In »Cholstomer« stellt Tolstoj den Kosmos des Pfer-
des dem der Menschen gegenüber; in »Drei Tode« beschreibt
er den Vorgang des Todes auf drei parallelen Ebenen. In Tolstojs Kurzroman *Chadži Murat* läuft das Anfangsbild vom
zertretenen Unkraut dem Schicksal des Helden parallel und
nimmt es vorweg [63].

Das Prinzip des Nebeneinander trifft nach Meinung Šklovskijs besonders auf die Kurzgeschichte zu, die »kunstvollste«
Erzählgattung. In Kurzgeschichten und Novelletten beruht der
ästhetische Effekt häufig auf der bewußten Auswertung verschiedener Arten von Gegensätzen und Mißverhältnissen. Diese
erstrecken sich von der »Verwirklichung« eines Wortspiels
innerhalb einer Erzählstruktur [64] über ein Motiv des Mißver-
ständnisses bis hin zum Zusammenstoß zwischen zweierlei
Sittengesetzen.

Dieser Parallelismus, fuhr Šklovskij fort, kommt nicht über-
all so deutlich zum Ausdruck wie z. B. in Čechovs Erzählung
»Tolstyj i tonkij« (Der dicke und der dünne Mann) oder in Tol-
stojs »Cholstomer«. Manchmal »fehlt die andere Seite der
Parallele« [65]. Dieser Fall, bemerkte Šklovskij, tritt häufig in
Maupassants Novellen ein, wo wir uns, statt der erwarteten
Pointe, leicht einem – wie Šklovskij es treffend nennt – »Null-
Schluß« gegenübersehen. Der Höhepunkt tritt niemals ein, die
Geschichte bleibt in der Luft hängen. Den auf diese Weise
erreichten ästhetischen Effekt sieht Šklovskij in dem Kontrast

zwischen dem, was in der Geschichte wirklich geschieht oder nicht geschieht, und dem »wahren« Ende, das ein mit dem überlieferten Schema der Novelle vertrauter Leser mit vollem Recht erwarten darf [66].

Auch bildet der Roman, diese vermeintlich »schwerfällige« [67] und strukturell lockere Gattung, keine Ausnahme vom Gesetz der treppenartigen Konstruktion. Wieder berief Šklovskij sich auf Tolstoj, da dessen Hauptromane viele Parallelen zwischen zwei einzelnen Charakteren oder zwei Charaktergruppen aufzuweisen schienen. »In *Krieg und Frieden*«, beobachtete Šklovskij, »kann man deutlich folgende Nebeneinanderstellungen unterscheiden: (1) Napoleon und Kutuzov, (2) Pierre Bezuchov und Andrej Bolkonskij, mit Nikolai Rostov als einem weiter außen befindlichen Bezugspunkt für beide Parteien. In *Anna Karenina* steht die Gruppe Anna-Vronskij neben der Gruppe Levin-Kitty« [68].

Das Miteinander dieser beiden Gruppen wird angeblich durch Verwandtschaft »motiviert«. Šklovskij nahm diese »Motivierung« jedoch nicht sehr ernst. Auch behauptete er, anscheinend nicht ohne ein gewisses Recht, das gleiche von Tolstoj. Er führte an, Tolstoj habe in einem Brief an einen Leser gesagt, daß er sich entschieden habe, den alten Bolkonskij zum Vater des klugen jungen Mannes (Andrej) zu machen, »da es ungeschickt ist, einen Charakter einzuführen, der zu der Geschichte in keiner Beziehung steht«. Die Verwandschaft war hier, schloß Šklovskij, also lediglich ein Hilfsmittel. »Die angebliche Beziehung zwischen den beiden Teilen der Parallele ist so dünn, daß die wahre Verbindung in der künstlerischen Notwendigkeit liegen muß, d. h. in den Erfordernissen der Handlung« [69].

Diese »Spiegelungen und Abstufungen«, wodurch der dargestellte Gegenstand gleichzeitig auf verschiedenen Ebenen gesehen wird, zögern den Höhepunkt unweigerlich hinaus und dienen so als »Bremse« für die Handlung. Der »treppenartige Aufbau« geht mit einer anderen grundlegenden Technik der Erzählkunst eng Hand in Hand, mit der des »Retardierens«. Dieses Prinzip ist in allen Arten künstlerischer Prosa wirksam.

Šklovskij bezog einige seiner einleuchtendsten Beispiele aus der Frühzeit der Geschichte der Erzählkunst, als der Roman noch nicht weit von Novellensammlungen in der Art des *Dekamerone* entfernt war. Als Musterbeispiel führte er den *Don Quixote* an. Die Haupthandlung von Cervantes' Roman war seiner Meinung nach »biegsam« genug, um den Rahmen für eine Reihe eingeschobener Novellen (vstavnye novelly) abzugeben. Šklovskij beschrieb den zweiten Teil von *Don Quixote* als ein im »literarischen Wirtshaus« erzähltes »loses Mosaik von Anekdoten«. Vom Standpunkt der »Rahmenhandlung« aus, lassen sich diese Anekdoten laut Šklovskij als ein wirksamer Kunstgriff zur Verlangsamung der Handlung deuten [70].

Das gleiche Phänomen kann man, wie Šklovskij beobachtete, am entgegengesetzten Pol der Erzählkunst feststellen, nämlich in dicht gewobenen, auf Spannung hin orientierten Erzählweisen. Von entscheidender Bedeutung ist das Kunstmittel des epischen Retardierens für den Aufbau des Volksmärchens, besonders für das archetypische Märchen von der Suche oder der schwierigen Aufgabe, wo das ständige Anhäufen von zu überwindenden Hindernissen oder scheinbar übermenschlichen Schwierigkeiten den Höhepunkt immer wieder hinausschiebt. Ähnlich verzögern im modernen Kriminalroman, z. B. bei Conan Doyle [71], falsche Lösungen des »Rätsels«, die unfehlbar vom »berufsmäßigen Narren« Watson geboten werden, die wahre Lösung und dienen somit dazu, die Handlung zu hemmen. Eine ähnliche Funktion erfüllen die ständig sich überschneidenden, aneinander angrenzenden Handlungen bei E. Th. A. Hoffmann, wie auch die Anhäufung der zur Lösung aufgegebenen Rätsel in Dickens *Klein-Dorrit* [72].

Šklovskijs einseitiges Interesse für Kompositionsformen auf Kosten psychologischer und philosophischer »Motivierungen« führte zu einigen recht fragwürdigen Erklärungen. Er ging so weit zu behaupten, daß die begrifflich ausholenden Stellen in *Schuld und Sühne*, wie z. B. der Dialog zwischen Raskolnikov und Svidrigailov über die Unsterblichkeit der Seele, im Grunde genommen Kunstmittel der Verzögerung seien, die in die Erzählung um der Spannung willen eingeschoben wurden. Auch wenn man Šklovskijs unorthodoxer Deutung von *Schuld und Sühne* als einen »durch philosophische Materialien komplizierten« Kriminalroman [73] ein gewisses Verdienst zugesteht, so muß

274

man doch sagen, daß im Verlauf dieser »Komplikationen« philosophische Probleme in Dostoevskijs Roman eine weit zentralere Gestalt annahmen als bloße »Einschübe«.

Ähnlich, wenn auch etwas feinfühliger, verfuhr Šklovskij mit *Klein-Dorrit*. Auch hier neigte er zur Abschwächung der ideologischen Bedeutung des Romans. So vertrat er die Ansicht, die Szenen im Schuldner-Gefängnis würden vor allem deswegen gebraucht, um die Lösung der in die Handlung eingefügten Rätsel hinauszuschieben. Und doch ahnte Šklovskij, daß diese gesellschaftskritischen Elemente mehr waren als bloße Kunstmittel der Komposition. Die Milieubeschreibung wich, obschon ursprünglich als Handlungsverzögerung gedacht, »dem Druck der Handlung und wurde zu einem integralen Element des Kunstwerks«. Was vom Gesichtspunkt eines Schauerromans aus – einer Tradition, von der *Klein-Dorrit* vermutlich abstamme – äußerliches Material gewesen sei, habe sich nun von der Peripherie zum Mittelpunkt hin verschoben. Der frühe romantische Roman mit seinen sorgfältig ausgearbeiteten Intrigenschemata hatte seine Möglichkeiten erschöpft und einen Engpaß erreicht: »der aufkommende Gesellschaftsroman machte sich seine Erzählschemata zunutze« [74].

Die von Eichenbaum und Šklovskij angewandte Betrachtungsweise einzelner Erzählwerke wirkte sich auch auf ihre Erörterung der verschiedenen erzählerischen Gattungen aus. Für Eichenbaum, Šklovskij und Tomaševskij war die Gattung letztlich eine architektonische Frage, eine »Häufung kompositioneller Kunstmittel« (priemy postroenija) [75].

Kritiker, die das »Ethos« der Literatur stärker hervorheben als die Formalisten, besprechen die Gattungen gern auf Grund ihrer Hauptthemen. In seinem schönen Aufsatz über den »Roman der Sitten und Gebräuche« (»The Novel of Manners and Morals«) [76] sieht Lionel Trilling das Unterscheidungsmerkmal des Romans in dessen Behandlung des Problems von Schein und Wirklichkeit. Die Formalisten übergingen die Themenstellung völlig und hielten sich an rein architektonische Kriterien, wie Größe, Länge oder Umfang. Der Roman, behauptete Eichenbaum, ist eine synkretistische Gattung; die Novelle eine einheitliche und scharf zugeschnittene. »Der Roman geht zurück auf die Historie oder die Reisebeschreibung; die Novelle auf Märchen oder Anekdoten« [77]. Den Unterschied zwischen den beiden Gattungen sah man, kurz gesagt, als den zwischen einer »großen und einer kleinen Form«.

Dieses Begriffspaar erscheint in den Schriften der Formalisten häufig. Es nimmt einen hervorragenden Platz in Eichenbaums Äußerungen über Tolstojs Wendung von Erzählungen und Novellen zu den breiten epischen Gemälden von *Krieg und Frieden* und den umfangreichen Familienromanen ein [78], wie auch in Tynjanovs Diagnose einer Krise in der Prosadichtung der Zeit. In seinem Essay »Die heutige Literatur« [79] bezeichnete Tynjanov als eines der Symptome dieser Krise das Verschwinden eines »Sinns für die Gattung« (oščuščenie žanra) für eine saubere Unterscheidung zwischen der kleinen und der großen Form. Dieser »Sinn für die Gattung« sei, so sagte er, ebenso wichtig für den Leser wie für den Schriftsteller. Wo das Ganze nicht mehr wahrgenommen wird, da wird auch das relative Gewicht des Teils nicht mehr erfaßt. Ohne die geistige Vorstellung vom Gesamtumfang des Werks »finden die Worte keinen Resonanzboden, und die Handlung verschwendet sich« [80].

Die Beschäftigung der Formalisten mit den immanenten Erfordernissen der Handlung, mit erzählerischen Konventionen bot gute Möglichkeiten. Es war wohldurchdacht, wenn sie behaupteten, daß »keine Kraft außerhalb der Erzählstruktur die Stärke eines erzählerischen Werks steigern« könne [81]; ja, eine nicht im literarischen Werk selber aufgegangene »Botschaft«, so »relevant« sie auch sonst sein mag, wird die Gesamtwirkung eher schmälern als erhöhen. Allerdings beging die *Opojaz*-Kritik einen schwerwiegenden Irrtum bei ihrer offensichtlichen Weigerung einzugestehen, daß eine Idee so geglückt »assimiliert« werden kann, daß sie zu einem Angelpunkt der ästhetischen Struktur wird. Auf Grund dieser Kurzsichtigkeit erweist sich Šklovskijs Theorie der Prosa immer dort als ein sehr unzuverlässiger Führer, wo in erzählerischen Werken die Ursächlichkeit von einer psychologischen Wahrscheinlichkeit oder einem intellektuellen Zusammenhang abhängt.

Ihr Bestes konnten die Formalisten dort geben, wo es um das »Bloßlegen« des Artefakts und das Zerstören der Illusion der Wirklichkeit ging, in der Parodie und der Stilisierung. Šklovskijs geistreiche Besprechung von *Tristram Shandy* wurde bereits erwähnt [82]. Ebenso bezeichnend, und noch strenger durchdacht, waren die Beobachtungen Eichenbaums über O. Henrys literarisches Können.

In seinem Essay »O. Henry und die Theorie der Novelle« [83], der übrigens eine gründliche Kenntnis amerikanischer Prosadichtung verrät, behauptete Eichenbaum, daß dieser scheinbar so »ungezwungene« Geschichtenerzähler in Wahrheit ein äußerst verfeinerter und formbewußter Schriftsteller war. O. Henrys Formbewußtsein, so meinte der Kritiker, seine scharfen Einsichten in die Gesetze der Novelle wurden durch sein Sterne-artiges Verstoßen gegen Erzählkonventionen und seine »ironische Haltung gegenüber dem Leser, ja gegenüber der Erzählkunst selber« bestätigt [84]. Von dieser Voraussetzung ausgehend, machte sich Eichenbaum an eine Interpretation von O. Henrys Roman *Kohlköpfe und Könige*, ein Werk, das die meisten Kritiker für zu unbedeutend halten würden, als es zum Prüfstein einer kritischen Theorie zu machen. Er beobachtete die lockere Struktur, die an frühere Phasen in der Geschichte des Romans erinnere, die in die »Rahmenhandlung« verwobene Folge nicht miteinander verbundener Episoden. Diese eingeschobenen Geschichten, sagte Eichenbaum, dienen dazu, die Lösung des der Haupthandlung zugrunde liegenden Rätsels hinauszuzögern, wie auch dazu, den Leser irrezuführen, indem er auf die »falsche Fährte« geführt wird [85].

O. Henrys literarische Ironie schien dem *Opojaz*-Kritiker so geistesverwandt zu sein, daß er dem volkstümlichen amerikanischen Schriftsteller sozusagen den Titel eines Formalisten honoris causa übertrug. »Seine Erzählkunst«, schrieb Eichenbaum, »beruht auf beständigem Ironisieren und ›Bloßlegen‹ der angewandten Kunstmittel, als ob O. Henry die formalistische Methode in Rußland studiert und sich oft mit Viktor Šklovskij unterhalten hätte! In Wirklichkeit war er nacheinander Apotheker, Cowboy, Kassierer, verbrachte drei Jahre im Gefängnis, mit anderen Worten, er hatte allen Grund, ein ehrlicher Realist (bytovik) zu werden, der unumwundene Einzelbeschreibungen sozialen Unrechts lieferte« [86]. »Ja«, fügte Eichenbaum ein wenig herausfordernd hinzu, »O. Henry muß die Kunst mehr am Herzen gelegen haben als die Komplimente Theodore Roosevelts« [87].

Während sich die formalistischen Kritiker in der Parodie, ja in jeder Art von literarischem Umweg oder Sophisterei besonders zu Hause fühlten, erwies sich die formalistische Methode als ebenso anwendbar auf ein Gebiet, das auf den ersten Blick am entgegengesetzten Pol der Literatur zu liegen scheint. Einer der wertvollsten formalistischen Beiträge zur Theorie der Erzählkunst war V. I. Propps Untersuchung der Morphologie des Märchens [88].

Im Grunde genommen ist dies jedoch nicht überraschend. Einmal ist das Märchen, trotz seiner scheinbaren »Einfachheit«, mit seinen immer wiederkehrenden Situationen und seinen unentbehrlichen loci communes, eine der gründlichst durchgeformten literarischen Gattungen. Zum anderen ist es eine der am wenigsten auf Psychologie bedachten Erzählformen. Während in vielen neueren Romanen die Handlung als ein Mittel zur Enthüllung oder Entfaltung des Charakters dient, ist im Märchen, ähnlich wie im Abenteuerroman, der Charakter für gewöhnlich ein Werkzeug der Handlung. Daher erwies sich die Geringschätzung der »Motivierungen« von seiten der orthodoxen Formalisten bei der Betrachtung des Märchens ebensowenig hinderlich wie bei der Untersuchung der sprunghaften Kunst Sternes oder O. Henrys.

Die Betonung von Kompositionsformen erwies sich in Propps prägnanter Untersuchung als sehr fruchtbar. Seine Methode war die der »morphologischen Analyse«, d. h. einer Aufteilung der Märchenstruktur in ihre konstituierenden Teile. Propps Absicht war es, »die scheinbare Vielzahl von Märchenhandlungen auf eine begrenzte Zahl von Grundtypen zu reduzieren«.

Was bildete nun die Grundlage für diese Typologie? Propp war skeptisch gegen die zahllosen Versuche einer Einteilung, die sich auf die Art des beschriebenen Milieus oder den Charakter des Helden stützten. Mit diesen Kriterien könne man nicht arbeiten, da sie eine fast unbegrenzte Zahl veränderlicher Größen mit sich brächten.

Vom Standpunkt der Strukturanalyse aus, so behauptete Propp, ist die Grundeinheit des Märchens nicht der »Charakter«, sondern dessen »Funktion«, also die Rolle, die er innerhalb der Handlung spielt [89]. Während die dramatis personae oft von einer Fassung des gleichen Märchens zur anderen wechseln, bleiben die »Funktionen« immer die gleichen. Mit anderen Worten, das »Prädikat« des Märchens, das, was der Held »tut«, ist das konstante Element; das »Subjekt« dagegen, also Name und Eigenschaften des Charakters, sind veränderlich. »Das Märchen«, schrieb Propp, »schreibt nicht selten die gleiche Handlung verschiedenen Personen zu« [90]. Je nach der Periode oder nach dem ethnischen Milieu kann die Rolle des bösen Feindes von einem Ungeheuer, einer Schlange, einem boshaften Riesen oder einem Tartarenhäuptling gespielt werden; die Funktion des den Weg des Helden versperrenden Hindernisses kann eine Hexe, ein böser Zauberer, ein Sturm oder ein Raubvogel erfüllen.

Bei der Übersicht über das gesamte Gebiet der internationalen Folklore mit Hilfe dieser Arbeitshypothese stellte Propp fest, daß die Zahl der in wandernden Märchenhandlungen wiederkehrenden »Funktionen« »außerordentlich klein«, die Zahl der Charaktere dagegen »sehr groß« sei. Außerdem sei »die Reihenfolge dieser Funktionen immer die gleiche« [91]. Mit anderen Worten, in Veselovskijs, von den Formalisten übernommener Terminologie: die auffallenden Ähnlichkeiten zwischen den Märchen verschiedener Länder und Zeiten liegen nicht nur in den einzelnen »Motiven«, sondern auch in den »Handlungen«, d. h. in der Anordnung dieser Motive. Die durchgreifende Anwendung architektonischer Kategorien ermöglichte es Propp, das Chaos der sich kreuzenden Arten und Unterarten in eine »erstaunliche Einheitlichkeit« aufzulösen. »Alle Märchen«, schloß Propp, »sind strukturell gleichartig (odnotipny)« [92].

KAPITEL XIV

LITERARISCHE DYNAMIK

1

Die von Propp benutzte Methode der morphologischen Analyse war ein typisch formalistischer Kunstgriff. Die Kritiker der *Opojaz* waren der festen Überzeugung, daß man, bevor man irgendetwas zu erklären versuche, herausfinden müsse, was es sei [1]. Nun ist zwar die Beschreibung per se ein statisches Vorgehen, aber sie bedeutet nicht notwendig eine statische Betrachtungsweise des Forschungsgegenstandes.

Es läßt sich nicht leugnen, daß die Formalisten diesem Trugschluß zunächst bedenklich nahe kamen [2], doch verbesserten sie ihre Methode zu einem verhältnismäßig frühen Zeitpunkt. Nachdem Tynjanov das literarische Werk als ästhetisches »System« anstelle einer »Gesamtsumme der Kunstmittel« neu definiert hatte [3], wurde die Vorstellung von einem bloßen Miteinander verschiedener Elemente in einem literarischen Ganzen von der einer dynamischen Integration abgelöst. Dies bedeutete wiederum periodische Verschiebungen in der Hierarchie der Komponenten, »ständige Veränderungen in der ästhetischen Funktion der literarischen Mittel« [4].

Ähnlich wie die strukturalistische Linguistik, mit der sie so viel verband, versuchte die formalistische Kritik die Spaltung zwischen den »synchronischen« und »diachronischen« Betrachtungsweisen der Sprache (Ferdinand de Saussure) [5], d. h. zwischen beschreibenden und geschichtlichen Untersuchungen zu überbrücken. Während der Wissenschaftler eine bestimmte Phase eines kulturellen Vorgangs zum Zweck der Analyse aussondert, sollte er sich immer der Tatsache bewußt sein, daß sich sein Forschungsgegenstand in Wirklichkeit nie gleichbleibt. Ebenso kann aber auch die geschichtliche Betrachtung nicht ohne die Idee des »Systems« auskommen. Das Wesen der Veränderung, ob nun linguistischer oder literarischer Art, läßt sich ohne Bezug auf eine für die gegebene kulturelle »Gruppe« typische Hierarchie der Werte nicht fruchtbar erörtern. Mit anderen Worten, der »Beschreiber« darf nach Meinung der Formalisten nicht vergessen, daß sich das »System« fortwährend *verändert*, während sich der Historiker der Tatsache bewußt bleiben sollte, daß sich die von ihm erforschten Veränderungen innerhalb eines *Systems* abspielen.

Wenn die funktionelle Auffassung des »literarischen Faktums« das Interesse an der »literarischen Evolution« förderte, so wies die improvisierte Kunstphilosophie der *Opojaz* in ihrer Formulierung durch Šklovskij und Tynjanov in die gleiche Richtung. Es liegt auf der Hand, daß die Formalisten, als Sprecher der literarischen Avantgarde, viel Gewicht auf das Verletzen künstlerischer Regeln und auf das Neue ganz allgemein legten. Als Ästhetiker sahen sie den Kern ästhetischer Wahrnehmung und die Quelle künstlerischer Werte in der »Differenzqualität« [6]. Dieser Begriff scheint für die formalistischen Theoretiker dreierlei bedeutet zu haben: auf der Ebene der Wirklichkeitsdarstellung stand die »Differenzqualität« für das »Abweichen« vom Wirklichen, also für die schöpferische Deformierung. Auf sprachlicher Ebene bedeutete der Ausdruck das Abweichen vom geläufigen Sprachgebrauch. Auf der Ebene der literarischen Dynamik schließlich umfaßte dieser dehnbare Begriff eine Abweichung oder eine Veränderung der vorherrschenden künstlerischen Norm.

Die Verteidigung des Neuen wurde noch durch Šklovskijs Theorie vom Automatismus gegen die »Wahrnehmbarkeit« verstärkt; er nahm an, daß sie auf unsere ästhetischen Reaktionen ebenso zutrifft wie auf unser Wahrnehmen der Wirklichkeit. »Jede Kunstform«, schrieb Šklovskij, »legt den unvermeidlichen Weg von der Geburt bis zum Tode zurück; vom Sehen und sinnlicher Wahrnehmung, wenn jede Einzelheit aufgenommen und genossen wird, bis zum bloßen Erkennen, wenn der Gegenstand oder die Form ein trüber Epigone geworden ist, den unsere Sinne mechanisch registrieren, ein Stück Ware, das nicht einmal mehr dem Käufer auffällt« [7].

Die literarische Schöpfung ist nicht immun gegen den unerbittlichen Zug der Zeit oder den Zwang der Gewohnheit. Aber die Kunst, deren Hauptzweck es nach Šklovskij ist, diesem tödlichen Einfluß entgegenzuwirken, kann sich keine Routine leisten. Das macht die literarische Veränderung zu einem so entscheidenden Faktor. »Der Wert der Literatur«, schrieb Tomaševskij, »liegt in ihrer Neuheit und Originalität. Je nach der Art und Weise, wie die Aufmerksamkeit des bewertenden literarischen Publikums auf einzelne Kunstmittel reagiert, können diese als wahrnehmbar oder nicht-wahrnehmbar klassifiziert werden. Um wahrnehmbar zu sein, muß ein Kunstmittel entweder sehr alt oder sehr neu sein« [8].

Die »Kanonisierung« der Veränderung machte die russischen Formalisten viel geschichtsbewußter, als dies bei den meisten ihrer westlichen »Kollegen« der Fall war. Nicht alle anglo-amerikanischen »New Critics« mögen T. S. Eliots Auffassung der Literatur als einer gleichzeitigen Ordnung teilen [9]. Aber die meisten von ihnen sind offenbar weit weniger an literarischer Veränderung interessiert als an dem, was unverändert bleibt. Die slawischen Formalisten hatten dagegen vielleicht zuviel historisches Bewußtsein. G. O. Vinokur, ein verhältnismäßig freundlich eingestellter Kritiker, behauptete, die Literaturhistoriker der *Opojaz* seien von dem reinen Prozeß der Bewegung, dem Unterschied zwischen verschiedenen literarischen Schulen geradezu besessen, so sehr, daß sie kritische Maßstäbe, die auf mehr als eine Periode anwendbar sind, so gut wie aufgegeben hätten [10].

Vinokurs Kritik war nicht ganz unberechtigt. Der formalistische Kult der Neuheit war eine recht unzulängliche Grundlage für die Ästhetik, wie wir noch zeigen werden [11]. Aber abgesehen von Nachteilen solcher Art, brachte diese Haltung eine Reihe wertvoller Einsichten in die literarische Dynamik oder, wie die Formalisten selber sagen würden, in die Gesetze der literarischen Entwicklung.

Schon diese Formulierung weist auf einen Glauben an die Regelmäßigkeit oder »Gesetzmäßigkeit« des historischen Prozesses hin. Tatsächlich hatte, wie bereits erwähnt, die formalistische Geschichtsauffassung eine stark deterministische Färbung. Die »historische Poetik« der *Opojaz*, wie die Veselovskijs, befaßte sich mehr mit literarischen Gattungen und Kunstmitteln als mit der schöpferischen Persönlichkeit. In diesem formalistischen Schema der Literaturgeschichte spielte das Genie als veränderliche Größe keine wesentliche Rolle; es wurde auf den Status eines Vermittlers unpersönlicher Kräfte reduziert. »Die Kunst«, sagte Šklovskij, »wird nicht aus dem individuellen Willen, nicht vom Genie geschaffen. Der Schöpfer ist einfach der geometrische Schnittpunkt von Kräften, die außerhalb seiner wirken« [12].

Nicht alle Formalisten würden mit Briks Ausspruch übereinstimmen, daß *Eugen Onegin* auch dann geschrieben worden wäre, wenn Puškin nie gelebt hätte [13]. Diese absurde Behauptung [14] war jedoch nur ein grotesk übersteigerter Niederschlag jener *Opojaz*-Lehre, daß der Dichter kein frei Handelnder ist und daß er, um zu »überleben«, um seinem Werk Dauer zu verleihen, die »literarischen Forderungen« seiner Epoche erfüllen müsse. Die Probleme, mit denen sich ein Autor auseinandersetzt, sind ihm, so hieß es, von seiner Zeit zudiktiert, d. h. von der jeweiligen Phase der literarischen Entwicklung, in die er hineingeboren wurde. Desgleichen wird die Art und Weise, in der er diese Probleme zu lösen versucht, letzten Endes nicht von seiner Sensibilität oder seinem Temperament bestimmt, sondern vom Wesen der literarischen Überlieferung, in der er steht, oder, häufiger noch, von der dringenden Notwendigkeit, diese Überlieferung zu verändern. Eichenbaum paraphrasierte, vielleicht unwissentlich, Engels' berühmten Ausspruch in dem Satz: »Die Freiheit des einzelnen Dichters liegt in seiner Fähigkeit, zeitnah zu sein, die Stimme der Geschichte zu hören« [15]. »Im allgemeinen«, fuhr er fort, »ist das Schaffen ein Akt des historischen Selbst-Bewußtseins, der Selbstortung im Strom der Geschichte« [16].

Welches sind nach Meinung der Formalisten die treibenden Kräfte der Literaturgeschichte, die »außerhalb des Dichters wirken«? Ist die literarische Entwicklung ein aus sich selber oder von außen her angetriebener Prozeß, oder eine Verbindung von beidem? Der kämpferische Formalismus hegte auf diesem Gebiet kaum Zweifel. Nach dem Vorbild von Kručënychs Buch [17] verteidigte er den chronologischen Primat der Form vor dem Inhalt. »Wir Futuristen«, erklärte Šklovskij in einer seiner unumwunden parteiischen Äußerungen, zogen in die Literatur mit einer neuen Flagge ein: ›Eine neue Form gebiert neuen Inhalt‹« [18]. »Eine neue Form«, sagte er an anderer Stelle, »entsteht nicht, um einen neuen Inhalt auszudrücken, sondern weil die alte Form ihre Möglichkeiten erschöpft hat« [19]. Wie alles andere, kann auch die Kunst durch die Zeit schal werden. Wenn dieser Fall eintritt, verliert sie ihre Daseinsberechtigung, ja, sie existiert so gut wie gar nicht. »Es ist unmöglich, in Formen zu schaffen, die schon entdeckt worden sind, denn Schaffen bedeutet Veränderung. . . Die sogenannte alte Kunst existiert nicht, existiert objektiv nicht, und es ist daher unmöglich, ein Werk in Übereinstimmung mit ihren Regeln hervorzubringen« [20]. Die »versteinerten« Kunstformen werden durch neue künstlerische Bildungen ersetzt, die auf Grund ihrer »entscheidenden Neuheit« fähig sind, unserer Wahrnehmung ihre Frische wiederzugeben, bis auch diese wieder veralten und in einer neuen literarischen Umwälzung untergehen.

Dieses Schema literarischer Veränderungen litt unter dem gleichen Fehlschluß, der auch der frühen Auffassung der *Opojaz* vom literarischen Werk abträglich war. Wieder machte sich Šklovskij des ästhetischen »Purismus« schuldig, der Tendenz nämlich, die Kunst aus ihrem gesellschaftlichen Zusammenhang herauszureißen. Mit vollem Recht wiesen die Formalisten auf die innere Dynamik des literarischen Prozesses und vertraten die Ansicht, daß sich künstlerische Strömungen nicht mechanisch von Gegebenheiten anderer kultureller »Gruppen« ableiten oder auf sie reduzieren lassen. Aber offenbar verwechselten sie Autonomie mit Separatismus, wenn sie in einer übertriebenen Reaktion gegen die Reduktionsmethode jegliche Wechselwirkung zwischen den verschiedenen Teilen der gesellschaftlichen Struktur zu leugnen und die literarische Entwicklung als einen gänzlich in sich selbst beschlossenen Prozeß zu deuten schienen.

Einige unabhängige, der formalistischen Schule nahestehende Kritiker wandten sich gegen die Einseitigkeit der *Opojaz*-Theorie der Literaturgeschichte. So Viktor Žirmunskij, dessen Polemik gegen Šklovskijs Schlagwort von der »Kunst als Machen« bereits erörtert wurde [21]. Er bestätigte zwar die Richtigkeit von Šklovskijs »Automatisierungs«-Lehre, fand sie jedoch zur Erklärung für die Aufeinanderfolge literarischer Schulen nicht ausreichend.

Da die Literatur, so führte Žirmunskij aus, eng mit anderen menschlichen Tätigkeiten verbunden ist, kann ihre Entwicklung nicht nur in literarischem Sinne gedeutet werden. Es ist unmöglich, meinte er, das Problem der Beziehung zwischen der Entwicklung von Kunstformen und anderen kulturellen Aspekten zu umgehen [22]. Außerdem ist das Prinzip der Gegensätzlichkeit oder der ästhetischen Variation ein zu negativer Faktor, als daß damit das Wachstum der Literatur zureichend erklärt werden könnte. Die Theorie vom langsamen Absterben von Kunstformen kann wohl die Reaktion gegen die alten Formen erklären, nicht aber das Wesen der neuen; sie kann wohl die Notwendigkeit einer Veränderung, nicht aber deren Richtung erklären. Letztere wird durch die gesamte kulturelle Atmosphäre der Periode, durch den Charakter des Zeitalters bestimmt, die ihren Ausdruck in der Literatur wie auch auf anderen kulturellen Gebieten finden. So mochte die Wendung gegen den Klassizismus am Ende des achtzehnten Jahrhunderts auf die »Versteinerung« des klassizistischen Stils zurückgehen. Doch muß die Tatsache, daß diese Wendung die Form der Romantik annahm, auf das Heraufkommen einer neuen Weltsicht zurückgeführt werden, die nach Ausdruck in der Kunst wie auch in anderen kulturellen Bereichen verlangte [23].

In seiner gut durchdachten Arbeit über die formalistische Methodologie behandelte Engelhardt diesen Punkt in ähnlichem Sinne: »Die Theorie der Automatisierung kann nur die Tatsache der ›Bewegung‹ in der Literatur, die innere Notwendigkeit für ihre Evolution erklären, nicht aber das Wesen oder die Formen dieser Entwicklung« [24].

Diese Position verrät zweifellos mehr Vorsicht und gesunden Verstand als die der streitbaren Formalisten. Und doch klingt Žirmunskijs Kompromiß zwischen ästhetischer Kritik und Diltheys Geistesgeschichte ein bißchen mechanistisch. Zwar war es sehr notwendig, die Tatsache zu betonen, daß die literarische Entwicklung nicht völlig aus sich selbst heraus verstanden werden könne. Aber die Arbeitsteilung in Žirmunskijs Schema, wo die innere Entwicklung einen Antrieb zur Veränderung erzeugt, während die Reaktion darauf von äußeren Faktoren bestimmt wird, war etwas zu einfach, um dem Problem ganz gerecht zu werden. Daß die Literatur vom »Zeitgeist« untrennbar ist, läßt sich wohl kaum bestreiten. Aber das Verhältnis zwischen Kunst und Philosophie beruht nicht auf idealer Harmonie oder auf Punkt für Punkt nachweisbaren Übereinstimmungen. Wenn man außerdem, wie Žirmunskij, zugibt, daß die Literatur eine gewisse eigene innere Dynamik besitzt, dann besteht kaum ein Grund zu der Annahme, daß beim Auftreten von Krisen in der Kunst die Lösung immer von außen »geborgt« werden muß.

Vielleicht trifft Eichenbaum einigermaßen das Richtige, wenn er in seiner Arbeit über die Achmatowa meint, daß der entscheidende Punkt beim Übergang vom Symbolismus zum Akmëismus und Futurismus mehr der Sprachgebrauch als die Weltanschauung gewesen sei. »Es wurde notwendig«, so schrieb er, »die Einstellung zur poetischen Sprache zu ändern, die zu einem leblosen Idiom geworden war, zu keinem weiteren Wachstum oder freiem Spiel mehr fähig. Es wurde notwendig, eine neue, ungegliederte, ungeschlachte Sprache zu schaffen, die poetische Diktion von den Fesseln des Symbolismus zu befreien und so das Gleichgewicht zwischen Vers und Sprache wiederherzustellen« [25].

Ebenso war die Tatsache, daß – wie Jakobson nachgewiesen hat – die zu Beginn dieses Jahrhunderts einsetzende weitverbreitete Ablehnung des Positivismus in der Kunst in den nichtrepräsentierenden Symbolismus überging, nicht nur ein Nebenprodukt der intellektuellen Atmosphäre. Dieser Versuch einer »Befreiung des Zeichens vom Gegenstand« (Jakobson) [26] erklärte sich, obschon er zweifellos auch Teil der allgemeinen kulturellen Situation war, mindestens ebensosehr aus dem Zustand des dichterischen Mediums wie eben aus dem vorherrschenden »Zeitgeist«.

Vielleicht sollte man bei der Behandlung eines Phänomens wie der modernen Kunst besser auf Mukařovskýs Gedankengänge zurückgreifen, die gewissermaßen die Umkehrung von Žirmunskijs Darstellungen bilden. »Jede Veränderung in der künstlerischen Struktur«, schrieb Mukařovský, »wird von außen herbeigeführt, entweder direkt, unter dem unmittelbaren Eindruck sozialer Veränderungen, oder indirekt, unter dem Einfluß einer Entwicklung auf einem der benachbarten kulturellen Gebiete, wie der Naturwissenschaft, Wirtschaft, Politik, Sprache etc. Die Art und Weise jedoch, in der man dem jeweiligen Andringen von außen begegnet und die Form, die dadurch entsteht, hängen von Faktoren ab, die der künstlerischen Struktur angehören« [27].

Als eine allgemein gültige Darstellung des Verhältnisses von Kunst und Gesellschaft ist auch Mukařovskýs Formulierung bei weitem nicht endgültig oder erschöpfend. Im großen und ganzen jedoch erscheint die strukturalistische Kritik an der *Opojaz*-Theorie der Literaturgeschichte methodologisch einleuchtender als das eklektische System Žirmunskijs. Die strukturalistischen Theoretiker betonten mit Žirmunskij die grundlegende Einheit aller kulturellen Gebiete und die organische Verbindung der Literatur mit anderen menschlichen Tätigkeiten, Trubetzkoy wie auch Jakobson sahen in der Erforschung der Art und des Mechanismus dieser Wechselbeziehung [28] eine der dringendsten Aufgaben für den Geisteswissenschaftler. Aber die Mitglieder des Prager Kreises schienen die Vielschichtigkeit des Problems schärfer als Žirmunskij zu sehen. Die These von der dialektischen Spannung zwischen Kunst und Gesellschaft [29] berücksichtigt die zeitweiligen Phasenverschiebungen wie auch die Selbstbewegung auf einzelnen kulturellen Gebieten und vermeidet dadurch die Gefahren des Separatismus und des »Reduktionismus«.

Jakobsons und Mukařovskýs Theorien ließen eine reifere und biegsamere Kunst-Soziologie ahnen. Ich sage »ahnen lassen«, da die strukturalistischen Versuche, eine wechselseitige Beziehung zwischen Kunst und gesellschaftlicher Veränderung herzustellen, nie über das Stadium von Entwürfen oder allgemeinen methodologischen Richtlinien hinausgekommen sind.

Nicht in diesen weitgefaßten, wenn auch noch so berechtigten und vielversprechenden Verallgemeinerungen sollte man den entscheidenden formalistischen Beitrag zur Theorie der Literaturgeschichte sehen. Er liegt auch nicht in der bloßen Betonung des dramatischen Charakters des literarischen Prozesses, dem unaufhörlichen Kampf zwischen dem Alten und dem Neuen. Daß jede literarische Schule eine Reaktion gegen ihre Vorgänger ist oder zu sein vorgibt, ist immer wieder gesagt worden. Die Formalisten mögen dies öfter und mit mehr Nachdruck ausgesprochen haben als die Kritiker, die auf die Neuerung nicht so viel Wert legten. Aber das Kennzeichnende der formalistischen Auffassung der Literaturgeschichte lag offensichtlich nicht so sehr in ihrer Betonung des »Kampfes zwischen Vätern und Söhnen« als in ihrer Einsicht in den besonderen Mechanismus dieses Kampfes.

Die »funktionalistische« Auffassung der literarischen Entwicklung erwies sich tatsächlich als sehr aufschlußreich. Die Forscher des *Opojaz* erkannten, daß die literarische Kontinuität weder auf glatten Übergängen vom Meister zum Schüler, noch auf schroffen Antinomien begründet war. Zwar ist die treibende Kraft literarischer Bewegung der Konflikt, doch bedeutet das, mit Tynjanovs Worten, mehr eine Umschichtung als willkürliche Zerstörung, mehr eine Verschiebung in der Funktion des Kunstmittels als seine Beseitigung.

Die formalistischen Beobachtungen über die Rolle der Parodie werfen ein interessantes Licht auf die Vorgänge bei der literarischen Veränderung. In seiner scharfsinnigen Untersuchung über *Dostoevskij und Gogol'* [30] zeigte Tynjanov, daß die Beziehung zwischen diesen beiden Schriftstellern ein weit komplizierteres Phänomen ist, als man gewöhnlich annahm. Zwar läßt sich Dostoevskijs Abhängigkeit von Gogol' nicht bestreiten, wie aus einer Fülle von Anklängen an Gogol' in Dostoevskijs frühen Romanen deutlich hervorgeht, z. B. in *Arme Leute, Der Doppelgänger, Netotčka Nezvanova*. Aber nach Tynjanov gibt es hier noch einen anderen, von den meisten Literarhistorikern übersehenen Aspekt: in seinem Roman *Das Gut Stepantschikowo* (Selo Stepaničikovo) parodierte Dostoevskij die gewichtige Rhetorik von Gogols' *Briefwechsel mit Freunden*. Nun ist aber die Parodie, fuhr Tynjanov fort, ein Zeichen der Unabhängigkeit, ja eine Art literarischer »Kampfansage«. Wenn *Arme Leute* und *Der Doppelgänger* ein Beweis dafür sind, daß sich Dostoevskij aus Gogol' entwickelte, zeigt das *Gut Stepantschikowo* deutlich, daß sich sein Autor von Gogol' entfernte. Dostoevskijs Dichtkunst, schloß Tynjanov, war sowohl ein Erzeugnis wie auch eine Herausforderung von Gogol's »romantischem Naturalismus«.

Ähnlich liegt der Fall Nekrasovs, wie ihn Eichenbaum und Tynjanov sahen [31]. Es wurde oft beobachtet, daß Nekrasov einige seiner Themen und Metren von Lermontov übernahm. Andererseits war ihm klar, daß sich Nekrasovs Lyrik stark von der Romantik entfernte. Auch hier, so meinten die Formalisten, ist es wieder die Anwendung der Parodie, die das zwiefache Wesen der literarischen Kontinuität beleuchtet. Diesmal diente eine bittere, sarkastische Paraphrase Nekrasovs von Lermontovs bekanntem Wiegenlied »Spi mladenec moj prekrasnyj« (Schlaf, mein liebliches Kindlein) als Musterbeispiel. Mit der schäbigen Gestalt des kleinlichen Beamten anstelle des zukünftigen stolzen Kriegers, der Verkörperung dessen, was das Kind einmal werden sollte, war der rhythmische Zauber gebrochen und dem romantischen Klischee, das Nekrasov beseitigen wollte, der Gnadenstoß versetzt.

Auf eben diese Weise entsteht nach Ansicht der Formalisten die literarische Veränderung. Das Alte wird in einer neuen Tonart gebracht. Das veraltete Kunstmittel wird nicht einfach über Bord geworfen, sondern innerhalb eines neuen, widerspruchsvollen Zusammenhanges wiederholt und damit entweder durch Mechanisierung als absurd aufgedeckt oder erneut »wahrnehmbar« gemacht. Mit anderen Worten, eine neue Kunst ist keine Antithese zur vorhergegangenen, sondern ihre Neugestaltung, eine »Umgruppierung der alten Elemente« [32].

Bilderstürmerische Gesten, so warnten die Formalisten, sollte man nicht zu ernst nehmen. Selbst wenn sie das Erbe der »Väter« unterschiedlos verwerfen, können es die rebellischen »Söhne« gar nicht vermeiden, in ihr Rüstzeug auch einige der vom »Feind« entwickelten oder vervollkommneten Techniken mit aufzunehmen. Jakobson stellte fest [33], daß der russische Futurist Majakovskij in seinem kosmischen Elan weit mehr mit seinen viel bescholtenen symbolistischen Vorgängern gemeinsam hat, als er je zugegeben hätte.

Die allgemeine Folgerung daraus lag klar auf der Hand: die literarische Entwicklung ist kein einspuriger Vorgang; sie ist ein gewundener Pfad, voller Umwege mit Hin und Her. Jede literarische Strömung ist ein Gewirr, ein vielschichtiges Zusammenspiel von Elementen der Tradition und der Erneuerung.

Dieses Bewußtsein vom ständigen Fluß des literarischen Prozesses, zusammen mit einem gesunden Mißtrauen gegen starre Definitionen und offizielle Hierarchien, machte die Formalisten für literarische Verwandtschaften und Querverbindungen, wie sie sich die gewöhnlichen Literaturgeschichtsschreiber nie hätten träumen lassen, so empfänglich. Tynjanov und Eichenbaum wußten, daß der literarische Konflikt, ähnlich wie die Politik, merkwürdige Verbindungen zeitigt, und daß ein großer Dichter gelegentlich von einem Schreiberling borgen oder angeregt werden kann. Es war ihnen auch klar, daß ein moderner Dichter in der Abkehr von den Konventionen der jüngsten Vergangenheit bewußt oder unbewußt in das Muster einer ferner liegenden Zeit zurückfallen kann. »Im Kampf gegen seinen Vater wird der Sohn seinem Großvater ähnlich« [34].

Der Rückgriff auf eine ältere literarische Tradition ist eine der möglichen Reaktionen auf die künstlerischen Krisen, die die schöpferische Literatur periodisch befallen. Ein anderer Weg aus solchem Stillstand heraus bestünde für die Literatur darin, über sich selbst hinauszugreifen, sich den literarischen Bräuchen (byt) hinzugeben und sich neues Blut aus Rohmaterialien des Lebens zuzuführen [35]. So ist die Beliebtheit zu verstehen, deren sich während kritischer Zeiten, wie dem späten achtzehnten Jahrhundert, und mutatis mutandis, in den zwanziger Jahren dieses Jahrhunderts, nicht-dichterische Gattungen wie Memoiren, Briefe, Reportage oder Feuilleton erfreuten [36].

Oft verbindet sich, nach Ansicht der Formalisten, bei der Suche nach einer neuen Form eine »seitliche« mit einer rückwärtsgewandten Bewegung. Eine sich entfaltende literarische Bewegung kann ihren Anstoß von dem vorhergehenden Zeitalter erhalten. Aber häufiger kommt das Stichwort nicht von den »Vätern«, deren Autorität ja offen bekämpft wird, sondern wie Šklovskij es anschaulich ausdrückte, von den »Onkeln«.

»Nach dem Gesetz«, schrieb Šklovskij stolz, »das meines Wissens zuerst von mir formuliert wurde, wird in der Geschichte der Kunst das Vermächtnis nicht vom Vater auf den Sohn, sondern vom Onkel auf den Neffen übertragen« [37].

Das »Gesetz«, dessen Entdeckung Šklovskij sich rühmte, war in den Schriften der Formalisten als das der »Kanonisierung des jüngeren Zweiges« bekannt. Wenn die »kanonisierten« Kunstformen einen Engpaß erreichen, ist der Weg für das Eindringen von Elementen nicht-kanonisierter Kunst geebnet, die inzwischen neue Kunstmittel herausgebildet haben [38]. Die Literatur bezieht bei ihrer Erneuerung Motive und Kunstmittel von subliterarischen Gattungen. Erzeugnisse der »Volkskultur«, die eine fragwürdige Existenz am Rande der Literatur führten, werden so auf die höhere Ebene zugelassen, in den Rang einer bona fide-Literatur erhoben oder, wie Šklovskij sagt, »kanonisiert«.

Nach Meinung der Formalisten bietet die russische Literatur viele Beispiele für eine solche »Kanonisierung«. Puškins Lyrik, behaupteten sie, entwickelte sich aus den Album-Versen des späten achtzehnten Jahrhunderts, einer sogenannten »poésie fugitive«. Nekrasovs Dichtung mit ihren vielen Einschüben aus der »niederen« Sprache verdankte viel von ihrem Ton, Rhythmus und Wortschatz dem Journalismus und Vaudeville. »Blok«, sagte Šklovskij, »kanonisiert die Themen und Kadenzen der Zigeunerlieder. Čechov führt Elemente der rohen Farce und des Feuilletons in die russische Literatur ein. Dostoevskij gibt den Mitteln des Kriminalromans die Würde einer literarischen Norm« [39].

Wieder war es nicht das Vorhandensein einer einzelnen Komponente, sondern die Art und Weise ihrer Anwendung, die man als das zentrale Problem der literarischen Kritik ansah. Wenn eine »niedrigere« Gattung zum Modell für einige der tiefgründigsten philosophischen Romane der Weltliteratur werden, wenn der leichte Rhythmus der Zigeunerromanze die Gefühlsstärke von Bloks qualvoll intensiver Liebeslyrik annehmen konnte, so war klar, daß sich das Hauptinteresse des Literaturwissenschaftlers auf Funktion und Zusammenhang zu richten hatte.

Die formalistische Auffassung der literarischen Dynamik führte bei ihrer Anwendung auf die russische Literatur zu vielen drastischen Revisionen überlieferter Anschauungen, zu vielen bedeutenden Verschiebungen der historischen Perspektive. Das Gesamtbild der russischen literarischen Entwicklung, das sich aus dieser Neubesinnung ergab, war vielschichtiger und zugleich besser integriert als das der bisherigen Literaturgeschichten. Die Einheitlichkeit der Betrachtungsweise erklärte sich aus der Tatsache, daß die Formalisten die Literaturgeschichte als eine Entwicklung von Gattungen und Stilen und nicht als loses Mosaik literarischer Gestalten oder als ein Nebenprodukt geistiger oder gesellschaftlicher Veränderungen ansahen.

Während die Formalisten in ihren Anfängen dazu neigten, außerliterarische Bestimmungsfaktoren abzulehnen, waren sie im Hinblick auf »immanente« literarische Gegebenheiten viel großzügiger als ihre Vorgänger oder Rivalen. Die *Opojaz* wandte sich gegen die traditionelle Voreingenommenheit für die »Generäle der Literatur« (Brik) [40] und dehnte den Umfang ihrer historischen Forschungen aus, um auch Randerscheinungen einzuschließen, unbekannte oder halb-vergessene Dichter, Massenproduktion oder subliterarische Gattungen. Die Literatur, so sagten sie, ist keine Folge von Meisterwerken. Man kann die Entwicklung der Literatur oder irgendeine Periode ihrer Geschichte nicht verstehen, wenn man die Zweit- und Drittrangigen nicht berücksichtigt. Zunächst einmal können Meisterwerke nur vor dem Hintergrund der Mittelmäßigkeit als solche erkannt werden. Zum anderen ist das Mangelhafte gelegentlich ein ebenso wichtiger Faktor in der literarischen Dynamik wie das Gelungene. Fehlgeschlagene oder noch nicht ausgereifte Vorstöße in die »richtige« Richtung werfen oft, auch wenn sie selber noch unbefriedigend sind, ihre Schatten voraus oder sie bereiten den Weg für die großen Triumphe und sind so von entscheidender Bedeutung für den Literarhistoriker.

Vielleicht die auffallendste Verschiebung der historischen Perspektive, die durch die formalistische Forschung bewirkt wurde, bezog sich auf Puškins Platz in der Geschichte der russischen Literatur – ein Problem, das im Vordergrund mehrerer herausfordernder Untersuchungen von Eichenbaum, Šklovskij, Tomaševskij, Tynjanov und Žirmunskij stand [41]. Die Formalisten wandten sich gegen die traditionelle Auffassung von Puškin als einer zentralen Figur der russischen Romantik und als Demiurg der Dichtung des neunzehnten Jahrhunderts. Indem sie das Erbe des großen Dichters vom Standpunkt seiner Einstellung zu Sprache, Stil und Gattung anstatt von dem seiner Lebensphilosophie betrachteten, kamen sie zu einer sehr unorthodoxen Schlußfolgerung: Puškin war im Grunde genommen mehr ein Nachfahre der klassizistischen Ära als ein Vorläufer der Romantik. Die poetischen Leistungen Lomonosovs und Deržavins kamen in Puškin zu letzter Reife, wodurch die scheinbar mühelose Beherrschung des Mediums, das ideale Gleichgewicht von Vers und Sprache möglich wurde.

Die Formalisten gaben offen zu, daß Puškin das klassizistische Erbe erheblich modifiziert oder auch hinter sich gelassen hatte. Er lockerte die Starrheit von Lomonosovs Kanon, indem er die launischen und gesprächhaften Rhythmen der »leichten Dichtung« (vers de société) »kanonisierte«. Außerdem benutzte er viele Themen und künstlerische Methoden der romantischen Zeit. Aber im Kern blieb Puškins Poetik klassizistisch [42].

In Jakobsons Essay von 1936 findet sich vielleicht die abgewogenste Darstellung dieser Position [43]. »Die ästhetische Grundlage der Lyrik Puškins«, schrieb Jakobson, »ist der Klassizismus; aber es ist ein von der Romantik durchsetzter Klassizismus, so wie die Romantik einiger Spätromantiker, wie Baudelaire, Lautréamont und Dostoevskij, von der Tatsache beeinflußt sein mußten, daß sie im Zeitalter des Realismus lebten« [44].

In seinen gelehrten Untersuchungen über Puškin und seine Zeit [45] ging Tynjanov so weit, die Anwendbarkeit der Gabelung in Klassizismus und Romantik auf die russische Literatur überhaupt in Frage zu stellen. Er bestritt die Einwirkung dieser westeuropäischen Strömungen auf die russische Literatur nicht. Aber er schien überzeugt, daß die Auseinandersetzung zwischen Klassizismus und Romantik nicht das Zentralproblem der Puškin-Ära war. Die Elemente der »Romantik« und des »Klassizismus«, fuhr Tynjanov fort, waren in Rußland so seltsam miteinander vermischt, daß sich die Grenzlinie zwischen den beiden Bewegungen hier viel stärker verwischte als z. B. in Frankreich.

Laut Tynjanov kreisten die literarischen Streitigkeiten im Rußland des frühen neunzehnten Jahrhunderts um eine rein russische und spezifisch literarische [46] Frage. Die Auseinandersetzung zwischen den sogenannten Archaisten und den Erneuerern ging um das Wortgefüge der russischen Literatursprache. Die Archaisten befürworteten eine Rückkehr zur Lomonosov-Tradition mit ihrer sauberen Unterscheidung zwischen Gattungen und Sprachebenen und ihrer Vorherrschaft eines »Hochstils«, der von »Kirchenslawismen« durchsetzt war. Die Erneuerer beriefen sich auf Karamzins geschliffene Prosa und unterstützten den »mittleren« Stil, der sich, ohne geschraubte Archaismen, nach der gesprochenen Sprache der gebildeten Klassen richtete. Die Kontroverse, deren aktivste Vorkämpfer weniger bekannte Gestalten der Puškin-Ära waren, wie Gribojedov, Küchelbecker, Šiškov, Vjazemskij etc., wurde durch eine Spaltung beider Lager in konservativere (»ältere«) und fortschrittlichere (»jüngere«) Gruppen kompliziert.

Es war für die formalistischen Literarhistoriker recht schwierig, Puškin in das literarische Leben seiner Zeit einzuordnen. Tynjanov neigte dazu, Puškin in der Nachbarschaft der jüngeren Archaisten zu sehen [47], während Tomaševskij mehr Gewicht auf des Dichters vorübergehende Beziehung zu den »linksstehenden« Erneuerern zu legen schien [48]. Beide Kritiker stimmten darin überein, daß Puškin eine viel zu komplexe Erscheinung sei, als daß man ihn eindeutig einstufen könnte. Sein Schaffen mit dem Ineinanderspielen von »Slawismen« und Umgangsprache, leichter Poesie und epischer Erhabenheit, wie auch seine scharfsinnigen kritischen Äußerungen, die endgültige Bindungen vermieden, sie entziehen sich allen kategorischen Bezeichnungen.

Aber wenn Puškin auch über allen Schulen seiner Zeit stand – wie er überhaupt seine ganze Epoche überragte –, so bedeutete das nach Ansicht der Formalisten doch nicht, daß er sich aus dem Streit der Meinungen heraushielt. Im Verlauf seines literarischen Wirkens stand er mehreren Gruppen nahe, trat für verschiedene, zu seiner Zeit vertretene Standpunkte ein, ohne am Ende mit irgendeinem identifiziert zu werden. So kann man, behauptete Tynjanov, Puškins geschichtliche Rolle nicht verstehen, ohne verschiedene literarische Querströmungen der Epoche und die Tätigkeit einiger seiner weniger bedeutenden Zeitgenossen in Betracht zu ziehen.

All dies machte es angeblich notwendig, Puškin – oder auch jeden anderen »Klassiker« – im Zusammenhang mit seiner Zeit zu untersuchen. Puškins Leistung und sein Platz im gesamten System der russischen Literatur, so behaupteten die Formalisten, müsse *historisch* erforscht werden. Die *Opojaz*-Kritiker hatten wenig Verständnis für die impressionistische, »ahistorische« Auffassung der Meister als »ewige Begleiter« [49] und für kritische Heldenverehrung im allgemeinen. »Es wird Zeit«, schrieb Tomaševskij, »den traditionellen Messianismus der Puškin-Forschung hinter sich zu lassen, der die russische Literatur in das Alte Testament (vor Puškin) und das Neue Testament (nach Puškin) einteilt« [50]. Die Formalisten wandten sich gegen die verbreitete Auffassung von Puškin als der »großen Scheidelinie«, der gestaltenden Kraft der Dichtung des neunzehnten Jahrhunderts. Sie bezweifelten keineswegs seinen entscheidenden Einfluß auf die Gestaltung des modernen literarischen Rußland [51]; sie gaben zu, daß sein Werk eine Fülle von Themen und Problemen enthielt, die die russischen Dichter noch eine lange Zeit verfolgen sollten. Aber Puškins Stil und Versbau fanden ihrer Meinung nach nur wenige, wenn überhaupt irgendwelche erfolgreichen Nachahmer, nicht nur, weil Vollendung nicht nachgeahmt werden kann, sondern auch, weil in seiner Dichtkunst die literarische Überlieferung des vorhergehenden Zeitalters ihre höchste Vollendung erfahren hatte. Da Puškin die von seinen Vorgängern angesammelten Hilfsquellen vollständig ausschöpfte, wurde es nach seinem Tode unmöglich, in der gleichen Richtung irgend etwas Wertvolles oder Neues zu schaffen. Ein neuer Aufbruch war notwendig. Eben dies geschah, wie Tynjanov meinte.

Entgegen einer weitverbreiteten Ansicht, behauptete der Kritiker, können Puškins jüngere Zeitgenossen und unmittelbare

Nachfolger, Lermontov und Tjučev, kaum als Puškins Schüler angesehen werden. »Nach Puškins Tode«, schrieb Tynjanov, »bewegte sich die Dichtung weder vorwärts noch rückwärts, sondern seitwärts auf die komplexen Gestaltungsformen oder auf Lermontov, Tjučev und Benediktov zu [52], die zu verschiedenen Anteilen einige Elemente von Puškins Poetik mit ästhetischen Grundsätzen der westeuropäischen Romantik und Anklängen an den großen Stil des achtzehnten Jahrhunderts in sich vereinigten. Die späteren literarischen Generationen, die russischen Spätromantiker und Symbolisten, fanden auf der Suche nach Gefühlsstärke und Versmusik ihre Vorbilder in dem sanft-melodischen und elegischen Žukovskij und in Lermontov« [53].

Die periodischen »Wiederbelebungen« Puškins, warnten die Formalisten, brauchten nicht zu wörtlich genommen zu werden. Man müsse zwischen dem »wirklichen«, historischen Puškin und seinem Doppelgänger, »dem zu allen Zeiten lebenden Puškin«, unterscheiden [54]. Dieser ist nur zu häufig eine Projektion des eigenen ästhetischen Wertesystems eines Kritikers. Šklovskij führte aus, daß ein literarisches Werk immer vor dem Hintergrund der in der jeweiligen Periode vorherrschenden literarischen Normen aufgenommen wird; es kann daher »auf den Kopf gestellt« werden [55]. In den achtziger Jahren des neunzehnten Jahrhunderts z. B. wurde der Name des großen Dichters zur Unterstützung einer von der Puškins »gänzlich verschiedenen Kultur« beschworen. Als Dostoevskij in seiner berühmten Jubiläumsrede Puškin als den Apostel christlicher Demut pries, glich das aus dieser Darstellung hervorgehende Portrait mehr Dostoevskij selber als Puškin.

Vielleicht ging der einzige Versuch einer Wiederbelebung des »wirklichen« Puškin und eines neuen Erfassens der »apollinischen« Klarheit seines poetischen Stils von den Akmëisten aus, den unmittelbaren Erben und zugleich Gegnern der symbolistischen Bewegung [56]. Aber der Akmëismus war nur eine kurze Episode in der Geschichte der modernen russischen Dichtung. Die neoklassizistische Ausgeglichenheit der Gumilëv und Mandelstam wurde bald von der rauhen futuristischen Rebellion überschattet.

In ihren stürmischen Manifesten [57] propagierten die Futuristen ihre Dichtung als das völlige Gegenteil von allem, was je vorher geschrieben worden war, und als eine Herausforderung an alle literarischen Traditionen. Aber die ihnen wohlgesonnenen formalistischen Kritiker wußten es besser. Sie wiesen darauf hin, daß es in der Literatur keinen völligen Neuanfang gebe. Selbst extreme Neuerer können nicht ganz ohne die Überlieferung auskommen. Die futuristische Bewegung wurde als eine Illustration des Gesetzes der literarischen Entwicklung angesehen, wonach die gegen die »Väter« gewandte Reaktion eine teilweise Rückkehr zu den »Großvätern« mit sich bringt [58]. »Der russische Futurismus«, schrieb Tynjanov, »war eine Abkehr von der Dichtung des »mittleren Stils« im neunzehnten Jahrhundert. In seiner kämpferischen Haltung wie auch in seinen Leistungen ist er dem achtzehnten Jahrhundert verwandt« [59]. Nach Tynjanov ergibt sich aus Chlebnikovs leidenschaftlichem Interesse an Problemen der Sprache und seinen Bemühungen um das Epische eine Verbindung zwischen diesem futuristischen Erforscher des dichterischen Idioms und dem Gesetzgeber der russischen Dichtung im achtzehnten Jahrhundert, Lomonosov. Ebenso brachte Majakovskijs Neigung zu den größeren« poetischen Formen wie der Ode oder Satire als Gefäße seiner leidenschaftlichen Rhetorik ihn unwissentlich wieder dem russischen Klassizismus, besonders Deržavin, nahe, mit dem er die Tendenz gemeinsam hatte, Hochtrabendes mit dem Burlesken zu vermischen.

Diese unerwartete Parallele zwischen dem Barden der Oktoberrevolution und dem Höfling von Katharina der Großen war typisch für die unorthodoxen literarischen Genealogien, die die Formalisten aufzustellen liebten. Auch war das Zurückgehen auf das achtzehnte Jahrhundert recht symptomatisch. Viele russische Literarhistoriker, die sich über Gebühr von Belinskijs anregendem, aber unreifem Essay »Literarische Träumereien« beeinflussen ließen, neigen dazu, das achtzehnte Jahrhundert ganz abzuschreiben und gehen von der Voraussetzung aus, daß die russische Literatur erst bei Puškin anfing. Die Forschung der *Opojaz* kannte jedoch die Periode, in der sich die russische Literatur herausbildete, sehr genau. Die For-

malisten scheinen sich sogar stark zur Zeit Lomonosovs hingezogen gefühlt zu haben. Deren Bemühungen um Sprache und
Stil und ihr Pioniergeist muß sie als ihnen gemäßer berührt
haben als die etwas epigonale Glätte der russischen Prosa um
die Mitte des neunzehnten Jahrhunderts. Außerdem war das
Nebeneinanderstellen von ideologisch so verschiedenen Erscheinungen wie Deržavin und Majakovskij ein weiterer Beweis dafür, daß die Formalisten, bei genauer Kenntnis der Verschiedenheiten im allgemeinen kulturellen Zusammenhang, ihre Analogien auf literarische Kriterien gründeten.

Ähnliche Revisionen wurden im Hinblick auf die Geschichte
der russischen Prosa unternommen. Auch hier legte die formalistische Forschung einige bis dahin unbemerkte Verbindungen
frei, obwohl man keinen Versuch eines umfassenden Schemas
der Entwicklung machte. Eine Reihe von Studien und Aufsätzen, die sich mit der Entstehung der russischen Prosadichtung
befaßten, warfen ein interessantes Licht auf einige kleinere und
halb-vergessene, aber »ereignisreiche« Schriftsteller, wie z. B.
Weltmann, einen vermeintlichen Vorgänger von Gogol' und
Dostoevskij [60].

Noch wichtiger waren Eichenbaums Untersuchungen der literarischen Abstammung Leo Tolstojs [61]. Wir erwähnten bereits [62] die formalistische These, daß die Erzählweise des
frühen Tolstoj mit ihrer bis ins Kleinste gehenden psychologischen Analyse, ihrer rationalistischen Generalisierung und ihrer
schlichten »Einfachheit« letzten Endes eine Herausforderung
des romantischen Kanons sei. Für Eichenbaum ist Tolstoj in
erster Linie ein künstlerischer Neuerer, der dringend einen Ausweg aus der Krise der Kunstprosa suchte, eine Auffassung, die
übrigens zum Teil das Faszinierende Tolstojs für diesen *Opojaz*-Kritiker erklären kann.

Wenn man Eichenbaum Glauben schenken soll, war auch
Tolstoj im Kampf gegen seine unmittelbaren Vorgänger gezwungen, auf die »Großväter« zurückzugreifen, das heißt also,
auf das achtzehnte Jahrhundert. Im Gegensatz zu Chlebnikov
und Majakovskij richtete sich Tolstoj mehr nach westlichen als
nach russischen Vorbildern.

Laut Eichenbaum war Tolstojs Neigung, die Persönlichkeit in

eine Reihe einzelner Empfindungen oder Geistesverfassungen aufzubrechen, ein spätes Echo der sensualistischen Philosophie des achtzehnten Jahrhunderts, wie sie sich in Condillac und den Enzyklopädisten verkörperte. Der Reichtum an physischen Einzelheiten wie auch der persönliche Ton, der Tolstojs autobiographische Werke wie *Kindheit* und *Jugend* kennzeichnet, wurde auf den westeuropäischen Sentimentalismus, auf Laurence Sterne und den »handlungsarmen Roman« des Schweizer Schriftstellers Töpffer zurückgeführt. Die Zerstörung des romantischen Mythos vom Kriege in den *Geschichten von Sebastopol* setzte Eichenbaum zu den Schlachtszenen bei Stendhal in Beziehung. Für den formalistischen Kritiker war dieser erbarmungslos logische Zergliederer menschlicher Leidenschaften im Grunde genommen ein um hundert Jahre zu spät geborener Mensch des achtzehnten Jahrhunderts.

Eichenbaums These vom Einfluß des westeuropäischen Romans auf Tolstoj wurde durch einleuchtende Beweise von Tolstojs Vertrautheit mit und seinem lebhaften Interesse an den oben erwähnten Schriftstellern gestützt. Mit anderen Worten, Eichenbaum setzte hier keine bloße Geistesverwandschaft, sondern tatsächlichen literarischen Einfluß voraus. Nun ist ja der Nachweis der literarischen Einflüsse und Anleihen seit vielen Jahren eine der beliebtesten Beschäftigungen der akademischen Literaturgeschichte. Die Formalisten vermieden dieses Forschungsgebiet aber nicht, wie sie es mit einigen anderen traditionellen Vorlieben der akademischen Wissenschaft getan hatten. Da sie, besonders in ihrer Frühzeit, auf der innerliterarischen Betrachtungsweise der literarischen Entwicklung bestanden, war es nur natürlich, daß sie, mit F. Brunetière, »den Einfluß eines Werks auf das andere« [63] zu einem mächtigeren Faktor erhoben als alle außerliterarischen Determinanten [64].

Glücklicherweise hielt die Formalisten ihre gesunde Betonung von Funktion und Zusammenhang davon ab, sich in einer sterilen Jagd nach Parallelen und Quellen zu verlieren, mechanisch ähnliche oder gleiche »Motive« nebeneinanderzustellen ohne den Versuch zu machen, ihren Platz innerhalb eines gegebenen ästhetischen »Systems« zu bestimmen.

Die formalistische Behandlung des Problems wurde am

besten von Žirmunskij dargestellt. Bei der Formulierung eines Begriffssystems zur Überprüfung von Puškins Byronismus führte Žirmunskij aus, daß es sich bei einem literarischen Einfluß um *literarische* Motive und Mittel und kaum um Ähnlichkeiten des Temperaments oder der Ideologie handele. »Puškin«, fuhr Žirmunskij fort, »wurde von Byron als Dichter beeinflußt. Was aber lernte er von Byron in dieser Hinsicht? Was entlieh er den Dichtwerken seines Lehrers und wie verschmolz er die geliehenen Elemente mit den individuellen Besonderheiten seines Geschmacks und Talents?« [65].

Eben dieser Aspekt von Žirmunskijs Untersuchung, der der »Verschmelzung« oder, bildlich gesprochen, der Einbürgerung eines fremden Motivs, war für die formalistischen Forscher von besonderem Interesse. Sie wußten, daß literarische Anleihen, besonders, wenn sie ein großer Dichter vornimmt, immer eine Umgestaltung und keinen bloßen Austausch bedeuten. Literarischer Einfluß sollte ihrer Ansicht nach im Sinne einer Wechselbeziehung zwischen zwei autonomen künstlerischen Systemen verstanden werden. Daher sollte sich der Kritiker selbst dort, wo eindeutig eine Anleihe nachweisbar ist, in erster Linie nicht für das »Woher«, sondern für das »Wofür« interessieren; nicht für die »Quelle« oder das »Motiv«, sondern für die Anwendung, die sie im neuen »System« fanden. Um wirklich assimiliert zu sein, muß das »fremde« Element mit seinem neuen Boden verschmolzen werden. Außerdem muß es den inneren Erfordernissen der Struktur, in die es eingefügt wird, gerecht werden. Folglich ist das entliehene Motiv meist nicht das, was dem »Verleiher« am besten gelingt, sondern das, was der »Entleiher« am meisten braucht [66].

Das grundlegende Bedürfnis, das von Byrons Wirkung auf Puškin befriedigt wurde, war augenscheinlich das nach einem neuen Typ poetischer Erzählweise, der das veraltete klassizistische Epos ablösen konnte. Žirmunskij wies nachdrücklich darauf hin, daß diese Beurteilung des russischen Byronismus schon von einigen sehr sensiblen Zeitgenossen Puškins geteilt wurde. Vjazemskij, ein begabter Dichter und Kritiker, sah Byrons Hauptbeitrag zu Puškins »Poetik« darin, daß er seinem russischen »Schüler« eine »synkretische« Gattung bot, die durch

lyrische Zusammenhanglosigkeit und einen als »poetische Erzählung« bekannten fragmentarischen Aufbau gekennzeichnet war
[67].

In seiner Erörterung fremder Einflüsse auf Lermontov [68]
faßte Eichenbaum das Problem in ähnlichem Sinne. Bei ihm ist
der Bezugsrahmen allerdings etwas breiter: die miteinander in
Beziehung stehende Systeme sind keine schöpferischen Per-
sönlichkeiten, sondern zwei Nationalliteraturen. Ein fremder
Dichter allein, sagte Eichenbaum, kann keine neue Strömung
hervorrufen, da sich jede Literatur in Übereinstimmung mit
ihren eigenen Gesetzen und Überlieferungen entwickelt. Durch
das Eintreten in eine fremde Literatur wird ein Autor umge-
formt und gezwungen, nicht das herzugeben, was er hat oder
um dessentwillen er in seiner eigenen Literatur geschätzt wird,
sondern was von ihm in seiner neuen Einflußsphäre erwartet
wird. »Im Grunde genommen«, schloß Eichenbaum, »ist ›Einfluß‹
ein sehr wenig zutreffender Begriff. Wenn ein Autor in einem
fremden Boden Wurzeln schlägt, so geschieht dies nicht durch
seinen eigenen Willen, sondern *auf Wunsch* (po vyzovu)« [69].

Die oben besprochenen Überprüfungen wirkten sich, um eine
neuere Untersuchung zu zitieren, mehr auf die »erläuternden«
als die kritisch »richtenden« Aspekte der Literaturwissenschaft
aus. In der ersteren Sphäre fühlten sich die Kritiker der *Opojaz*
am meisten zuhause. Da sie die Fallen des Dogmatismus und
Subjektivismus vermeiden wollten, scheuten sie vor ausgesprochenen Werturteilen zurück. Genauer, sie versuchten, die Bewertung auf das zu beschränken, was Austin Warren als die
»geschichtliche Einschätzung« bezeichnete [70]. Anstatt den
ästhetischen Wert eines Dichters im Licht eines einzigen, wenn
auch biegsamen, kritischen Maßstabs zu beurteilen, beschäftigten sie sich lieber mit seiner geschichtlichen Rolle, seinem Platz
in einer »geschlossenen vergangenen Reihenfolge«.

Wir werden später [71] versuchen, die Grenzen einer solchen
Betrachtungsweise aufzuzeigen. An dieser Stelle sei betont, daß
der Ultra-Historismus der *Opojaz* ebensosehr ein Segen wie ein
Fluch war. Während diese Einstellung die Fähigkeit der Formalisten zu einem umfassenden kritischen Urteil gemindert haben
mag, kam sie ihnen doch gut zustatten, wenn es darum ging, den

Dichter in den literarischen Fluß »einzuordnen«. Ein scharf ausgebildeter Sinn für den geschichtlich-literarischen Zusammenhang und große Geschicklichkeit bei der Rekonstruktion der »Poetik« eines Autors oder einer literarischen Schule ermöglichte es den Formalisten, den Erfolg eines Dichters nach dem zu beurteilen, was er wirklich wollte, anstatt nach dem, was er nach Ansicht des Kritikers hätte tun sollen.

Ein wertvoller Aspekt der formalistischen Methode war die Entschiedenheit, mit der sie den ästhetischen Egozentrismus bekämpfte. Die europäische Wissenschaft des neunzehnten Jahrhunderts beanspruchte für ihre Eigenheiten nur zu gern universelle Gültigkeit. Die Entwicklung der Anthropologie konnte dieser Tendenz durch ihre Hinwendung auf die Vielzahl kultureller Ausprägungen entgegenwirken. Eine ähnliche Funktion hat die moderne Kunstwissenschaft erfüllt; sie wies den Wert einiger Perioden der Kunstgeschichte nach, die man im neunzehnten Jahrhundert für minderwertig gehalten hatte.

Dieses neue kritische Klima kam besonders auch der mittelalterlichen Kunst zugute, die man noch kurz zuvor recht verächtlich behandelt hatte, weil sie den Maßstäben des Realismus im neunzehnten Jahrhundert nicht entsprach. Es sei hier bemerkt, daß Jakobson und Trubetzkoy diese verbreitete Meinung als einen historischen Trugschluß scharf angriffen. In seiner Einführung zu einer kritischen Ausgabe zweier mittelalterlicher tschechischer Gedichte [72] wies Jakobson darauf hin, daß der mittelalterlichen Kunst die gültige Lösung einiger entscheidenden Formprobleme, die später wieder in den Hintergrund gedrängt wurden, gelungen sei. Er meinte, die Antwort auf die Frage, ob die mittelalterliche Kunst gut oder schlecht sei, hänge davon ab, wie gut sie ihre eigenen Probleme gelöst habe und nicht davon, ob sie unseren heutigen Forderungen gerecht werde.

»Nichts ist verfehlter«, fuhr Jakobson fort, »als die weitverbreitete Meinung, das Verhältnis zwischen der modernen und der mittelalterlichen Dichtung sei das gleiche wie das zwischen dem Maschinengewehr und Pfeil und Bogen« [73]. Diese falsche Analogie setze eine gleichmäßige Entwicklung auf allen Gebieten menschlicher Tätigkeit voraus. In Wahrheit aber existiert eine solche Übereinstimmung nicht. Die Kunst blühte in Zeiten technischen Rückstandes und politischer Reaktion; umgekehrt weiß man, daß sozialer Fortschritt oft mit Mittelmäßigkeit in der Kunst Hand in Hand ging. So wurden zwei formalistische Lehren, die Idee von der Kunst als einer autonomen »Ordnung« und der Glaube an die Relativität ästhetischer Normen, erneut dargelegt.

Ein weiteres vortreffliches Beispiel für die formalistische Betonung des Zusammenhangs war die Neubewertung Nekrasovs, eines Dichters, der zeit seines Lebens wie auch nach seinem Tode Gegenstand heftiger Auseinandersetzungen unter den russischen Kritikern war. Dieser Vater der russischen bürgerlichen Dichtung wurde von den sozial Gesinnten hoch gelobt und von den Ästheten als roher Vers-Pamphletist geschmäht. Auf einen Punkt hatten sich jedoch die meisten seiner Bewunderer und seiner Feinde geeinigt: es war eine »unumstößliche Tatsache«, daß Nekrasov nicht gerade ein großer Formkünstler war. Die Gesellschaftskritiker hatten, mit teilweiser Ausnahme Plechanovs [74], diese formalen Mängel als unbedeutend bezeichnet, während sie für die Ästheten ausschlaggebend waren. Die Diagnose selber wurde kaum je bezweifelt.

Die formalistischen Literarhistoriker wandten sich nun gegen diese althergebrachte Meinung [75]. Sie behaupteten, die traditionelle Beurteilung Nekrasovs als eines bürgerlich denkenden Dichters, der als Künstler nicht ganz genüge, sei ein Mißverständnis. Als Turgenev feststellte, daß Nekrasovs Dichtung grob und »prosaisch« sei, wandte er offensichtlich Maßstäbe an, die er von der romantischen Dichtung bezog. Aber diese Kriterien, sagte der Kritiker, waren hier fehl am Platz. Es ist ungerecht und auch irreführend, die Leistung eines Dichters auf Grund eines Kanons zu beurteilen, den er ganz bewußt verletzen will.

Nekrasov schrieb »ungehobelte« Dichtung, nicht weil er keine glatten, melodisch fließenden Verse nach dem Muster Puškin-Lermontovs schreiben konnte, sondern weil er sie nicht schreiben wollte. Daß sich Nekrasov formaler Überlegungen deutlich bewußt war, bewies er nach Ansicht Eichenbaums durch seinen Artikel über Tjučev. Daß er gut in der »Tradition« Puškins oder

Lermontovs schreiben konnte, hatte er in einigen seiner frühen, epigonalen Gedichte gezeigt. Aber auf diesem Wege ließ sich, so führte Eichenbaum aus, nicht mehr viel erreichen, da sich die von den Meistern aufgestellte Norm schon zum Klischee verhärtet hatte. Um der russischen Dichtungssprache neues Blut zuzuführen, mußte Nekrasov mit einem kühnen Schritt über die romantische Tradition hinausgehen. Aus einer unorthodoxen Mischung von bestimmten Elementen der Lyrik Puškins und Lermontovs mit Motiven und Rhythmen des Vaudeville, des Volkslieds und Pamphlets machte er einen neuen Stil, den Turgenev, ein »Epigone« der Romantik, für seinen Geschmack viel zu stark gewürzt fand [76].

Viele formbewußte russische Kritiker hatten ihr Stichwort von Turgenevs abfälligen Bemerkungen bekommen. Eichenbaum und Tynjanov gingen an Nekrasovs Dichtkunst ohne Vorurteil oder höchstens mit einer positiven Einstellung heran, die sie gewöhnlich »Zwitter«-Gattungen und Dichter-Erneuerern entgegenbrachten. Im Gegensatz zu esoterischeren »Ästheten« erwarteten sie von guter Dichtung nicht, daß sie »rein« sei. Außerdem wußten sie sehr genau, daß innerhalb eines dynamischen poetischen Zusammenhangs »Prosaismen« ebenso erfolgreich assimiliert, das heißt, ebenso sinnvoll ästhetisch benutzt werden können wie irgendein anderer Bestandteil der gewöhnlichen Rede.

Als sie so die feststehende Meinung über Nekrasov beseitigt und, was noch wichtiger war, das Wesen seiner »Poetik« dargelegt hatten, kamen die Formalisten zu dem Ergebnis, daß er ein reifer und bewußter Künstler sei, ein Dichter, der nicht nur etwas zu sagen habe, sondern auch ästhetisch wirkungsvoll sei. Sie lobten Nekrasovs Beherrschung der Sprache und des Verses sowie seine Geschicklichkeit, wie er in seinen »gekreuzten« Gedichten die den verschiedenen Sprachschichten innewohnenden stilistischen Möglichkeiten ausnutzte [77].

Die erste Phase der kritischen Bewertung war damit abgeschlossen. Eichenbaums Rechtfertigung Nekrasovs bewies erneut, daß es notwendig ist, die Absichten eines Dichters zu definieren, um den bei der Verwirklichung seiner Absichten erreichten Grad des Gelingens feststellen zu können.

Die hier beschriebenen kritischen Studien stellen nur einen Bruchteil der literarischen Forschung dar, die aus der russischen formalistischen Bewegung hervorgegangen ist. Diese bewußt polemischen Neubestimmungen waren zeitweise überbetont geistreich, oft einseitig und immer herausfordernd. Die Methode einer genauen Untersuchung des literarischen Materials zusammen mit einem vielschichtigen und biegsamen Schema der literarischen Dynamik ergab Einsichten von mehr als nur vorübergehendem Interesse. Keine dieser Darstellungen kann als endgültig gelten, aber nur wenige kann man leichthin übersehen. Vielleicht läßt sich die kritische Leistung der *Opojaz* am besten daran ermessen, daß seit 1920 keine ernsthafte Arbeit über Puškin oder Lermontov, Nekrasov oder Tolstoj, Majakovskij oder die Achmatova geschrieben werden konnte, ohne die Beiträge der Formalisten zu berücksichtigen.

KAPITEL XV

ZUSAMMENFASSUNG

Im historischen Teil dieser Arbeit wurde die formalistische Bewegung als ein weitgehend, wenn nicht gänzlich, russisches Phänomen betrachtet. Im Laufe des folgenden Überblicks über die formalistischen Grundsätze ergab sich jedoch unwillkürlich eine auffallende Verwandtschaft zwischen einigen formalistischen Äußerungen und denen eines Jean Cocteau oder Cleanth Brooks, eines William Empson oder T. S. Eliot.

Diese Übereinstimmungen lassen sich nicht auf eine echte gegenseitige Befruchtung zurückführen. Wenn schon für eine westliche Einwirkung auf die russischen Formalisten kaum Beweismaterial vorhanden ist, so gab es bis vor kurzem keinerlei formalistischen Einfluß auf die westliche Kritik. Sprachschwierigkeiten und die kulturelle Isolierung der Sowjetunion haben die meisten westlichen Literaturwissenschaftler daran gehindert, von den Leistungen der russischen formalistischen Schule, ja von ihrem bloßen Dasein, Kenntnis zu nehmen.

Die Berichte über die russische formalistische Schule, die während der letzten fünfundzwanzig bis dreißig Jahre in westeuropäischen oder amerikanischen Zeitschriften erschienen, waren selten, knapp und meistens an Fachkreise gerichtet. Drei direkt oder indirekt mit der formalistischen Bewegung verbundene russische Literaturwissenschaftler, Tomaševskij, Voznesenskij und Žirmunskij, gaben kurze Überblicke in jeweils französischen, deutschen oder englischen wissenschaftlichen Zeitschriften für Slawistik [1]. Eine franko-russische Kritikerin, Nina Gourfinkel, die stark von der *Opojaz* beeinflußt war [2], versuchte eine Zusammenfassung der formalistischen Methode in *Le Monde Slave* [3] zu geben. Kurz darauf erschien eine etwas zurechtgestutzte und verkürzte Fassung ihres Berichts durch einen bekannten französischen Komparatisten, Philippe van Tieghem [4]. Kurze Hinweise auf formalistische Arbeiten über Verskunst finden sich im Werk eines holländischen Linguisten und Metrikers, A. W. de Groot, wie auch in Henry Lanz' Untersuchung *Die physische Grundlage des Rhythmus*, und, neuer-

dings, in einem interessanten Aufsatz eines belgischen Vers-
forschers, M. Rutten [5].

In den Vereinigten Staaten gab der 1944 in *The American
Bookman* erschienene aufschlußreiche Artikel von Manfred
Kridl einige grundlegende Informationen über den russischen
Formalismus [6], ergänzt durch einen späteren Aufsatz von
William E. Harkins in *Word* [7]. Die maßgebliche *Theorie der
Literatur* von Wellek und Warren (1949, deutsche Ausgabe 1959)
war die erste in den Vereinigten Staaten erschienene umfang-
reiche Untersuchung, die von einer gründlichen Vertrautheit
wie auch einer grundlegenden Übereinstimmung mit der for-
malistisch-strukturalistischen Methode zeugt.

Die Ähnlichkeiten in der Betrachtungsweise und den Formulierungen zwischen Tynjanov und Eichenbaum einerseits und
Cleanth Brooks oder W. K. Wimsatt jr. andererseits sind daher
eher auf konvergierende Ideen als auf direkte Einflüsse zurückzuführen. Dafür bildet das soeben erwähnte Werk – das
Ergebnis der Zusammenarbeit zwischen zwei reifen Wissenschaftlern, die sich nach Werdegang und Ausbildung stark
unterscheiden – ein gutes Beispiel. Daß René Wellek, dessen
Literaturauffassung durch den Prager Strukturalismus geformt
wurde, und Austin Warren, ein hervorragender Vertreter des
amerikanischen »New Criticism«, bei ihrer Begegnung 1939
eine »weitgehende Übereinstimmung auf dem Gebiet der literarischen Theorie und Methode« [8] feststellen konnten, zeugt
sowohl von der Verwandtschaft zwischen zwei kritischen Bewegungen wie auch von der grundlegenden Universalität der
Wissenschaft.

Entgegen der in den Anfängen des Formalismus streitbar
verfochtenen »einheimischen Linie« der formalistischen Bewegung waren die Probleme, denen sich der Wissenschaftler
gegenüber sah, und die Lösungen, zu denen er kam, von inter-
nationaler Reichweite. Als Teil der kulturellen Entwicklung
Rußlands gesehen – als eine Reaktion gegen die symbolistische
Metaphysik und einen groben Soziologismus oder als theore-
tisches Sprachrohr der futuristischen Bewegung – war oder
erschien der Formalismus als ein spezifisch russisches Phänomen. Aber beim Austrag ihrer örtlichen kritischen Auseinander-

setzungen fanden sich die Formalisten vor den gleichen Fragen und sehr ähnlichen Antworten wie ihre »Kollegen« in Deutschland, Frankreich, England und den Vereinigten Staaten. Als organisierte Bewegung war der Formalismus im Grunde genommen eine einheimische Reaktion auf eine einheimische Herausforderung. Aber als kritisches Gedankengut war er untrennbar ein Teil jener Neubesinnung auf Ziele und Methoden, die sich im ersten Viertel dieses Jahrhunderts in der europäischen Literaturwissenschaft überall bemerkbar machte.

In diesem Sinne gehört der russische Formalismus nicht zwangsläufig der Vergangenheit an. Die »formalistische« Denkweise konnte in Rußland und später in anderen slawischen Ländern durch bürokratischen Machtspruch verboten werden. Doch viele formalistische Einsichten überlebten die totalitäre Verfolgung, indem sie in verwandten Bewegungen auf der anderen Seite des »marxistisch-leninistischen« Vorhangs zu neuem Leben erwachten.

Von einem weiteren Standpunkt aus betrachtet erscheint der russische Formalismus als eine der stärksten Manifestationen jener Richtung auf eine genaue Analyse der Literatur und Kunst hin – eine Entwicklung, die, wie bereits erwähnt [9], einen frühen Ausdruck im Werk Hanslicks, Wölfflins, Walzels und in der französischen *explication des textes* fand und die in den letzten zweieinhalb Jahrzehnten tiefe Spuren in der englischen und amerikanischen Literaturwissenschaft hinterließ.

Besonders lohnend ist eine Untersuchung der Berührungspunkte zwischen der formalistischen Schule und dem anglo-amerikanischen »New Criticism«. Es ließen sich viele einleuchtende Parallelen zwischen dem russischen Formalismus und der Bewegung aufweisen, die, mit T. S. Eliot, die Betonung vom Dichter auf die Dichtung verlegte [10], die, mit John Crowe Ransom, die »ästhetischen und charakteristischen Werte der Literatur« in den Mittelpunkt stellte [11], und die, mit Cleanth Brooks und I. A. Richards, die strenge Zucht des genauen Lesens einführte [12].

Die Unterschiede sind jedoch ebenso aufschlußreich wie die Ähnlichkeiten. Der »New Criticism« entwickelte sich in einem gesellschaftlichen und philosophischen Klima, das ganz und gar verschieden war von dem Klima, in dem der russische Formalismus oder der Prager Strukturalismus entstand. Daraus erklären sich die großen Verschiedenheiten im Auftreten und in den ideologischen Neigungen der beiden Bewegungen. Der typische Formalist war ein radikaler Bohémien, ein Rebell gegen die Autorität, der die völlige Unterwerfung unter das neue Regime zu vermeiden suchte, für das alte aber nur wenig übrig hatte. Der »neue Kritiker«, besonders in seiner amerikanischen Spielart, ist sehr oft ein konservativer Intellektueller, der dem »Massenmenschen« mißtraut, von der industriellen Zivilisation abgestoßen ist, und der wehmütig zu einer stabileren Gesellschaft und verbindlicheren Werten zurückblickt. Für Jakobson und Šklovskij war das Stichwort Erneuerung, für Tate und Ransom Tradition. Antiakademisch bis zum Extrem, könnten sich die russischen Formalisten kaum für Ransoms Versuch erwärmen, die professionelle Kritik auf den Bereich der »Academia« zu beschränken [13]. Ihr ästhetischer »Purismus«, den sie im Laufe der Zeit aufgaben, hatte mehr mit bohémienhafter Extravaganz und herausfordernder Prahlerei zu tun als mit aristokratischer Erhabenheit über das profanum vulgus.

William Elton unterschied zwischen zwei recht verschiedenen Denkweisen, die für gewöhnlich unter der Überschrift »New Criticism« zusammengefaßt werden [14]. Wenn wir uns vorübergehend Eltons Unterteilungen anschließen, so müssen wir feststellen, daß die von Cleanth Brooks und Robert Penn Warren vertretene Richtung des New Criticism der formalistisch-strukturalistischen Methode am nächsten kommt. Diese Sicht, die oft als »organistisch« bezeichnet wird — weniger ideologisch bestimmt als die Tates oder Ransoms und systematischer oder durchorganisierter als die R. P. Blackmurs oder T. S. Eliots — entspricht in vielen entscheidenden Punkten der späteren Phase der slawischen formalistischen Theorien. Die Betonung der organischen Einheit eines literarischen Werks, die damit Hand in Hand gehende Warnung vor der »Häresie der Paraphrase« [15], das scharfe Bewußtsein von der »Ambiguität« des poetischen Idioms und die aus dieser Ambiguität sich ergebenden »Konfliktstrukturen« wie Ironie und Paradox —

all dies erinnert an Tynjanov und Jakobson in ihrer späteren Entwicklung und an den Prager Linguistik-Kreis.

Diese Verwandtschaft, so könnte man hinzufügen, beruht mehr auf analytischen Vorgängen als auf Kriterien der Wertung. Während Brooks und Warren die Möglichkeit einiger zwar flexibler, aber absoluter Maßstäbe postulieren, die sich auf die Dichtung verschiedener Zeiten anwenden lassen, vertraten die Formalisten ganz offen den kritischen Relativismus. Wo sich die amerikanischen »Organiker« zusammen mit anderen Zweigen des New Criticism um eine ästhetische Norm bemühten, sahen ihre slawischen Kollegen die Quelle des ästhetischen Wertes vorwiegend in den Abweichungen von der Norm. Diese Position erklärt sich nicht nur aus bohémienhaftem Anti-Akademismus; sie war ebensosehr ein Nebenprodukt der formalistischen Beziehung zur modernen Kunst.

Die Literaturwissenschaft ist oder sollte, wie die Formalisten so oft betonten, eine autonome Disziplin sein. Aber jede stärkere Wandlung in ihrer Methode steht, obschon immer durch eine innere Krise hervorgerufen und erforderlich gemacht, in einer bestimmbaren Beziehung zu parallelen Strömungen in angrenzenden Gebieten des Geistes, wie der Kulturphilosophie oder der Erkenntnistheorie. Außerdem wird die Literaturauffassung des Kritikers notwendig von Entwicklungen auf dem Gebiet beeinflußt, das seinen Forschungsgegenstand darstellt, also von der zur jeweiligen Zeit vorherrschenden Kunstart.

Der russische Formalismus bildete in dieser Hinsicht keine Ausnahme. So muß jeder Versuch, die formalistische Schule in einen umfassenderen kulturellen Zusammenhang zu stellen, drei eng miteinander verknüpfte Entwicklungen bedenken. Eine wurde bereits erwähnt: der Zug zur Strukturanalyse in der Literaturwissenschaft. Die beiden anderen Tendenzen waren die »moderne« Richtung in den Künsten und die erkenntnistheoretische Krise.

Nehmen wir ein Beispiel. Als die Theoretiker der *Opojaz* die »Orientierung auf das Medium hin« als das unterscheidende Merkmal für Dichtung aufstellten, konnten sie sich, befreit von den Trugschlüssen einer außerliterarischen Kritik, dem literarischen Werk und seinen strukturellen Merkmalen widmen. Es besteht jedoch kaum ein Zweifel, daß das Interesse der Formalisten an den strukturellen Eigenschaften der Dichtkunst durch die zunehmende Betonung auf Struktur und Funktion angeregt war, die sich in den ersten Jahrzehnten dieses Jahrhunderts in verschiedenen Wissenschaftszweigen bemerkbar machte. Ebenso könnte man einleuchtend argumentieren, daß das ausschließliche Interesse der frühen Formalisten an dem Wortgefüge der Dichtung und die dadurch bedingte Einseitigkeit zum Teil auf die nicht-gegenständliche Tendenz der modernen Kunst zurückzuführen ist. Jakobsons Definition der »Literaturhaftigkeit« lenkte die Aufmerksamkeit auf ein entscheidendes Element *jeder* poetischen Struktur. Doch traf sie besonders auf eine literarische Situation zu, wo das deutlich bekundete Ziel des Dichters die Manipulation des Mediums anstelle der Darstellung der Wirklichkeit war.

Das letzte halbe Jahrhundert hat eine große Umwälzung in unseren Denkformen und Forschungsmethoden erlebt. Diese methodologische Umorientierung richtete sich hauptsächlich gegen zwei vom neunzehnten Jahrhundert übernommene Trugschlüsse: den extremen Empirismus, der nur das unmittelbar »Gegebene« als wahr anerkennt, und den groben Monismus, der, mit den Worten eines modernen Schriftstellers, »heterogene Ebenen auf homogene Gesetze zurückzuführen versucht« [16].

Auf der Ebene der Erkenntnistheorie wird, um Susanne Langer zu zitieren, »das Problem der Beobachtung vom Problem der Bedeutung vollkommen verdunkelt« [17]. Das positivistische Interesse an Fakten war von der »Philosophie symbolischer Formen«, der Sicht des Menschen als eines »animal symbolicum« (Cassirer), überschattet [18].

In bezug auf die allgemeine wissenschaftliche Methodologie bedeutete die Neuorientierung, mit einem Satz Skaftymovs [19], »den Primat der strukturellen Beschreibung vor der genetischen Untersuchung«. Man erkannte, daß jede Erfahrungsebene ihre eigenen »Gesetze« oder organisierenden Prinzipien hat, die sich nicht von anderen Ebenen ableiten lassen. Folglich wurde nun dem Wissenschaftler, sei er Linguist, Psychologe oder Kunstkritiker, nahegelegt, zunächst die strukturellen Eigenschaften des gegebenen Gebiets zu erforschen und danach erst den Versuch zu machen, die auf diese Weise gewonnenen Ergebnisse mit denen anderer Bereiche in Zusammenhang zu bringen.

Die Revolte gegen die Methode der Reduktion machte sich in so verschiedenen Disziplinen wie der Linguistik und der Biologie bemerkbar. Am besten wird sie vielleicht am Beispiel der scharf durchdachten Polemik der »Gestalt«-Psychologen gegen die »Behavioristen« illustriert. Als Koehler, Wertheimer und Koffka den Begriff des »organisierten Ganzen« einführten und auf die Kräfte hinwiesen, die innerhalb des Bereichs der visuellen Wahrnehmung wirken, gaben sie, ob es ihnen nun bewußt war oder nicht, eine strenge Beweisführung zugunsten einer strukturalistischen Betrachtungsweise aller kulturellen Phänomene.

Wie aus den vorhergegangenen Erörterungen klar geworden sein dürfte, lieferte der russische Formalismus seinen Beitrag zu diesen beiden Richtungen der modernen Wissenschaft – die Beschäftigung mit der Symbolik und der »Gestalt«-Auffassung. Selbst in ihrem Frühstadium neigten die Formalisten zur Darstellung des Problems der poetischen Sprache im Sinne der Doppelheit von Zeichen und Bezugsgegenstand. Und in ihrer späteren, »strukturalistischen« Phase bemühten sie sich sichtbar darum, wenn auch nicht immer überzeugend, die Poetik zu einem Bestandteil der Semiotik zu machen. Noch wichtiger war, daß in den Theorien der Formalisten ein Gestalt-Schema der Literatur, insbesondere der Lyrik, weitgehend ausgearbeitet wurde. Es genügt hier, an die Begriffe »System« und »dominanta« der späteren *Opojaz* und an den Prager Begriff der ästhetischen »Struktur« zu erinnern.

Es war für die Formalisten ein Glücksumstand, daß sie an einer der wichtigsten Leistungen modernen Denkens teilhaben und davon profitieren konnten. Bei ihrer Erforschung der Natur des »literarischen Faktums« und der »literarischen Entwicklung« kamen ihnen die neuen methodologischen Einsichten zugute. Ferner mag dieses Verflochtensein in die »zeugenden Ideen« unserer Zeit (Susanne Langer) [20] als Beweis dafür gelten, daß der Formalismus, trotz einiger seiner »marxistischen« Kritiker, weit mehr war als eine unbedeutende intellektuelle Mode [21].

Während die organische Beziehung zum »Zeitgeist« zweifellos ein Gewinn war, erscheint doch rückblickend der kämpferische »Modernismus« der *Opojaz* von zweischneidiger Bedeutung. Die Bindung an die literarische Avantgarde stärkte die Lebendigkeit und Schlagkraft der formalistischen Kritik. Es gibt gewiß nichts Anregenderes für eine kritische Bewegung als eine wechselseitige Beziehung zur schöpferischen Literatur. Aus dieser erregten Anteilnahme sind die Kraft der besten Essays von Šklovskij, die Brillanz von Jakobsons und Tynjanovs Untersuchungen über den russischen Futurismus zu verstehen, in denen sich kritischer Scharfsinn mit einfühlender Versenkung in des Dichters Suchen nach einer neuen Vision verband.

Während diese ästhetische Bindung die kritische Praxis der Formalisten stark bereicherte und belebte, bildete sie für ihre Theorie häufig ein Hindernis. Nicht selten verkehrte sich eine Beschreibung der dichterischen Qualität, die objektiv sein sollte, in eine leidenschaftliche »Verteidigung« der Dichtung, genauer, eben jener Art von Dichtung, die der jeweilige Theoretiker selbst bevorzugte.

Wir leben in einer Zeit, in der »neue« Lyrik schon nach wenigen Jahren der Vergangenheit angehören kann und in der künstlerische Bewegungen schneller altern als methodologische Prinzipien (nicht, daß diese etwa sehr lange währten!). So können theoretische Äußerungen, die bewußt oder unbewußt in Gedanken an die Rechtfertigung einer »modernen« Strömung in der Dichtung oder Malerei, sei es Futurismus oder Dadaismus, Surrealismus oder Kubismus, gemacht wurden, zwei oder drei Jahrzehnte später schon als durchaus zeitgebunden erscheinen. Offenbar ist dies der Preis, den man für Zeitgemäßheit zahlen muß.

Ein gutes Beispiel dafür ist Ortega y Gassets Untersuchung über die *Entmenschlichung der Kunst* [22]. Dieser kluge und zum Teil auch noch zutreffende Angriff auf die realistische Ästhetik wird leider durch einige übertriebene Formulierungen entschärft, die sich zu stark auf die zwanziger Jahre beziehen, als daß sie um 1960 noch überzeugen könnten. Das gleiche gilt von Šklovskijs Kritik. Seine frühen Schriften waren unendlich viel anregender und lohnender als alles, was er nach 1930 schrieb. Aber einige seiner voreiligen Verallgemeinerungen, die so offensichtlich auf die futuristischen oder »konstruktivistischen« Experimente jener Zeit zugeschnitten waren, scheinen in dem etwas veränderten ästhetischen Klima der Gegenwart ihre Bedeutung verloren zu haben.

Ein weiteres Ergebnis der engen Bindung an die literarische Bohème der Zeit war der eigensinnige und oft unnötig streitbare Ton der formalistischen Veröffentlichungen [23]. Bei früherer Gelegenheit wurde darauf hingewiesen, daß viele in der Hitze des Gefechts gemachten Äußerungen der *Opojaz* nicht wörtlich genommen werden dürften. Auch wenn man diese Warnung beachtet, fühlt man sich doch gelegentlich ganz zwangsläufig von den ständigen »taktischen« Übertreibungen recht abgestoßen und wünschte, daß die Formalisten nur das gesagt hätten, was sie meinten, und nicht mehr. Wenn man sieht, wie schnell die Mitglieder der *Opojaz* die Kunst von ihren Schöpfern und der Gesellschaft trennen, dann kommt einem leicht der Wunsch nach etwas weniger Überschwang und nach mehr »akademischem« Gebaren.

Und doch nehmen diese frühen Auswüchse im Verhältnis zum Gesamtbeitrag der Formalisten keinen allzu breiten Raum ein. Die ermüdenden Übertreibungen und das Herumreiten auf dem »Kunstmittel« als einzigem Anliegen des Literaturwissenschaftlers sind doch nur Wachstumsschmerzen einer starken und dynamischen Bewegung. Auf die Dauer gesehen erwiesen sich manche extremen Äußerungen der *Opojaz* fruchtbarer als manch eine risikolose Feststellung konservativer Kritiker. Vielleicht war, wie schon angedeutet, gerade die Enge des Gesichtspunkts nützlich, insofern sie dazu beitrug, entscheidende Probleme, die lange Zeit unbeachtet geblieben waren, zu dramatisieren. Und als der reine Formalismus einen Engpaß erreichte, arbeiteten die tschechischen Strukturalisten eine lebensfähige Alternative aus, indem sie die anfänglichen Ansprüche milderten und das Problem von Kunst und Gesellschaft in eine überzeugendere Perspektive rückten.

Man könnte geltend machen, daß das Problem der schöpferischen Persönlichkeit trotz dieser Überprüfung der Beziehungen zwischen Literatur und Gesellschaft immer noch weitgehend vernachlässigt wurde. Aber einige der späteren Beiträge, wie Jakobsons oft zitierter Essay über Pasternaks Prosa [24], scheinen darauf hinzudeuten, daß auch dieser so leicht mißbrauchte und doch unentbehrliche kritische Begriff im Laufe der Zeit im strukturalistischen System der literarischen Dialektik berücksichtigt wurde.

Entscheidender fallen die Mängel des formalistischen Denkens in Fragen der Bewertung ins Gewicht. Ein extremer Relativismus, der für die Schriften der *Opojaz* kennzeichnend ist, wurde auch von den Strukturalisten nicht überwunden. 1917 hatte Šklovskij ästhetische Kanons als aufeinanderliegende Schichten von Häresien definiert [25]. Ein Jahrzehnt später behauptete Mukařowský, es gebe für den Literaturhistoriker keine ästhetischen Normen, denn es sei »das Wesen der ästhetischen Norm, durchbrochen zu werden« [26].

Dies war eine besonders schiefe Behandlungsweise des Problems. Daß der Kanon von heute die Häresie von gestern ist, ist zweifellos richtig. Ästhetische Normen wandeln sich, aber diese Neigung zur Veränderung ist nicht ihr hauptsächliches Charakteristikum. Tatsächlich ist eine Theorie merkwürdig, die das Wesen der ästhetischen Norm in ihrer Fähigkeit sieht, wieder abgestoßen zu werden, anstatt in der von ihr ausgehenden bindenden Kraft, während sie vorherrscht. Ästhetische Werte sind, wie alle anderen Werte, insofern »relativ«, als sich ihr Inhalt von Periode zu Periode verändert. Aber diese empirische Tatsache macht eine Norm in den Augen derer, die sich an sie halten, nicht weniger »absolut«.

Vielleicht sollte man nicht die ganze Schuld für diesen Sachverhalt dem »Modernismus« aufbürden. Die Ablehnung von »Normen«, die offensichtlich durch den Kult des Neuen noch unterstützt wurde, mochte mit der ultra-empiristischen Linie im formalistischen Denken zusammenhängen, mit ihrem instinktiven Mißtrauen gegenüber allem, was nach Absolutem aussah. Von diesem Standpunkt aus schien die »historische Einschätzung« ein weit sichereres und wissenschaftlicheres Vorgehen als die »ästhetische Beurteilung«.

In seiner Arbeit über Lermontov fügte Eichenbaum nach einem ablehnenden Hinweis auf den »Eklektizismus« des Dichters eilig hinzu: »Dies ist kein ästhetisches, sondern ein historisches Urteil, dessen einziger Beweggrund der ist, Tatsachen zu erfassen« [27].

Wie Wellek gezeigt hat [28], ist eine genaue und eindeutige Unterscheidung zwischen Tatsachen und Werten in der Literaturwissenschaft kaum durchführbar, weil hier alle in Betracht kommenden »Fakten« – die literarischen Werke nämlich – selber Wertesysteme sind und der Forschungsgegenstand sich dem Literarhistoriker nur durch eine Reaktion erschließt, »die jene Art geistiger Tätigkeit einbezieht, die Werturteile hervorbringt« [29].

Die Formalisten taten gut daran, die kritische Wertung auf dem festen Boden greifbarer historischer Fakten vorzunehmen. Sie zeigten große Treffsicherheit bei der Einschätzung der Rolle eines Autors im literarischen Prozeß, im Aufzeigen der Kühnheit, mit der er über den von seinen unmittelbaren Vorgängern übernommenen Kanon hinausging. Obschon diese Punkte zweifellos von Wichtigkeit sind, sollte sich die Pflicht und das Recht des Literarhistorikers jedoch nicht auf sie beschränken. Die historische Einschätzung ist ein unentbehrliches Teilstück innerhalb der gesamten kritischen Beurteilung, aber keineswegs ein Ersatz für sie. Es ist gewiß wesentlich zu wissen, ob eine historische »Aufgabe« erfolgreich erfüllt wurde; dennoch kann man mit gutem Grund behaupten, daß manche Aufgaben ästhetisch lohnender und anspruchsvoller sind als andere. Während es durch aus möglich und in einer bestimmten Phase der Beweisführung dringend erforderlich ist, die Leistung eines Dichters auf Grund seiner eigenen Bedingungen zu ermessen, sollte sich der Kritiker doch bemühen, sie letztlich nach einem Wrtsystem zu beurteilen, das über die »Poetik« der jeweiligen Periode hinausgeht. Statt sich nur am Prozeß der Loslösung vom Alten zu begeistern, sollte der Literaturwissenschaftler die Eigenschaften des »Neuen« zu erfassen suchen.

Alexander Romm schrieb in einer sarkastischen Besprechung von Eichenbaums Arbeit über Lermontov: »Für den formalistischen Literarhistoriker scheint Puškins Größe in der Tatsache zu bestehen, daß er ein Wegbereiter für Poležaev war« [30]. Da Poležaev ein zweitrangiger Dichter im zweiten Viertel des neunzehnten Jahrhunderts war, liegt die ironische Absicht dieser Äußerung klar zutage. Sie sollte besagen, daß die Formalisten so sehr von dem bloßen Vorgang, neuen Boden zu gewinnen, fasziniert waren, daß es ihnen ziemlich gleichgültig war, ob ein mittelmäßiger Dichter Wegbereiter eines Genies war oder umgekehrt.

Romms Ironie war zwar etwas weit hergeholt (die Formalisten bekamen hier etwas von ihrer eigenen Medizin zu kosten!), aber durchaus nicht unbegründet. Es wäre lächerlich anzunehmen, daß Eichenbaum, einer der kultiviertesten und sensibelsten modernen Kritiker Rußlands, den Unterschied zwischen Puškin und Poležaev nicht erkannte oder richtig einzuschätzen gewußt hätte. Es ging hier jedoch nicht um die »Sensibilität«, um die Fähigkeit des einzelnen Kritikers, zwischen Größe und Mittelmäßigkeit zu unterscheiden, sondern um definierbare Maßstäbe, mit deren Hilfe solche Unterscheidungen überpersönliche Gültigkeit beanspruchen können. Dadurch, daß sich die Formalisten von anderen als rein »historisch«-kritischen Urteilen fernhielten, kamen sie dem Ultra-Historismus gefährlich nahe, der das literarische Werk als ein Ereignis oder als die Ursache von Ereignissen sieht, jedoch seinem Wert nicht gerecht wird.

Das Paradoxe am ästhetischen Relativismus liegt in der Tatsache, daß er dem Dogmatismus und Subjektivismus um so eher verfällt, je mehr er sich bemüht, dieser doppelten Gefahr zu entkommen. Literaturgeschichte ist, wie Wellek sagt, »ohne einige Werturteile völlig unvorstellbar«, genauso wie irgendein Theoretisieren – was Mukařovský wußte und Eichenbaum nicht – nicht ohne philosophische Voraussetzungen auskommen kann. Dort, wo es an einem klaren Bewußtsein der zugrunde liegenden Prinzipien fehlt, schleicht sich die Philosophie dennoch ein, wenn auch »durch die Hintertür«, in einer »implizierten«, das heißt undurchdachten Form. Genauso sind dort, wo es in einer kritischen Bewegung an scharfumrissenen Wortmaßstäben fehlt, die unvermeidlichen Werturteile meistens nichts anderes als Projektionen des persönlichen Geschmacks eines Kritikers oder der »Poetik«, die er besonders bevorzugt.

Dieser Gesetzmäßigkeit unterliegen offensichtlich alle von den Formalisten abgegebenen Urteile. Ihre Begeisterung für nichtobjektive Kunst fand ihren Ausdruck in einem überschwänglichen Lob Chlebnikovs, des frühen Majakovskij und Sternes. Ihre Vorliebe für das Neue und für Experimente machte sie für die unorthodoxe, aus vielen Elementen gemischte Kunst eines Nekrasov empfänglich, aber etwas ungerecht gegen den »eklektischen« Lermontov und den »Epigonen« Turgenev. Nun muß man nicht gerade ein Formalist sein, um zu erkennen, daß Tolstoj ein größerer Schriftsteller war als Turgenev. Aber dieser Größenunterschied erklärt sich nicht unbedingt aus der Tatsache, daß Tolstoj mit der romantischen Tradition brach, während Turgenev in ihren Grenzen blieb. Eichenbaums Untersuchung über Lermontov ist ein Beispiel scharfsinniger, schrittweise vorgehender Analyse. Aber die kaum verhehlte Ungeduld des Kritikers gegen Lermontovs poetischen »Eklektizismus« muß einem doch etwas doktrinär vorkommen. Es ist ein kritischer Gemeinplatz, daß ein großer Dichter immer »jetzt« etwas sagt und wesentlich zu dem Vorrat an künstlerischen Werten beiträgt. Allzuoft vergaßen jedoch die Formalisten die Tatsache, — vielleicht, weil sie in einer revolutionären Atmosphäre lebten —, daß dieses neue Wort manchmal innerhalb der jeweiligen literarischen Tradition oder Traditionen ausgesprochen werden kann, und daß sich literarischer Fortschritt ebensogut durch Evolution wie durch Revolution erreichen läßt. Sie übersahen wohl allzuoft, daß Neuheit an sich die ästhetische Erfahrung unmöglich machen würde. »Das Vergnügen des Menschen an einem literarischen Werk«, sagt Austin Warren, »setzt sich aus dem Sinn für Neuheit und dem Sinn für das Wiedererkennen zusammen« [31].

Damit wird die Frage nach der ästhetischen Erfahrung gestellt. Die von der Idee der Veränderung ausgehende Faszination wirkte sich nicht nur sehr ungünstig auf die spezifischen kritischen Urteile der Formalisten aus, sondern auch auf ihre gelegentlichen Versuche, die ästhetische Qualität zu bestimmen. Wenn ein formalistischer Theoretiker, zum Beispiel Šklovskij,

den festen Boden linguistischer oder semasiologischer Begriffe
verließ und sich zu ungezügelten, wenn auch erregenden Ge-
dankenflügen in die Kunstphilosophie erhob, berief er sich als
letzten Prüfstein der ästhetischen Beurteilung auf die Abweichung vom gegebenen Maßstab. Indem so der Blick des Ästhetikers ganz und gar auf die neue Kunst gerichtet war, die laut
Ortega y Gasset »beinahe ausschließlich aus Protesten gegen
die alte besteht« [32], dann war es nur natürlich, daß – laut
Ortega – »diese negative Stimmung spöttelnder Angriffslust zu
einem Faktor ästhetischen Vergnügens gemacht wird« [33].

Es ist bezeichnend, daß B. Christiansens Idee der »Differenzqualität« [34] im formalistischen Denken eine so große Rolle
spielte. Šklovskij und Tynjanov sagten zweifellos etwas Wich-
tiges und Nützliches, wenn sie zur Erklärung dieses Begriffs
des deutschen Ästhetikers die Abweichung vom gewöhnlichen
Gebrauch und die Deformation der Wirklichkeit als wesentliche Bestandteile des ästhetischen Vergnügens hervorhoben,
wie es von schöpferischer Literatur ausgehen soll. Aber der
Endeffekt jener Überbetonung des Prinzips der Gegensätzlichkeit oder Veränderung war doch recht unbefriedigend: das
unterscheidende Merkmal der Literatur liegt in ihrer Differenzqualität, in ihrem Anderssein. Im Ganzen gesehen scheint doch
zuviel geistige Energie und Begeisterung auf eine rein negative
Darstellung des Problems verschwendet worden zu sein. Der
besondere Charakter der Kunst wurde so stark betont, daß das
genaue Wesen dieser Eigenart nur zu oft unerforscht blieb [35].

All dies weist darauf hin, daß der Formalist keine scharf
umrissene Ästhetik besaß; er hat so entscheidende Probleme
wie das der Seinsweise eines literarischen Werkes oder das der
kritischen Maßstäbe weder gelöst noch überhaupt klar erkannt.

Vielleicht ist aus diesem Mangel, neben der Betonung des
Technischen durch die *Opojaz*, die weitverbreitete Ansicht zu
erklären, daß die Theorien der Formalisten aus einer Reihe
isolierter technischer Einsichten, aus methodologischen Hinweisen bestünden, aber keine in sich geschlossene, echte Literaturtheorie hervorgebracht hätten.

Wenn man unter »Literaturtheorie« ein umfassendes System
literarischen Schaffens versteht, das in einer zusammenhängen-

den Ästhetik gegründet und zu einer voll entwickelten Kulturphilosophie integriert ist, so muß man zugeben, daß der
Formalismus weit weniger war als das. Bei solchem Eingeständnis sollte man allerdings nicht hinzuzufügen vergessen, daß
keine kritische Bewegung diesem Ziel auch nur nahegekommen
ist.

Von wenigen Ausnahmen abgesehen, war das Philosophieren
über Kunst immer schon ein besonders unfruchtbares Geschäft.
Es genügt ein kurzer Blick auf die *Grundlagen der Ästhetik*
von Richards und Ogden – einem skizzenhaften und populären,
aber im großen und ganzen zuverlässigen Überblick über die
Haupttheorien der Ästhetik –, um zu erkennen, daß auch das
am wenigsten Gelungene bei Šklovskij kaum tautologischer
war als die meisten Spekulationen über Schönheit, ästhetisches
Vergnügen oder Form.

Wenn die Formalisten auch keine abgerundete Literaturtheorie entwickeln konnten, so muß man ihnen doch zugute halten, daß sie doch einige ihrer wesentlichsten Aspekte ausgearbeitet haben. Sie versuchten nicht das zu formulieren, was S. C.
Pepper ein »quantitatives Kriterium« der Kritik nannte, nämlich einen Maßstab, um die Höhe des in einem gegebenen literarischen Objekt vorhandenen ästhetischen Werts zu bestimmen [36]. Sehr viel ertragreicher jedoch waren ihre Bemühungen
um das »qualitative« Kriterium, d. h. um die Abgrenzung der
Literatur gegen andere Weisen menschlicher Betätigung.

Das Endergebnis des formalistischen Suchens nach den
Kennzeichen der schöpferischen Literatur war alles andere als
unfruchtbar. Wenn sie das Publikum nicht durch dogmatische
Schlagworte von der Art des »Kunst ist nichts als . . .« zu
schockieren versuchten oder nicht zu verantwortungslos ver-
allgemeinerten, dann verhalfen die Formalisten dem Literaturwissenschaftler zu einigen außerordentlich hilfreichen Definitionen. Dichtung als eine einzigartige Sprechweise, die
»Aktualisierung« des Zeichens als das unterscheidende Merkmal der poetischen Sprache, »semantische Dynamik des
poetischen Zusammenhangs«, die »Literaturhaftigkeit« als Gestaltqualität, das literarische Werk als eine »Struktur« – das
waren fruchtbare Begriffe. Nicht alle konnten während der

kurzen Zeitspanne, die die Geschichte der formalistisch-strukturalistischen Bewegung zuwies, voll ausgeschöpft werden. So
ist bis heute der Versuch von Jakobson und Mukařowský, die
Poetik der im Entstehen begriffenen Philosophie der symbolischen Formen einzugliedern, ein methodologisches Postulat
geblieben, das noch auszuweiten wäre. Vielleicht ist es jedoch
nicht zuviel gesagt, daß hier ein verheißungsvoller Anfang für
etwas vorliegt, das sich noch als ein bedeutender neuer Weg der
Ästhetik erweisen könnte. Viele Probleme der literarischen
Ontologie könnten in Kategorien der Semiotik und im Sinne
der Spannung zwischen Zeichen und Bezugsgegenstand einleuchtend neu formuliert oder gar gelöst werden.

Die hier gegebenen Verallgemeinerungen sind natürlich kein
Selbstzweck. Sie sind aber insofern nützlich, als sie ein Licht
auf die Besprechung spezifischerer Probleme der historischen
und theoretischen Poetik und auf die Analysen konkreter literarischer Werke werfen.

Mit diesem Maß gemessen scheinen mir die formalistischen
Schlüsselbegriffe doch von erheblicher Bedeutung zu sein. Wenn
es auch die Kürze der drei vorhergehenden Kapitel nicht zuließ,
der Reichweite und dem Scharfsinn der formalistischen Analysen
gerecht zu werden, so ist hoffentlich doch klar geworden, daß
die formalistischen Theoretiker nicht umsonst gearbeitet haben.
Durch die Anwendung der Begriffe der »dominanta«, »Struktur« und »Wahrnehmbarkeit« auf Probleme der Verskunst, des
Stils, der Komposition und Literaturgeschichte konnten in vielen Fällen impressionistische Metaphern durch Präzision und
logische Durchschlagskraft ersetzt werden. Zugleich bewahrte ein
Gefühl für das Ganze die meisten technischen Zergliederungen
von Dichtung vor einem Rückfall in die atomistische Jagd nach
Einzelheiten der Textkritik alter Schule. Den Theorien der Formalisten gelang es weitgehend, einige jener »mystischen« Vorstellungen der traditionellen Ästhetik, wie »Aufbau«, »Entwurf«, »Form«, »Rhythmus«, »Ausdruck«, wieder greifbar zu
machen, Vorstellungen, deren Verschwommenheit vor einiger
Zeit noch von I. A. Richards bedauert wurde [37].

Aber, so könnte man erwidern, obgleich dies alles von großem
Nutzen bei der Beschreibung und Klassifizierung literarischer

Formen sein mag, wie verhält es sich mit einem breiteren Bezugssystem? Wie steht es mit der Bestimmung der Funktion der Dichtkunst und ihrer Beziehung zu anderen Weisen menschlicher Tätigkeit?

Diese Frage ist durchaus gerechtfertigt, vorausgesetzt, daß sie die Probleme des literarischen Handwerks nicht auf den Status »technischer Trivia« reduziert und daß das »breitere Bezugssystem« kein starres monistisches Schema ist, in das die Literatur unter allen Umständen hineingezwungen werden soll. Das Vorgehen einer groben soziologischen Kritik inner- und außerhalb Rußlands ist Beweis genug dafür, daß gewisse »breitere Bezugssysteme« gefährlicher sind als gar keine.

Das soll nicht heißen, die Literaturwissenschaft könne ohne einen umfassenderen gesellschaftlichen Zusammenhang auskommen. Wie Jakobson und Tynjanov in ihren Thesen von 1928 nachgewiesen haben [38], ist das Bestimmen der »immanenten« Gesetze, also der inneren Dynamik eines individuellen »Systems«, nur ein Teil der vom Theoretiker zu leistenden Arbeit. Er muß auch die darüber hinausgreifenden Gesetze erforschen, er hat das Wesen der Wechselbeziehungen zwischen dem gegebenen Gebiet und anderen kulturellen Bereichen zu untersuchen.

Offensichtlich konnten die Formalisten dazu weniger beitragen als zu den »immanenten« literarischen Fragen. Zunächst einmal wurden sie sich dieses Aspekts der Literaturtheorie erst verhältnismäßig spät bewußt, und zum andern ließ sich die Aufgabe des Miteinander-in-Beziehung-Setzens verschiedener Sphären der Kultur nicht von der Literaturwissenschaft allein verwirklichen. Diese Aufgabe verlangt nach einer Gemeinschaftsleistung verschiedener Wissenschaftszweige und nach einer Kulturphilosophie, die flexibler ist als der Monismus des neunzehnten Jahrhunderts und besser integriert als der rein »beschreibende« Eklektizismus.

Man kann es den Formalisten kaum übelnehmen, daß sie, ganz auf sich selbst gestellt, eine solche Philosophie nicht entwickelt haben. Doch muß betont werden, daß sie auf ihrer späteren Stufe ihr bestes taten, um die Notwendigkeit einer solchen Philosophie hervorzuheben. So sah die Bewegung, die zu

Beginn der zwanziger Jahre versucht hatte, die Kunst von der Gesellschaft zu »befreien«, in den dreißiger Jahren die wichtigste Aufgabe für den Geisteswissenschaftler darin, Wechselbeziehungen zwischen verschiedenen Teilen des gesellschaftlichen Gefüges herzustellen [39].

Das Stichwort für unsere abschließende Beurteilung des russischen Formalismus brauchen wir weder von seinen ausgesprochen parteiischen Verteidigern noch von seinen geräuschvollen Verleumdern aufzunehmen. Wir wenden uns besser einem gerecht denkenden Gegner, Efimov, zu, der in seiner Untersuchung der formalistischen Schule ihre Leistung folgendermaßen zusammenfaßte:

»Der Beitrag der formalistischen Schule zu unserer Literaturwissenschaft . . . liegt in der Tatsache, daß sie ein scharfes Augenmerk auf die grundlegenden Probleme dieser Wissenschaft gerichtet hat, vor allem auf die Besonderheit ihres Gegenstandes; daß sie unsere Auffassung vom literarischen Werk modifizierte und es in seine Bestandteile zerlegte; daß sie neue Forschungsgebiete erschloß, unsere Kenntnis des literarischen Handwerks außerordentlich erweiterte, die Maßstäbe unserer literarischen Forschung und unserer theoretischen Gedanken über Literatur hob . . . und damit in gewisser Hinsicht eine Europäisierung unserer Literaturwissenschaft bewirkte.« »Die Poetik«, so fuhr Efimov fort, »früher ein Feld des hemmungslosen Impressionismus, wurde zum Gegenstand wissenschaftlicher Analyse, zum konkreten Problem der Literaturwissenschaft« [40]. Aus dem Munde eines Gegners war dies eine vielsagende und im großen und ganzen wohlverdiente Huldigung.

Während ihrer kurzen und stürmischen Laufbahn forderten die Formalisten viele Angriffe heraus. Sie konnten irritierend frivol oder unnötig verworren sein; ihre Argumentation war oft übertrieben, weit hergeholt oder spitzfindig. Doch sie waren nie langweilig, nie unoriginell, kleinlich oder spießig. Trotz ihrer hartgesottenen, technischen Ausdrucksweise beseelte sie eine echte Liebe zur Literatur und eine tief eingewurzelte Hochachtung vor der Integrität künstlerischer Vision. Dem Zug zur bürokratischen Überwachung zum Trotz versuchten sie, unzeitgemäßen Tugenden wie Originalität, »esprit« und kritische

Unnachgiebigkeit zu kultivieren. Daß ihnen dies auf die Dauer nicht gelang, war kaum ihr Fehler.

Heutzutage, wo die sowjetische Kritik von zahmer Mittelmäßigkeit und humorlosem Dogmatismus beherrscht wird, ist es geradezu erfrischend, auf die Unbotmäßigkeit, die Heiterkeit und Schärfe der formalistischen Schriften zurückzublicken. Mit all seinen Mängeln und Inkonsequenzen wird das Erbe dieser brillanten Gruppe ein Höhepunkt modernen kritischen Denkens bleiben.

ANHANG

KAPITEL I · Die Vorläufer

1 George Reavey, *Soviet Literature Today*, London 1949, S. 105.

2 P. K. Gruber, *Don-Žuanskij spisok Puškina*, Petrograd 1923, S. 8.

3 Siehe bes. Viktor Žirmunskij, *Bajron i Puškin* (*Iz istorii romantičeskoj poèmy*), Leningrad 1924.

4 S. unten, Kap. III.

5 *Russkoe Slovo*, St. Petersburg 1865, no. 4.

6 A. M. Skabičevskij, *Istorija novejšej russkoj literatury* (mehrere Ausgaben zwischen 1890 und 1900).

7 A. N. Pypin, *Istorija russkoj literatury*, St. Petersburg 1913.

8 Ebenda, S. 33.

9 Hermann Paul, *Grundriß der germanischen Philologie*, Straßburg 1891, I, iii.

10 D. Ovsjaniko-Kulikovskij, *Istorija russkoj intelligencii*, Moskau 1908; *Istorija russkoj literatury 19 veka*, hg. v. D. Ovsjaniko-Kulikovskij, Moskau 1809, 5 Bde.

11 S. »Potebnja« und »Iskusstvo kak priëm«, *Poètika*, Moskau 1919.

12 *Voprosy teorii i psichologii tvorčestva*, 8 Bde., Petrograd-Char'kov 1907–1923.

13 Zitiert bei V. Charciev in seinem Aufsatz »Elementarnye formy poèzii«, *Voprosy teorii i psichologii tvorčestva*, 1907, I, 199.

14 Es versteht sich von selber, daß der Begriff »Dichtung« hier im allgemeinen, aristotelischen Sinne gebraucht wird.

15 A. Potebnja, *Iz lekcij po teorii slovesnosti*, Char'kov 1894, S. 99.

16 *Iz lekcij po teorii slovesnosti*, S. 127.

17 Diese Tendenz, Dichtung sprachlichem Schöpfertum gleichzusetzen, erinnert stark an Entwicklungen im zwanzigsten Jahrhundert, wie die ästhetische Lehre B. Croces und Voßlers »neuidealistische Schule«.

18 *Iz lekcij po teorii slovesnosti*, S. 113.

19 A. Potebnja, *Mysl' i jazyk*, Char'kov, 3. Aufl. 1926, S. 149.

20 A. Gornfel'd, »Poèzija«, *Voprosy teorii i psichologii tvorčestva*, 1907, I, 200.

21 Vgl. *op. cit.*, S. 203.

22 A. Potebnja, *Mysl' i jazyk*, S. 134.

23 *Iz lekcij po teorii slovesnosti*, S. 75.

24 *Voprosy teorii i psichologii tvorčestva*, 1907, I, 200.

25 Aristoteles, »Poetik«, *Criticism*, hg. v. M. Scharer, New York 1948, S. 213.

26 Zitiert bei Cecil Day Lewis, *The Poetic Image*, New York 1947, S. 135.

27 S. bes. das Kap. über den »Mythos« in *Iz zapisok po teorii slovesnosti*, Char'kov 1905, S. 397–407, und die Erörterung des Symbolismus in slawischer Volksdichtung (*O nekotorych simvolach v slavjanskoj poèzii*, Char'kov 1860).

28 *Iz lekcij po teorii slovesnosti*, S. 97.

29 S. unten, Kap. IV und X.

30 Einige von Potebnjas kritischen Bemerkungen über die Funktion des Bildes nähern sich bedenklich der unglücklichen Auffassung Herbert Spencers von der Einsparung geistiger Energie als oberstem Gesetz der sich auf alle Ebenen geistiger Tätigkeit erstreckenden »psychologischen Hygiene« (*Philosophy of Style*, New York 1880).

31 S. unten, Kap. X.

32 »Iz otčëtov po zagraničnoj komandirovke«, *Istoričeskaja poètika*, S. 386–397.

33 Ebenda, S. 397.

34 Ein bekannter russischer Kritiker, Autor der gelehrten *Istorija russkoj slovesnosti*, Moskau 1859–1860.

35 *Istoričeskaja poètika*, S. 388.

36 Ebenda, S. 52.

37 Ebenda, S. 54.

38 A. N. Veselovskij, »Iz vvedenija v istoričeskuju poètiku«, *Istoričeskaja poètika*, S. 53–72.

39 Roman Jakobson, *Novejšaja russkaja poèzija*, Prag 1921, S. 11.

40 *Istoričeskaja poètika*, S. 53.

41 Ebenda.

42 Siehe V. N. Peretc, *Iz lekcij po metodologii istorii russkoj literatury*, Kiev 1914, S. 205–6.

43 *Istoričeskaja poètika*, S. 53.

44 »Tri glavy iz istoričeskoj poètiki«, 1899; »Iz istorii èpiteta«, 1895; »Poètika sjužetov«, 1897–1906.

45 Boris Engelhardt, *Aleksandr Nikolaevič Veselovskij*, Petrograd 1924.

46 *Istoričeskaja poètika*, S. 51.

47 Ebenda, S. 69.

48 Ebenda, S. 47.

49 »Poètika sjužetov«, ebenda, S. 493–597.

50 Vgl. Viktor Šklovskij, *O teorii prozy*, Moskau 1925; V. I. Propp, *Morfologija skazki*, Leningrad 1928 (s. Kap. XIII dieser Arbeit).

51 *Istoričeskaja poètika*, S. 71–2.

52 Vgl. Osip Brik, »T. n. formal'nyj metod«, *Lef*, Nr. 1, 1923.

53 *Istoričeskaja poètika*, S. 317.

54 Ebenda.

55 Ebenda.

56 Wir werden auf diesen Begriff in Verbindung mit der marxistisch-formalistischen Auseinandersetzung im VI. Kapitel dieser Arbeit zurückkommen.

57 S. unten, Kap. XIII.

58 S. Andreevskij, *Literaturnye očerki*, St. Petersburg 1902; N. Strachov, *Zametki o Puškine i drugich poètach*, Kiev 1897.

59 Die Schule F. Fortunatovs, die die Moskauer Linguistik für einige Jahrzehnte vollkommen beherrschte, war vielleicht das orthodoxeste Bollwerk der neugrammatischen Lehre in Europa.

KAPITEL II · Wege zum Formalismus

1 Vjačeslav Ivanov, *Borozdy i meži*, Moskau 1916, S. 137.

2 Aleksandr Blok, *Sobranie sočinenij*. Leningrad 1932–36, VII, 95.

3 A. Belyj, »Vospominanija o Bloke«, *Èpopeja*, 1922, Nr. 1.

4 Vjaceslav Ivanov, »O novejšich teoretičeskich iskanijach v oblasti chudožestvennogo slova«, *Naučnye izvestija*, 1922, II, 16.

5 »Der Symbolist«, schrieb Blok in einem aufschlußreichen Artikel, »ist zunächst und vor allem ein Theurgist (*teurg*), das heißt einer, der okkultes Wissen besitzt«; »O sovremennom položenii russkogo simvolizma«, *Apollon*, 1910, Nr. 8, S. 22.

6 *Borozdy i meži*, S. 134.

7 Ebenda.

8 Ebenda, S. 212.

9 Ebenda.

10 Valerij Brjusov, *Izbrannye stichotvorenija*, Moskau 1945, S. 218.

11 K. Bal'monts Essay »Poesie als Magie« (*Poèzija kak volšebstvo*, Moskau 1915), ein impressionistisches Gedicht über Gedichte, bewegt sich ständig am Rande des Orakelhaften und bevorzugt fragwürdige Metaphern wie »Vokale sind Frauen, Konsonanten Männer«.

12 »Lirika kak èksperiment«, *Simvolizm*, S. 231–285.

13 *Simvolizm*, S. 237.

14 S. die Untersuchung »Sravnitel'naja morfologija ritma russkich lirikov v jambičeskom dimetre«, *Simvolizm*, S. 331–395.

15 S. »Opyt charakteristiki russkogo četyrechstopnogo jamba«, und

»Sravnitel'naja morfologija ritma russkich lirikov v jambičeskom dimetre«, *Simvolizm.*

16 Lascelles Abercrombie, *Poetry: Its Music and Meaning*, London 1932, S. 21.

17 *Simvolizm*, S. 397.

18 Andrej Belyj, *Ritm kak dialektika i »Mednyj vsadnik«*, Moskau 1929. Eine eingehendere Erörterung von *Rhythmus als Dialektik* findet sich bei Victor Erlich, »Russian Poets in Search of a Poetics«, *Comparative Literature*, Winter 1953.

19 *Op. cit.*

20 Valerij Brjusov, »Ob odnom voprose ritma«, *Apollon*, 1910, Nr. 11.

21 Ebenda, S. 58.

22 Andrej Belyj, *Lug zelënyj*, Moskau 1910.

23 Andrej Belyj, *Masterstvo Gogolja*, Moskau 1934.

24 Es wäre nicht richtig, wollte man Belyjs Tabellen und Zahlen als völlig neue Phänomene in der Versforschung hinstellen. Statistische Techniken wurden in metrischen Analysen klassischer Verse lange vor dem Erscheinen von Belyjs *Symbolismus* angewandt. Dieses Werk ist jedoch anscheinend der erste Versuch, diese Methoden auf die russische Versforschung zu übertragen.

25 Ich beziehe mich hier auf den »Kružok Ritmistov« (Kreis der Rhythmiker), der 1910 von Belyj gegründet wurde.

26 Viktor Žirmunskij, »Po povodu knigi *Ritm kak dialektika«*, *Zvezda*, 1929, Nr. 8.

27 Auch Tomaševskij warnte davor, statistischen Daten zuviel Glauben zu schenken. »Eine statistische Aufstellung«, sagte er, »kann keine sinnvollen Ergebnisse zeitigen, wenn ihr nicht eine vorbereitende Klassifizierung der untersuchten Phänomene vorherging.« (S. *O stiche*, Leningrad 1929, S. 76.) Sonst kann das Verfahren nur eine »harmlose, aber ermüdende mathematische Übung« bleiben. Nicht selten können nach einer umständlichen Zählung gewonnene Daten auf rein statistische Faktoren, wie das Gesetz der Wahrscheinlichkeit, zurückgeführt werden und erweisen sich so als irrelevant für den Zweck der Untersuchung.

28 Valerij Brjusov, *Opyty*, zitiert bei Tomaševskij, *O stiche*, S. 320.

29 Valerij Brjusov, »O rifme«, *Pečať i revoljucija*, 1924, I.

30 Valerij Brjusov, *Kratkij kurs nauki o stiche*, Moskau 1919; *Osnovy stichovedenija*, Moskau 1924.

31 Roman Jakobson, »Brjusovskaja stichologija i nauka o stiche«, *Naučnye izvestija*, 1922, II.

32 *Apollon*, St. Petersburg, 1910–1917.

33 S. Osip Mandelstam, »Utro akmeizma«, zitiert aus N. L. Brodskij und V. L'vov-Rogačevskij, *Literaturnye manifesty*, Moskau 1929, S. 45.

34 N. L. Brodskij und V. L'vov-Rogačevski, *op. cit.*, S. 77–8.

35 »Poščёčina obščestvennomu vkusu«, Moskau, Dezember 1912. S. *Literaturnye manifesty*, S. 77–8.

36 Ebenda, S. 77.

37 Ebenda, S. 78.

38 »Slovo kak takovoe«, 1913, »Sadok sudej«, 1914, *Literaturnye manifesty*, S. 78–82.

39 *Literaturnye manifesty*, S. 77, S. 82.

40 Ausdruck von Marinetti.

41 Vladimir Majakovskij, *Sobranie sočinenij*, Moskau 1928–1933, III, 18.

42 »Magija slov«, *Simvolizm*, S. 429–448.

43 Velemir Chlebnikov, *Sobranie proizvedenij*, Leningrad 1933, V, 229.

44 *Literaturnye manifesty*, S. 79.

45 Vladimir Majakovskij, *Polnoe sobranie sočinenij*, Moskau 1939–1947, II, 476.

46 Vjačeslav Ivanov, *Borozdy i meži*, S. 130–132.

47 *Literaturnye manifesty*, S. 79. Man sollte hinzufügen, daß die Theorie über die sprachliche Genese von Mythen nicht erst vom Futurismus geschaffen wurde. Diese Hypothese vertraten eine Reihe von Anthropologen und Linguisten des neunzehnten Jahrhundert (s. E. Cassirer, *Language and Myth*, New York und London 1946); in Rußland wurde das Problem der Beziehung zwischen Mythos und Sprache von Aleksandr Potebnja in seinen oben zitierten Untersuchungen behandelt: *Iz zapisok po teorii slovesnosti* und *O nekotorych simvolach v slavjanskoj narodnoj poèzii*.

48 Dies ist die annähernde Entsprechung des fast unübersetzbaren Begriffs »samovitoe slovo«, der von Chlebnikov geprägt und in den futuristischen Veröffentlichungen weithin gebraucht wurde.

49 *Literaturnye manifesty*, S. 82.

50 David Burljuk, *Galdjaščie Benoit i novoe russkoe nacional'noe iskusstvo*, Petersburg 1913, S. 12–13.

51 Zitiert bei Roman Jakobson, *Novejšaja russkaja poèzija*, Prag 1921, S. 9.

52 Zitiert aus Roman Jakobson, *Novejšaja russkaja poèzija*, S. 7.

53 Ebenda, S. 8.

54 Ebenda.

55 Vladimir Majakovskij, *Polnoe sobranie sočinenij*, Moskau, 1939 bis 1947, I, 476.

56 *Literaturnye manifesty*, S. 79.

57 A. Kručënych, »Novye puti slova«, *Troe*, Moskau 1914.

58 J. Tynjanov, »O Chlebnikove« (Velemir Chlebnikov, *Poèmy*, S. 26).

59 Roman Jakobson, *Novejšaja russkaja poèzija*, S. 66.

60 Velemir Chlebnikov, *Sobranie proizvedenij*, II, 9.

61 »Zakljatie smechom«, s. ebenda, S. 35.

62 Vladimir Majakovskij, *Polnoe sobranie sočinenij*, Moskau 1939 bis 1947, I, 268.

63 Ein Zitat aus dem Artikel von V. Chardžiev, »Majakovskij i živopis«, der in einer Festschrift, *Majakovskij. Materialy i issledovanija*, Moskau 1940, erschien. Chardžievs Untersuchung bietet eine eindrucksvolle Sammlung von Beweismaterial, das die enge Verwandtschaft und Zusammenarbeit zwischen der futuristischen Dichtung und der kubistischen Malerei in Frankreich wie auch in Rußland betrifft. Diese Verwandtschaft wurde schon durch den Namen eben jener Strömung im russischen Futurismus unterstrichen, um die es uns hier in erster Linie geht. Die Moskauer Futuristen unter Führung von Burljuk, Kručënych, Chlebnikov und Majakovskij nannten sich die »Kubo-Futuristen«, während sich die Petersburger Gruppe unter Igor' Severjanin und Vadim Šeršenevič als »Ego-Futuristen« bezeichnete.

64 N. Gumilëv, »Pis'ma o russkoj poèzii«, Petrograd 1923, S. 205.

65 Andrej Belyj, *Simvolizm*, S. 143.

66 Eine Abkürzung von *Levyj Front* (Linksfront), dem Namen der 1923 gegründeten russischen neo-futuristischen Gruppe.

67 Vladimir Majakovskij, *Sobranie sočinenij*, V, 254.

68 Valerij Brjusov, *Izbrannye stichotvorenija*, Moskau 1943, S. 218.

69 Vladimir Majakovskij, *op. cit.* V, 426.

70 Ebenda, S. 381–428.

71 S. bes. »O sovremennoj poèzii«, »O stichach«, »Naša osnova«, *Sobranie proizvedenij*, V, 222–243.

72 »Naša osnova«, ebenda, S. 236.

KAPITEL III · Die Entstehung der formalistischen Schule

1 S. bes. Wilhelm Windelband, *Präludien*, Tübingen 1907; Heinrich Rickert, *Die Grenzen der naturwissenschaftlichen Begriffsbildung*, Tübingen & Leipzig 1902.

2 René Wellek, »The Revolt against Positivism in Recent European Literary Scholarship«, *Twentieth Century English*, New York 1946, S. 67–89; Werner Mahrholz, *Literaturgeschichte und Literaturwissenschaft*, Berlin 1923; Rudolf Unger, *Gesammelte Studien*, Berlin 1929; Friedrich Gundolf, *Dichter und Helden*, Tübingen 1907.

3 S. oben, Kap. II.

4 Wie schon erwähnt, sind einige der kritischen Untersuchungen Andrej Belyjs eine merkwürdige Kombination beider Betrachtungsweisen.

5 Vgl. Lev Šestov, *Dostoevskij i Nicše*, Petersburg 1909; Dmitrij Merežkovskij, *Tolstoj i Dostoevskij*, Petersburg 1901–1902; Nikolaj Berdjaev, *Mirosozercanie Dostoevskogo*, Prag 1923.

6 S. Anm. 5.

7 Michail Geršenzon, »Videnie poèta«, *Mysl' i slovo*, Moskau 1918, II, 1; S. 76–94.

8 Michail Geršenzon, *Mudrost' Puškina*, Moskau 1919.

9 Boris Tomaševskij, *Puškin*, Leningrad 1925, S. 106.

10 Jurij Eichenwald (Ajchenval'd), *Siluèty russkich pisatelej*, Petersburg 1908.

11 Zitiert von P. Souday in »Anatole France, critique littéraire«, *Nouvelles Littéraires*, 19. April 1924.

12 Viktor Šklovskij, *O Majakovskom*, Moskau 1940, S. 15.

13 *Puškin i ego sovremenniki*, Bd. 1–10, Petersburg 1903–1930.

14 Vgl. P. K. Gruber, *Don Žuanskij spisok Puškina*, Petrograd 1923.

15 Vgl. *Puškin i ego sovremenniki*, IV, 1910.

16 Vgl. Osip Brik, »T. n. formal'nyj metod«, *Lef*, 1923, Nr. 1.

17 Georgij Plechanov, *Za dvadcat' let*, Petersburg 1905; *Literatura i kritika*, Moskau 1922.

18 Vladimir Friče, *Očerki po istorii zapadno-evropejskoj literatury*, Moskau 1908.

19 *Literaturnyj raspad*, Petersburg 1908–09.

20 Es sei an dieser Stelle erwähnt, daß Plechanov, selber kein Bewunderer des Symbolismus, *Literaturnyj raspad* scharf als eine grobe Anwendung der marxistischen Methode kritisierte (s. Georgij Plechanov, *Sočinenija*, Moskau 1923–27, XIV, 188).

21 P. N. Sakulin, *Novaja russkaja literatura*, Moskau 1908.

22 B. Jarcho, »Granicy naučnogo literaturovedenija«, *Iskusstvo*, II, 1925, S. 48.

23 S. oben, Kap. I.

24 Roman Jakobson und Pëtr Bogatyrëv, *Slavjanskaja filologija v Rossii za gody vojny i revoljucii*, Opojaz, 1923.

25 Vgl. A. Evlachov, *Vvedenie v filosofiju chudožestvennogo tvorčestva*, Warschau 1910–12.

26 S. oben, Kap. I.

27 Vladimir Peretc, *Lekcii po metodologii istorii russkoj literatury*,
Kiev 1914, S. 344–345.

28 Ebenda, S. 221.

29 Gerade diese Vorliebe für die »reine Wissenschaft«, zu einer
Zeit, da die Politik für die russische studentische Jugend weitgehend im Mittelpunkt stand, könnte man als Akt eines »Nonkonformismus« sui generis ansehen. Das bedeutet jedoch nicht
notwendig, daß der so oft gegen die russischen Formalisten er-
hobene Vorwurf des »Eskapismus« völlig gerechtfertigt wäre
(dieses Problem wird in einem der folgenden Kapitel meines
Buches behandelt werden).

30 Boris Eichenbaum, *Literatura*, Leningrad 1927, S. 120.

31 Einige der redegewandtesten Theoretiker des Formalismus, wie
Boris Eichenbaum, Jurij Tynjanov, Boris Tomaševskij, empfingen
ihre Grundausbildung in literarischer Forschungsarbeit in Ven-
gerovs Seminar.

32 *Puškinist*, Petersburg 1916.

33 Ebenda, S. IX.

34 Pavel Medvedev, *Formal'nyj metod v literaturvedenii*, Leningrad 1928.

35 S. Adolf Hildebrand, *Das Problem der Form in der bildenden
Kunst*, Straßburg 1893.

36 Ich denke hier vor allem an Werke wie Th. Meyers *Das Stil-
gesetz der Poesie*, Leipzig 1901, und B. Christiansens *Die Kunst*,
die mehrmals von Viktor Šklovskij, Ju. Tynjanov und Viktor
Žirmunskij zitiert wurden (s. unten, Kap. X, XI).

37 In der hier zitierten (siehe Anm. 34) Arbeit bedauert Medvedev
die Koterie-Allüren und den Provinzialismus der russischen formalistischen Schule (S. 60); er wirft ihren Sprechern vor, daß
ihnen die Leistungen des westeuropäischen »Formalismus« un-
bekannt seien. Während diese Anklage nur zum Teil richtig ist,
kann man mit Medvedevs Behauptung übereinstimmen, daß »offenbar keine direkte genetische Verwandtschaft zwischen dem
russischen Formalismus und seinen westlichen Gegenstücken bestand«.

38 S. René Wellek, »The Revolt against Positivism in Recent European Scholarship«, *Twentieth Century English*, New York 1946.

39 Gustave Lanson, »La méthode dans l'histoire littéraire«, wiederabgedruckt in *Études Françaises*, Paris 1925, Bd. I.

40 In seiner Untersuchung *Vom Musikalisch-Schönen*, Leipzig 1885, behauptete Hanslick, die Musik habe keinen Inhalt außer seinem Medium. »Die Ideen«, sagte er, »die ein Komponist ausdrückt, sind zunächst und vor allem rein musikalischer Natur.«

41 Adolf Hildebrand, *Das Problem der Form in der bildenden Kunst*, Straßburg 1893; Wilhelm Worringer, *Formprobleme der Gotik*, München 1911; H. Wölfflin, *Renaissance und Barock*, München 1888.

42 Heinrich Wölfflin, *Kunstgeschichtliche Grundbegriffe*, Berlin 1917.

43 Oscar Walzel, *Wechselseitige Erhellung der Künste*, Berlin 1917.

44 Oscar Walzel, *Deutsche Romantik*, Leipzig 1918; *Die künstlerische Form des Dichtwerkes; Gehalt und Gestalt im Kunstwerk des Dichters*, Berlin 1923.

45 S. oben, Kap. I.

46 *Russkaja reč'*, Sammlung von Aufsätzen, hg. v. Lev Ščerba, Petrograd 1923, S. 9.

47 Wegen ihrer einseitigen Betonung der grammatischen Form, fast bis zum Ausschluß aller Probleme der Funktion (Bedeutung), wurde Fortunatovs Schule häufig als »formalistisch« bezeichnet. Man muß jedoch unbedingt festhalten, daß diese linguistische Lehre, abgesehen vom Namen, mit dem Formalismus in der Literaturwissenschaft nur wenig gemeinsam hatte. Bei all seinen Mängeln kann man dem Formalismus nicht ein Übergehen des Begriffs der Funktion vorwerfen. (Wie später gezeigt werden wird, drehte sich die formalistische Auffassung von Dichtung um die funktionelle Unterscheidung zwischen poetischer und praktischer Sprache.)

48 Edmund Husserl, *Logische Untersuchungen*, 2 Bde., Halle 1913 bis 1921.

49 Gustav Špet, »Predmet i zadači ètničeskoj psichologii«, *Psichologičeskoe obozrenie*, 1917, I, 58.

50 Edmund Husserl, *op. cit.*, II, 294–342.

51 Gustav Špet, »Predmet i zadači ètničeskoj psichologii«, *Psichologičeskoe obozrenie*, 1917, I, 58; »Istorija kak predmet logiki«, *Naučnye izvestija*, 1922, Bd. II.

52 S. Anm. 49.

53 Einer der Schlüsselbegriffe Husserls. Anscheinend hütete Husserl sich vor dem Begriff »objektiv«, da er auf eine unabhängig vom wahrnehmenden Subjekt vorhandene Realität zu weisen schien. Für Husserl, wie für Kant, war eine solche Realität nicht vorstellbar, geschweige denn diskutierbar. Daher seine Vorliebe für »intersubjektiv«, das lediglich bedeutet, daß das betreffende

Phänomen einer Reihe von »Subjekten« »gegeben« ist oder für sie existiert.

54 Diese Abkürzung steht für: »Obščestvo izučenija poètičeskogo jazyka.«

55 S. *Naučnye izvestija*, Moskau 1922, Bd. II, »Filosofija, literatura, iskusstvo.«

56 Ebenda.

57 Roman Jakobson, *Novejšaja russkaja poèzija*, Prag 1921.

58 S. unten, Kap. IV und X.

59 Jakobsons Freundschaft mit Majakowskij findet ihre Bestätigung in vielen herzlichen Hinweisen auf »Roma Jakobson« überall in Majakovskijs Schriften. Es sei z. B. an eine Zeile in dem berühmten Gedicht »Tovarišč Nette« (Vladimir Majakovskij, *Sobranie sočinenij*, V, 160) erinnert und an eine Stelle aus dem *Reisetagebuch* (op. cit., IX, 295). Im Falle des ganz zurückgezogen lebenden Chlebnikov war die Beziehung fast genau so freundschaftlich. Schon 1914 erörterte Jakobson mit Chlebnikov die Möglichkeit einer Reform der graphischen Form der traditionellen poetischen Sprache. In einem von V. Chardžiev zitierten Brief (s. V. Majakovskij, *Materialy i issledovanija*, Moskau 1940, S. 386) befürwortete der junge Linguist Chlebnikovs Idee, im Vers mathematische Zeichen und »synkretische graphische Zeichen« zu benutzen.

60 »Jeder ... Reim muß gezählt werden«, stellte das *Lef*-Manifest, herausgegeben und wahrscheinlich geschrieben von Majakovskij, fest (s. *Lef*, Nr. 1, 1923, S. 11).

61 »Kak delat' stichi« (Vladimir Majakovskij, *Sobranie sočinenij*, V, 381–428).

62 S. oben, Anm. 60.

63 Laut Šklovskijs Zeugnis (s. *O Majakovskom*, 1940) war Majakovskij dabei behilflich, Geldzuwendungen von A. V. Lunačarskij, dem damaligen Volkskommissar für Erziehung, für die Veröffentlichung der *Opojaz*-Sammlung *Poètika. Sbornik po teorii poètičeskogo jazyka*, zu erwirken.

64 *Lef* (Abkürzung für »Linksfront«) war das Organ einer von Majakovskij, Tret'jakov und Čužak geführten literarischen Gruppe.

65 S. Boris Eichenbaum, *Anna Achmatova*, Petrograd 1923, S. 19.

66 Ebenda.

67 Boris Eichenbaum, *Moj vremennik*, Leningrad 1929, S. 40.

68 Ich beziehe mich auf Essays wie »Deržavin«, »Karamzin«, »Pis'ma Tjutčeva« (1916), die zuerst in der akmëistischen Zeitschrift

Apollon erschienen; später veröffentlicht in *Skvoz' literaturu*, Leningrad 1924.

69 Viktor Šklovskij, *Tret'ja fabrika*, Leningrad 1926.

70 Ebenda, S. 33.

71 Ebenda, S. 51.

72 Briks »formalistische« Schriften beschränken sich auf zwei kurze Studien, »Klangwiederholungen« (*Sborniki po teorii poètičeskogo jazyka*, II, Petersburg 1917) und »Rhythmus und Syntax« (*Novyj Lef*, Nr. 3–6, 1927).

73 Viktor Šklovskij, *Tret'ja fabrika*, S. 52.

74 Lili Brik, »Iz vospominanij«, *Al'manach s Majakovskim*, Moskau 1934, S. 79.

75 Lili Brik bezieht sich hier offensichtlich auf die Notizen ihres Mannes über »Klangwiederholungen«, aus denen dann seine Untersuchung unter dem gleichen Titel entstand.

76 B. Kušner, ein junger Sprachwissenschaftler aus Minsk, war unter den Gründern der *Opojaz*, spielte aber später keine bedeutende Rolle mehr in der Bewegung.

77 Verkleinerungsform von »Vladimir« (natürlich V. Majakovskij).

78 *Al'manach o Majakovskom*, S. 78.

79 V. Šklovskij, *Tret'ja fabrika*, S. 64–65.

KAPITEL IV · »Die Jahre des Kampfes und der Polemik«

1 S. bes. Viktor Šklovskij, »Pamjatnik naučnoj ošibke«, *Literaturnaja gazeta*, 27, I, 1930.

2 *Sborniki po teorii poètičeskogo jazyka*, I, Petersburg 1916.

3 *Sborniki po teorii poètičeskogo jazyka*, II, Petersburg 1917.

4 *Poètika. Sborniki po teorii poètičeskogo jazyka*, Petrograd 1919.

5 Roman Jakobson, *Novejšaja russkaja poèzija*.

6 Ebenda, S. 11.

7 Ebenda.

8 S. oben, Kap. III.

9 »Kak sdelana ›Šinel'‹ Gogolja«, *Poètika*, Petrograd 1919, S. 161.

10 Osip Brik, »T. n. formal'nyj metod« *Lef*, Nr. 1, 1923.

11 Boris Eichenbaum, *Literatura*, S. 90.

12 Ebenda, S. 90–91.

13 S. oben, Kap. II.

14 Sehr charakteristisch ist in dieser Hinsicht Jakobsons scharfer Angriff auf die Abhandlung Brjusovs, *Kurze Unterweisung in der*

Versforschung (s. Roman Jakobson, »Brjusovskaja stichologija i nauka o stiche«, *Naučnye izvestija*, 1922).

15 Boris Eichenbaum, *Literatura*, S. 120.

16 Ebenda.

17 In der angeführten Stelle sprach Eichenbaum von der Notwendigkeit, »alle und jede philosophische Voreingenommenheiten, psychologische und ästhetische Interpretationen zu vermeiden«.

18 Lev Jakubinskij, »O zvukach poètičeskogo jazyka« (1916), »Skoplenie odinakovych plavnych v praktičeskom i poètičeskom jazykach« (1917); Osip Brik, »Zuvukovye povtory« (1917); E. D. Polivanov, »O zvukovych žestach v japonskom jazyke«.

19 »O poèzii i zaumnom jazyke«, *Poètika*, S. 13–26.

20 *Poètika*, S. 17.

21 Ebenda, S. 37.

22 Ebenda.

23 Die methodologische Bedeutung dieser Unterscheidung, die im Mittelpunkt der formalistischen Literaturtheorie steht, wird in einem späteren Teil dieser Arbeit erörtert werden.

24 Schrägdruck des Autors; ebenda S. 30.

25 »Zvukovye povtory«, *Poètika*, S. 58–98.

26 In diesem Zusammenhang interessiert vielleicht die Beobachtung, daß Brik in seinen Ausführungen über poetische Euphonie sich nicht auf die Assonanz, dem Lieblingsthema der symbolistischen Theoretiker, konzentriert, sondern auf konsonantische Wiederholungen. Briks Vorliebe für Alliteration wie auch Šklovskijs hauptsächliche Beschäftigung mit dem »artikulatorischen Aspekt« läßt sich vielleicht zum Teil aus einer futuristischen Voreingenommenheit erklären. Wie oben erwähnt wurde, wiesen die futuristischen Dichter das traditionelle Ideal des »Wohlklangs« (*sladkozvučie*) heftig zurück zugunsten schwieriger, sperriger Klangverbindungen. So schuf Kručënych seine »sinnüberschreitenden« Silben wie »dyr, bul, ščur«, während Majakovskij seine Dichterfreunde halb neckend daran erinnerte, daß im russischen Alphabeth immer noch »gute Buchstaben übrig« seien, wie z. B. »er, ša, šča«.

27 Der Ausdruck »zvukovoj povtor« fand später weite Verbreitung unter den russischen Versforschern, formalistischen wie auch nicht-formalistischen.

28 »Kak sdelana ›Šinel'‹ Gogolja«, *Poètika*, S. 151–165.

29 »Skaz«, was bald zu einem der Schlüsselbegriffe der Stilistik des russischen Formalismus werden sollte (s. unten, Kap. XIII), hat unter den deutschen Stilbegriffen für Prosadichtung keine Ent

sprechung. Man könnte den Begriff annähernd als eine Erzählweise definieren, die durch den persönlichen »Ton« des fiktiven
Erzählers bestimmt wird.

30 *Poètika*, S. 143.

31 »Svjaz' priëmov sjužetosloženija s obščimi priëmami stilja«,
Poètika, S. 113–150; später in Šklovskijs Buch *O teorii prozy*
aufgenommen.

32 *Poètika*, S. 143.

33 Laut Šklovskij findet sich ein typisches Beispiel architektonischer
Tautologie in dem altfranzösischen *Rolandslied*, wo das Motiv
des Steinschlagens dreimal im Verlauf des Gedichts wiederkehrt.

34 Ebenda, S. 121–129. Wir werden in Kap. XIII dieser Arbeit hier-
auf zurückkommen.

35 Roman Jakobson, *Novejšaja russkaja poèzija*.

36 *Poètika*, S. 153.

37 »Potebnja« (1916), »Iskusstvo kak priëm« (1917), *Poètika*, S.
3–6; S. 101–114.

38 *Poètika*, S. 112.

39 Ebenda, S. 115.

40 »Um für uns die Wahrnehmung des Lebens wiederherzustellen«,
schrieb Šklovskij an einer charakteristischen Stelle, »um einen
Stein steinig zu machen, gibt es das, was wir Kunst nennen.«
(*Poètika*, S. 105.)

41 Ebenda.

42 Wir werden auf Šklovskijs Theorie der Entautomatisierung in
Kap. X zurückkommen.

42a Roman Jakobson äußerte in einem persönlichen Gespräch, daß
priëm doch durchgehend mit dem auch von Žirmunskij benutzten »Kunstgriff« übersetzt werden solle, ein Begriff, der mir an
vielen Stellen zu eng schien, weshalb ich an dem umfassenderen
Begriff »Kunstmittel« fast durchweg festhielt. Anm. d. Übers.

43 Roman Jakobson, *Novejšaja russkaja poèzija*, S. 11.

44 Der Ausdruck »Motivierung des Kunstmittels« (*motivirovka
priëma*), der wie die entsprechende Idee vom »Bloßlegen des
Kunstmittels« (*obnaženie priëma*) zuerst von Jakobson eingeführt wurde, wird in einem späteren Teil dieser Arbeit ausführ-
licher besprochen werden.

45 Viktor Šklovskij, *Chod konja*, Moskau-Berlin 1923, S. 39.

46 Roman Jakobson, *op. cit.*, S. 16–17.

47 Wie Roman Jakobson mir erzählte, gab Šklovskij in einer privaten Unterhaltung zu, daß er in seiner temperamentvollen Äußerung über die »Farbe der Flagge« ein wenig zu weit gegan-

gen sei. Er meinte jedoch, daß das »Über's Ziel Hinausschießen« im Grunde genommen eine gute Taktik sei. »Es schadet nicht«, behauptete er halb-scherzend, »eine Sache zu übertreiben, da man ja doch nie soviel ›bekommt‹ wie man ›verlangt‹.«

48 Pavel Medvedev, *Formal'nyj metod v literaturovedenii*, Leningrad 1928, S. 91–92.

49 Boris Eichenbaum, *Literatura*, S. 132.

50 Siehe L. Plotkin, »Sovetskoe literaturovedenie za tridcat' let«, *Izvestija Akademii Nauk S.S.S.R.*, Otdel literatury i jazyka, Moskau 1947, II, 372.

51 Vgl. A. V. Lunačarskij, »Formalizm v nauke ob iskusstve«, *Pečat' i revoljutsija*, 1924, V, 23.

52 In seinem Buch *O Majakovskom* nennt Šklovskij Brik den »Pförtner der Revolution«.

53 Viktor Šklovskij, *Sentimental'noe putešestvie*, Moskau-Berlin 1923, S. 67.

54 Man könnte hier hinzufügen, daß man Šklovskijs Bekenntnisse nicht wörtlich zu nehmen braucht. Der launische Ton seiner Erinnerungen, die sie durchziehende Ironie verleihen selbst seinen scheinbar ganz »direkten« Äußerungen einen Anstrich der Doppeldeutigkeit.

55 *Izvestija Vcika*, Moskau 1922, XVI. (S. Kap. VI dieses Buches.)

56 Roman Jakobson, »Futurizm«, *Iskusstvo*, VII, 2, 1919.

57 Zitiert bei Roman Jakobson, *op. cit.*

58 O. M. Brik, »T. n. formal'nyj metod«, *Lef*, Nr. 1, 1923. Es war kein Zufall, daß diese Äußerung aus der Feder eines Mannes stammte, für den der Formalismus hauptsächlich ein theoretischer Leitfaden für die futuristische Dichtung war (vgl. Majakovskijs Ausspruch über Dichtung als eine »Art von Produktion«, s. oben, S. 54).

59 Ebenda.

60 Der Sinn dieser Bemerkung ist nicht, den russischen Formalismus in den Augen der Verfechter des Marxismus-Leninismus zu »entlasten« – eine denkbar undankbare Aufgabe –, sondern die Gültigkeit übereilter Versuche in Frage zu stellen, die formalistische Kritik durch pseudo-soziologische Begriffe hinwegzuerklären.

61 Es zeugt von der Beharrlichkeit und Begeisterung der formalistischen Forscher, daß sie trotz all dieser erheblichen Schwierigkeiten überhaupt in der Lage waren, weiterzumachen. »Mein Kollege«, schrieb Šklovskij, »mußte einige seiner Bücher opfern, um ein Feuer im Ofen anzuzünden. Der Doktor, der ihn an dem

Tage besuchen kam, an dem die ganze Familie krank war, ließ
sie alle in ein winziges Zimmer hinüberziehen. Sie wärmten sich
dort ein wenig auf und überstanden das Ganze irgendwie. In
eben diesem Zimmer schrieb Boris Eichenbaum sein Buch *Der
junge Tolstoj.*« (S. *Sentimental'noe putešestvie,* S. 330–331.)

62 Ebenda, S. 345.

63 Z. B. A. G. Gornfel'd, »Formalisty i ich protivniki«, *Literaturnye
zapiski,* 1922, Nr. 3.

64 Siehe N. L. Brodskij und V. Rogačevskij, *Literaturnye manifesty,*
Moskau 1929.

65 Ebenda.

66 Ebenda.

67 A. Ležnev, der Hauptkritiker der einflußreichen literarischen
Zeitschrift *Krasnaja nov',* wird von Majakovskij als derjenige
angeführt, der die Jahre 1917–1921 als die »mündliche Periode
der sowjetischen Literatur« bezeichnet habe (s. Vladimir Majakovskij, *Sobranie sočinenij,* IX, 230).

68 Viktor Šklovskij, *Sentimental'noe putešestvie,* S. 59.

69 N. I. Efimov, »Formalizm v russkom literaturovedenii«, *Naučnye
izvestija Smolenskogo Gosudarstvennogo Universiteta,* 1929, Bd.
5, Teil III; Viktor Žirmunskij, »Formprobleme in der russischen
Literaturwissenschaft«, *Zeitschrift für slavische Philologie,* I,
1923.

70 Žirmunskijs Einstellung zur *Opojaz* wird in Kap. V erörtert
werden.

71 Der Moskauer Linguistik-Kreis spielte in den zwanziger Jahren
keine bedeutende Rolle in der formalistischen Bewegung. Nach
Jakobsons Aufbruch von Moskau im Jahre 1920 ließ die Tätigkeit des Kreises erheblich nach. Eine scharfe Spaltung innerhalb
des Kreises zwischen zwei philosophischen Richtungen, den
»Marxisten« und den »Husserlianern«, führte zu weiterer Schwä-
chung und schließlich zur Auflösung des ersten formalistischen
Kernes.

72 S. oben, S. 130.

KAPITEL V · Stürmisches Wachstum

1 Viktor Šklovskij, »Svjaz' priëmov sjužetosloženija s obščimi
priëmami stilja« (*Poètika,* S. 113–150; später in Šklovskijs Buch
O teorii prozy aufgenommen).

2 Viktor Šklovskij, *Tristram Shandy Sterne'a i teorija romana,*
Petrograd 1921; *Razvertyvanie sjužeta,* Petrograd 1921.

3 Viktor Šklovskij, *O teorii prozy*, Moskau 1929.

4 S. Kap. XIII dieser Arbeit.

5 Siehe V. Vinogradov, »Sjužet i kompozicija povesti Gogolja, ›Nos‹«, *Načala*, 1921.

6 M. Petrovskij, »Kompozicija novelly u Maupassanta«, *Načala*, 1921; »Morfologija novelly«, *Ars Poetica*, Moskau 1927.

7 Viktor Žirmunskij, »Zadaci poètiki«, *Načala*, 1921 (später in Žirmunskijs Buch *Voprosy teorii literatury* aufgenommen).

8 Viktor Žirmunskij, »Poèzija Aleksandra Bloka«, *Ob Aleksandre Bloke*, Petrograd 1921 (später in *Voprosy teorii literatury* aufgenommen).

9 Viktor Vinogradov, *O poèzii Anny Achmatovoj (Stilističeskie nabroski)* Leningrad 1925. Eine ausführlichere Fassung dieser Untersuchung erschien unter dem Titel »O simvolike Anny Achmatovoj«, *Literaturnaja mysl'*, Leningrad 1922.

10 S. die Erörterung der Schule von E. Sievers in der deutschen Versforschung in B. Eichenbaums *Versmelodik* (*Melodika sticha*, Petrograd 1922, S. 12–13), und in Žirmunskijs Artikel »Melodika sticha«, *Voprosy teorii literatury*, S. 89–153.

11 S. Boris Eichenbaum, *Literatura*, Leningrad 1927.

12 Ich beziehe mich hier auf Briks Vortrag über rhythmiko-syntaktische Figuren, den er 1920 auf einem Treffen der *Opojaz* hielt. Aus diesem Vortrag gingen eine Reihe von Artikeln, »Ritm i sintaksis«, hervor, die 1927 in der Zeitschrift *Lef* erschienen.

13 Viktor Žirmunskij, *Kompozicija liričeskich stichotvorenij*, Petrograd 1921.

14 Boris Eichenbaum, *Melodika sticha*, Petrograd 1922.

15 S. Boris Tomaševskij, *Russkoe stichosloženie*, Petrograd 1923. V. Žirmunskij pries dies Buch als das »erste wissenschaftliche Buch über die russische Prosodie« (s. »Formprobleme in der russischen Literaturwissenschaft«, *Zeitschrift für slavische Philologie*, I, 1925).

16 S. Boris Tomaševskij, *O stiche*, Leningrad 1929.

17 Roman Jakobson, *O češskom stiche, preimuščestvenno v sopostavlenii s russkim*, Berlin-Prag 1923.

18 Eine eingehendere Erörterung der Ansichten Tomaševskijs und Jakobsons findet sich in Kap. XII dieser Arbeit.

19 Boris Eichenbaum, *Literatura*, S. 113.

20 Viktor Šklovskij, *Rozanov*, Petersburg 1921, S. 15.

21 Jurij Tynjanov, *Problema stichotvornogo jazyka*, Leningrad 1924 S. 10.

22 Boris Eichenbaum, *Literatura*, S. 114.

23 Ein gutes Beispiel bot sich nach Ansicht der formalistischen
Theoretiker im Gebrauch des Grotesken in der klassizistischen
bzw. romantischen Dichtung. Wie Tomaševskij in seinem Aufsatz über den russischen Formalismus, erschienen in *Revue des
études slaves*, VIII, 1928, richtig beobachtete, wurde das Groteske
in der klassizistischen Periode ausschließlich als ein komisches
Mittel verwendet, während es während der Romantik oft als
tragisches Element erscheint.

24 Einige der im folgenden erwähnten Werke wurden zuerst in den
Jahren 1921–26 in literarischen Zeitschriften veröffentlicht und
erschienen erst Ende der zwanziger Jahre in Buchform.

25 S. Eichenbaums Essaysammlung *Skvoz' literaturu*, Leningrad
1924.

26 Viktor Vinogradov, *Gogol' i natural'naja škola*, Leningrad 1925;
Ètjudy o stile Gogolja, Leningrad 1926.

27 Viktor Žirmunskij, *Bajron i Puškin. Iz istorii romantičeskij
poèmy*, Leningrad 1924.

28 S. Anm. 20. V. V. Rozanov war ein zeitgenössischer russischer
Kritiker, Essayist und Philosoph.

29 S. Boris Eichenbaum, *Lermontov*, S. 8.

30 Boris Eichenbaum, *Literatura*, S. 116.

31 In diesem Falle gehen die umfassenderen methodologischen
Implikationen der Untersuchung deutlich aus dem Titel hervor.

32 Šklovskijs und Tynjanovs Ideen über die literarische Evolution
werden in Kap. XIV dieser Arbeit erörtert.

33 S. Anm. 18.

34 S. Kap. VII dieser Arbeit.

35 Roman Jakobson, *Novejšaja russkaja poèzija*, S. 5.

36 Ebenda, S. 11.

37 S. Roman Jakobson, »Slavjanskaja filologija v Rossii za gody
vojny i revoljucii«, *Opojaz*, 1923.

38 Roman Jakobson, *Novejšaja russkaja poèzija*, S. 5.

39 Viktor Žirmunskij, »Zadači poètiki«, *Načala*, 1921; Boris Eichenbaum, *Melodika sticha*.

40 Viktor Žirmunskij, *Voprosy teorii literatury*, S. 123.

41 Boris Eichenbaum, *Melodika sticha*, S. 14.

42 Eine Erörterung der Frage »Linguistik und Naturwissenschaft«
findet sich in dem hervorragenden Aufsatz von E. Cassirer
»Structuralism in Modern Linguistics«, *Word*, Bd. I, Nr. 2, 1945.

43 Es sei hier erwähnt, daß einige Petrograder Formalisten, z. B.
S. I. Bernstein, E. D. Polivanov und V. Vinogradov grundlegend
mit Jakobsons Position übereinstimmten.

44 S. Viktor Žirmunskij, »K voprosu o formal'nom metode«, Einleitung zur russischen Übersetzung von Oscar Walzels Untersuchung *Problema formy v poèzii*, Petrograd 1923, S. 3–23 (dieser Essay wurde später in *Voprosy teorii literatury* aufgenommen).

45 Viktor Žirmunskij, *Voprosy teorii literatury*, S. 156.

46 Ebenda.

47 Ebenda.

48 S. oben, Kap. IV.

49 Viktor Žirmunskij, *Voprosy teorii literatury*, S. 158.

50 Ebenda.

51 Boris Eichenbaum, »Vokrug voprosa o formalistach«, *Pečat' i revoljucija*, 1924, V.

52 Žirmunskijs kritische Unterstützung der *Opojaz* ging schon auf das Jahr zurück, als er in einem in *Žizn' iskusstva* erschienenen Artikel eine im wesentlichen freundliche, wenn auch etwas schwankende Beurteilung des formalistischen Symposion *Poètika* gab.

53 S. Anm. 44.

KAPITEL VI · Marxismus contra Formalismus

1 Siehe U. Focht, »Problematika sovremennoj marksistskoj literatury«, *Pečat' i revoljucija*, 1927, Nr. 2, S. 78.

2 Siehe V. Friche, *Sociologija iskusstva*, Moskau 1929, S. 13.

3 Das Wort *»spec«* ist eine Abkürzung von »specialist«, im sowjetischen Wortbrauch zur Bezeichnung eines technischen Fachmanns benutzt. Hier wird das Wort in einem abwertenden Sinne gebraucht: es bedeutet eine enge, rein technische Literaturauffassung.

4 S. *Izvestija Vcika*, 1922, XVI.

5 »Vitja« und »Roma« sind russische Verkleinerungsformen, jeweils von »Viktor« (Šklovskij) und »Roman« (Jakobson) abgeleitet.

6 S. *Novosti*, Nr. 6, 1922.

7 Lev Trotzki, *Literatura i revoljucija*, Moskau 1924.

8 Der Titel ist offensichtlich eine Fehlbezeichnung. Der Formalismus war eine Schule der Literaturwissenschaft oder auch der Poetik, aber nicht der Dichtung.

9 L. Trotzki, *Literatur und Revolution*.

10 Ebenda.

11 Was man auch von den Theorien der Formalisten halten mag, man muß doch zugeben, daß Trotzkis Beschreibung der *Opojaz-*

Forschung weitgehend unrichtig war. Allein schon auf dem Gebiet der Versforschung, das nur *ein* Gebiet der formalistischen Untersuchungen darstellte, gingen die *Opojaz*-Kritiker weit über ein mechanisches »Zählen wiederkehrender Vokale und Konsonanten« hinaus. Es sei ferner bemerkt, daß die Terminologie der obigen Stelle, die sich auf die »Etymologie und Syntax von Gedichten« bezieht, es an der sonst für Trotzkis Schriften charakteristischen Präzision fehlen läßt. Während Trotzki zweifellos ästhetischen Überlegungen näher stand als Kogan, ließ doch seine Wortwahl bei der Behandlung von Problemen des dichterischen Handwerks viel zu wünschen übrig.

12 *Literatur und Revolution.*

13 S. oben, Kap. 164.

14 S. Viktor Šklovskij, *Chod konja*, Berlin 1923.

15 Ebenda, S. 39.

16 *Literatur und Revolution.*

17 Ebenda.

18 S. oben, Kap. I.

19 Siehe V. Friče, *Očerki* (zitiert bei Il'ja Gruzdëv, *Utilitarnost' i samocel'*, Petrograd 1923, S. 45).

20 *Literatur und Revolution.*

21 Ebenda.

22 Ebenda.

23 S. oben Kap. IV, Anm. 16.

24 Die Begriffe »Idealismus«, »idealistisch« wurden von den sowjetischen Marxisten etwas locker gehandhabt. So gut wie jede Philosophie außer dem dialektischen Materialismus wird in der Sowjetunion als »idealistisch« bezeichnet (selbst John Deweys Pragmatismus wurde kürzlich mit diesem Etikett versehen!).

25 Nikolaj Bucharin, *Historical Materialism*, New York 1925, S. 25.

26 *Literatur und Revolution.*

27 Bucharins Erörterung von Problemen der Poetik auf dem Kongreß sowjetischer Schriftsteller im Jahre 1934 war eine der intellektuell lohnendsten und kompetentesten Äußerungen dieses von großen Namen strotzenden Treffens.

28 N. Bucharin, »O formal'nom metode v iskusstve«, *Krasnaja nov'*, III, 1925.

29 Ebenda.

30 Ebenda.

31 P. S. Kogan, »O formal'nom metode«, *Pečat' i revoljacija*, V, 1924.

32 P. S. Kogan, *Literatura ètich let*, Leningrad 1924.

33 *Pečať i revoljucija*, V, 1924, S. 22.

34 V. Poljanskij, »Po povodu B. Eichenbauma«, *Pečať i revoljucija*, V, 1924.

35 Dieser Vorwurf beruhte auf einem terminologischen Mißverständnis. Poljanskij verwechselte anscheinend »Biographismus« als kritische Methode mit »Biographie« als einer literarischen Gattung und stellte Eichenbaum streng zur Rede, daß er von einer »biographischen« Literaturauffassung rede. Jeder weiß, rief er indigniert aus, daß Biographie eine Gattung der Literatur und keine Literaturauffassung ist!

36 A. V. Lunačarskij, »Formalizm v iskusstvovedenii«, *Pečať i revoljucija*, V, 1924.

37 S. eine interessante Erörterung der Definitionen von Kunst von Bucharin und Lelevič in einem Buch von Vjačeslav Polonskij, *Na literaturnye temy*, Leningrad 1927.

38 *Pečať i revoljucija*, V, 1924, S. 25.

39 Bezugnahme auf Eichenbaums Essay »Wie Gogol's ›Mantel‹ gemacht wurde«, der in der *Opojaz*-Sammlung von 1919 erschien. S. oben, Kap. IV.

40 Pereverzevs Untersuchung »Tvorčestvo Gogolja«, die von Lunačarskij als eine vorbildliche marxistische Analyse angeführt wurde, sollte schon sechs Jahre später bitter bekämpft werden. Seitdem wurde sie von der offiziellen sowjetischen Kritik als Musterbeispiel eines »groben Soziologismus« in der Literaturwissenschaft hingestellt.

41 *Pečať i revoljucija*, S. 25.

42 Ebenda.

43 S. unten, Kap. VII.

44 Boris Eichenbaum, »Vokrug voprosa o formalistach«, *Pečať i revoljucija*, V, 1924.

45 Da Eichenbaums Artikel den Ausgangspunkt für das *Pečať i revoljucija*-Symposion, bildete, konnte er nur solche Kritiken an der *Opojaz* behandeln, die dieser Veröffentlichung vorausgegangen waren.

46 Nach Ansicht Eichenbaums gab das Zugeständnis eines mächtigen kommunistischen Führers, daß »ein bestimmter Teil der formalistischen Forschung sehr nützlich« sei, der heterodoxen Bewegung einen wesentlichen Aufschwung; Trotzkis Äußerung »hat die sozio-pädagogische Position der formalistischen Schule gestärkt« (*Pecať i revoljucija*, S. 9).

47 Es ist wichtig, sich dessen bewußt zu bleiben, daß in der marxistischen Terminologie das Wort »ideologisch« eine sehr weite

Bedeutung angenommen hat. Der sogenannte ideologische Überbau, der nach dem historischen Materialismus durch die »ökonomische Grundlage« der Gesellschaft bedingt ist, umfaßt alle
Formen des »sozialen Bewußtseins«, wie Kunst, Wissenschaft,
Philosophie, Religion, Recht und Moral.

48 Der Gegensatz von »evolutionärer« und »genetischer« Literaturbetrachtung sollte in der formalistischen Theorie der Literaturgeschichte eine entscheidende Rolle spielen.

49 Viktor Šklovskij, *Tret'ja fabrika*, Leningrad 1926.

50 Siehe U. Focht, »Problematika sovremennoj marksistskoj literatury«, *Pečat' i revoljucija*, Nr. 2, 1927.

51 A. Zeitlin (Cejtlin), »Marksisty i formal'nyj metod«, *Lef*, III,
1923.

52 V. Friche, *Očerki* (zitiert bei A. Zeitlin).

53 In einer beispielhaften formalistischen Untersuchung der russischen byliny (A. Skaftymov, *Poètika i genezis bylin*, Saratov
1924) findet man folgende Behauptung: »Der genetischen Untersuchung muß eine statische, beschreibende, vorausgehen.«

54 »Marksisty i formal'nyj metod«, S. 125.

55 Ebenda, S. 131.

56 Michail Levidov, »Samoubijstvo literatury«, *Proletariat i literatura*, Leningrad 1925, S. 160–169.

57 Ebenda, S. 167.

58 Es sei hier erwähnt, daß dieser Schlüsselbegriff der sowjetischen
Kritik in der *Lef*-Gruppe entstand, der oft der Vorwurf eines
revolutionären Bohémientums gemacht wurde. Das Schlagwort
wurde später von den Schreiberlingen der *Wachtposten*-Fraktion
aufgegriffen und verband sich so mit der politischen Reglementierung der Literatur. Für die Sprecher der *Lef* bedeutete »soziales Gebot« jedoch nicht so sehr eine unmittelbare Partei-
kontrolle über Schriftsteller als vielmehr die spontane Reaktion
des Dichters auf die sozialen Erfordernisse seiner Epoche oder
Klasse.

59 Boris Arvatov, *Iskusstvo i proizvodstvo*, Moskau 1926, S. 98—99.

60 Ebenda, S. 97.

61 Boris Arvatov, »O formal'no-sociologičeskom metode«, *Pečat'
i revoljucija*, III, 1927, S. 64.

62 Ebenda, S. 57.

63 Siehe U. Focht, »Problematika sovremennoj marksistskoj literatury«, *Pečat' i revoljucija*, II, 1927, S. 86.

64 S. unten, Kap. VIII, S. 166ff.

65 S. Il'ja Gruzdëv, *Utilitarnost' i samocel'*, Petrograd 1923 (zitiert aus *Sovremennaja kritika*, Leningrad 1925, S. 248).

66 S. Anm. 63.

67 Ebenda, S. 91.

68 Pavel Medvedev, *Formal'nyj metod v literaturovedenii*, Leningrad 1928.

69 Ein Auszug aus V. Frič̌es Aufstellung einer soziologischen Poetik (vgl. »Problemy sociologičeskoj poètiki«, *Vestnik Kommunističeskoj Akademii*, 1926, XVII, S. 169; zitiert bei P. Medvedev in *Formal'nyj metod*).

70 S. Alfred Kazin, *On Native Grounds*, New York 1942, S. 413.

71 In einem 1929 veröffentlichten Artikel (vgl. »Über die heutigen Voraussetzungen der russischen Slavistik«, *Slavische Rundschau*, I, 1929) zeigte R. Jakobson, wie die Kontroverse zwischen Genetik und Strukturalismus, die die europäische Forschung des 20. Jahrhunderts spaltete, in die Slavistik eindrang, angeblich durch die marxistisch-leninistische Methodologie geleitet. In der Sowjetunion wie auch in Westeuropa konnte man, wie Jakobson richtig feststellte, zwei unterschiedliche Strömungen in den zwanziger Jahren unterscheiden: »die strukturalistische, die die immanenten Gesetze des Systems erforscht ... und die Komponenten dieses Systems vom Standpunkt ihrer Funktion aus analysiert, ... und die genetische Methode, die die Phänomene einer gleichen Ordnung im Sinne einer anderen Ordnung zu erklären versucht« (S. 64).

72 F. Pereverzev, *Tvorčestvo Gogolja*, Leningrad 1926, S. 10.

73 V. Percov, »K voprosu ob edinoj marksistskoj nauke o literature«, *Literaturnaja gazeta*, 14. April 1930.

74 Ebenda.

KAPITEL VII · Krise und Zusammenbruch

1 Viktor Šklovskij, *Chod konja*, Berlin-Moskau 1923, S. 39.

2 S. oben, Kap. IV, Anm. 87.

3 Es war ein Zeichen der philosophischen Unreife der formalistischen Schule, daß die meisten ihrer Sprecher nicht zwischen diesen beiden Ansichtsweisen unterschieden und fast unmerklich von dem Postulat, daß die Kunst für die Zwecke der Literaturwissenschaft »als ›Machen‹ betrachtet werden solle«, in die ontologische Feststellung abglitten, daß Kunst Machen *ist*.

4 Viktor Šklovskij, *O teorii prozy*, Moskau 1925.

5 Ebenda, S. 6.

6 Einige der gerechter denkenden unter den marxistischen Gegnern des Formalismus waren immerhin bereit, soviel zuzugeben (vgl. E. Mustangova, »Put' naibol'šego soprotivlenija«, *Zvezda*, Nr. 3, 1928).

7 Vgl. Lev Trotzki, *Literatur und Revolution*.

8 »Jeder Floh-Reim muß gezählt werden«, schrieb Majakovskij mit typisch grober Offenheit, »aber hört auf, Flöhe im leeren Raum zu zählen!« (*Lef*, Nr. 1, 1923, S. 11).

9 Viktor Šklovskij, *Tret'ja fabrika*, Moskau 1926.

10 Ebenda, S. 96.

11 S. oben, Kap. VI.

12 *Tret'ja fabrika*, S. 99.

13 Viktor Šklovskij, *Gamburgskij sčët*, Moskau 1928, S. 19.

14 Vgl. Jurij Tynjanov, *Archaisty i novatory*, Leningrad 1929.

15 Ebenda, S. 9.

16 Jurij Tynjanov, *Archaisty i novatory*, S. 15.

17 Ebenda.

18 Viktor Šklovskij, *Material i stil' v romane L'va Tolstogo Vojna i mir*, Moskau 1928.

19 Einer der Lieblingsbegriffe der *Lef*-Kritik.

20 *Material i stil'* . . ., Moskau 1928, S. 237.

21 Ebenda.

22 Es sei bemerkt, daß die obige Interpretation nicht Strachovs endgültige Beurteilung von *Krieg und Frieden* darstellt. An einer von Ernest J. Simmons zitierten Stelle (*Leo Tolstoy*, Boston, Mass., 1946, S. 274) spricht Strachov von Tolstojs Roman als von »einem vollständigen Bild des Rußland jener Zeit«, ja sogar einem »vollständigen Bild des menschlichen Lebens«, und nicht bloß einem satirischen Portrait der russischen Gesellschaft von 1812.

23 D. S. Mirsky, *Contemporary Russian Literature*, New York 1926, S. 12.

24 Vgl. D S. Merežkovskij, *Tolstoj i Dostoevskij*, Petersburg 1914; Stefan Zweig, *Drei Dichter ihres Lebens*, Leipzig 1918.

25 Vgl. James T. Farrell, *Literature and Morality*, New York 1947.

26 Vgl. Viktor Šklovskij, »Pamjatnik naučnoj ošibke«, *Literaturnaja gazeta*, 27, I, 1930.

27 Das Wort »mißglückt«, das anscheinend andeutet, daß *Krieg und Frieden* »letzten Endes« etwas anderes wurde oder mehr als eine bloße »agitka«, kann diese unglückliche Formulierung kaum retten.

28 *Material i stil'*, S. 199.

29 Boris Eichenbaum, »Literatura i literaturnyj byt«, *Na literatur-nom postu*, 1927, später veröffentlicht in B. Eichenbaum, *Moj vremennik*, Leningrad 1929.

30 *Moj vremennik*, S. 54.

31 Ebenda, S. 56.

32 Ebenda, S. 51.

33 Der Essay erschien in *Moj vremennik* (Leningrad 1929), einer Ein-Mann-Zeitschrift, die Kritik, Erinnerungen, Dichtung und Journalismus durcheinander veröffentlichte. Der non-konformistische Ton dieses Selbstgesprächs ging einem sowjetischen Zensor 1929 zu weit. Eichenbaums einzigartige »Zeitschrift« mußte ihr Erscheinen einstellen.

34 Ebenda, S. 49.

35 »V zaščitu sociologičeskogo metoda«, *Novyj Lef*, 1927, Nr. 4 (später in Šklovskijs *Gamburgskij ščët*, Moskau 1928, veröffentlicht).

36 T. Gric, N. Nikitin, V. Trenin, *Slovesnost' i kommercija*, Moskau 1927.

37 *Literatura i marksizm*, Bd. I, Moskau 1929.

38 Ebenda, S. 167, 169.

39 S. Breitburg, »Sdvig v formalizme«, *Literatura i marksizm*, I.

40 Ebenda, S. 45.

41 Vgl. René Wellek und Austin Warren, *Theorie der Literatur*, Bad Homburg v. d. H. 1959, S. 105 ff.

42 Boris Eichenbaum, *Lev Tolstoj*, I, 392.

43 Ebenda, S. 6.

44 Es ist eine unumstößliche Tatsache, daß die Hauptbetonung der Literaturwissenschaft zu jeder Zeit weitgehend von der vorherrschenden »literarischen Situation« beeinflußt wird. Man sollte jedoch nicht eine vielleicht teilweise Erklärung der Entwicklung einer bestimmten Methodologie mit einem Beweis für deren Gültigkeit verwechseln.

45 Eines der auffallendsten Symptome dieser geistigen Krise ist Šklovskijs schmerzliche Ungewißheit im Hinblick auf die historische Rolle der *Opojaz*. Haben die Formalisten eine neue Ära im russischen kritischen Denken eingeleitet oder beschlossen sie lediglich eine alte? »War es uns beschieden, der Same oder der Stengel zu sein?« fragte er besorgt in der *Dritten Fabrik* (*Tret'ja fabrika*, S. 80).

46 S. bes. G. Gorbačëv, »My eščë ne načinali drat'sja«, *Zvezda*, 1930, Nr. 5.

47 S. bes. Boris Eichenbaum, *Melodika sticha*, Petrograd 1922; auch *Lermontov*, Leningrad 1924; *Anna Achmatova*, Petrograd 1923.

48 Boris Eichenbaum, »Kak sdelana ›Sinel'‹ Gogolja«, *Poètika*, Petrograd 1919; »O. Henry i teorija novelly«, *Literatura*, Leningrad 1927.

49 S. oben, Kap. IV, V.

50 G. Gukovskij, »Viktor Šklovskij kak literaturnyj istorik«, *Zvezda*, 1930, Nr. 1.

51 Ich beziehe mich hier auf Šklovskijs Untersuchung über Matvej Komarov, eine unbedeutendere literarische Figur der russischen Literatur des achtzehnten Jahrhunderts.

52 S. unten, Kap. IX.

53 J. Tynjanov und R. Jakobson, »Voprosy izučenija jazyka i literatury«, *Novyj Lef*, S. 26–37.

54 Ebenda.

55 Eine ausführliche Erörterung dieses Begriffs findet sich in Kap. IX und XI.

56 Man sollte vielleicht hinzufügen: »im Zusammenhang der *russischen* kritischen Auseinandersetzung«, da man den sogenannten tschechischen Strukturalismus (s. Kap. IX) als die Weiterentwicklung methodologischer Anregungen betrachten könnte, die in den Thesen von Jakobson-Tynjanov enthalten waren.

57 Viktor Šklovskij, *Zoo ili pis'ma ne o ljubvi*, Berlin 1923.

58 Ebenda.

59 Vgl. G. Gorbačëv, »My ešče na načinali drat'sja«, *Zvezda*, 1930, Nr. 5.

60 Viktor Šklovskij, »Pamjatnik naučnoj ošibke«, *Literaturnaja gazeta*, 27, I, 1930.

61 Im Hinblick auf die lockere Anwendung dieses Begriffs in der sowjetischen Ausdrucksweise ist es vielleicht notwendig, hinzuzufügen, daß hier das Wort »Selbstkritik« in seiner normalen Bedeutung benutzt wird.

62 Vgl. *Literaturnaja gazeta*.

63 Ebenda.

64 Ebenda.

65 Ebenda.

66 Viktor Šklovskij, *Tret'ja fabrika*.

67 *Literaturnaja gazeta*, 27, I, 1930.

68 M. Gel'fand, »Deklaracija carja Midasa ili čto slučilos' s Viktorom Šklovskim?«, *Pečat' i revoljucija*, II, 1930.

69 Ebenda, S. 11.

70 Ebenda.

71 Ebenda, S. 12.

72 G. Gorbačëv, »My ešče ne načinali drat'sja«, *Zvezda*, 1930, Nr. 5.

73 Ebenda, S. 125.

74 Viktor Šklovskij, »Suchoplavcy ili uravnenie s odnim neizvestnym«, *Literaturnaja gazeta*, 13, III, 1930.

75 Ebenda.

76 Ebenda.

KAPITEL VIII · Nachwirkungen

1 Ich beziehe mich hier auf die dichterische Biographie Küchel-
beckers, eines kleineren Dichters der Puškin-Ära (Jurij Tynjanov,
Kjuchlja, Leningrad 1925). Tynjanovs spätere Beiträge zum
historischen Roman: *Smert' Vazir-Muchtara*, Leningrad 1927;
Puškin, Leningrad 1936, wie eine Reihe historischer Erzählungen
(*Podporučik Kiže, Voskovaja persona*, etc.).

2 Viktor Šklovskij, *O Majakovskom*, Moskau 1940; *Vstreči*, Moskau 1944. Šklovskijs 1953 erschienene Sammlung kritischer Essays über die Prosa russischer Meister des neunzehnten Jahrhunderts (*Zamatki o proze russkich klassikov*, Moskau 1953)
ist ein unerträglich langweiliger und zaghafter Aufguß offizieller Klischees, in dem er sich immer wieder auf Zitate an-
geblicher Vorläufer des »Sozialistischen Realismus« bezieht, auf
Belinskij, Černyševskij und Dobroljubov.

3 Die Tatsache, daß man, trotz ihrer »angreifbaren« Vergangenheit, verschiedene Male auf Eichenbaum und Tomaševskij als
Herausgeber von Schriften russischer Klassiker zurückgriff, war
ein widerstrebender Tribut an ihre Solidität als Wissenschaftler
und ihr Können auf dem Gebiete der Textanalyse.

4 Viktor Vinogradov, *O chudožestvennoj proze*, Leningrad 1930.

5 Viktor Vinogradov, *Jazyk Puškina*, Moskau-Leningrad 1935;
Stil' Puškina, Moskau 1941.

6 Viktor Žirmunskij, *Uzbekskij narodnyj geroičeskij epos*, Moskau
1947.

7 S. oben, Kap. I.

8 S. Aleksandr Veselovskij, *Istoričeskaja poètika*, Leningrad 1940.

9 Siehe G. Struve, »The Soviets Purge Literary Scholarship«, *The
New Leader*, New York, 2. April 1949.

10 *Izvestija Akademii Nauk, Otdelenie literatury i jazyka*, Bd. V,
Nr. 6, Moskau 1946, S. 518.

11 Viktor Šklovskij, *Tret'ja fabrika*, Moskau 1926, S. 88.

12 Wie oben erwähnt (s. Kap. IV), wurde der Begriff der »Klang-

wiederholungen« von O. Brik in seinem in *Poètika* erschienenen Aufsatz eingeführt.

13 Ein von Valerij Brjusov geprägter Begriff, der aber später von den formalistischen Versforschern, besonders Brik, Tomaševskij und Jakobson verbreitet wurde.

14 Vgl. L. Timofeev, *Teorija literatury*, Moskau 1945, S. 179–187, S. 210–211, S. 191.

15 Ivan Vinogradov, *Bor'ba za stil'*, Leningrad 1937.

16 S. seine Anklage gegen den Formalismus in der Literaturwissenschaft und Dichtung (*Bor'ba za stil'*, S. 387–448).

17 Ebenda, S. 124, *et al.*

18 Vinogradov bezieht sich hier auf die 1919 erschienene Untersuchung Fričes über moderne europäische Literatur (V. M. Friče, *Novejšaja evropejskaja literatura*, Bd. I, 1919).

19 V. Polonskij, *Na literaturnye temy*, Leningrad 1927, S. 115.

20 Boris Eichenbaum, *Anna Achmatova*, Petrograd 1923.

21 V. Polonskij, *Na literaturnye temy*, S. 94.

22 N. Bucharin, »Poèzija, Poètika i zadači poètičeskogo tvorčestva v S.S.S.R.«

23 Ich beziehe mich auf die Ansprache A. A. Ždanovs im Namen des Zentralkommittees der Kommunistischen Partei auf der Tagung über sowjetische Musik im Januar 1948 (zitiert nach A. Werth, *Musical Uproar in Moscow*, London 1949, S. 48).

24 Das Thema von Šostakovič's *Lady Macbeth vom Mcensk Distrikt* und der Geschichte von N. Leskov, auf der die Oper beruht, waren Ehebruch und Mord, begangen von einer sinnlichen und verschlagenen Frau.

25 Zitiert bei A. Werth, *Musical Uproar in Moscow*, S. 49.

26 Siehe A. A. Ždanov, »On the Errors of the Soviet Literary Journals *Zvezda* and *Leningrad*«, Englische Übersetzung: Andrei A. Ždanov, *Essays on Literature, Philosophy, and Music*, New York 1950.

27 A. Werth, *Musical Uproar in Moscow*, S. 29.

28 *Zvezda*, I, 1949.

29 S. I. Hayakawa, *Language in Action*, New York 1946.

30 S. Kap. III und IV.

31 Boris Eichenbaum, »Nužna kritika«, *Žizn' ikusstva*, IV, 1924.

32 Die Ausdrücke »Wille der Geschichte« und die »notwendige Form« (*dolženstvujuščaja forma*) sind bezeichnend für jenen besonderen Determinismus, der die formalistische Literaturgeschichtsauffassung charakterisierte. Wir werden in Kapitel VIII darauf zurückkommen.

33 Viktor Šklovskij, *Gamburgskij ščët*, Moskau 1928.

34 Jurij Tynjanov, »Literaturnoe segodnja«, *Russkij sovremennik* I, 1924, S. 292.

35 Gute Beispiele dieser Entwicklung sind Šklovskijs eigene Experimente auf schriftstellerischem Gebiet, z. B. *Sentimentale Reise Der Zoo oder Briefe nicht über die Liebe* oder *Die dritte Fabrik* in denen *belles lettres*-Motive sich frei mit Elementen des Essays, der Memoiren, Tagebuch- oder Briefform vermischen.

36 Lev Lunc, »Na zapad!«, *Beseda*, Sept.-Oktober 1923; Viktor Šklovskij, *Gamburgskij ščët*, S. 84.

37 N. Stepanov, »V zaščitu izobretatel'stva«, *Zvezda*, VI, 1929, S 189.

38 *Russkij sovremennik*, I, 1924, S. 306.

39 Viktor Šklovskij, *Chod konja*.

40 Ebenda, S. 17.

41 Lev Lunc, »Počemu my Serapionovy brat'ja«, *Literaturnye zapiski*, III, 1922.

42 Die Serapionsbrüder waren eine 1921 in Petrograd gegründete literarische Vereinigung. Der größte Teil ihrer Mitglieder waren junge Prosaschriftsteller, die später recht bekannt wurden, wie z. B. K. Fedin, V. Ivanov, V. Kaverin, N. Nikitin, M. Slonimskij, M. Zoščenko. Bezeichnenderweise war der Name der Gruppe E. Th. A. Hoffmann entliehen.

43 Ich beziehe mich auf Kaverins Monographie über Brambeus Senkovskij, eine umstrittene literarische Figur der Puškin-Ära (vgl. *Baron Brambeus*, Leningrad 1929).

44 »Unter den älteren Kollegen, die an den Diskussionen der literarischen Arbeitsgemeinschaft der Serapionsbrüder teilnahmen« erinnert sich einer der früheren »Brüder«, K. Fedin, in einem lebhaften Bericht über den Anfang der zwanziger Jahre (K. Fedin, *Gor'kij sredi nas*, Moskau 1943), »waren Ol'ga Forš, Marietta Šaginjan, K. Čukovskij. Und schließlich war da vor allem Viktor Šklovskij, der von sich selber als Serapionsbruder sprach und eigentlich der elfte oder auch der erste der Brüder war wenn man nach der Leidenschaft geht, die er in unser Leben brachte, und nach der Dringlichkeit der Fragen, die er in unseren Debatten aufwarf« (S. 115).

45 Ju. Tynjanov gab im wesentlichen der gleichen Idee Ausdruck als er in seiner Untersuchung *Problema stichotvornogo jazyka* (1923) schrieb: »Ich leugne nicht die Existenz der Verbindungen zwischen Literatur und Leben. Ich bezweifle lediglich, ob die Frage richtig gestellt ist. Können wir über »Leben« im Gegen

satz zu »Kunst« sprechen, wenn auch die Kunst Leben ist? Ist es notwendig, die soziale Nützlichkeit der Kunst zu beweisen, wenn wir es nicht für nötig befinden, die Nützlichkeit des Lebens aufzuzeigen?« (S. 123).

46 *Literaturnye zapiski*, S. 31.

47 Ebenda.

48 S. Anm. 27.

49 W. Edgerton, »The Serapion Brothers. An Early Soviet Controversy«, *American Slavic and East European Review*, Febr. 1949, S. 47–64.

50 S. Lev Lunc, »Počemu my Serapionovy brat'ja.«

KAPITEL IX · Neubestimmung des Formalismus

1 Roman Jakobson, *O češskom stiche preimnščestvenno v sopostavlenii s russkim*, Berlin 1923.

2 Ein von *přízvuk* abgeleitetes Wort, tschechisch für »Akzent«.

3 *Iločas* ist tschechisch für »Quantität«.

4 Wir werden auf die von Jakobsons Abhandlung angeschnittenen Probleme in Kap. XII zurückkommen.

5 Vilém Mathesius, »Deset let pražského linguistického kroužku«, *Slovo a slovesnost*, II, 1936.

6 Ebenda, S. 138.

7 Ebenda.

8 S. oben, Kap. III.

9 Z. Zt. Direktor des Comparative Literature Department der Yale University und Verfasser (zusammen mit Austin Warren) der *Theorie der Literatur*, eines auf diesen Seiten häufig zitierten Werkes.

10 Trubetzkoy läßt sich nicht als reiner Formalist bezeichnen. Er war nie direkt mit der *Opojaz* oder dem Moskauer Linguistik-Kreis verbunden und arbeitete hauptsächlich auf dem Gebiet der vergleichenden oder allgemeinen Linguistik, Forschungsbereiche, auf die sich formalistische Begriffe nicht unmittelbar anwenden ließen. Aber in seinen außerordentlich lohnenden literarhistorischen Untersuchungen, wie in seiner Arbeit über ein russisches Literaturdenkmal des fünfzehnten Jahrhunderts oder in seinen Vorlesungen über russische Literatur an der Wiener Universität, näherte sich Trubetzkoy erheblich der formalistischen Anschauungsweise. »Es wird Sie wahrscheinlich freuen zu hören«, schrieb er an Roman Jakobson in einem Brief vom

18. Januar 1926, »daß ich in meiner Vorlesung über frühe russische Literatur bis zu einem hohen Grade die formalistische Methode benutze.« In einem anderen Brief an Jakobson lobte er
die Formalisten, da sie »die Bedeutung und innere Logik der
literarischen Evolution« verstanden hätten (N. S. Trubetzkoy,
Principes de phonologie, Paris 1949, S. xxiii, xxv).

11 Vilém Methesius, »Deset let pražského linguistického kroužku«,
   Slovo a slovesnost, II, 1936.
12 Ebenda, S. 145.
13 *Slovo a slovesnost*, 1935, I, 5.
14 Ebenda.
15 Siehe N. S. Trubetzkoy, *Principes de phonologie*, Paris 1949,
   S. 5–6.
16 S. bes. Roman Jakobson, *Remarques sur l'évolution phonologique du russe*, *Travaux du Cercle Linguistique de Prague*, II, 5,
   und N. S. Trubetzkoy, *Grundzüge der Phonologie*, Prag 1939.
17 Roman Jakobson, *Novejšaja russkaja poèzija*, Prag 1921, S. 11.
18 S. oben, Kap. V.
19 Ferdinand de Saussure, *Cours de linguistique générale*, Lausanne
   1916.
20 Vgl. bes. Ernst Cassirer, *Philosophie der symbolischen Formen*,
   Berlin 1923–1931.
21 Jan Mukařovský, »Strukturalismus v estetice a ve vědě o litera-
   tuře«, *Kapitoly z české poetiky*, Prag 1946, I, 25.
22 Eine ausführlichere Besprechung des Problems s. unten, Kap. XI.
23 Jan Mukařovský, »K ceskému překladu Šklovského *Teorie
   prozy*«, *Čin*, VI, 1934, S. 123–130.
24 S. oben, Kap. VII.
25 [Im englischen Original erläutert Erlich hier den im englischen
   doppelsinnigen Begriff der »Struktur«, den er in diesem Zusammenhang als das »organisierte Ganze« oder die »Gestalt«
   verstanden wissen möchte. Als genaueres Äquivalent für »Gestalt« schlägt er »System« vor, einen Begriff, der auch schon in
   den späteren Schriften Tynjanovs in diesem Sinne gebraucht
   wird. Anm. d. Übers.]
26 Ein Zitat von Ernst A. Cassirer, »Structuralism in Modern Linguistics«, *Word*, Bd. I. Nr. II, 1945, S. 99–120.
27 Ebenda, S. 120.
28 S. oben, Kap. IV, Anm. 49.
29 Jan Mukařovský, *Kapitoly z české poetiky*, Prag 1941, I, 14–15.
30 Ebenda, S. 16.
31 S. oben, Kap. VII.

32 Jan Mukařowský *et al.*, *Torso a tajemství Máchova díla*, Prag
   1938.

33 Ebenda, S. 8.

34 Ebenda, S. 9.

35 Ebenda, S. 10.

36 Ebenda, S. 13–110.

37 Jan Mukařowský, »O jazyce básnickém«, *Kapitoly z české poetiky*, I, 79–142.

38 Jemandem, der mit der tschechischen Prosodie nicht eng vertraut
   ist, mag die Wichtigkeit von Jakobsons Beobachtung nicht unmittelbar einleuchten.

39 S. bes. Mikuláš Bakoš, *Vývin slovenského verša*, Turč. Sv. Martin 1939; eine weitere brauchbare Zusammenstellung aus dem
   russischen Formalismus, von Bakoš herausgegeben, ist die *Teória
   literatúry*, Trnava, 1941; Josef Hrabák, *Staropolský verš ve
   srovnání se staročeským*, Prag 1937; *Smilova škola* (Rozbor básnické struktury), Prag 1941; A. V. Isačenko, *Slovenski verz*,
   Ljubljana 1939.

40 Dieser Gebrauch des Begriffs »philologisch« war vermutlich abhängig vom Begriff der »Philologie«, wie er in der deutschen
   Wissenschaft des neunzehnten Jahrhunderts üblich war. Nach
   dieser Auffassung sind alle Manifestationen einer Nationalkul-
   tur, die sich in Sprache äußern, dem Bereich des Philologen un-
   tertan.

41 S. oben, Kap. I.

42 In Polen wie auch in Rußland diente die schöpferische Literatur
   oft als geschliffene Waffe im Kampf gegen die zaristische Auto-
   kratie. Aber der Kampf der polnischen Dichter des neunzehnten Jahrhunderts gegen die Autorität war meistens mehr auf
   nationalen Widerstand als auf sozialen Protest gerichtet.

43 Ignacy Chrzanowski, *Literatura i Naród*, Lwów 1936, S. 149 (zitiert aus Manfred Kridl, *Wstęp do badań nad dziełem literackiem*,
   Wilno 1936, S. 28).

44 Ebenda.

45 Juljusz Kleiner, *Studja z zakresu literatury i filozofji* (zitiert von
   Manfred Kridl, *op. cit.*, S. 29).

46 S. Anm. 43.

47 Manfred Kridl, *Wstęp do badań nad dziełem literackiem*.

48 Roman Jakobson, *Novejšaja russkaja poèzija*, Prag 1921, S. 11.

49 *Wstęp do badań…*, S. 69.

50 »Die Philosophie eines Autors«, sagte Kridl, »ist für die kritische Analyse nicht unbedeutend, aber sie sollte in ihrer literari-

schen Funktion untersucht werden, d. h. in ihrer Wirkung auf die Charakterisierung, die Handlung etc.« (ebenda, S. 76).

51 S. oben, Kap. III.

52 Roman Ingarden, *Das literarische Kunstwerk*, Hall 1931.

53 Eine kurze, aber instruktive Darstellung von Ingardens Position findet sich in der *Theorie der Literatur* von Wellek/Warren, S. 169.

54 Eine der aus Kridls Forschungsgemeinschaft hervorgegangenen Untersuchungen war J. Putraments Strukturanalyse der Novelle von Bolesław Prus, dem Meister des polnischen Realismus (Jerzy Putrament, *Struktura nowel Prusa*, Wilno 1936).

55 Viktor Žirmunskij, *Wstęp do poetyki*, Warschau 1934, Archiwum tłumaczeń, I.

56 *Z zagadnień stylistiki*. Leo Spitzer, Karl Vossler, Viktor Vinogradov. Warschau 1937 (Archiwum Tłumaczeń, II).

57 *Rosyjska szkoła formalna 1914—1934*, Warschau 1939 (zur Veröffentlichung bereit und angekündigt am Vorabend des Krieges).

58 Franciszek Siedlecki, *Studja z metryki polskiej*, Wilno 1937.

59 Franciszek Siedlecki, »O swobodę wiersza polskiego«, *Skamander*, 1938, Bd. II. Nr. XIII–XIV.

60 S. Kap. X und XII.

61 Vgl. Karol W. Zawodziński, *Zarys wersyfikacji polskiej*, Bd. I, Wilno 1936.

62 S. oben, Kap. V.

63 *Skamander*, 1938, II, 100.

64 Dawid Hopensztand, »Mowa pozornie zależna w kontekście *Czarnych skrzydeł* Kadena-Bandrowskiego«, *Prace ofiarowane Kazimierzowi Wóycickiemu*, Wilno 1937.

KAPITEL X · Grundbegriffe

1 S. oben, Kap. IV, Anm. 49.

2 Boris Eichenbaum, *Molodoj Tolstoj*, Petrograd 1922, S. 8.

3 S. auch Viktor Šklovskij, *Literatura i kinematograf*, Berlin 1923, S. 50.

4 S. oben, Kap. VI.

5 Boris Eichenbaum, »Vokrug voprosa o formalistach«, *Pečať i revoljucija*, Nr. 5, S. 3.

6 Roman Jakobson, *Novejšaja russkaja poèzija*, S. 11.

7 »Wie andere *bona fide*-Disziplinen«, schrieb Kridl, »muß die Literaturwissenschaft ihren eigenen Forschungsgegenstand, ihre

eigenen Methoden und Ziele haben«, *Wstęp do badań nad dziełem literackiem*, Wilno 1936.

8 Zitiert bei Wellek/Warren, *Theorie der Literatur*, S. 155.

9 M. Kridl, *op. cit.*, S. 30.

10 Roman Jakobson, *Novejšaja russkaja poèzija*, S. 11.

11 Boris Eichenbaum, *Literatura*, Leningrad 1927, S. 121.

12 Roman Jakobson, »Čo je poesie«, *Volné směry*, zitiert aus M.
Bakoš, *Teória literaturý*, *Trnava* 1941, S. 170.

13 Jurij Tynjanov, »O literaturnoj èvoljucii«, *Archaisty i novatory*,
Leningrad 1929, S. 9.

14 Ebenda.

15 S. oben, Kap. VII, VIII.

16 Die polnischen »formalistischen« Theoretiker scheinen diesem
Kriterium mehr Gewicht beigemessen zu haben als die Russen
oder die Tschechen. So meinte M. Kridl in seiner *Einführung in
das Studium des literarischen Kunstwerks*, daß »der Wortappa-
rat in einem literarischen Werk nicht ausschließlich um der
›Schönheit‹ willen existiert, sondern damit eine neue dichterische Wirklichkeit daraus hervorgehe.«

17 S. oben, Kap. III.

18 Gustav Špet, *Èstetičeskie fragmenty*, Petrograd 1922, S. 28–29.

19 Man wird an eine zutreffende Bemerkung von I. A. Richards erinnert: »Zuviel Wichtigkeit wurde stets den sinnlichen Qualitäten von Bildern beigemessen. Was einem Bild seine Wirksamkeit verleiht, ist weniger seine Lebendigkeit als Bild als vielmehr sein Wesen als ein geistiges Ereignis, das in besonderer
Weise mit Empfindung verbunden ist.« (I. A. Richards, *Principles of Literary Criticism*, London 1948, S. 119.)

20 R. Ingarden drückte sich sehr ähnlich aus. In seiner Untersuchung *Das literarische Kunstwerk* behauptete er, daß die durch
die Dichtung beschworenen anschaulichen Bilder lediglich sub-
jektive Ergänzungen zu den »gegebenen« Wortstrukturen, Worten und Sätzen seien, die im literarischen Text enthalten sind.

21 Viktor Žirmunskij, »Zadači poètiki«, *Voprosy teorii literatury*,
Leningrad 1928, S. 26–27.

22 Ebenda, S. 28.

23 S. oben, Kap. IV.

24 S. Jakobsons Einführung zu Puškins *Gesammelten Werken auf
Tschechisch* (*Vybrané spisy A. S. Puškina*, Bd. I. Prag 1936).

25 Wir werden auf Jakobsons These im XIII. Kapitel zurückkommen.

26 Viktor Šklovskij, »Iskusstvo kak priëm«, *Poètika*, 1919, S. 102.

27 Wie unten gezeigt werden wird (Kap. XIII), wiesen die späten formalistischen Schriften die Tendenz auf, bis zu einem gewissen Grade den überlieferten Status der Metapher wiederherzustellen.

28 Viktor Šklovskij, »Iskusstvo kak priëm«, S. 101.

29 Dieser Teil von Šklovskijs Beweisführung scheint sein Gegenstück bei H. Konrad zu finden, der eine Unterscheidung zwischen der »sprachlichen« und der »ästhetischen« Metapher macht und das Ziel der letzteren als das »Einhüllen in eine neue Atmosphäre« beschreibt (s. Wellek/Warren, *Theorie der Literatur*, S. 221).

30 »Iskusstvo kak priëm«, S. 112.

31 Viktor Šklovskij, *Literatura i kinematograf*, Berlin 1923, S. 11.

32 Viktor Šklovskij, *Chod konja*, Moskau-Berlin 1923.

33 Wie aus den Anführungsstrichen hervorgeht, nahmen die Formalisten Tolstojs Realismus nicht allzu ernst, ebensowenig wie den Realismus im allgemeinen. Sie standen mit Recht dem üblichen Gebrauch des Begriffs kritisch gegenüber. Wie Jakobson zeigte, ist Literatur, die sich als »lebensnäher« anpreist als ihre weniger »realistischen« Gegenstücke im Grunde genommen nur eine andere Seinsweise der Illusion.

34 Viktor Šklovskij, »Iskusstvo kak priëm«; »Paralleli u Tolstogo«, *Chod konja*.

35 Dieser Ausdruck wurde einem deutschen Ästhetiker, B. Christiansen, entliehen, dessen Werk *Philosophie der Kunst* (Hanau 1909) zu den wenigen westeuropäischen Arbeiten gehörte, die von den Theoretikern der *Opojaz* zustimmend zitiert wurden. Wie unten gezeigt werden wird (vgl. Kap. XI, XIV, XV), wurde Christiansens »Differenzqualität« zu einem der Schlüsselbegriffe der formalistischen Ästhetik.

36 Viktor Šklovskij, *O teorii prozy*, Moskau 1929, S. 25.

37 Pavel Medvedev, *Formal'nyj metod v literaturovedenii*, Leningrad 1928, S. 52.

38 Diese Unterscheidung stammt von T. S. Eliot (vgl. *The Use of Poetry and the Use of Criticism*, Cambridge 1933, S. 111).

39 Der therapeutische Wert der Kunst als letztes Verteidigungsmittel gegen die Routine und den seichten Pragmatismus des Alltags wurde in den dreißiger Jahren von zwei so verschiedenen Kritikern wie Max Eastman und T. S. Eliot erneut bestätigt. Eastman beschreibt die Funktion der Kunst als »das Bewußtsein anzuregen und zu erheben« (Max Eastman, *Art and the Life of Action*, London 1935, S. 81). T. S. Eliot Schlußabsatz in seinem

Buch *The Use of Poetry and the Use of Criticism* erinnert ebenso an Šklovskijs Credo: »Dichtung«, schrieb Eliot, »kann dazu beitragen, die konventionellen Wahrnehmungs- und Wertungsweisen zu brechen ... und die Menschen die Welt frisch oder einen neuen Teil davon sehen zu lehren. Sie kann uns von Zeit zu Zeit ein wenig empfänglicher für die tieferen, unaussprechlichen Gefühle machen, die das Substratum unseres Seins ausmachen, zu dem wir nur selten vordringen; denn unsere Leben bestehen meist aus einem ständigen Ausweichen vor uns selbst und dem Ausweichen vor der sichtbaren und fühlbaren Welt« (S. 149).

40 Zitiert nach S. H. Butchers englischer Übers. von Aristoteles' *Poetik* (vgl. *Criticism*, hg. v. Mark Schorer, Josephine Miles, Gordon McKenzie, New York 1948, S. 212).

41 Samuel Taylor Coleridge, »Occasion of the Lyrical Ballads«, *Criticism*, S. 253.

42 Herbert Read, »Surrealism and the Romantic Principle«, *op. cit.*, 116.

43 Jean Cocteau, »Le Secret Professionel«, *Le Rappel à l'Ordre*, Paris 1926.

44 Man fragt sich, ob dieser Satz ein unmittelbares Echo einer Stelle aus *Anna Karenina* ist, wo der Maler Michajlov von der Kunst sagt, sie »lüfte die Schleier« vom Wirklichen, d. h. dringe durch die Oberfläche der Dinge zum eigentlichen Wesen vor.

45 *Le Rappel à l'ordre*, S. 215–6.

46 Roman Jakobson, »Co je poesie«, *Volné směry*, XXX, 1933–34, S. 229–239.

47 Zitiert aus Mikuláš Bakoš (Hg.), *Teória literatúry*, Trnava 1941, S. 180.

48 S. oben, Kap. IV.

49 Es sei bemerkt, daß dieser typisch formalistische Ausdruck eine freie Übersetzung einer Stelle aus James' *Psychology* ist, die von der Wirkung von Wortwiederholungen auf die Wahrnehmung einzelner Worte handelt. Die Stelle wurde von Jakubinskij in seinem Essay über »Die Klänge der dichterischen Sprache« (*Poètika*, 1919) zitiert. Der ursprüngliche Text lautet: »it [die wiederholten Worte] is reduced, by this new way of attending to it, to its sensational nudity« (sie wird durch diese neue Art der Behandlung auf ihre sinnliche Nacktheit reduziert) (William James, *Psychology*, New York 1928, S. 315). Die russische Übersetzung von James' Buch, Jakubinskijs direkte Quelle, nimmt bereits die eigentlich formalistische Terminologie vorweg: »indem wir das Wort von einem neuen Gesichtspunkt aus betrachtet

haben, haben wir seinen rein phonetischen Aspekt bloßgelegt (*obnažili*).«

50 Siehe R. Ogden und I. A. Richards, *The Meaning of Meaning*, New York 1936.
51 Viktor Šklovskij, »O poėzii i zaumnom jazyke«, *Poėtika*, Petrograd 1919, S. 13–26.
52 Lev Jakubinskij, »O zvukach poėtičeskogo jazyka«, *Poėtika*.
53 Roman Jakobson, *O češskom stiche* . . ., S. 66.
54 Ebenda.
55 Roman Jakobson, *Novejšaja russkaja poėzija*, S. 10.
56 Vgl. »Co je poesie«, Mikuláš Bakoš, Hg., *Teória literatúry*, S. 180.
57 Boris Tomaševskij, *Teorija literatury*, Moskau-Leningrad 1925, S. 8.
58 N. I. Efimov, »Formalizm v russkom literaturvedenii«, *Naučnye izvestija Smolenskogo Gosudarstvennogo Universiteta*, 1929, Bd. 5, Teil III, S. 70.
59 »Aber das Wort ist kein Schatten«, schrieb Šklovskij in einer Polemik mit Trotzki. »Das Wort ist ein Ding.« (Viktor Šklovskij, *O teorii prozy*, Moskau 1929, S. 51.)
60 Roman Jakobson, *Novejšaja russkaja poėzija*, S. 68.
61 Viktor Šklovskij, *Chod konja*, Berlin-Moskau 1923, S. 29.
62 S. oben, Kap. V.
63 Vgl. Yvor Winters, »The Experimental School in American Poetry«, *Criticism* (hg. v. Mark Schorer, S. 288–309).
64 Vgl. William Empson, *Seven Types of Ambiguity*, London 1930.
65 Boris Eichenbaum, *Lermontov*, Leningrad 1924, S. 35.
66 René Wellek/Austin Warren, *Theorie der Literatur*, S. 156.
67 Boris Engelhardt, *Formal'nyj metod v istorii literatury*, Leningrad 1927, S. 13.
68 Viktor Žirmunskij, »Zadači poėtiki«, *Voprosy teorii literatury*, Leningrad 1928.
69 Eine ähnliche Position wurde von Manfred Kridl vertreten. »Die sogenannte Ideologie«, schrieb er, »hat in einem literarischen Werk keine unabhängige Existenz; sie existiert darin nicht in der gleichen Weise wie außerhalb, im ›Leben‹, in der Philosophie oder im Journalismus. Daher muß sie in ihrer besonderen, sagen wir, literarischen Form, ihrer literarischen Funktion untersucht werden.« (Manfred Kridl, *Wstęp do badań nad dziełem literackiem*, Wilno 1936, S. 159.)
70 Viktor Žirmunskij, *Voprosy teorii literatury*, S. 20–22.
71 Viktor Šklovskij, *Literatura i kinematograf*, S. 7.

72 V. Šklovskij, *Sentimental'noe putešestvie*, Moskau-Berlin 1923, S. 129.

73 V. Šklovskij, *Literatura i kinematograf*, S. 3.

74 Viktor Žirmunskij, *Voprosy teorii literatury*, S. 77.

75 Manfred Kridl, *Wstęp do badań nad dziełem literackiem*, S. 151.

76 In ihrem Buch *Theorie der Literatur*, das sich in vielen Punkten mit der formalistisch-strukturalistischen Position berührt, bedienen sich Wellek und Warren einer ähnlichen Terminologie: »Es wäre geratener, alle ästhetisch indifferenten Elemente in ›Stoff‹ (*materials*) umzutaufen, während man die Art und Weise, in der sie ästhetische Wirksamkeit gewinnen, als ›Struktur‹ bezeichnen könnte.« (*Theorie der Literatur*, S. 157.)

77 Anton Marty, *Psyche und Sprachstruktur*, Nachgelassene Schriften, Bern 1940, S. 13.

78 Viktor Šklovskij, *Literatura i kinematograf*, S. 5.

79 Ebenda, S. 16.

80 Ebenda, S. 15.

81 Boris Tomaševskij, *Puškin*, Moskau 1925, S. 57.

82 S. oben, Kap. I.

83 Boris Eichenbaum, »Kak sdelana ›Šinel'‹ Gogolja«, *Poètika*, Petrograd 1919, S. 161.

84 Viktor Šklovskij, *Chod konja*, S. 9.

85 Siehe z. B. Boris Eichenbaum, »Kak sdelana ›Šinel'‹ Gogolja« (Wie »Der Mantel« gemacht wurde) und Viktor Šklovskij, »Kak sdelan *Don Quixote*« (Wie *Don Quixote* gemacht wurde), *O teorii prozy*, Moskau 1929.

KAPITEL XI · Literatur und »Leben«

1 S. oben, Kap. VI.

2 V. Veresaev, »O komplimentach Ruzvel'ta i o knižnoj pyli«, *Zvezda*, 1928.

3 Viktor Šklovskij, *Gamburgskij sčët*, Moskau 1928.

4 S. oben, Kap. IV.

5 Viktor Šklovskij, *O teorii prozy*, Moskau 1929, S. 180

6 Ebenda, S. 204.

7 Vgl. Jurij Tynjanov, *Gogol' i Dostoevskij. K teorii parodii*, Petrograd 1921.

8 Viktor Šklovskij, *Literatura i kinematograf*, Berlin 1923, S. 50.

9 Roman Jakobson, *Novejšaja russkaja poèzija*, Prag 1921, S. 16.

10 Obschon wir Jakobsons Erklärung schwerlich *in toto* annehmen

können, war sie doch mehr als eine weithergeholte Projektion
futuristischen Bohémientums in die Puškin-Ära. Um seine Interpretation der Romantik zu erhärten, zitierte Jakobson einen
einschlägigen Auszug aus einer Darstellung der Rolle Byrons
von einem Zeitgenossen Puškins. Der Autor eines 1829 in der
russischen Literaturzeitschrift *Syn otečestva* erschienenen Arti-
kels beschrieb die Byronschen Neuerungen folgendermaßen: »Da
er die Erfordernisse seiner Zeit vollkommen verstand, schuf er
[Byron] eine neue Sprache, um neuen Formen Ausdruck zu verleihen. Systematische, ins einzelne gehende Beschreibungen, alle
Vorbereitungen der Exposition ... wurden von Byron abgelehnt.
Er führte es ein, die Erzählung in der Mitte oder am Ende be-
ginnen zu lassen, wobei es ihm offensichtlich wenig darauf ankam, die Teile zusammenzufügen. Seine Gedichte sind aus Frag-
menten gemacht.« (Zitiert bei Jakobson, *Novejšaja russkaja
poèzija*, S. 13.)

11 Boris Eichenbaum, *Anna Achmatova*, Petrograd 1923, S. 114.
12 Ebenda, S. 130.
13 S. oben, Anm. 2.
14 Viktor Šklovskij, »Kak sdelan *Don Quixote«*, *O teorii prozy*.
15 Viktor Šklovskij, *Chod konja*, Moskau-Berlin 1923, S. 125.
16 Viktor Šklovskij, *Literatura i kinematograf*, S. 16–17.
17 S. eine interessante Besprechung des Problems in Lionel Tril-
   lings *The Liberal Imagination*, New York 1950.
18 Ich sage »*fast* ebenso angreifbar«, da ein Kunstmittel in der
   Kunst auch ohne »Motivierung« existieren kann, wogegen »Inhalt« ohne »Form« undenkbar ist.
19 Viktor Šklovskij, *Literatura i kinematograf*, S. 3.
20 S. oben, Kap. VII.
21 Vgl. Manfred Kridl, *Wstęp do badań nad dziełem literackiem*.
22 Roman Jakobson, »Co je poesie?« *Volné směry*, XXX, 1933–34,
   zitiert aus Mikuláš Bakoš, *Teória literatúry*, Trnava 1941.
23 S. bes. Roman Jakobson, »Randbemerkungen zur Prosa des
   Dichters Pasternak«, *Slavische Rundschau*, Nr. 7, 1935. Es sei
   bemerkt, daß Roman Ingarden die »polyphonische Einheit« des
   literarischen Kunstwerks weit eingehender erörterte (s. *Das literarische Kunstwerk*, Halle 1931, 2. verb. Aufl. Tübingen 1960),
   als dies bei den offiziellen Theoretikern des Formalismus oder
   Strukturalismus der Fall war.
24 S. oben, Kap. VII.
25 Jurij Tynjanov, *Archaisty i novatory*, Leningrad 1929, S. 33.
26 Ebenda, S. 41.

27 S. oben, Kap. X.

28 Roman Jakobson, *Novejšaja russkaja poèzija*, S. 16–17.

29 Viktor Šklovskij, *Literatura i kinematograf*, S. 16.

30 *Vybrané spisy A. S. Puškina*, hg. v. A. Bém und R. Jakobson, Prag 1936.

31 *Op. cit.*, I, 265.

32 *Op. cit.*, II, 257–263.

33 Boris Eichenbaum, *Skvoz' literaturu*, Leningrad 1924, S. 256–257.

34 Roman Jakobson, »Co je poesie?«

35 Eine ähnliche Diskrepanz findet sich, wie Jakobson feststellte, bei Puškin, der im Brief an einen Freund die »engelsgleiche« Heldin des berühmten Gedichts »Ja pomnju čudnoe mgnovenie« (Ich erinnere einen wunderbaren Augenblick), A. P. Kern, als »babylonische Hure« bezeichnete. Es ist bemerkenswert, daß der Brief und das Gedicht fast zur gleichen Zeit geschrieben wurden.

36 Zitiert aus Mikuláš Bakoš, Hg. *Teoria literatúry*, S. 175.

37 Ebenda, S. 172.

38 Boris Eichenbaum, *Anna Achmatova*, S. 132.

39 Boris Tomaševskij, *Puškin*, Moskau 1925, S. 6.

40 Ebenda.

41 S. Dmitry Čiževskijs Beitrag »K Máchovu svetovému názoru« zur Sammlung *Torso a tajemství Máchova díla*, Prag 1938.

42 Roman Jakobson, »O pokolenii, rastrativšem svoich poètov«, *Smert' Vladimira Majakovskogo*, Berlin 1931, S. 7–45.

43 In seinem Essay »Tradition and the Individual Talent«, schreibt T. S. Eliot: »Poetry is not a turning loose of emotion, but an escape from emotions; it is not the expression of personality, but an escape from personality« (T. S. Eliot, *Selected Essays*, New York 1932, S. 10).

44 Manfred Kridl, *Wstęp do badań nad dziełem literackiem*, Wilno 1936, S. 102.

45 Roman Ingarden, *Das literarische Kunstwerk*, Halle 1931.

46 Jan Mukařovský, *Kapitoly z české poetiky*, Prag 1941, I, 19.

47 Ebenda, S. 21.

48 Boris Tomaševskij, *Puškin*, Moskau 1925, S. 69.

49 Es sei hier trotz Sokolovs Feststellung (Jurij Sokolov, *Russian Folklore*, New York 1949) bemerkt, daß die formalistische Schule einen wesentlichen Beitrag zur Volkskunde lieferte. Tatsächlich befassen sich zwei der am wenigsten angreifbaren formalistischen Untersuchungen, Skaftymovs *Poètika i genezis bylin* (Poetik und Genese der *Byliny*) und Propps *Morfologija skazki* (Morphologie des Märchens) mit mündlicher Überlieferung.

50 S. Pëtr Bogatyrëv und Roman Jakobson, *Slavjanskaja filologija v Rossii za gody vojny i revoljucii*, Berlin 1923.

51 Viktor Šklovskij, *O teorii prozy*, Moskau 1929, S. 31.

52 A. Skaftymov, *Poètika i genezis bylin*, Saratov 1924.

53 Vgl. Roman Jakobson und Mark Szeftel, »The Vseslav Epos«, *Russian Epic Studies* (hg. v. Roman Jakobson und Ernest J. Simmons), Philadelphia 1949, S. 74.

54 A. Skaftymov, *Poètika i genezis bylin*, S. 95.

55 Ebenda, S. 127.

56 Roman Jakobson, »Randbemerkungen zur Prosa des Dichters Pasternak«, *Slavische Rundschau*, VII, 1935, 357–374.

57 Ebenda, S. 369.

58 Ebenda.

59 Ebenda, S. 369–371.

60 S. Wellek/Warren, *Theorie der Literatur*, S. 386.

61 Harry Levin, »Notes on Convention«, *Perspectives of Criticism*, Cambridge, Mass., 1950, S. 80.

62 Wellek und Warren nehmen anscheinend eine ähnliche Position ein. »Solches Vorgehen«, heißt es in der *Theorie der Literatur* (S. 206), »das von metrischen Überlegungen zu inhaltlichen ... Problemen führt, darf natürlich nicht etwa als ein Vorgang mißverstanden werden, der irgendeinem dieser Elemente logische oder chronologische Priorität zuschreibt. Im Idealfalle sollten wir an irgendeinem gegebenen Punkte anfangen können und zu den gleichen Ergebnissen kommen.«

63 *Slavische Rundschau*, VII, 1935, S. 372–373.

64 S. oben, Kap. X, Anm. 16.

65 Roman Ingarden, *Das literarische Kunstwerk*, Halle 1931, S. 167.

66 Jan Mukařovský, *Kapitoly z české poetiky*, I, S. 19.

67 Lionel Trilling, *The Liberal Imagination*, New York 1950.

68 *Vybrané spisy A. S. Puškina*, I, Prag 1936, 259–267.

69 Viktor Šklovskij, *O teorii prozy*, S. 192.

70 I. A. Richards, *Principles of Literary Criticism*, 2. Aufl. London 1948, S. 145.

71 R. Wellek/A. Warren, *Theorie der Literatur*, S. 39.

KAPITEL XII · Die Versstruktur: Klang und Bedeutung

1 S. oben, Kap. III–IV.

2 Boris Tomaševskij, »La nouvelle école d'histoire littéraire en Russie«, *Revue des études slaves*, 1928, VIII.

3 Boris Tomaševskij, *O stiche*, Leningrad 1929, S. 8.

4 Jurij Tynjanov, *Problema stichotvornogo jazyka*, Leningrad 1924.

5 Es sei angemerkt, daß die folgende Definition, obwohl sehr dehnbar, den Gebrauch des Wortes »Rhythmus« im Hinblick auf die Raum-Künste ausschließt (Brik bestand besonders stark auf diesem Punkt). Die Formalisten sahen in der Periodizität, d. h. der Wiederkehr vergleichbarer Phänomene in der *Zeit* ein unveräußerliches Merkmal des Rhythmus.

6 Boris Tomaševskij, *O stiche*, S. 257.

7 Ebenda, S. 312.

8 Jurij Tynjanov, *Archaisty i novatory*, Leningrad 1929, S. 409.

9 Boris Tomaševskij, »Ritm prozy«, *O stiche*.

10 René Wellek und Austin Warren, *Theorie der Literatur*, S. 190.

11 Boris Tomaševskij, *O stiche*, S. 9.

12 S. Kap. IV.

13 Boris Tomaševskij, *O stiche*, S. 11.

14 S. oben, Kap. II.

15 S. Franciszek Siedlecki, »O swobodę wiersza polskiego«, *Skamander* 1938, III, 104.

16 Boris Tomaševskij, *O stiche*, S. 11.

17 Wellek/Warren, *Theorie der Literatur*, S. 177.

18 Boris Tomaševskij, *O stiche*, S. 260.

19 Diese Formulierung entstammt einer kurzen, aber sehr instruktiven Erörterung der formalistischen Betrachtung der Prosodie bei Wellek und Warren (*Theorie der Literatur*, S. 191–195).

20 Boris Tomaševskij, *O stiche*, S. 138.

21 Ersterer Begriff wurde von Žirmunskij in seiner wertvollen *Einführung in die Metrik* (*Vvedenie v Metriku, Teorija sticha*, Leningrad 1925) gebraucht, letzterer von Tomaševskij.

22 Boris Tomaševskij, »Pjatistopnyj jamb Puškina«, *O stiche*, S. 138–253.

23 Roman Jakobson, *O češskom stiche*, Berlin 1923.

24 Ebenda.

25 Vgl. Boris Eichenbaum, *Melodika sticha*, Petrograd 1922; Roman Jakobson, *O češskom stiche*, Berlin 1923; Jurij Tynjanov, *Problema stichotvornogo jazyka*, Leningrad 1924.

26 E. Sievers, *Deutsche Verslehre*, § 1, zitiert wie bei Jakobson in *O češskom stiche*.

27 L. Bloomfield, *Language*, New York 1933.

28 Roman Jakobson, *O češskom stiche*.

29 Ebenda, S. 45.

30 Ebenda.

31 Ebenda.
32 So kann im Wort »muka« das Ersetzen eines unbetonten »u« durch ein betontes »u« die Bedeutung »Mehl« zu »Leiden« machen.
33 Roman Jakobson, *O češskom stiche*, S. 16.
34 Vgl. *Slavia*, II, 1923–24.
35 S. oben, Kap. V.
36 S. Osip Brik, »Zvukovye povtory«, *Poètika*, Petrograd 1919.
37 Osip Brik, »Ritm i sintaksis«, *Novyj Lef*, 1927, Nr. 3–6.
38 In einigen der von Brik angeführten Beispiele bestehen die Parallelsegmente aus Halbzeilen. Brik zitiert Beispiele wie »*bez upoenij, bez želanij*«, wo jede Halbzeile aus der Präposition »*bez*« und einem Substantiv im Genitiv besteht.
39 Erste Strophe aus Goethes Gedicht »Erster Verlust«.
40 W. K. Winsatt, Jr., »Verbal Style: Logical and Counterlogical«, *Publications of Modern Language Association*, LXV, März 1950, Nr. 2, S. 5–20
41 Ebenda, S. 10.
42 Jurij Tynjanov, *Problema stichotvornogo jazyka*.
43 Boris Eichenbaum, *Melodika sticha*, Petrograd 1922.
44 S. Teil I dieses Kapitels.
45 Boris Eichenbaum, *Melodika sticha*, S. 10.
46 Eichenbaums These wurde von Žirmunskij in einem interessanten Aufsatz angefochten: »Melodika sticha« (*Voprosy teorii literatury*, Leningrad 1928, S. 89–153).
47 In der Regel waren die Formalisten vorsichtig beim Entleihen von Begriffen aus den anderen Kunstwissenschaften, aber bei der Erörterung des »sangbaren« Verses machte Eichenbaum üppigen Gebrauch von musikalischen Begriffen wie »Kadenz«, »Reprise« und dergl.
48 Diese methodologischen Einsichten wurden von Eichenbaum auf die Lyrik Lermontovs und zum Teil Achmatovas angewandt.
49 S. oben, Kap. II und X.
50 Boris Eichenbaum, »O zvukach v stiche«, *Skvoz' literaturu*, Leningrad 1924.
51 Wie Wellek und Warren gezeigt haben (s. Theorie der Literatur, S. 181), hat J. C. Ransom kürzlich eine ähnliche These vorgetragen.
52 Diese Position war offensichtlich eine Folgeerscheinung der formalistischen Auffassung der »Bedeutung« als eines *verbalen* Phänomens anstatt eines Teils einer außersprachlichen Wirklichkeit (s. oben, Kap. X).

53 Jurij Tynjanov, *Problema stichotvornogo jazyka*; Boris Eichenbaum, *Anna Achmatova*, Petrograd 1923.
54 *Problema stichotvornogo jazyka*, S. 104.
55 Ebenda, S. 117.
56 Viktor Šklovskij, »Svjaz' priëmov sjužetosloženija s obščimi
   priëmami stilja«, *Poètika*, Petrograd 1919.
57 Jurij Tynjanov, *Problema stichotvornogo jazyka*, Kaöp. I.
58 Boris Eichenbaum, *Anna Achmatova*, S. 108.
59 Jurij Tynjanov, *Problema stichotovornogo jazyka*, Kap. II.
60 Ebenda, S. 57 *et. al.*
61 Ebenda.
62 Jan Mukařowský, *Kapitoly z české poetiky*, Prag 1941, I, 133–4.
63 Viktor Žirmunskij, »Zadači poètiki«, *Voprosy teorii literatury*,
   Leningrad 1928, S. 49–50.
64 Ebenda.
65 Jurij Tynjanov, *Problema stichotvornogo jazyka*, Kap. II.
66 Ebenda.
67 In der deutschen Dichtung finden sich viele Beispiele solcher
   Reim-Wortspiele bei Wilhelm Busch, Christian Morgenstern u. a.
68 Roman Jakobson, *Novejšaja russkaja poèzija*, Prag 1921.
69 Jurij Tynjanov, *Archaisty i novatory*, S. 560.
70 Roman Jakobson, *Novejšaja russkaja poèzija*, S. 49–50.
71 Jurij Tynjanov, *Archaisty i novatory*, S. 560.
72 S. oben, Kap. II.
73 S. Jakobsons Besprechung von M. P. Stockmars Bibliographie
   russischer Untersuchungen in der Versforschung (*Slavia*, XIII,
   1935, S. 416–431).
74 Ebenda, S. 417.

KAPITEL XIII · Stil und Komposition

1 Vgl. Karl Vossler, *Frankreichs Kultur im Spiegel seiner Sprachentwicklung*, Heidelberg 1913; *Gesammelte Aufsätze zur Sprachphilosophie*, München 1923; *Positivismus und Idealismus in der
   Sprachwissenschaft*, Heidelberg 1904; Leo Spitzer, *Linguistics
   and Literary History*; *Essays in Stylistics*, Princeton 1948; *Stil-
   studien*, 2 Bde., München 1928, Neuaufl. München 1961.
2 Siehe z. B. Cleanth Brooks' Besprechung der »bemäntelnden
   Bilder« in *Macbeth* (Cleanth Brooks, *The Well Wrought Urn*,
   New York 1947, S. 21–46).
3 S. oben, Kap. X.

4 S. Viktor Žirmunskij, *Voprosy teorii literatury*, Leningrad 1928, S. 175–82.

5 Roman Jakobson, »Randbemerkungen zur Prosa des Dichters Pasternak«, *Slavische Rundschau*, VII, 1935.

6 Vgl. Wellek/Warren, *Theorie der Literatur*, S. 218.

7 S. oben, Kap. XII.

8 *Slavische Rundschau*, VII, 366.

9 Ebenda.

10 Ezra Pounds Definition des Bildes, zitiert bei Wellek/Warren (*Theorie der Literatur*, S. 211).

11 S. oben, Kap. X.

12 Zu den von Jakobson angeführten Kunstmitteln gehören die Wiederholung des entscheidenden Satzes »Ja vas ljubil« (Ich liebte dich einst) in drei verschiedenen Tonarten, sowie das Aufstellen untergeordneter Teile des Satzes, z. B. adverbialer Konstruktionen, in metrisch wichtigen Positionen, besonders am Ende der Verszeile.

13 Viktor Žirmunskij, »Zadači poètiki«, *Voprosy teorii literatury*, S. 17–88.

14 Boris Eichenbaum, *Anna Achmatova*, Petrograd 1923.

15 Ebenda.

16 S. Viktor Vinogradov, »O simvolike Anny Achmatovoj«, *Literaturnaja mysl'*, Petrograd 1922, I, S. 91–138.

17 Boris Eichenbaum, *Anna Achmatova*, S. 102.

18 Viktor Vinogradov *O chudožestvennoj proze*, Moskau-Leningrad 1930.

19 S. Viktor Šklovskij, »Iskusstvo kak priëm«, *Poètika*, Petrograd 1919; Jurij Tynjanov, *Archaisty i novatory*, Leningrad 1929.

20 Lev Jakubinskij, »O dialogičeskij reči«, *Russkaja reč'*, Petrograd 1923, S. 36.

21 Ebenda, S. 99.

22 S. oben, Kap. VII.

23 Jurij Tynjanov, »Oda kak oratorskij žanr«, *Archaisty i novatory*.

24 Boris Eichenbaum, *Melodika sticha*, Petrograd 1922 (s. oben, Kap. XII).

25 N. S. Trubetzkoy, *The Common Slavic Element in Russian Culture*, Department of Slavic Languages, Columbia University, New York 1949, S. 38.

26 Viktor Vinogradov, »O zadačach stilistiki. (Nabljudenija nad stilem žitija protopopa Avvakuma)« *Russkaja reč'*, 1923, I, 195–293.

370

27 V. Vinogradov, *Jazyk Puškina*, Leningrad 1937.

28 V. Vinogradov, *Èvoljucija russkogo naturalizma* (Gogol'-Dostoevskij), Leningrad 1929.

29 Viktor Vinogradov, *O chudožestvennoj proze*.

30 S. oben, Anm. 20.

31 Roman Jakobson (Hg.), *Dvě staročeské skladby o smrti*, Prag 1927.

32 Ebenda, S. 23.

33 Viktor Vinogradov, *O chudožestvennoj proze*.

34 Vgl. Boris Eichenbaum, »Kak sdelana ›Šinel'‹ Gogolja«, *Poètika*, 1919; »Illjuzija skaza«, *Skvoz' literaturu*, Leningrad 1924; Viktor Vinogradov, »Problema skaza v stilistike«, *Poètika*, I, Leningrad 1926.

35 S. Anm. 34, auch Viktor Vinogradov, »Jazyk Zoščenki (Zametki o leksike)« in einem Symposion unter dem Namen *Michail Zoščenko. Stat'i i materialy*, Leningrad 1928; *Èvoljucija russkogo naturalizma*, Leningrad 1929.

36 *Prace ofiarowane Kazimierzowi Wóycickiemu*, Wilno 1937 (Z zagadnień poetyki, VI).

37 Kazimierz Wóycicki, »Z pogranicza stylistyki (Mowa zależna, niezależna i pozornie zależna)«, *Przegląd Humanistyczny*, 1922, I, 75–100.

38 Unter »scheinbar indirekter Rede« (*mowa pozornie zależna*) verstanden Wóycicki wie auch Hopensztand eine Erzählweise, wo die Äußerungen oder der innere Monolog eines Charakters in seiner eigenen Sprechweise vor sich ging und wo doch der Anschein »indirekter Rede« durch syntaktische Mittel wie den Gebrauch der Konjunktion »daß« aufrechterhalten wurde (vgl. im Deutschen »die erlebte Rede«, im Französischen »le style indirect libre«).

39 Dawid Hopensztand, »Mowa pozornie zależna w kontekscie *Czarnych skzydeł* Kadena-Bandrowskiego«, *Prace ofiarowane Kazimierzowi Wóycickiemu*.

40 S. bes. Viktor Šklovskij, *O teorii prozy*, Moskau 1929; Boris Eichenbaum, »O. Genri i teorija novelly«, *Literatura*, Leningrad 1927; V. Propp, *Morfologija skazki*, Leningrad 1928 (Voprosy poètiki, XII).

41 S. oben, Kap. I.

42 Viktor Šklovskij, *O teorii prozy*, S. 60.

43 S. oben, Kap. X.

44 Viktor Šklovskij, *Literatura i kinematograf*, Berlin 1923.

45 Viktor Šklovskij, *O teorii prozy*, S. 60.

46 Ebenda.

47 Vgl. Cleanth Brooks, *The Well Wrought Urn*, New York 1947.

48 Vgl. *Russkie pisateli o literature*, Leningrad 1939, II, 138 (auch V. Šklovskij, *Literatura i kinematograf*, S. 16).

49 Man fühlt sich hier an Aristoteles' Ausspruch erinnert, daß dem Charakter in der Tragödie im Vergleich zur Handlung »der zweite Platz zukomme«. Wie jedoch noch gezeigt werden wird, hat Šklovskij doch eine etwas andere Auffassung der Handlung als Aristoteles.

50 S. oben, Kap. XI.

51 Viktor Šklovskij, *Sentimental'noe putešestvie*, Moskau-Berlin 1923, S. 132.

52 Dies ist eine der seltenen formalistischen Äußerungen über das Drama. Die einzige Untersuchung auf diesem Gebiet in Buchform war S. D. Baluchatyjs Analyse der Dramen Čechovs, *Problemy dramaturgičeskogo analiza* (*Čechov*), Leningrad 1927 (Voprosy poètiki, IX).

53 S. oben, Kap. VIII.

54 S. *Kritik*.

55 »Die literarische Zeit«, schrieb Šklovskij, »ist reine Konvention. Ihre Gesetze treffen nicht mit den Gesetzen der Zeit im ›wirklichen Leben‹ überein.« (*O teorii prozy*, S. 186.) Um seine These von der Willkürlichkeit der literarischen Zeit zu illustrieren, führte Šklovskij die Tatsache an, daß im *Don Quixote* in der Szene im »literarischen Wirtshaus« eine Reihe recht ausgedehnter Geschichten innerhalb einer Nacht erzählt werden.

56 Viktor Šklovskij, *O teorii prozy*, S. 204.

57 Ebenda.

58 Vgl. Viktor Šklovskij, »Svjaz' priëmov sjužetosloženija s obščimi priëmami stilja«, *Poètika*, 1919.

59 S. oben, Kap. I.

60 Viktor Šklovskij, *O teorii prozy*, S. 33.

61 V. Šklovskij, *Chod konja*, Moskau-Berlin 1923, S. 116.

62 V. Šklovskij, »Svjaz' priëmov . . .«

63 V. Šklovskij, *Chod konja*, S. 119–120.

64 Leider behandelt Šklovskij diesen interessanten Begriff nur ganz andeutungsweise. Er spielt z. B. auf eine Volkserzählung an, in der die Handlung das Vehikel oder die »Motivierung« für ein Wortspiel hergibt (*O teorii prozy*, S. 57).

65 Viktor Šklovskij, »Stroenie rasskaza i romana«, *op. cit.*

66 V. Šklovskij, *Chod konja*, S. 119–120.

67 Vgl. José Ortega y Gasset, *The Dehumanization of Art and Notes on the Novel*, Princeton University Press, 1948, S. 65.

68 Viktor Šklovskij, *Chod konja*, S. 123.

69 Ebenda, S. 123–125.

70 Viktor Šklovskij, *O teorii prozy*, S. 120.

71 S. Viktor Šklovskij, »Novella tajn«, *O teorii prozy*.

72 Es sei bemerkt, daß Dickens' Roman in Šklovskijs *Theorie der Prosa* unter der Überschrift des »mysteriösen« Romans behandelt wird (*roman tajn*).

73 Wir werden auf diese These im nächsten Kapitel zurückkommen.

74 Viktor Šklovskij, *O teorii prozy*, S. 175.

75 S. bes. Boris Tomaševskij, *Teorija literatury*, Moskau–Leningrad 1925, S. 159.

76 Lionel Trilling, *The Liberal Imagination*, New York 1950.

77 Boris Eichenbaum, *Literatura*, Leningrad 1927, S. 171–172.

78 Boris Eichenbaum, *Molodoj Tolstoj*, Petrograd–Berlin 1922; *Lev Tolstoj*, Bd. I, Leningrad 1928.

79 Jurij Tynjanov, »Literaturnoe segodnja«, *Russkij sovremennik*, 1924, Nr. 1.

80 Ebenda, S. 292.

81 Viktor Šklovskij, *Chod konja*, S. 177.

82 S. oben, Kap. XI.

83 Boris Eichenbaum, »O Genri i teorija novelly«, *Literatura*, S. 166–209.

84 Ebenda, S. 202.

85 Eichenbaum lenkte die Aufmerksamkeit auf den rätselhaften Anfang von *Cabbages and Kings*. Diese »Vorrede«, beobachtete der Kritiker, »legt« die Konventionen des »mysteriösen« Romans »bloß«, indem sie ausdrücklich auf das Rätsel als der Idee hinter einer irreführenden und ungereimten Handlung hinweist.

86 Ebenda, S. 196.

87 Man schreibt Theodor Roosevelt die Bemerkung zu, daß ein Teil der von ihm eingeführten Sozialgesetze auf O. Henrys Erzählungen zurückgingen, die die Not der New Yorker Verkäuferinnen beschrieben. Eichenbaum war demgegenüber sehr skeptisch: er war offenbar der Überzeugung, daß O. Henrys ironische, augenzwinkernde Schreibweise einen praktischen Politiker kaum »bewegen« sollte oder konnte, also auch keine konstruktiven Aktionen herbeiführen würde.

88 V. Propp, *Morfologija skazki*, Leningrad 1928 (Voprosy poètiki, XII).

89 Ebenda, S. 26–7.

90 Ebenda, S. 29.
91 Ebenda, S. 30–31.
92 Ebenda, S. 33.

KAPITEL XIV · Literarische Dynamik

1 S. bes. Skaftymovs Untersuchung, *Poètika i genezis bylin*, Saratov 1924, erörtert in Kap. XI.
2 S. oben, Kap. V.
3 Die letztere Formulierung stammt von Šklovskij (vgl. Viktor Šklovskij, *Rozanov*, Petrograd 1921).
4 Boris Tomaševskij, »La nouvelle école d'histoire littéraire er Russie«, *Revue des études slaves*, 1928, VII.
5 Ferdinand de Saussure, *Cours de linguistique générale*, Lausanne 1916.
6 S. oben, Kap. X, XI.
7 Viktor Šklovskij, *Chod konja*, Moskau-Berlin 1923, S. 88.
8 Boris Tomaševskij, *Teorija literatury*, S. 157.
9 T. S. Eliot, *Selected Essays*, New York 1932.
10 G. A. Vinokur, »Poèzija i nauka«, *Čët i nečet*, Moskau 1925
11 S. unten, Kap. XV.
12 Viktor Šklovskij, *Chod konja*, S. 22.
13 Vgl. Osip Brik, »T. n. formal'nyj metod«, *Lef*, 1923, S. 213–215
14 Man darf wohl aus guten Gründen annehmen, daß der scharfsinnige Brik, wenn er sich einer so übertriebenen Formulierung überließ, die Absurdität seines Anspruchs selber durchaus er kannte.
15 Boris Eichenbaum, *Skvoz' literaturu*, Leningrad 1924, S. 236.
16 Ebenda.
17 S. oben, Kap. II.
18 Viktor Šklovskij, *Chod konja*, S. 38.
19 Viktor Šklovskij, »Svjaz' priëmov sjužetosloženija ...«, *Poètika* Petrograd 1919, S. 120.
20 *Chod konja*, S. 86.
21 S. oben, Kap. V.
22 Viktor Žirmunskij, *Voprosy teorii literatury*, Leningrad 1928.
23 Ebenda, S. 162–65.
24 Boris Engelhardt, *Formal'nyj metod v istorii literatury*, Leningrad 1928.
25 Boris Eichenbaum, *Anna Achmatova*, Petrograd 1923, S. 66.

26 Vgl. Roman Jakobson, »Randbemerkungen zur Prosa des Dichters Pasternak«, *Slavische Rundschau*, VII, 1935.

27 Jan Mukařovský, *Kapitoly z české poetiky*, Prag 1941, I, 22.

28 N. S. Trubetzkoy, *Principes de phonologie*, Paris 1949, Roman Jakobson, *K charakteristike evrazijskogo jazykovogo sojuza*, Paris 1931.

29 Roman Jakobson, »Randbemerkungen . . .«.

30 Jurij Tynjanov, *Dostoevskij i Gogol'. K teorii parodii*, Opojaz, Petrograd 1921 (wiederabgedruckt in Tynjanovs Essaysammlung *Archaisty i novatory*, Leningrad 1928, S. 412–455).

31 S. Boris Eichenbaum, »Nekrasov«, *Skvoz' literaturu*, Leningrad 1924; Jurij Tynjanov, »Poètičeskie formy Nekrasova«, *Archaisty i novatory*.

32 Jurij Tynjanov, *Archaisty i novatory*, S. 413.

33 Roman Jakobson, »O pokolenii, rastravšem svoich poètov«, *Smert' Vladimira Majakovskogo*, Berlin 1930, S. 7–45.

34 Jurij Tynjanov, *Archaisty i novatory*, S. 562.

35 S. oben, Kap. VII.

36 Jurij Tynjanov, *Archaisty i novatory*, S. 15.

37 Viktor Šklovskij, *Literatura i kinematograf*, Berlin 1923, S. 27.

38 Ebenda, S. 29.

39 Viktor Šklovskij, *Rozanov* (zitiert von Boris Eichenbaum, *Literatura*, Leningrad 1927, S. 144).

40 Osip Brik, »T. n. formal'nyj metod«, *Lef*, 1923, I.

41 Boris Eichenbaum, »Put' Puškina k proze«, *Literatura*; Viktor Šklovskij, »Evgenij Onegin (Puškin i Sterne)«, *Očerki po poètike Puškina*, Berlin 1923; Jurij Tynjanov, *Archaisty i novatory*; Boris Tomaševskij, *Puškin*; Viktor Žirmunskij, *Bajron i Puškin* (*Iz istorii romantičeskoj poèmy*), Leningrad 1924.

42 Man könnte sagen, daß vieles hiervon bereits von den symbolistischen Kritikern vorweggenommen wurde, besonders von Valerij Brjusov (vgl. *Moj Puškin*). Wenn nun diese Neubesinnung auf Puškins historische Rolle nicht das volle Verdienst der Formalisten ist, so leisteten sie doch zweifellos grundlegende Arbeit bei der Ausformung und systematischen Darstellung dieser Ansicht.

43 Roman Jakobson, »Na okraj lyrických básní Puškinových«, *Vybrané spisy A. S. Puškina*, Prag 1936, S. 259–267.

44 Ebenda, S. 262.

45 Jurij Tynjanov, »Archaisty i Puškin«, *Archaisty i novatory*.

46 Einer der Gründe für Tynjanovs Argwohn gegenüber dieser traditionellen Zweiheit war vermutlich die Tendenz des Durch-

schnitts-Literarhistorikers, mit »Klassizismus« und »Romantik«
Denkweisen anstatt klar definierte literarische Bewegungen zu
bezeichnen.

47 Jurij Tynjanov, »Archaisty i Puškin«.

48 S. Boris Tomaševskij, *Puškin*, Moskau 1925.

49 Der Hinweis bezieht sich auf die Essaysammlung von D. S.
Merežkovskij, *Večnye sputniki* (Ewige Begleiter).

50 Boris Tomaševskij, *Puškin*, S. 74.

51 Viktor Vinogradov, *Jazyk Puškina*, Moskau–Leningrad 1934;
Očerki po istorii russkogo literaturnogo jazyka XVII–XIX vekov,
Moskau 1934.

52 Jurij Tynjanov, *Archaisty i novatory*, S. 361.

53 Boris Eichenbaum, *Lermontov*, Leningrad 1924.

54 Jurij Tynjanov, *Archaisty i novatory*, S. 291.

55 Viktor Šklovskij, »Evgenij Onegin (Puškin i Sterne)«.

56 Vgl. Boris Eichenbaum, *Anna Achmatova*.

57 S. oben, Kap. II.

58 S. oben, Teil I dieses Kapitels.

59 Jurij Tynjanov, *Archaisty i novatory*, S. 553.

60 S. bes. die von Eichenbaum und Tynjanov herausgegebene
Sammlung von Untersuchungen *Russkaja proza*, Leningrad 1926
(Voprosy poètiki, VIII).

61 Boris Eichenbaum, *Molodoj Tolstoj*, Petrograd–Berlin 1922; *Lev
Tolstoj*, I, 1928; II, 1931.

62 S. oben, Kap. XI.

63 Zitiert von V. Šklovskij in seinem Essay »Svjaz' priëmov . . .«,
Poètika.

64 Ob die Formalisten Brunetières Vorliebe für literarische Einflüsse vollkommen teilten, darf mit einigem Recht bezweifelt
werden. Was Šklovskij beim Zitieren des bekannten französischen Gelehrten hervorheben wollte, war nicht so sehr die
Wichtigkeit der wirklichen literarischen Anleihen als vielmehr
die Tatsache, daß literarische Werke vor dem Hintergrund
anderer Werke anstatt vor dem heterogener, nicht-literarischer
Objekte wahrgenommen werden.

65 Viktor Žirmunskij, »Bajronizm Puškina kak istoriko-literaturnaja
problema«, *Puškinskij sbornik*, Petrograd 1922, S. 299.

66 Ebenda.

67 Ebenda.

68 Boris Eichenbaum, *Lermontov*, Leningrad 1924.

69 Ebenda, S. 28.

70 Vgl. Austin Warren, »Literary Criticism«, *Literary Scholarship. Its Aims and Methods*, University of Northern Carolina Press, 1941, S. 170.

71 S. nächstes Kap.

72 Roman Jakobson (Hg.), *Spor duše s tělem, O nebezpečném času smrti*, Prag 1927.

73 Ebenda, S. 10.

74 Georgij Plechanov, *Za dvadcat' let*, Petersburg 1905.

75 Boris Eichenbaum, »Nekrasov«, *Skvoz' literaturu*, Leningrad 1924; Jurij Tynjanov, »Poètičeskie formy Nekrasova«, *Archaisty i novatory*, Leningrad 1928.

76 Boris Eichenbaum, *Skvoz' literaturu.*

77 Dies soll nicht heißen, daß die Formalisten bei der Verteidigung von Nekrasovs Kunst vollkommen allein standen. Ähnliche Ansichten wurden von den Symbolisten, von V. Brjusov und A. Belyj, und in den zwanziger Jahren von einem impressionistischen Kritiker, K. Čukovskij, vertreten, obwohl letzterer über einige spezifische Probleme im literarischen Handwerk Nekrasovs ganz anders dachte als Eichenbaum und Tynjanov.

KAPITEL XV · Zusammenfassung

1 Viktor Žirmunskij, »Formprobleme in der russischen Literaturwissenschaft«, *Zeitschrift für slavische Philologie*, I (1925), S. 117–152; A. N. Voznesenskij, »Die Methodologie der russischen Literaturforschung in den Jahren 1910–1925«, *Zeitschrift für slavische Philologie*, IV (1927), S. 145–162, und V (1928), S. 175 bis 199; A. N. Voznesenskij, »Problems of Method in the Study of Literature in Russia«, *Slavonic Review*, VI (1927), S. 168–177; Boris Tomaševskij, »La nouvelle école d'histoire littéraire en Russie«, *Revue des études slaves*, VIII (1928), S. 226–240.

2 Das interessante Buch von Nina Gourfinkel, *Tolstoï sans Tolstoïsme* (Paris 1945) ist den Werken Eichenbaums und Šklovskijs über Tolstoj weitgehend verpflichtet.

3 Nina Gourfinkel, »Les nouvelles méthodes d'histoire littéraire en Russie«, *Le Monde Slave*, VI (1929), S. 234–263.

4 Phillippe van Tieghem, »Tendances nouvelles en histoire littéraire«, *Études Françaises*, Nr. 22, 1930.

5 Henry Lanz, *The Physical Basis of Rime*, Stanford University Press, 1931; M. Rutten, »Dichtkunst en Phonologie«, *Revue Belge de Philologie et d'histoire*, Bd. XXVIII, Nr. 3–4, Brüssel 1950.

6 Manfred Kridl, »Russian Formalism«, *The American Bookman*, I (1944), S. 19–30.

7 William E. Harkins, »Slavic Formalist Theories in Literary Scholarship«, *Word*, August 1951, VII, 177–185.

8 René Wellek und Austin Warren, *Theorie der Literatur*, Vorwort d. Verf.

9 S. oben, Kap. III.

10 T. S. Eliot, *Selected Essays*, New York 1932, S. 11.

11 J. C. Ransom, *The World's Body*, New York 1938, S. 332.

12 Cleanth Brooks und Robert Penn Warren, *Understanding Poetry*, New York 1938; I. A. Richards, *Practical Criticism*, London 1929.

13 S. bes. J. C. Ransom, »Criticism, Inc.«, *The World's Body*.

14 William Elton, *Glossary of the New Criticism*, Chicago 1948.

15 Cleanth Brooks, *The Well Wrought Urn*, New York 1947, S. 176–196.

16 Arthur Koestler, *The Yogi and the Commissar*, New York 1945, S. 238.

17 Susanne K. Langer, *Philosophy in a New Key*, Harvard University Press, 1942, S. 16.

18 Ernst Cassirer, *An Essay on Man*, Yale University Press, 1944, S. 26.

19 S. oben, S. 228.

20 Susanne K. Langer, *op. cit.*

21 S. oben, Kap. VI.

22 José Ortega y Gasset, *The Dehumanization of Art and Notes on the Novel*, Princeton University Press, 1948.

23 Wie oben angedeutet, war das Bohémientum nur einer der damit zusammenhängenden Faktoren. Die Aggressivität der Formalisten erklärt sich zum Teil aus dem schrillen Ton der gesamten kritischen Debatte in Rußland nach 1917.

24 Roman Jakobson, »Randbemerkungen zur Prosa des Dichters Pasternak«, *Slavische Rundschau*, VII, 1935.

25 Viktor Šklovskij, *Chod konja*, Moskau–Berlin 1923, S. 73.

26 Jan Mukařovský, »Estetická funkce, norma a hodnota jako sociální fakty«, Prag 1936 (zitiert in *Theorie der Literatur*, S. 275).

27 Boris Eichenbaum, *Lermontov*, Leningrad 1924, S. 20.

28 René Wellek, »Literary History«, *Literary Scholarship, Its Aims and Methods*, University of North Carolina Press, 1941.

29 Ebenda, S. 100.

30 Aleksandr Romm, »B. Eichenbaum, *Lermontov*«, *Čët i nečet*, Moskau 1925, S. 44.

31 Wellek/Warren, *Theorie der Literatur*, S. 274.

32 José Ortega y Gasset, *The Dehumanization of Art and Notes on the Novel*, S. 25.

33 Ebenda, S. 44.

34 S. oben, Kap. X, XI, XIV.

35 Ich denke hier mehr an Verallgemeinerungen über die Funktion der Kunst oder über die ästhetische Erfahrung als an spezifischere und lohnendere Erörterungen der poetischen Unterscheidungsmerkmale.

36 Vgl. S. C. Pepper, *Basis of Criticism*, Cambridge 1945, S. 3.

37 I. A. Richards, *Principles of Literary Criticism*, London 1948, S. 20.

38 S. oben, Kap. VII.

39 S. oben, Kap. XIV.

40 N. I. Efimov, »Formalizm v russkom literaturovedenii«, *Naučnye izvestija Smolenskogo Gosudarstvennogo Universiteta*, 1929, Bd. III, S. 106.

BIBLIOGRAPHIE

I. Formalistisch-strukturalistische Veröffentlichungen[1]

1. Russisch

Ars Poetica, Trudy Gosudarstvennoj Akademii Chudožestvennych Nauk. Literaturnaja sekcija, Bd. I, Moskau 1927. M. Petrovskij, Hg., Artikel von B. Jarcho, A. Peškovskij, M. Petrovskij, R. Šor, M. Stoljarov.

Ars Poetica, Bd. II, Moskau 1928. M. Petrovskij und B. Jarcho, Hg., Artikel von B. Jarcho, M. Stockmar, L. Timofeev.

Baluchatyj, S. D., *Problemy dramaturgičeskogo analiza (Čechov)*, Leningrad 1927 (Voprosy poètiki, IX).

Bogatyrëv, Pëtr und Jakobson, Roman, *Slavjanskaja filologija v Rossii za gody vojny i revoljucii*, Berlin 1923.

Bogatyrëv, Pëtr und Jakobson, Roman, »Die Folklore als eine besondere Form des Schaffens«, *Donum Natalicium Schrijnen*, Nijmegen-Utrecht 1929, S. 900–913.

Bogatyrëv, Pëtr und Jakobson, Roman, »K probleme razmeževanija fol'kloristiki i literaturovedenija«, *Lud Słowiański*, II, 2, Krakau 1931, S. 230–233.

Brik, Lili, »Iz vospominanij«, *Al'manach s Majakovskim*, Moskau 1934.

Brik, Osip, »Zvukovye povtory« (1917), *Poètika*, Petrograd 1919 (s. unten).

– »T. n. formal'nyj metod«, *Lef*, 1923, Nr. 1, S. 213–5.

– »Ritm i sintaksis« (materialy po izučeniju stichotvornoj reči), *Novyj lef*, Nr. 3–6.

Eichenbaum, Boris, »Kak sdelana ›Šinel'‹ Gogolja«, *Poètika*, Petrograd 1919 (s. unten).

– »Melodika sticha«, *Letopis' Doma Literatorov*, 1921, Nr. 4 (wiederabgedruckt 1922 unter dem Titel *Melodika russkogo liričeskogo sticha*).

– *Molodoj Tolstoj*, Petrograd-Berlin 1922.

– *Anna Achmatova* (Opyt analiza), Petrograd 1923.

– *Lermontov* (Opyt istoriko-literaturnoj ocenki), Leningrad 1924.

---

[1] Unter diese Überschrift fasse ich auch einige der wichtigeren kritischen Untersuchungen halb-formalistischer Forscher, wie auch einige Werke der schöpferischen Literatur, die aus der formalistischen Bewegung hervorgingen.

- »Vokrug voprosa o formalistach«, *Pečať i revoljucija*, 1924, Nr. 5, S. 1–12.
- *Skvoz' literaturu*, Leningrad 1924 (Voprosy poètiki, IV).
- »Nužna kritika«, *Žizn' iskusstva*, 1924, (IV).
- »O. Genri i teorija novelly«, *Zvezda*, 1925, Nr. 6, S. 291–308 (später wiederabgedruckt in *Literatura*).
- *Literatura* (Teorija, kritika, polemika), Leningrad 1927.
- »Literatura i pisatel'«, *Zvezda*, 1927, später abgedruckt in *Moj vremennik* (s. unten).
- »Literatura i literaturnyj byt«, *Na literaturnom postu*, 1927, später in *Moj vremennik*.
- *Lev Tolstoj*, Bd. I, Leningrad 1928.
- »Poèt-žurnalist«, *Nekrasov* (eine Aufsatzsammlung über Nekrasov, veröffentlicht zu dessen 50. Todestag), Leningrad 1928, S. 25–33.
- *Moj vremennik*, Leningrad 1929.
- *Lev Tolstoj*, Bd. II, Leningrad 1931.

GRIC, T., NIKITIN, N., TRENIN, V., *Slovesnosť i kommercija*, Moskau 1927.

GRUZDÈV, IL'JA, *Utilitarnosť i samoceľ*, Petrograd 1923.

GUKOVSKIJ, G., *Russkaja poèzija 18-go veka*, Leningrad 1927.

JAKOBSON, ROMAN, *Novejšaja russkaja poèzija* (Nabrosok pervyj). *Viktor Chlebnikov*, Prag 1921.
- (mit P. Bogatyrëv), *Slavjanskaja filologija v Rossii za gody vojny i revoljucii*, s. oben.
- »Brjusovskaja stichologija i nauka o stiche«, *Naučnye izvestija*, II, Moskau 1922, S. 222–240.
- *O cešskom stiche preimuščestvenno v sopostavlenii s russkim*, Berlin 1923.
- (Hg.), *Spor duše s tělem; O nebezpečném času smrti*, Prag 1927.
- (zus. mit JU. TYNJANOV), »Problemy izučenija literatury i jazyka«, *Novyj lef*, 1928, Nr. 12, S. 36–7.
- (zus. mit BOGATYRËV), »Die Folklore als eine besondere Form des Schaffens«, (s. oben).
- »Über die heutigen Voraussetzungen der russischen Slavistik«, *Slavische Rundschau*, I, 1929, 682–4.
- »O pokolenii rastrativšem svoich poètov«, *Smerť Vladimira Majakovskogo*, Berlin 1931, 7–45.
- (zus. mit BOGATYRËV), »K probleme razmeževanija fol'kloristiki i literaturovedenija« (s. oben).
- »Bolgarskij pjatistopnyj jamb v sopostavlenii s russkim«, *Sbornik Miletič*, Sofia 1933, 108–117.

- »Co je poesie?«, *Volné směry*, Prag 1933–34, 229–239.
- »M. P. Stockmar: Bibliografija rabot po stichosloženiju«, *Slavia*, XIII, 1934, 416–431.
- »Staročeský verš«, *Československá vlastivěda*, III, Jazyk, Prag 1934, 429–459.
- »Randbemerkungen zur Prosa des Dichters Pasternak«, *Slavische Rundschau*, VII, 1935, 357–374.
- »Na okraj lyrických básní Puškinových«, *Vybrané spisy A. S. Puškina*, I, Prag 1936, 259–267 (auch in der tschechischen Literaturzeitschrift *Listy pro umění a kritiku* abgedruckt, IV, 1936, 389 bis 392).
- »Socha v symbolice Puškinově«, *Slovo a slovesnost*, III, 1937, 2–24.
- »Z zagadnień prozodji starogreckiej«, *Prace ofiarowane Kazimierzo wi Wóycickiemu*, Wilno 1937, 73–88 (s. unten, Abtl. 3).
- »Na okraj Eugena Oněgina«, *Vybrané spisy A. S. Puškina*, III, 1937, 257–265.
- »K popisu Máchova verše«, (1938), *Torso a tajemství Máchova díla*, s. unten, Abtlg. 2.
- (zus. mit MARC SZEFTEL), »The Vseslav Epos«, *Russian Epic Studies*, hg. v. Roman Jakobson und Ernest J. Simmons, Philadelphia 1949.

JAKUBINSKIJ, LEV, »O zvukach poètičeskogo jazyka« (1916), *Poètika*. Sborniki po teorii poètičeskogo jazyka, Petrograd 1919 (s. oben).
- »Skoplenie odinakovych plavnych v praktičeskom i poètičeskom jazykach« (1917), *op. cit.*
- »O poètičeskom glossemosočetanii« (1919), *op. cit.*
- »O dialogičeskoj reči«, *Russkaja reč'*, I, Petrograd 1923.

JARCHO, B. I., »Granicy naučnogo literaturovedenija«, *Iskusstvo*, 1925, Nr. 2, 46–60; 1927, I, 3, 16–38.
- »Obščie principy formal'nogo analiza«, (1927), *Ars Poetica*, I, Moskau 1927.

KAVERIN, VEN'JAMIN, *Skandalist ili večera na Vasil'evskom ostrove*, Leningrad 1928.
- *Chudožnik neizvesten*, Leningrad 1931.

LUNC, LEV, »Počemu my Serapionovy brat'ja«, *Literaturnye zapiski*, III, 1922.
- »Na zapad!«, *Beseda*, Sept./Okt. 1923.

Očerki po poètike Puškina, Berlin 1923, Artikel von Pëtr Bogatyrëv, Viktor Šklovskij, Boris Tomaševskij.

PETROVSKIJ, M. A., »Kompozicija novelly u Maupassanta«, *Načala*, 1921, 106–127.
- »Morfologija novelly«, *Ars Poetica*, I, (s. oben).

PETROVSKIJ, M., »Poètika i iskusstvovedenie«, *Iskusstvo*, 1927, Nr. 2–3, 119–139.

Poètika. Sborniki po teorii poètičeskogo jazyka, Petrograd 1919. Artikel von Osip Brik, Boris Eichenbaum, Lev Jakubinskij, E. D. Polivanov, Viktor Šklovskij.

Poètika, I, Leningrad 1926 (Veröffentlichungen der Abtlg. für Wortkunst am Petrograder Staatlichen Institut für Kunstgeschichte). Artikel von A. Astachova, S. Baluchatyj, S. Bernstein, G. Gukovskij, B. Kazanskij, N. Kolpakova, R. Tomaševskij, Ju. Tynjanov, L. Vindt, V. Vinogradov.

Poètika, II, Leningrad 1927. Artikel von A. Fëdorov, L. Ginzburg, B. Larin, K. Šimkevič, B. Tomaševskij, V. Žirmunskij.

Poètika, III, Leningrad 1927. Artikel von S. Baluchatyj, S. Bernstein, G. Gukovskij, N. Kolpakova, N. Surina, L. Vindt, V. Vinogradov, S. Vyšeslavceva.

Poètika, IV, Leningrad 1928. Artikel von A. Fëdorov, G. Gukovskij, N. Kovarskij, V. Propp, B. Tomaševskij, V. Vinogradov, V. Žirmunskij.

PROPP, V. I., *Morfologija skazki* (Voprosy poètiki, XII), Leningrad 1928.

Russkaja proza, Leningrad 1926 (Voprosy poètiki, VIII), hg. v. Boris Eichenbaum und Jurij Tynjanov. Artikel von B. Buchstab, L. Ginzburg, V. Hoffmann, N. Kovarskij, T. Roboli, N. Stepanov, V. Silber.

Russkaja reč', I, Petrograd 1923. Lev Ščerba Hg. Artikel von L. Jakubinskij, B. Larin, L. Ščerba, V. Vinogradov.

Russkaja reč', Leningrad 1927. Lev Ščerba, Hg. Artikel von S. Bernstein, B. Larin, V. Vinogradov.

Sborniki po teorii poètičeskogo jazyka, I, Petersburg 1916.

Sborniki po teorii poètičeskogo jazyka, II, Petersburg 1917.

ŠKLOVSKIJ, VIKTOR, *Voskrešenie slova*, Petersburg 1914.

– »O poèzii i zaumnom jazyke« (1916), *Poètika*, 1919 (s. oben).

– »Iskusstvo kak priëm« (1917), *op. cit.*

– »O psichologičeskoj rampe«, *Žizn' iskusstva*, 1920, Nr. 445.

– *Razvertyvanie sjužeta*, Petrograd 1921 (später in die Essaysammlung *O teorii prozy* aufgenommen, s. unten).

– »Sjužet u Dostoevskogo«, *Letopis' Doma Literatorov*, 1921, Nr. 4

– *Tristram Shandy Sterne'a i teorija romana*, Petrograd 1921, wiederabgedruckt in *O teorii prozy*.

– *Rozanov*, Petrograd 1921.

– *Chod konja*, Moskau-Berlin 1923.

– *Literatura i kinematograf*, Berlin 1923.

- *Sentimental'noe putešestvie*, Moskau-Berlin 1923.
- »Andrej Belyj«, *Russkij sovremennik*, 1924, Nr. 2, 231–245.
- *O teorii prozy*, Moskau 1925; 2. Aufl. Moskau 1929.
- »V zaščitu sociologičeskogo metoda«, *Novyj lef*, 1927, Nr. 3 (später wiederabgedruckt in *Gamburgskij sčët*, s. unten).
- *Tret'ja fabrika*, Moskau 1926.
- *Technika pisatel'skogo remesla*, Moskau-Leningrad 1927.
- *Gamburgskij sčët*, Moskau 1928.
- »*Vojna i mir* L'va Tolstogo (Formal'no-sociologičeskoe issledovanie)«, *Novyj lef*, 1928, Nr. 1.
- *Material i stil' v romane L. N. Tolstogo Vojna i mir*, Moskau 1928.
- »Pamjatnik naučnoj ošibke«, *Literaturnaja gazeta*, 27. I. 1930.
- »Suchoplavcy ili uravnenie s odnim neizvestnym«, *Literaturnaja gazeta*, 13. 3. 1930.
- *O Majakovskom*, Moskau 1940.

SKAFTYMOV, A., *Poètika i genezis bylin*, Saratov, 1924.

STEPANOV, N., »V zaščitu izobretatel'stva«, *Zvezda*, 1929, VI.

TOMAŠEVSKIJ, BORIS, »Andrej Belyj i chudožestvennaja proza«, *Žizn' iskusstva*, 1920, Nr. 454, 458–9, 460.
- »Literatura i biografija«, *Kniga i revoljucija*, 1923, IV.
- »Problema stichotvornogo ritma«, *Literaturnaja mysl'*, 1923, II, 124–140 (später wiederabgedruckt in der Aufsatzsammlung *O stiche*, s. unten).
- *Russkoe stichosloženie. Metrika*, Petrograd 1923 (Voprosy poètiki, II).
- »O dramatičeskoj literature«, *Žizn' iskusstva*, 1924, Nr. 13.
- »Pjatistopnyj jamb Puškina«, *Očerki po poètike Puškina* (s. oben).
- *Puškin*, Moskau 1925.
- *Teorija literatury (Poètika)*, Moskau-Leningrad 1925, 6. Aufl. Moskau 1931.
- *O stiche* (stat'i), Leningrad 1929.

TRUBETZKOY, N. Y., »*Choženie za tri morja Afanasija Nikitina kak literaturnyj pamjatnik*«, *Vërsty*, Paris 1926, I, 164–186.
- »R. Jakobson, *O češskom stiche*«, *Slavia*, II, 1923–4, 452–460.
- »O metrike častuški«, *Vërsty*, Paris 1927, II, 205–223.
- »K voprosu o stiche 'Pesen zapadnych slavjan Puškina«, *Belgradskij puškinskij sbornik*, Belgrad 1937.

TYNJANOV, JURIJ, »Stichovye formy Nekrasova«, *Letopis' Doma Literatorov*, 1921 (später wiederabgedruckt in *Archaisty i novatory*, s. unten).

- *Dostoevskij i Gogol'* (*K teorii parodii*), Petrograd 1921 (s. auch unten, *Archaisty i novatory*).
- »Literaturnoe segodnja«, *Russkij sovremennik*, 1924, I.
- *Problema stichotvornogo jazyka*, Leningrad 1924.
- »O literaturnom fakte«, *Lef*, 1924, Nr. 2, 100–116 (s. auch *Archaisty i novatory*, Leningrad 1929).
- »Archaisty i Puškin«, *Puškin v mirovoj literature* (Symposion) Leningrad 1926, 215–286, später wiederabgedruckt in *Archaisty i novatory*.
- »O literaturnoj èvoljucii«, *Na literaturnom postu*, 1927, Nr. 4 (s auch *Archaisty i novatory*).
- (zus. mit R. JAKOBSON), »Voprosy izučenija literatury i jazyka«, s. oben.
- *Archaisty i novatory*, Leningrad 1929.
VINOGRADOV, VIKTOR, »Sjužet i kompozicija povesti Gogolja ›Nos‹« *Načala*, 1921, 82–105 (später wiederabgedruckt in Vinogradovs Aufsatzsammlung *Èvoljucija russkogo naturalizma*, s. unten).
- »Stil' peterburgskoj poèmy ›Dvojnik‹«, *Dostoevskij*, I (Symposion) Petrograd 1922, 211–257.
- »O simvolike Anny Achmatovoj«, *Literaturnaja mysl'*, Petrograd 1922, I, S. 91–138.
- »O zadačach stilistiki (Nabljudenija nad stilem žitija protopopa Avvakuma)«, *Russkaja reč'*, 1923 (s. oben).
- »Sjužet i architektonika romana Dostoevskogo *Bednye ljudi* v svjazi s voprosom o poètike natural'noj školy«, *Tvorčeskij put' Dostoevskogo* (Symposion), Leningrad 1924 (auch *Èvoljucija russkogo naturalizma*, s. unten).
- *O poèzii Anny Achmatovoj* (Stilisticeskie nabroski), Leningrad 1925.
- *Gogol' i natural'naja škola*, Leningrad 1925.
- »Jules Janin i Gogol'«, *Literaturnaja mysl'*, 1925, III, 342–365 (s auch *Èvuljucija . . .*).
- *Ètudy o stile Gogolja*, Leningrad 1926 (Voprosy poètiki, VII).
- »Jazyk Zoščenko (zametki o leksike)«, *Michail Zoščenko, stat'i materialy*, Leningrad 1928.
- *Èvoljucija russkogo naturalizma* (*Gogol'-Dostoevskij*), Leningrad 1929.
- *O chudožestvennoj proze*, Moskau-Leningrad 1930.
- *Očerki po istorii russkogo literaturnogo jazyka 17–19-go veko* Moskau 1934.
- *Jazyk Puškina* (*Puškin i istorija russkogo literaturnogo jazyka* Moskau-Leningrad 1935.

- »Jazyk Gogolja«, *N. V. Gogol'. Materialy i issledovanija*, II, Moskau-Leningrad 1936.
- *Stil'Puškina*, Moskau 1941.

Vinokur, G. O., »Novaja literatura po poètike (obzor)«, *Lef*, 1923, Nr. 1, 239–243.
- »Poètika. Lingvistika. Sociologija (Metodologičeskaja spravka)«, *Lef*, 1923, Nr. 3, 104–113.
- *Kul'tura jazyka*. Očerki lingvističeskoj technologii, Moskau 1925.
- »Poèzija i nauka«, *Čët i nečet*, Moskau 1925.
- *Biografija i kul'tura*, Moskau 1927.
- *Kritika poètičeskogo teksta*, Moskau 1927.

Zadači i metody izučenija iskusstv (ein vom Petrograder Institut für Kunstgeschichte veröffentlichtes Symposion), Petrograd 1924.

Žirmunskij, Viktor, *Kompozicija liričeskich stichotvorenij*, Petrograd 1921.
- »Poèzija Aleksandra Bloka«, vgl. Symposion *O Aleksandre Bloke*, Petrograd 1921, S. 65–165 (später wiederabgedruckt in Žirmunskijs Aufsatzsammlung *Voprosy teorii literatury*, s. unten).
- »Zadači poètiki, Načala, 1921, Nr. 1, 51–81 (s. auch *Voprosy* . . .).
- *Valerij Brjusov i nasledie Puškina* (Opyt sravnitel'no-stilističeskogo issledovanija), Petrograd 1922.
- »Melodika sticha (Po povodu knigi B. M. Eichenbauma *Melodika sticha*)«, *Mysl'*, 1922, Nr. 5, 109–139 (auch in *Voprosy* . . .).
- »K voprosu o formal'nom metode« (Einführung in die russische Übersetzung von Walzels Buch *Problema formy v poèzii*), Petrograd 1923, S. 3–23; auch in *Voprosy* . . .
- *Rifma, eë istorija i teorija*, Petrograd 1923 (*Voprosy poètiki*, III).
- *Bajron i Puškin* (Iz istorii romanticeskoj poèmy), Leningrad 1924.
- *Vvedenie v metriku. Teorija sticha*, Leningrad 1925 (*Voprosy poètiki*, VI).
- *Voprosy teorii literatury*, Leningrad 1928.
- »Puškin i zapadnye literatury«, vgl. *Puškin* (eine Veröffentlichung des Puškin-Kommittees der Akademie der Wissenschaften), III, Moskau 1937.

2. Tschechisch und Slovakisch

Bakoš, M. und K. Simončič, »O ›úpadku‹ literatúry«, *Slovenské smery*, II, 1934–35, 179–196.
Bakos, Mikuláš, »K vývinu a situacii slovenskej literatúry«, *Slovenské smery*, V, 1937–38, 250–262.

– *Vývin slovenského verša*, Turč. Sv. Martin, 1939.

– Hg., *Teória literatúry* (Anthologie des russischen Formalismus), Trnava, 1941.

Čyževs'kyj (Čiževskij), Dmytro, »Příspěvek k symbolice českého básnictví náboženského«, *Slovo a slovesnost*, 1936, II, 98–105.

– Puškin medzi romantizmom a klasicizmom«, *Slovenské pohľady*, 1937, 53, S. 36–41, 75–82.

– »K Máchovemu světovému názoru«, vgl. *Torso a tajemství Máchova díla*, s. unten.

Havránek, B., »Máchov jázyk«, *Torso a tajemství Máchova díla*.

Hrabák, Josef, *Staropolský verš ve srovnáni se staročeským*, Prag 1937 (Studie Pražského linguistického kroužku, 1).

– *Smilova škola* (Rozbor básnické struktury), Prag 1941 (Studie Pražského linguistického kroužku, 3).

Isačenko, A. V., »Der slovenische fünffüßige Jambus«, *Slavia*, 1935–6, XIV, 45–57.

– *Slovenski verz*, Ljubljana 1939.

– und M. Bakoš, »Literatúra a jej skúmanie«, *Ve dne a v noci*, Bratislava, 121–124.

Mathesius, Vilém, »Deset let pražského linguistického kroužku«, *Slovo a slovesnost*, 1936, Nr. 2.

Mukařovský, Jan, *Máchov ›Máj‹. Estetická studie*, Prag 1928.

– »K českému překladu Šklovského *Teorie prozy*«, *Čin*, VI, 1934 123–130 (später wiederabgedruckt in *Kapitoly z české poetiky*, s. unten).

– (Hg.), *Torso a tajemství Máchova díla*, Prag 1938. Artikel von D. Čiževskij, O. Fischer, B. Havránek, R. Jakobson, J. Mukařovský, F. X. Šalda, B. Václavek, R. Wellek.

– *Kapitoly z české poetiky*, Prag 1941. Bd. I. Obecní věci básnictví (Allgemeine Probleme der Dichtung). Bd. II. K vývoji české poesie a (Über die Evolution der tschechischen Lyrik und Prosa).

– »O básnickom jázyku«, *Vo dne a v noci*, Bratislava, 1941, 129 bis 133.

Thèses sur la langue poétique. Tézy Pražského linguistického kroužku, vgl. Mélanges linguistiques dédiés au Premier Congrès de Philologues Slaves. Travaux du Cercle Linguistique de Prague I, Prag 1929, 17–21.

Wellek, René, »K. H. Mácha a anglická literatura«, *Torso a tajemství Máchova díla*.

3. Polnisch

BUDZYK, KAZIMIERZ, *Stylistyka teoretyczna w Polsce*, Waschau 1946 (Z zagadnień poetyki).

HOPENSZTAND, DAWID, »Mowa pozornie zależna w kontekście *Czarnych Skrzydeł* Kadena-Bandrowskiego«, *Prace ofiarowane Kazimierzowi Wóyciciemu* (s. unten).

INGARDEN, ROMAN, *Das literarische Kunstwerk* (Eine Untersuchung aus dem Grenzgebiet der Ontologie, Logik und Literaturwissenschaft), Halle 1931, 2. verb. u. erweit. Aufl. Tübingen 1960.
- »O poznawaniu dziela literackiego«, Lwow 1937.

KRIDL, MANFRED, *Wstęp do badań nad dziełem literackiem*, Wilno 1936 (Z zagadnień poetyki, I).

Prace ofiarowane Kazimierzowi Wóycickiemu, Wilno 1937 (Z zagadnień poetyki, 6). Ein dem Pionier der polnischen Poetik, Kazimierz Woyźicki, gewidmetes Symposion. Artikel von W. Borowy, K. Budzyk, H. Elsenberg, H. Felczak, M. Grzędzielska, D. Hopensztand, J. Hrabák, R. Jakobson, K. Kaplan, St. Krispel, J. Kreczmar, M. Kridl, J. Kuryłowicz, Z. Łempicki, L. Podhorski-Okołów, M. Rzeuska, F. Siedlecki, St. Skwarczyńska, N. Trubetzkoy, K. W. Żawodziński, St. Żółkiewski.

PUTRAMENT, JERZY, *Struktura nowel Prusa*, Wilno 1935 (Z zagadnień poetyki, 2).

Rosyjska szkola formalna, 1914–1934, Warschau 1939 (Archiwum tłumaczeń, 3). Eine Auswahl aus den russischen Formalisten, z. B. Eichenbaum, Jakobson, Šklovskij, Tomaševskij, Tynjanov, Žirmunskij, direkt vor Ausbruch des Krieges zur Veröffentlichung vorbereitet.

SIEDLECKI, FRANCISZEK, »Sprawy wersyfikacji polskiej«, *Wiadomości Literackie*, 1934.
- »O rytmie i metrze«, *Skamander*, IX, 1935, 420–436.
- »Jeszcze o sprawach wiersza polskiego«, *Przegląd Współczesny*, 1936, S. 370–388.
- *Studja z metryki polskiej*, Wilno 1937, 2 Bde. (Z zagadnień poetyki, 4, 5).
- »O swobodę wiersza polskiego«, *Skamander*, 1938, Bd. II, Nr. 13–14.

TROCZYŃSKI, KONSTANTY, *Elementy form literackich*, Poznań, 1936.

WÓYCICKI, KAZIMIERZ, *Rytm w liczbach*, Wilno 1938 (Z zagadnień poetyki, 3).

ŽIRMUNSKIJ, VIKTOR, *Wstęp do poetyki*, 1934 (Archiwum tłumaczeń,

1). Polnische Übersetzung von Žirmunskijs Untersuchung »Zadači poètiki«, s. oben, Abtlg. 1.

Z *zagadnień stylistyki*, Warschau 1937 (Archiwum tłumaczeń, 2). Auswahl aus Arbeiten von L. Spitzer, Karl Vossler und Viktor Vinogradov. Einführung von Zygmunt Łempicki.

II. Untersuchungen über die formalistische Bewegung

1. Auf Russisch

Arvatov, Boris, »Jazyk poètičeskij i jazyk praktičeskij«, *Pečat' i revoljucija*, 1923, VII, 58–67.

– *Iskusstvo i proizvodstvo*, Moskau 1926.

– »O formal'no-sociologičeskom metode«, *Pečat' i revoljucija*, 1927, III, 54–64.

Breitburg, S., »Sdvig v formalizme«, *Literatura i marksizm*, Bd. I, Moskau 1929.

Bucharin, Nikolaj, »O formal'nom metode v iskusstve«, *Krasnaja nov'*, 1925, III.

Efimov, N. I., »Formalizm v russkom literaturovedenii«, *Naučnye Izvestija Smolenskogo Gosudarstvennogo Universiteta*, 1929, Bd. V, S. III.

Engelhardt, Boris, *Formal'nyj metod v istorii literatury*, Leningrad 1927 (Voprosy poètiki, XI).

Focht, U., »Problematika sovremennoj marksistskoj literatury«, *Pečat' i revoljucija*, 1927, Nr. 2.

Gel'fand, M., »Deklaracija carja Midasa ili čto slučilos's Viktorom Šklovskim«, *Pečat' i revoljucija*, 1930, Nr. 2.

Gorbačëv, G., »My eščë ne načinali drat'sja«, *Zvezda*, 1930, Nr. 5.

Gornfeld, A. G., »Formalisty i ich protivniki«, *Literaturnye zapiski*, 1922, Nr. 3.

Gukovskij, G., »Viktor Šklovskij kak istorik literatury«, *Zvezda*, 1930, Nr. 1.

Kogan, P. S., »O formal'nom metode«, *Pečat' i revoljucija*, V., 1924.

Lunačarskij, A. V., »Formalizm v iskusstvovedenii«, *Pečat' i revoljucija*, 1924, V.

Medvedev, Pavel, *Formal'nyj metod v literaturovedenii*, Leningrad 1928.

Mustangova, E., »Put' naibol'šego soprotivlenija«, *Zvezda*, 1928, Nr. 3.

Poljanskij, V., »Po povodu B. Eichenbauma«, *Pečat' i revoljucija*, 1924, V.

Piksanov, N. K., »Novyj put' literaturnoj nauki«, *Iskusstvo*, 1923, Nr. 1.

Sakulin, Pavel, »Iz pervoistočnika«, *Pečat' i revoljucija*, 1924, V.

— »K voprosu o postroenii poètiki«, *Iskusstvo*, 1923, Nr. 1.

Trotzki, Leo, *Literatura i revoljucija*. Moskau 1924.

Vinogradov, Ivan, *Bor'ba za stil'*, Leningrad 1937, S. 387–448.

Voznesenskij, A. N., »Poiski ob'ekta (K voprosu ob otnošenii metoda sociologičeskogo k formal'nomu)«, *Novyj mir*, 1926, Nr. 6, 116–28.

Zeitlin (Cejtlin), A., »Marksisty i formal'nyj metod«, *Lef*, 1923, III.

2. Andere Sprachen außer Russisch

Gourfinkel, Nina, »Les nouvelles méthodes d'histoire littéraire en Russie«, *Le Monde Slave*, VI (1929), 234–263.

Harkins, William E., »Slavic Formalist Theories in Literary Scholarship«, *Word*, Bd. 7, Nr. 2, August 1951, 177–185.

Kridl, Manfred, »Russian Formalism«, *The American Bookman*, I (1944), 19–30.

Rutten, M. »Dichtkunst en phonologie«, *Revue Belge de Philologie et d'Histoire*, XXVIII (1950), Nr. 3–4.

Tomaševskij, Boris, »La nouvelle école d'histoire littéraire en Russie«, *Revue des études slaves*, 1928, VIII, 226–240.

Voznesenskij, A. N., »Die Methodologie der russischen Literaturwissenschaft, *Zeitschrift für slavische Philologie*, IV (1927), 145 bis 162, und V (1928), 175–199.

— »Problems of Method in the Study of Literature in Russia«, *Slavonic Review*, VI (1927), 168–177.

Žirmunskij, Viktor, »Formprobleme in der russischen Literaturwissenschaft«, *Zeitschrift für slavische Philologie*, I (1925), 117 bis 152.

III. Allgemeine einschlägige Literatur

Abercrombie, Lascelles, *Poetry: Its Music and Meaning*, London 1932.

Andreevskij, S., *Istoričeskie očerki*, St. Petersburg 1902.

ARISTOTELES, *Poetik*.

BAL'MONT, KONSTANTIN, *Poèzija kak volšebstvo*, Moskau 1915.

BELYJ, ANREJ, *Simvolizm*, Moskau 1910.

– *Lug zelënyj*, Moskau 1910.

– *Ritm kak dialektika i Mednyj vsadnik*, Moskau 1929.

– *Masterstvo Gogolja*, Moskau 1934.

BLOK, ALEKSANDR, »O sovremennom položenii russkogo simvolizma«, *Apollon*, 1910, Nr. 8.

BRODSKIJ, N. und L'VOV-ROGAČEVSKIJ, V., *Literaturnye manifesty*, Moskau 1929.

BROOKS, CLEANTH, *The Well Wrought Urn*, New York 1947.

BROOKS, CLEANTH und ROBERT PENN WARREN, *Understanding Poetry*, New York 1938.

BRJUSOV, VALERIJ, *Kratkij kurs nauki o stiche*, Moskau 1919.

– »Ob odnom voprose ritma«, *Apollon*, 1910, Nr. 11.

– »O rifme«, *Pečat' i revoljucija*, 1924, I.

– *Osnovy stichovedenija*, Moskau 1924.

BURLJUK, David, *Galdjaščie Benoit i novoe russkoe nacional'noe iskusstvo*, Petersburg 1913.

CASSIRER, ERNST, *An Essay on Man*, Yale University Press 1944.

– *Die Philosophie der symbolischen Formen*, Berlin 1923–29.

– *Language and Myth*, New York und London 1946.

– »Structuralism in Modern Linguistics«, *Word*, Bd. I, Nr. 2, 1945, 99–120.

CHLEBNIKOV, VELEMIR, *Sobranie proizvedenij*, Leningrad 1923.

COCTEAU, JEAN, »Le Secret Professionel«, *Le Rappel à l'Ordre*, Paris 1926.

COLERIDGE, SAMUEL TAYLOR, »Occasion of the Lyrical Ballads«, vgl. *Criticism*, New York 1948, 249–257.

EASTMAN, MAX, *Artists in Uniform*, New York 1934.

– *Art and the Life of Action*, London 1935.

ELIOT, T. S., *Selected Essays*, New York 1932.

– *The Use of Poetry and the Use of Criticism*, Cambridge, Mass. 1933.

ELTON, WILLIAM, *Glossary of the New Criticism*, Chicago 1948.

EMPSON, WILLIAM, *Seven Types of Ambiguity*, London 1930.

ENGELHARDT, BORIS, *Aleksandr Nikolaevič Veselovskij*, Petrograd 1924.

EVLACHOV, A., *Vvedenie v filosofiju chudožestvennogo tvorčestva*, Warschau 1910–12.

FARRELL, JAMES, *Literature and Morality*, New York 1947.

FEDIN, KONSTANTIN, *Gor'kij sredi nas*, Moskau 1943.

Friče, V. M., *Novejšaja evropejskaja literatura*, Moskau 1919.

Geršenzon, Michail, *Mudrost' Puškina*, Moskau 1919.

– »Videnie poèta«, *Mysl' i slovo*, Moskau 1918, II, 76–84.

Hanslick, Eduard, *Vom Musikalisch-Schönen*, Leipzig 1885.

Hildebrandt, Adolf, *Das Problem der Form in der bildenden Kunst*, Straßburg 1893.

Husserl, Edmund, *Logische Untersuchungen*, 2 Bde., Halle 1913.

Ivanov, Vjačeslav, *Borozdy i meži*, Moskau 1916.

Jakobson, Roman, *Remarques sur l'évolution phonologique du russe comparée à celle des autres langues slaves*, Travaux du Cercle Linguistique de Prague, II, 1929.

– *K charakteristike evrazijskogo jazykovogo sojuza*, Paris 1931.

Kaun, Alexander, *Soviet Poets and Poetry*, Berkeley und Los Angeles, 1943.

Kazin, Alfred, *On Native Grounds*, New York 1942.

Koehler, Wolfgang, *Gestaltpsychologie*, New York 1929.

Korš, Fëdor, »Plan issledovanija o stichosloženii Puškina i slovarja Puškinskich rifm«, *Puškin i ego sovremenniki*, 1905, III, 111–134.

– *Slovo o polku Igoreve*, Petersburg 1909.

Kručënych, A., *Troe*, Moskau 1914.

Langer, Susanne, *Philosophy in a New Key*, Cambridge, Mass., 1942.

Lanz, Henry, *The Physical Basis of Rime*, Stanford University Press, 1931.

Literary Scholarship, Its Aims and Methods (hg. v. Norman Foerster), University of Northern Carolina Press, 1941.

Levin, Harry, »Notes on Convention«, *Perspectives of Criticism* (hg. v. H. L. Levin), Harvard University Press, 1950.

Marty, Anton, *Psyche und Sprachstruktur*, Nachgelassene Schriften, Bern 1940.

Majakovskij, Vladimir, »Kak delat' stichi«, *Sobranie sočinenij*, Moskau 1928–1933, Bd. V, 381–428.

V. Majakovskij. Materialy i issledovanija, Moskau 1940. Symposion zum 10. Jahrestag von Majakovskijs Tode; s. bes. den Aufsatz von V. Chardziev über Majakovskij und die Malerei.

Merežkovskij, D. S., *Tolstoj and Dostoevskij*, Petersburg 1914.

Mirsky, D. S., *Contemporary Russian Literature*, New York 1926.

Ogden, R. und Richards, I. A., *The Meaning of Meaning*, New York 1936.

Ortega y Gasset, José, *The Dehumanization of Art and Notes on the Novel*, Princeton University Press, 1948.

Ovskjaniko-Kulikovskij, D., *Istorija russkoj intelligencii*, Moskau 1908.

– *Istorija russkoj literatury 19-go veka*, Moskau 1908, 5 Bde.

Peretc, V. N., *Iz lekcij po metodologii istorii russkoj literatury*, Kiev 1914.

Pepper, Stephen C., *The Basis of Criticism in the Arts*, Cambridge, Mass., 1945.

Pereverzev, F., *Tvorčestvo Gogolja*, Leningrad 1926.

Plechanov, Georgij, »Pis'ma bez adresa«, *Sočinenija*, Moskau 1923 bis 27, XIV.

Potebnja, Aleksandr, *Iz lekcij po teorii slovesnosti*, Char'kov 1894.

– *Iz zapisok po teorii slovesnosti*, Char'kov 1905.

– *O nekotorych simvolach v slavjanskoj poèzii*, Char'kov 1860.

– *Jazyk i mysl'*, 1. Aufl. Char'kov 1862; 3. Aufl. Char'kov 1926.

Puškin i ego sovremenniki (eine Reihe von Untersuchungen über die Puškin-Zeit), St. Petersburg-Petrograd-Leningrad 1903 ...

Pypin, A. N., *Istorija russkoj literatury*, St. Petersburg 1913.

Ransom, John Crowe, *The New Criticism*, Norfolk, Conn., 1941.

– *The World's Body*, New York 1938.

Read, Herbert, »Surrealism and the Romantic Principle«, *Criticism*, New York 1948.

Reavey, George, *Soviet Literature To-Day*, London 1946.

Richards, I. A., *Practical Criticism*, London 1929.

– *Principles of Literary Criticism*, London 1924.

Sakulin, Pavel, *Sociologičeskij metod v literaturvedenii*, Leningrad 1925.

Sapir, E., *Language*, New York 1921.

Saran, Franz, *Deutsche Verslehre*, München 1907.

Saussure, de, Ferdinand, *Cours de linguistique générale*, Lausanne 1916.

Špet, Gustav, *Èstetičeskie fragmenty*, 2 Bde., Petrograd 1922.

– *Vnutrennjaja forma slova*, Moskau 1927.

Sievers, Wilhelm, *Rhythmisch-melodische Studien*, Heidelberg 1912.

Simmons, Ernest J., *Leo Tolstoy*, Boston, Mass., 1946.

Spitzer, Leo, *Linguistics and Literary History*; Essays in Stylistics, Princeton 1948.

Strachov, N., *Zametki o Puškine i drugich poètach*, Kiev 1897.

Struve, Gleb, *Soviet Russian Literature*, University of Oklahoma Press, Norman 1951.

Timofeev, L., *Teorija literatury*, Moskau 1945.

Trilling, Lionel, *The Liberal Imagination*, New York 1950.

Trubetzkoy, N. S., *Principes de phonologie*, Paris 1949.

TYNJANOV, JURIJ, *Kjuchlja*, Leningrad 1925.
– *Puškin*, Leningrad 1936.
– *Smert' Vazir-Muchtara*, Leningrad 1927.
VERRIER, PAUL, *Essai sur les principes de la métrique anglaise*, 3 Bde., Paris 1909.
VESELOVSKIJ, ALEKSANDR, *Istoričeskaja poètika*, Leningrad 1940 (mit einer Einführung von V. Žirmunskij).
– *Izbrannye stat'i*, Leningrad 1939.
VOSSLER, KARL, *Frankreichs Kultur im Spiegel seiner Sprachentwicklung*, Heidelberg 1913.
– *Gesammelte Aufsätze zur Sprachphilosophie*, München 1923.
– *Positivismus und Idealismus in der Sprachwissenschaft*, Heidelberg 1904.
WALZEL, OSCAR, *Gehalt und Gestalt im Kunstwerk des Dichters*, Berlin 1923.
– *Wechselseitige Erhellung der Künste*, Berlin 1917.
WARREN, AUSTIN, »Literary Criticism«, *Literary Scholarship, Its Aims and Methods*, s. oben.
WELLEK, RENÉ, »Literary History«, *Literary Scholarship* . . ., s. oben.
– »The Revolt against Positivism in Recent European Literary Scholarship«, *Twentieth Century English*, New York, 67–89.
– »The Theory of Literary History«, *Travaux du Cercle Linguistique de Prague*, VI (1936), 173–191.
WELLEK, RENÉ und AUSTIN WARREN, *Theorie der Literatur* (übers. v. E. u. M. Lohner), Bad Homburg v. d. H. 1959.
WIMSATT, W. K. JR., »Verbal Style: Logical and Counterlogical«, *Publications of the Modern Language Association of America*, 1950, Bd. LXV, Nr. 2, 5–20.
WÖLFFLIN, HEINRICH, *Kunstgeschichtliche Grundbegriffe*, 5. Aufl. München 1921.
– *Renaissance und Barock*, München 1888.
WORRINGER, WILHELM, *Formprobleme der Gotik*, München 1911.
ŽIELIŃSKI, TADEUSZ, »Ritm chudožestvennoj reči i ego psichologičeskie osnovanija«, *Vestnik psichologii, kriminal'noj antropologii i gipnotizma*, 1906, Nr. II, IV.
– »Die Behandlung der gleichzeitigen Ereignisse im antiken Epos«, *Philologus*, Supplementband 8, 1899–1900.

SCHLUSSBEMERKUNG DER ÜBERSETZERIN

Die deutsche Übersetzung von *Russian Formalism* (1955) entspricht, ohne Zusätze oder Kürzungen, dem englischen Text. Die russischen Zitate wurden aus der englischen Übertragung Professor Erlichs ins Deutsche übersetzt. Verfasser, Verlag und Übersetzer einigten sich bezüglich der deutschen Umschrift russischer Namen und Wörter auf die heute übliche wissenschaftliche Schreibweise, um die Ungenauigkeiten der phonetischen Schreibweise zu vermeiden.

Bei der Übersetzung eines Zentralbegriffs des russischen Formalismus, dem russischen »priëm« (engl. »device«) ergaben sich Schwierigkeiten. Obgleich im Deutschen »Kunstgriff« der Bedeutung des russischen Ausdrucks näher kommt, entschied ich mich nach eingehender Prüfung und Rücksprache mit dem Verfasser für »Kunstmittel«, da mir die Bedeutung von »Kunstgriff« an den meisten Stellen als zu eng erschien.

Professor Erlich hat das deutsche Manuskript durchgelesen und mit Verbesserungen versehen, wofür ich ihm an dieser Stelle meinen Dank aussprechen möchte. Vor der Durchsicht der Druckfahnen ergab sich in Stanford die Gelegenheit einer Unterredung mit Professor Roman Jakobson, wodurch noch einige Unsicherheiten hinsichtlich der Übertragung russischer Begriffe ins Deutsche geklärt werden konnten. Hierfür sei Professor Jakobson besonders gedankt.

Stanford, Kalifornien
November 1963   MARLENE LOHNER

Aus dem Amerikanischen von Roland Pelzer und Friedhelm
Herborth. 1969. 340 S.

Stenius, Erik
Wittgensteins Traktat.
Eine kritische Darlegung seiner Hauptgedanken
Aus dem Englischen von Wilhelm Bader. 1969. 312 S.

Wuchterl, Kurt
Struktur und Sprachspiel bei Wittgenstein.
1969. 224 S.

Orte des wilden Denkens
Zur Anthropologie von Claude Lévi-Strauss. Herausgegeben
von Wolf Lepenies und Hans Henning Richter. 1971. 427 S.
(Theorie-Diskussion)

Theorie der Kunst und der Literatur
in der ›Theorie‹-Reihe

Bourdieu, Pierre
Zur Soziologie der symbolischen Formen.
Aus dem Französischen von Wolf H. Fietkau. 1970. 208 S.

Richards, Ivor Armstrong
Prinzipien der Literaturkritik.
Eingeleitet und übersetzt von Jürgen Schlaeger. 348 S.

Simmel, Georg
Das individuelle Gesetz. Philosophische Exkurse.
Herausgegeben und eingeleitet von Michael Landmann. 1968.
262 S.

Sprache, Denken, Kultur
Herausgegeben von Paul Henle.
Aus dem Amerikanischen von Roland Pelzer und Friedhelm
Herborth. 1969. 340 S.

Vischer, Friedrich Theodor
*Über das Erhabene und Komische und andere Texte zur
Ästhetik.*
Einleitung von Willi Oelmüller. 1967. 246 S.

stw 1 Jürgen Habermas
Erkenntnis und Interesse
Mit einem neuen Nachwort
420 Seiten
Einzig als Gesellschaftstheorie ist radikale Erkenntniskritik möglich, heißt die Grundthese von Habermas. Damit greift er nicht nur in die an Methodenfragen orientierte Positivismus-Diskussion ein, sondern auch in die auf Praxis gerichtete politische Diskussion.

stw 2 Theodor W. Adorno
Ästhetische Theorie
Mit einem Begriffsregister
Herausgegeben von Gretel Adorno und Rolf Tiedemann
568 Seiten
Die Ästhetische Theorie ist die letzte große Arbeit Adornos, die bei seinem Tode kurz vor ihrer Vollendung stand. Sie sollte neben der Negativen Dialektik und einem geplanten moralphilosophischen Werk das darstellen, was Adorno »in die Waagschale zu werfen« hatte.

stw 3 Ernst Bloch
Das Prinzip Hoffnung
3 Bände. 1655 Seiten
»Die Utopie, das philosophisch bisher noch nicht zureichend bedachte Zukünftige, ohne das es kein Gegenwärtiges geben kann, steht im Zentrum des riesigen Buches ... Wie verwandelt sich Träumen in Begehren, Begehren in Wünschen? Wie gelangt das Streben nach Glück, ohne dessen messianischen Vorschein kein Jammertag ertragbar wäre, zu der Entschlossenheit, eine gewaltige Veränderung zu wagen?«
                                        Walter Jens in »Die Zeit«

stw 4 Walter Benjamin
Der Begriff der Kunstkritik in der deutschen Romantik
Herausgegeben von Hermann Schweppenhäuser
120 Seiten
Man muß den Begriff der Kunstkritik zusammen sehen mit Lukács' *Theorie des Romans* oder den kunstphilosophischen Teilen von Blochs *Geist der Utopie:* schon in dieser frühen

Arbeit Benjamins scheint die neue Ästhetik auf, das Bemühen, Ästhetik und Geschichtsphilosophie zu verknüpfen, wie er selber es dann in inzwischen geradezu klassisch gewordener Weise im *Ursprung des deutschen Trauerspiels* verwirklichte.

stw 5 Ludwig Wittgenstein
Philosophische Grammatik
Herausgegeben von Rush Rhees
491 Seiten
Die *Philosophische Grammatik* gibt Auskunft über Wittgensteins Weg von der Konzeption einer Idealsprache zur Theorie der Sprachspiele und zur mathematischen Grundlagenforschung der Spätzeit.

stw 6 Jean Piaget
Einführung in die genetische Erkenntnistheorie
Vier Vorlesungen
Aus dem Amerikanischen von Friedhelm Herborth
104 Seiten
»Die Forschungen über genetische Erkenntnistheorie versuchen, die Mechanismen zu analysieren, nach denen Erkenntnis – sofern sie zu wissenschaftlichem Denken gehört – sich entwickelt . . .«
Bärbel Inhelder

stw 7 J. Laplanche – J.-B. Pontalis
Das Vokabular der Psychoanalyse
Aus dem Französischen von Emma Moersch
2 Bände. 652 Seiten
Dieses Vokabular ist nicht nur ein Wörterbuch. Hier wird eine Theorie, die unser aller Denken verändert hat, von ihrer Sprache her erforscht. Damit ist dem Fachmann wie dem Laien ein Arbeitsinstrument zur Verfügung gestellt, das bisher fehlte.

stw 8 G.W.F. Hegel
Phänomenologie des Geistes
622 Seiten
Die Phänomenologie ist »ein Werk, das im philosophischen Schrifttum nicht seinesgleichen hat, vielsträhnig und zentral, dithyrambisch und streng geordnet zugleich. Nirgends kann genauer gesehen werden, was großer Gedanke im Aufgang ist, und nirgends ist sein Lauf bereits vollständiger«.
Ernst Bloch

stw 9 *Materialien zu Hegels ›Phänomenologie des Geistes‹*
Herausgegeben von Hans Friedrich Fulda
und Dieter Henrich
445 Seiten
Die hier zusammengestellten Aufsätze zu Hegels Phänomenologie wollen dem Leser die Irrwege, Umwege und
Holzwege ersparen, auf die andere in ihrem Bemühen, sich
dieses »dunkelste und tiefsinnigste« Werk Hegels (Ernst
Bloch) zugänglich zu machen, geraten sind.

stw 10 *Einführung in den Strukturalismus*
Mit Beiträgen von Ducrot, Todorov, Sperber,
Safouan und Wahl
Aus dem Französischen von Eva Moldenhauer
480 Seiten
Die Essays zum Strukturalismus gehen nicht von einer Apriori-
Definition einer so zu nennenden strukturalen Methode aus,
was nach Ansicht der Autoren nicht möglich ist. Vielmehr
überprüfen die Verfasser – alle Strukturalisten der zweiten
Generation – an ihrem jeweiligen Forschungsgebiet, was ihr
Strukturalismus überhaupt sei.

stw 11 Siegfried Kracauer
Geschichte – Vor den letzten Dingen
Aus dem Englischen von Karsten Witte ·
309 Seiten
»Kracauer prüft mit skeptischem Blick geschichtsphilosophi-
sche Mythen und historiographische Methoden in der Absicht,
das Interesse der Menschen an der Geschichte zu erhellen.
Die Schlußfolgerungen: Geschichte tritt als eine Folge irre-
duzibler, einmaliger Wesenheiten in Erscheinung, die der
Historiker letztlich als ›stories‹, also in ihrer ›epischen Qualität‹ zu begreifen hat.«   Viktor Žmegač

stw 12 Niklas Luhmann
Zweckbegriff und Systemrationalität
Über die Funktion von Zwecken in sozialen Systemen
390 Seiten
Mit seinem Entwurf einer Systemtheorie erneuert Luhmann
den von der gegenwärtigen Soziologie vernachlässigten Versuch, Gesellschaft im ganzen zu begreifen. Er untersucht die
Funktion der Zweckorientierung in sozialen Systemen und
bestimmt sie als Reduktion von Komplexität, als Vereinfachung, die das System handlungsfähig macht.

stw 13 Gershom Scholem
Zur Kabbala und ihrer Symbolik
303 Seiten
Scholems Studien zur Kabbala, der jüdischen Mystik des
Mittelalters, deren esoterische Lehren in verschiedenen Schulen verbreitet wurden, erläutern die wiederkehrenden Bilder
und Symbole im kabbalistischen Judentum aus einem lebendigen Zusammenhang der mystischen Tradition. Sie sind ein
faszinierender Beitrag zum Verständnis der Geschichte und
Psychologie des jüdischen Volkes.

stw 14 Claude Lévi-Strauss
Das wilde Denken
334 Seiten
Aus dem Französischen von Hans Neumann
Thema dieses inzwischen berühmt gewordenen Werkes ist
das Denken in seinem »wilden Zustand«, das in jedem Menschen, ob zeitgenössisch oder vorgeschichtlich, wirksam ist als
ein Element der nichtkultivierten und nicht domestizierten
Geistestätigkeit.

stw 15 Peter Szondi
Zur Theorie des bürgerlichen Trauerspiels im 18. Jahr-
hundert
Der Kaufmann, der Hausvater, der Hofmeister
Herausgegeben von Gerd Mattenklott
Mit einem Anhang von Wolfgang Fietkau
Etwa 240 Seiten
Der gemeinsame Gegenstand der literaturwissenschaft-
lichen Arbeiten Peter Szondis war die Geschichte des
bürgerlichen Subjekts in der Moderne, insofern als sie in
Literatur und Literaturtheorie wesentlichen Ausdruck
fand. Sein Interesse in den letzten Jahren galt den frühen
Formen bürgerlichen Bewußtseins, die sich in der Drama-
tik und ihrer Theorie des 18. Jahrhunderts präsentierte.

stw 16 Erik H. Erikson
Identität und Lebenszyklus
Drei Aufsätze. Aus dem Amerikanischen von Käte Hügel
224 Seiten
»Erikson verfügt über die Fähigkeit, Tatsachen verschiedener Fachgebiete sowohl isoliert aufzuzeigen als auch zu
seiner Idee von der Identitätssuche des Menschen, der
biologischen, kulturellen und psychodynamischen Lebens-

zyklen unterworfen ist, zu synthetisieren. Die Arbeiten
sind ein Stimulans für jeden, dessen Denken ... bereit
ist, den Umweltraum wie den Inweltraum des Menschen
gemäß der Anforderung eines präsumptiv ›Humanen‹ zu
verändern.« *Helmut Junker, Das Argument*

stw 17 Rudolf Bilz
Wie frei ist der Mensch?
Paläoanthropologie Bd. 1
Etwa 480 Seiten
Das besondere Interesse von Bilz gilt den »biologischen
Archaismen des Menschen«, den »Wildheitsqualitäten« des
homo sapiens, ohne daß doch, wie es in der heutigen
Verhaltensforschung häufig geschieht, vorschnell vom Tier
auf den Menschen geschlossen würde.

stw 18 Viktor von Weizsäcker
Der Gestaltkreis
Mit einem Vorwort von Rolf Denker
Etwa 300 Seiten
Von Weizsäcker fordert eine ganzheitlich anthropologisch
fundierte Medizin und wurde damit zum Mitbegründer
der Psychosomatik. Sein Werk hat über die Medizin hin-
aus Anthropologie, Sozialwissenschaften und speziellere
Handlungstheorien entscheidend beeinflußt.

stw 19 Noam Chomsky
Sprache und Geist
Aus dem Amerikanischen von Siegfried Kanngießer,
Gerd Lingrün, Ulrike Schwartz und Anna Kamp
Etwa 200 Seiten
»Die Theorien Noam Chomskys haben in der Linguistik
während der letzten Jahre zu einem ›Paradigmenwechsel‹
(Th. Kuhn) geführt. Forschungsstrategisch sinnvolle Frage-
stellungen, die Bewertung neuer Methoden und Standards
und die Einschätzung linguistisch relevanter Problemlösun-
gen folgen dem theoretischen Rahmen, den Chomsky der
Linguistik gegeben hat.« *Anton Leist, Das Argument*

stw 20 Jakob von Uexküll
Theoretische Biologie
Mit einem Vorwort von Rudolf Bilz
Etwa 350 Seiten
Im Vordergrund der heutigen biologischen Forschungen
stehen in erster Linie die Probleme der physiologischen

Chemie. Insofern mutet die *Theoretische Biologie* Jakob von Uexkülls eher wie ein Vorläufer der Wahrnehmungspsychologie oder der Ethologie an.

stw 22 *Seminar: Politische Ökonomie*
Zur Kritik der herrschenden Nationalökonomie
Herausgegeben von Winfried Vogt
Etwa 300 Seiten
Dieser Band repräsentiert die Breite der Kritik an der herrschenden bürgerlichen Nationalökonomie. Die vertretenen Positionen reichen von der Keynesschen Theorie über eine pragmatische Richtung bis hin zur marxistischen Kritik. Von hier aus wird man sehen müssen, inwieweit eine übergreifende theoretische Konzeption möglich ist.

In Vorbereitung